Friedrich Georg Jünger · Griechische Mythen

Friedrich Georg Jünger

Griechische Mythen

Herausgegeben und mit
einem Anhang versehen von
Ernst A. Schmidt

KlostermannRoteReihe

Die vorliegende sechste Auflage wurde von Ernst A. Schmidt herausgegeben und um einen Anhang des Herausgebers vermehrt. Er umfasst Corrigenda, Register aller mythischen Wesen sowie Nachweise der schriftlichen Quellen Friedrich Georg Jüngers. Ernst A. Schmidt hat diese Beigaben zuerst veröffentlicht in dem Band „Mythen" des Attempto Verlags, Jünger-Studien, Band 3, 2007. Wir drucken die leicht gekürzte und durchgesehene Fassung mit freundlicher Erlaubnis des Narr Francke Attempto Verlags, Tübingen.

Bibliographische Information der Deutschen Nationalbibliothek

Die Deutsche Nationalbibliothek verzeichnet diese Publikation in der Deutschen Nationalbibliographie; detaillierte bibliographische Daten sind im Internet über *http://dnb.dnb.de* abrufbar.

6., erweiterte Auflage 2015
5. Auflage 2001
4. Auflage 1994
3., umgearb. u. durchges. Auflage 1957
2. Auflage 1957

Gedruckt auf Alster Werkdruck der Firma Geese, Hamburg.
Alterungsbeständig ∞ ISO 9706 und PEFC-zertifiziert.

PEFC

Druck und Bindung: Hubert & Co., Göttingen
Printed in Germany
ISSN 1865-7095
ISBN 978-3-465-04239-6

INHALT

VORBEMERKUNG

Von Xenophanes stammt der Ausspruch, daß die Ochsen, Rosse und Löwen, wenn sie Hände hätten und malen könnten, roßähnliche, ochsenähnliche und löwenähnliche Göttergestalten hervorbringen würden. Wäre dieser Satz ganz wahr und hätten wir von den Indern, Ägyptern und Assyrern keine andere Überlieferung als ihre Göttergestalten, dann müßten wir annehmen, daß sie von Wesen hervorgebracht wurden, die wie Ochsen, Löwen, Ibisse und Krokodile aussahen. Offenbar trifft er auf die Tiergötter nicht zu.

Euhemeros behauptet in seiner „Heiligen Urkunde", daß die gesamte Mythologie aus der Vergöttlichung hervorragender Menschen abzuleiten sei. Er sieht also in der Heroogonie Anfang und Ende und betrachtet sowohl den kosmogonischen Teil der Mythe wie die Theogonie als etwas Abgeleitetes. Dem widerspricht der architektonische Bau der Mythe, die als Ganzes nicht auf die Vergöttlichung des Menschen hinausläuft. Die Gedanken des Xenophanes und des Euhemeros berühren sich. Ennius, der die Schrift des Euhemeros übersetzte und billigte, hat den Euhemerismus in Rom ausgebreitet. Dieser dringt durch und wird, mit mancherlei Abwandlungen, die Grundlage der Mythologie als einer Wissenschaft.

Der Fortgang des mythischen zum logischen und abstrakten Denken, der bei den Griechen am besten zu verfolgen ist, ist zugleich ein beständiges Absterben, nicht des Glaubens, sondern der Imagination, der frei schaffenden Einbildungskraft. In dem Maße, in dem sie abstirbt, vermag sich das abstrakte Denken abzulösen und frei zu machen. Es erhebt nun seine Flügel zu dem hohen und freien Fluge, den es nimmt, in dem es Autonomie gewinnt. Es überfliegt den nomos basileus Pindars und setzt sich selbst Gesetze. Der freie Denker, der freie Gedanke treten jetzt auf den Plan, und indem sie erscheinen, indem sie wirken, wird alles Wissen Anthropologie, wird anthropologisch in dem Sinne, in dem die Griechen das verstehen. Das freie Denken löst sich ab von dem Grunde, aus dem es hervorgeht. Es löst sich ab von ihm und bleibt doch bis zuletzt an ihn gebunden, auch in dem Schweben über ihm, denn dieses Sichablösen und freie Schweben ist die Geschichte des freien Denkens. In dem Streite, welchen die Philosophie gegen die Mythe führt, welchen die ionischen Denker, die Eleaten, die Sophisten und alle anderen entfesseln, steckt zugleich das Eingeständnis, daß ohne sie nicht auszukommen ist. Der Denker bedient sich ihrer, sei es auch nur, um sich von ihr zu distanzieren. Deshalb endet der Streit nicht. Er endet erst, indem der mythenbildende Geist erlischt, und damit hört auch die griechische Philosophie auf. Beide gehören zusammen. Der Streit ist in der platonischen Philosophie am deutlichsten einzusehen.

Platon setzt der Mythe seine eigenen Mythologeme entgegen. Er knüpft dabei an sie an, schaltet frei mit ihr und verarbeitet sie für seine Zwecke. Die platonische Mythe ist ein Mittel zum Zweck, ein Gleichnis. Sie ist eine Form des Hervorbringens zum Zwecke des Deutlichermachens, also schmächtiger und dünner. Und sie hat, an der Mythe abgemessen, etwas Zweideutiges. Sie hat pädagogische Absichten und will uns more Socratico erziehen; der Erzieher Platon verschanzt sich in ihr. Mit logischen und dialektischen Mitteln will sie uns etwas einreden. Diese Mythe gleicht einer bemalten Figur, die hohl ist und im Inneren ein Arsenal von goldenen Argumenten und Beweisführungen enthält, die Methoden des Wissens, die Wissenschaft in nuce, die Wahrheit, womit zugleich ausgesprochen ist, daß hier eine höhere Wahrheit uns entgegentritt. Das Denken selbst muß imaginativ werden, wo es der Mythe Erfindungen gegenüberstellt, mythische Konstruktionen.

Im Anfang ist das Ende mitgesetzt, und das Ende setzt den Anfang wieder aus sich heraus. Es mag sein, daß wir mythische Situationen wiederholen, ohne daß uns diese Wiederholung zum Bewußtsein kommt. Inmitten einer Zeit des Titanismus haben wir vergessen, wie oft er schon überwunden wurde. Heute, an einem Wendepunkte des Denkens, im Zustand jener Ungewißheit, der mit dem Fortgang des wissenschaftlich exakten Wissens genau zusammenhängt, auf dem Höhepunkt der Organisation und der damit verbundenen Schutzlosigkeit des Menschen, mag ein Thema wie das hier dargestellte einen doppelten Nutzen für den aufmerksamen Leser haben. Er kann das Vergangene auf die Gegenwart und die Gegenwart auf das Vergangene anwenden. Dürfen wir aber unser eigenes Anliegen in einem anderen suchen? Dürfen wir nicht nur auslegen, sondern auch hineinlegen? Doch wer auslegt, der legt hinein – das ist eine Formel alles Verstehens. Das Vergangene muß Gegenwart werden, um als ein Vergangenes betrachtet zu werden. Es gilt aber, die Entsprechungen zu beachten, und das ist nicht immer leicht. Unser Denken ist nicht mythisches Denken, sondern Denken über die Mythe. Wir denken nicht, wie die Griechen dachten, sondern wir überdenken, was sie dachten. Die Frage ist, welche Koinzidenz das griechische Denken für unser eigenes besitzt. Eine Antwort darauf mag der Leser dieser Darstellung selbst entnehmen. Uns ist die historische Weltansicht so geläufig, daß wir das Einseitige und auch Absurde, das sie enthält, kaum wahrzunehmen vermögen. Der Weltstoff erscheint uns nicht darstellbar, wenn er nicht aufgelöst, in Bewegung von Begriffen, als Entwicklung gedacht wird. Der Mythologe, welcher Spezialgeschichte treibt, sieht sich einem Denken gegenüber, das von der Historisierung des Bewußtseins nichts weiß, mit dem er sich deshalb nur insofern vereinigen kann, als er es historischen Methoden zu unterwerfen vermag. Daher alle die Untersuchungen über die Einflüsse, über die Herkunft der Mythen, über die Wanderungen, welche die Götter oder vielmehr die Vorstellungen über sie genommen haben, kurzum das Ethnographische, Geographische, Physikalische, Chronologische. Diese Methoden sind der Mythe nicht genuin.

Etwas anderes kommt hinzu. Indem wir uns mit der Mythe beschäftigen, werden wir oft gezwungen, sie geistiger und weniger sinnlich zu nehmen, als sie ist. Es ist das kein Vorzug, sondern ein Mangel an Imagination, der unser abstrakt gewordenes Denken bezeichnet. Dieses, ob es Mächte oder Bilder vor sich hat, macht sich sofort daran, aus ihnen herauszusondern, was an Bedeutung darin steckt, das heißt, es bringt alle Erkenntnis auf Begriffe. Bedeutung hat nur das, was sich begrifflich absondern und isolieren läßt. Indem das geschieht, wird eine Deutung möglich. Bedeutung umfaßt ein Hinzutreten, wie das an der platonischen Ideenlehre sichtbar wird. Das Seiende ist nicht nur, nein zusätzlich und darüber hinaus bedeutet es auch etwas. Aber indem es etwas bedeutet, ist es weniger; je mehr Bedeutung es *hat*, desto weniger *ist* es. Die Bedeutung ist nicht nur ein zum Seienden Hinzutretendes, sie ist auch ein das Seiende Hinwegzehrendes. Sie ist ein Terminus in der Sprache der Begriffe, die das abstrakte Denken durchbildet. Mit ihm gewinnt die Bedeutung Raum.

Der mythenbildende Geist treibt, wie sich versteht, keine wissenschaftliche Mythologie, das heißt, er ordnet sich nicht selbst in das Schema eines historischen Prozesses ein. Ein solches Unternehmen wäre die Auflösung seiner eigenen Wirklichkeit, indem an den Ort der Anschauung Prinzipien der Entwicklung, abstrakte Formeln und Grundsätze eingerückt würden, die aus dieser Anschauung ein Mittel der Darstellung machen würden. Das ist der Weg, auf dem das historische Bewußtsein der Mythe beizukommen sucht. Der Wissenschaft ist ein solches Bestreben gemäß, denn was sollte sie an seine Stelle rücken? Doch der Künstler, der musische Mensch wird sich immer dagegen zur Wehr setzen. Auch gibt ihm die Mythe keinen Anlaß zu symbolisch-allegorischer Behandlung. Auch diese, als ein feinerer, versteckterer Euhemerismus, löst die Gestaltenwelt auf. Der Symbolismus, der darauf ausgeht, die Mythe nur als Einkleidung, nur als das Gewand von Ideen oder sogenannten höheren Wahrheiten darzustellen, muß zu Verfälschungen führen. Dadurch wird sie, was sie nicht ist, eine Geheimlehre, in der die versteckte Bedeutung das Eigentliche, das Sichtbare und Ausgesprochene aber ein Uneigentliches wird. Wir haben hier aber nicht eine ungeheure Allegorie vor uns, die aus einem Gewebe von Tropen und Metaphern besteht, das von einer höheren philosophisch-historischen Erkenntnis aufzulösen wäre. So unvermeidlich die analytische Behandlung der Mythe ist, so wenig kommt bei ihr heraus. Die Frage, was nach einem solchen Lehrgang bleibt, was dabei gewonnen und verloren ist, ist nicht schwer zu beantworten. Allen solchen Versuchen haftet etwas Vages und Trübes an. Sie erzeugen ein künstliches, diffuses Licht, in dem der nicht gern verweilt, der eine stärkere Sonne einmal gekostet hat. Der Eindruck, an Stelle des Goldes dünnes Kupfer erhalten zu haben, entsteht überall dort, wo uns für einen reichen Text dürftige Kommentare angeboten werden. Ein schönes Gedicht, das in die Hände des Philologen gerät, muß oft viel leiden, obwohl es doch für den echten Liebhaber bestimmt ist. Die Kehrseite des historischen Prozesses, die Tatsache nämlich, daß er ein auflösender Prozeß größten Umfangs ist, kommt den wenigsten ins Bewußtsein, niemals denen, die ganz in ihm befangen sind, da sie den Punkt verlieren, an dem sie eine Übersicht gewinnen könnten, denn das, was sie Geschichte nennen, ist ja nichts anderes als die Geschichte ihres Bewußtseins.

TITANEN

Chaos

Chaos und das von ihm Stammende, die Erdmutter Gaia, Uranos, Tartaros, die Titanen und Giganten, Typhoeus und die typhonischen Wesen, gehören zusammen. Prometheus schließt sich an, als ein Nachspiel des titanischen Werdens, in dem das titanische Wesen zu seiner Vollendung kommt. In ihm ist titanischer Geist, der sich noch einmal mit den Kräften des Zeus mißt und bei diesem Unternehmen unterliegt. Dieser Bereich des ursprünglichen Werdens hebt sich von allem Späteren ab und ist in sich geschlossen und einheitlich; seine Geschehnisse stehen in einem eigenen Licht. Alles Chaos Entsprungene zeigt die Spuren seiner Herkunft. Als was Chaos auch aufgefaßt wird, als leerer, unermeßlicher Raum, welcher nach Hesiod Nyx und Erebos gebiert, oder als der aller Form entbehrende, alles Werden enthaltende Urstoff, aus dem alle Bildungen, alles Erzeugte und Gestaltete hervorgeht, er ist nicht tot, sondern lebendig.

Nicht aus einem leblosen, toten Zustand geht das Leben hervor, nicht aus totem Stoff; es ist vor allem Stoff da und bringt ihn hervor, wo es ihn nötig hat. Zeugungen sind es, die hier beschrieben werden. Chaos ist in lebendiger Bewegung; bald ruht er in regungsloser Stille, bald erregt er sich zu wütendem, tobendem Aufruhr. Er ist ordnungslos und für die Anschauung etwas Wirres, unteilbar ineinander Gemengtes, das nicht zu sondern und zu ordnen ist. Das, woraus alle Ordnungen hervorgehen, kann nicht selbst schon geordnet sein. Er ist nicht nur Raum, er nimmt auch Raum ein und erfüllt ihn. Er ist Urraum und Finsternis, in eingeschränktem Sinn auch unterirdischer Raum. In einer späteren Zeit, für die Naturphilosophen, ist Chaos etwas anderes, ist All und Universum. Das Denken bedient sich der Mythe, um zu Begriffen zu kommen. Das ist ein Vorgang, der hier nur angedeutet, nicht verfolgt werden kann.

Chaos ist als ein dunkles, von keinem Lichtstrahl berührtes Wesen zu denken, doch ist das Licht in dieses Dunkel eingeschlossen. Dunkel sind auch Nyx und Erebos, die aus ihm hervorgehen. Sie sind der Nacht und dem Finsteren zugeordnet, als ein weibliches und ein männliches Wesen, aus deren Verbindung der lichte Äther und die lichte Hemera hervorgehen. Erebos heißt zugleich der finstere Raum unter der lichten Erdoberfläche, den die Seelen der Verstorbenen durchschreiten, um in den Hades zu gelangen. In diesem Bereich sind die Mächte noch nicht deutlich abgehoben von dem Urgrund, dem sie entstammen; in ihrem Maß und Umriß haften sie noch an dem Ungestalteten. Noch sind keine Gestalten und Personen da; nur ein Gerinnen zeigt sich, durch das alles Proportionen erhält. Chaos ist, als ein Ungesondertes, undarstellbar. Das Ungesonderte liegt außerhalb aller Möglichkeit der Darstellung; es ist kein Bild, und niemand kann sich von ihm ein Bild machen. Chaos hat kein Geschlecht, denn auch das Geschlecht ist in ihm ungesondert, und Männliches und Weibliches werden von ihm umschlossen. Chaos west zwar, hat aber noch kein festes Wesen. Nun treten zuerst Nyx und Erebos aus ihm hervor, nun die Gaia. Nyx ist nicht das Erste und Ungeteilte; sie wird schon als etwas Begrenztes, an Umfang Geringeres gedacht. Dann erst kommen Äther und Hemera.

Chaos ist von unerschöpflicher Fruchtbarkeit; die große Fruchtbarkeit hat etwas Chaotisches. Auch wird er dadurch, daß sich Gestalten aus ihm lösen und Ordnungen aus ihm hervorgehen, nicht gemindert; er schrumpft nicht zusammen. So liegt der Gedanke nahe, daß sein Wesen ein Kreislauf ist, in den alles aus ihm Hervorgegangene zurückkehrt. Er ist immerdar und west immerdar fort, zeitlos und raumhaft. Auch bleibt er nicht unberührt, nicht ohne jeden Zusammenhang mit den Geschicken der Ordnung, die aus ihm hervorging. So wirkt, wie Hesiod bemerkt, der Kampf zwischen dem Zeus und dem Typhoeus auf ihn ein; das Feurige in Chaos wird durch die Niederwerfung des feurigen Typhoeus erregt. Wenn wir Chaos mit Hades vergleichen, sehen wir, daß in Hades das Totenreich schon abgesondert gegen die Lebenden ist, während Chaos Tod und Leben umschließt.

Es gibt keinen Anfang, und es gibt kein Ende. Anfangs- und endlos zeigt sich das Werden so, daß alles Gewordene seinem Kreislauf entspringt und in ihn zurückkehrt. Es gibt keinen Schöpfer und keine Schöpfung. Chaos ist nicht Schöpfer und schafft nichts; aus ihm lösen sich Ordnungen ab, und es scheint, daß er diese Loslösung weder fördert noch behindert. Da aber alles in ihm ist, muß auch diese Begierde in ihm sein, sich dem gestaltlosen Umtrieb zu entziehen und eine Gestalt anzunehmen. Er schafft diese Begierde nicht; sie ist da, löst sich von ihm und nimmt Gestalt an. Gaia gebiert aus sich selbst. Uranos und Kronos zeugen. Zeus ist nichts weniger als Weltschöpfer, ist auch kein Gott des Anfangs, sondern der Mitte.

Gaia

Gaia, die Erdmutter und Erdgöttin, die sich von Chaos loslöst und aus sich heraus den Uranos, die Gebirge und den Pontos erzeugt, ist die Mutter und Göttin, von der alles ausgeht und zu der alles zurückkehrt. Deshalb wird sie mit dem Schlüssel dargestellt. Göttin ist sie nicht wie eine der olympischen Göttinnen; sie ist die Mutter und Ahnin aller Götter und Göttinnen. Chaos wird keine Verehrung dargebracht; sie aber wird als die Erste geehrt. In thronender Haltung, als sitzende Göttin dargestellt, befand sich ihr Bild im Heiligtum der Demeter bei Paträ. Mit halb aus der Erde hervorbrechendem Leib sehen wir sie auf dem Fries des Altars von Pergamon, wo sie dem Kampf zwischen Göttern und Giganten als leidtragende Mutter beiwohnt. Sie erscheint als Leidende, nicht als Handelnde.

Homer nennt sie nicht nur die Herrliche, sondern auch die Frucht- und Lebensspenderin. Ihre Macht erstreckt sich nicht nur über das, was vom Boden her wurzelnd in den Lichtraum emporgreift, so daß sie Mutter auch des Uranos ist, sie ist zugleich unterirdische Göttin. Als unterirdische Göttin, welche das Verborgene, Vergrabene kennt, wird sie von den Zauberern und Schatzsuchern angerufen. In ihr sind Leben und Tod so innig vereint, daß es schwerfällt, sie zu unterscheiden. Wie sie durch das Leben alles zum Tode führt, so gewinnt sie auch durch den Tod alles Leben. Sie umfaßt die Tageshelle und das tief Nächtliche. Auf ihr stehen die Wiegen und Gräber. Ihre unerschöpfliche Fruchtbarkeit macht sie zur Göttin der mit Kindern gesegneten Verbindungen. Darin zeigt sich ihre Nähe zu Chaos, von dem alle Fruchtbarkeit ausgeht. Ihre ernährende Kraft macht sie zur Kinderernährerin. In dieser Eigenschaft wird sie zugleich mit Hestia, Kybele und Demeter angerufen. Alle Mütter, die göttlichen und die menschlichen, sind in bezug auf sie Töchter. Als unterirdische Göttin ist Gaia Unterwelts- und Todesgöttin. Sie birgt in sich die Toten und die Gräber. Der Eidschwur, bei dem sie mit anderen unterirdischen Göttinnen angerufen wird, hat eine besondere, bindende Kraft. Als Gattin des von ihr erzeugten Uranos ist sie die Mutter der Titanen, der Kyklopen und Hekatoncheiren. Sie fängt das Blut des entmannten Uranos auf und gebiert aus ihm Erinyen, Giganten und melische Nymphen. In der Verbindung mit ihrem Sohn Pontos bringt sie den Nereus, Phorkys und Thaumas, die Keto und Eurybia hervor. Auch wird sie als Mutter des Drachen Python, des schlangenköpfigen Typhoeus, des Kekrops, Erechtheus und Antaios bezeichnet. Es sind die Autochthonen, die von ihr abstammen. Von ihr leitet sich alles her, und zu ihr führt alles zurück, daher ist weissagende Kraft in ihr. Ihr gehörte in der ältesten Zeit das delphische Orakel, als Erdorakel, in dem sie selbst oder durch die Bergnymphe Daphnis Sprüche gab. Gaia als Weissagerin ist es, die dem Kronos voraussagt, daß er von einem seiner Söhne überwunden werden wird.

Gaia hat nichts Jungfräuliches und wirkt durch die Kraft des Schoßes. Sie ist Gebärerin, Ernährerin, Erhalterin, wird auch die Breitbrüstige und die Allgeberin genannt. Ihre gebärende Kraft ist so groß, daß sie ohne Zeuger Kinder hervorbringt. Wird ihre Tochter Rhea die Große Mutter genannt, so ist Gaia die Mutter der Mütter. Sie ist Gebärerin und Mutter, in der das Geschlecht in seiner ganzen Macht sichtbar wird, nicht aber Göttin der ehelichen Verbindung, die für sie keine eigene Kraft hat. Den Vater und Gatten ehrt sie nicht und achtet nur auf die Kinder, hinter denen alles zurückstehen muß. Nicht gegen den Sohn, sondern gegen den Vater Uranos reizt sie die Titanen auf, den Gatten Uranos gibt sie preis, als er Hekatoncheiren und Kyklopen in den Tartaros wirft. Wo sie erscheint und sich in den Kampf mischt, tut sie es als Mutter, in Unterstützung der von ihr Geborenen. Sie schützt, wie Tityos zu erkennen gibt, in dem Sohn auch den Räuber und Vergewaltiger, denn sie hat Lust an allem Zeugen und Gebären und freut sich über den Zeuger, mag er sein Werk vollbringen, wie er will. Ihr liegt nicht an den Jungfrauen, sondern an der Mutterschaft.

Gaia ist unerschütterlicher, immerwährender Bestand, ist die erhaltendste aller Göttinnen, die etwas Unwandelbares, in sich Unveränderliches zeigt. Sie ist gegen alle neuen Ordnungen und Satzungen. So tritt sie auf die Seite des Kronos gegen den Zeus, unterstützt die Titanen und Giganten gegen die Götter, liebt die Erstgeborenen und ist eine Schutzherrin der Erinyen. Als Mutter entzieht sie sich nicht der trauernden

Rhea, die nach der Geburt des Zeus um Hilfe für ihn fleht, und nimmt ihn der Rhea ab, um ihn in Kreta aufzuziehen. Zeus ist ohne sie nicht zu denken. Zu ihm fleht sie als dem Regenspender nach oben. Ihr und dem Zeus Agoraios ist unweit des spartanischen Marktes ein eigenes Heiligtum errichtet. Wie sie mit anderen Göttinnen gemeinsam bei Eidschwüren angerufen wird, so opfern ihr, dem Hades und dem Hermes in Athen alle, die im Areopag freigesprochen wurden, eine Spende der im Lichte Lebenden und dem Lichte Zurückgeschenkten an die Todesgötter.

Gaia ist keine sichtbar herrschende, sondern verborgen waltende Göttin, denn wenn sie auch überall und in allem ist, so zeigt sie sich doch nur selten und erscheint nur bei den größten Unruhen, die sie in heftige Mitleidenschaft ziehen. Ihre Stärke ist unüberwindbares Beharrungsvermögen und hat zugleich jene Schwere, die unbeweglich und unbewegbar macht. So scheint es, daß sie sich nur mit Mühe aufzurichten vermag. Ihre Schwere ist es, die das bäuerliche Leben, den Körper des Bauern schwer macht. Es bedarf eines Widerstandes von gewaltiger Kraft, um sie aus ihrem fruchtbaren Schlummer zu wecken. Sie liebt weder den Kampf noch die Veränderungen und möchte auf weibliche Weise alles so lassen, wie es ist, alles in seinem ersten Bestand schützen und erhalten. So ist sie auch keine Göttin der Ferne, sondern der Nähe, eine Göttin dessen, was ihr nah ist und nah bei ihr bleiben möchte, was nicht die Lust spürt, sich von ihr zu entfernen und abzulösen. Kronos ist ihr näher als Zeus, sie liebt die Titanen und Giganten mehr als die Götter. Dem Chaos entsprungen, aus dem Gestaltlosen hervorgegangen, liebt sie auch das, was Chaos nahe ist, die großen Gestalten des ursprünglichen Werdens, die Ersterzeugten, deren Gesichter und Leiber die Spuren ihrer Herkunft zeigen. Von der alles Geistige umfassenden Erhabenheit des Zeus wendet sie sich ab, trauernd um das Los ihrer Söhne und Töchter, der Titanen.

Das Titanische der Gaia zeigt sich darin, daß sie von dem ihr zugeordneten Herrschaftsbereich sich nur schwer abzulösen vermag; sie erscheint liegend, lagernd, mit halbem, aus der Erde hervorbrechendem Leib. Wo sie frei stehend abgebildet wird, wie auf manchen Vasen, erscheint sie mit geringerer Kraft. Den Bezug zur Erde und der Gaia zeigt der Gigant Alkyoneus, der von Herakles aus Pallene weggeschleppt wird, weil er in dieser seiner Herrschaft unsterblich ist. Auch der libysche Antaios ist ein Sohn der Gaia. Herakles entreißt ihn der Gaia und erwürgt ihn in der Luft. Solange er sich mit dem Herakles auf der Erde mißt, ist er nicht zu überwinden, aber von der ungeheuren geistigen Macht des Halbgottes in den Äther emporgehoben, geht es mit ihm rasch zu Ende. Antaios ist ein Sohn des Poseidon, und Poseidon erscheint in einer Beziehung zur Gaia, zu Okeanos und Uranos, die ihn von dem Kreis der olympischen Götter absondert.

Uranos

Uranos, Sohn und Gatte der Gaia, ist der erste Herrscher. Chaos begründet keine Herrschaft, und auch Gaia tut es nicht. Uranos ist kein Titan, denn das Titanische entsteht erst durch seine Verbindung mit der Gaia. Wie sie ist er unerschütterlicher, immerwährender Bestand; ihm ist nicht jene wiederkehrende Bewegung eigentümlich, wie sie die Großen Titanen vollziehen. Diese geht erst aus dem uranischen Zeitalter hervor und führt dessen Sturz herbei. Uranos währt wie die Gaia zu allen Zeiten; daß er als Herrscher untergeht, hebt dieses Währende nicht auf. Die Bedeutung des Wortes „Titanen“ ist vieldeutig und verliert sich im dunklen. Hesiod vermerkt, daß Uranos selbst seinen Kindern diesen Namen gegeben habe, zum Hinweis darauf, daß sie durch den Frevel gegen ihn dem Verbrechen entgegenstrebten.

Unter dem Uranos kommt es zum ersten Zusammenstoß zwischen den widerstreitenden Kräften. Zu den Kindern, die er von der Gaia hat, gehören die Hekatoncheiren (Hundertarmigen) und Kyklopen, die er alsbald in den Tartaros stürzt. Gaia bewegt deshalb die Titanen zum Kampf gegen ihn. Von ihr stammt die adamantene Hippe, die sie dem Kronos überreicht, der allein von allen Titanen sich bereit erklärt, die Tat gegen den Vater zu wagen. Sie wird vollbracht während der Umarmung des Uranos mit der Gaia, bei dem Beilager, zu dem der liebesdurstige Uranos herabgestiegen ist, aus dem Hinterhalt. Das furchtbare Ereignis umschließt zugleich einen Augenblick von der höchsten Fruchtbarkeit. Aus dem in Strömen zur Erde niederstürzenden Blut sprießen die Erinyen und die Giganten hervor. Das Meer, in welches Kronos das abgemähte Zeugungsglied wirft, beginnt zu wallen und zu schäumen, ein Kranz von weißem Schaum bildet sich wirbelnd darum, und aus ihm geht die uranische Tochter, die Aphrodite Aphrogeneia, die Schaumgeborene, in feuchter Schönheit hervor. Unberührt von dem Kampfe, an dem sie keinen Anteil hat, steigt sie still aus dem Meer, naht sich Kythera und begibt sich in Cypern an Land.

Die Hundertarmigen und Kyklopen, um die der Kampf entbrennt, sind der Gaia teurer als der älteste Sohn und Gatte, sind ihr verwandter als der schwerelose Uranos. Gaia wendet sich gegen ihren Ältesten, weil er ihre Mutterschaft bedroht. Dem Uranos sind die Hundertarmigen so verhaßt wie er ihnen. Hesiod nennt sie die schrecklichsten Kinder des Uranos und der Gaia; sofort nach ihrer Geburt werden sie vom Vater in der Tiefe verborgen. Es sind, wie schon ihr Name sagt, riesenhafte und ungefüge Wesen, drei an der Zahl.

Kottos, Gyes und Briareos haben jeder fünfzig Köpfe und hundert Arme. Sie sind Brüder der Titanen, aber von einer roheren Kraft, mit der kein Auskommen ist. Wesen wie sie sind für die Herrschaft nicht geboren, treten aber an den Wenden mächtig hervor, als Diener eines Höheren, in dessen Dienst sie die Entscheidung herbeiführen. So erscheint Briareos, von der Thetis gerufen, auf dem Olymp und setzt sich neben den Thron des Zeus, den zu fesseln die Götter erwägen. Eine Weissagung der Gaia lautet, daß nur mit Hilfe der drei Hundertarmigen die Titanen überwältigt werden können. Zeus führt sie aus dem Tartaros herauf, bewirtet sie auf dem Olymp und erhält durch den Kottos die Zusicherung ihrer Hilfe. Alsbald greifen sie in den Kampf ein und entscheiden ihn. Als Wächter der gestürzten Titanen hausen sie von nun an vor dem Tore des Tartaros und halten ihre Brüder in Schach. Die drei Kyklopen Arges, Brontes und Steropes, die von Uranos wie von Kronos in den Tartaros eingeschlossen werden, durch Zeus aber, der ihre Wächterin Kampe tötet, ans Licht kommen, wenden sich wie die Hundertarmigen gegen die Titanen. Sie werden die gehorsamen Diener des Zeus, den sie mit Donner, Blitz und Wetterstrahl beschenken, während sie dem Poseidon einen Dreizack, dem Hades einen Helm überreichen. An ihnen tritt eine Seite des titanischen Wesens hervor, die auch die idäischen Daktylen zeigen. Diese Einäugigen sind Arbeiter, Schmiede, Mechaniker von ungeheuren Kräften und Körpermaßen. In ihren unterirdischen Schmieden und Werkstätten schmieden sie die Blitze des Zeus, darunter jenen, der den Asklepios, den Sohn des Apollon, traf, weswegen sie mit dem Apollon in Streit geraten. Blitze und Waffen schmiedend, tauchen sie später in den Schmieden des Hephaistos auf, in den Werkstätten des Ätna und der liparischen Inseln. Sie sind von den mauerbauenden Kyklopen zu trennen, und auch von den Söhnen des Poseidon, den homerischen Kyklopen, die als Hirten und Viehzüchter auf Thrinakria leben. In den Kyklopen, welche Söhne der Gaia sind, zeigt sich die mechanische Seite, der das Titanische zuneigt, das Erfinderische, Kunstfertige und zugleich Gewaltsame, wie es in vollkommener Ausprägung bei Prometheus erscheint. In dem Lärm ihrer Arbeit, der sie allein Aufmerksamkeit zuwenden, im Rauch ihrer unterirdischen Essen, die ihnen den freien Blick nehmen, fühlen sie sich wohl und sind munter. Das ist der Bezirk ihrer Arbeit, deren Erzeugnisse sich andere nutzbar machen. Das titanisch Wiederkehrende erscheint als mechanischer Ablauf in der Zeit, als sich wiederholender Arbeitsprozeß. Arges, Brontes und Steropes haben die Natur von Knechten und Dienern; so sind sie in Diensten bei Kronos, bei Zeus und beim Hephaistos, der unter allen Göttern das ihnen gemäße und verwandte Wesen zeigt, in dessen Schmiede sie daher unterschlüpfen.

DIE GROSSEN TITANEN

1. Kronos und Rhea

Die Reiche des Uranos und des Kronos folgen aufeinander. Wie aber heben sie sich voneinander ab? Der Herrschaftsbereich des Uranos erscheint weiter und umfassender als der des Kronos, zugleich leerer und ärmer an Gestalten. In dem Reich des Uranos überwiegt der Raum die Zeit; es ist mehr Raum in ihm. Das Reich des Kronos ist, an dem des Uranos abgemessen, nicht nur gesonderter und in seiner Sonderung deutlicher, es ist auch bewegter und belebter. Indem es sich von dem des Uranos abtrennt, schmilzt es räumlich ein. An dieser Trennung hat die Zeit einen Anteil; durch die Verbindung des Uranos mit der Gaia wird ein neues Zeitalter begründet. In der Verwechslung des Kronos mit dem Chronos, die schon der Antike unterlief, liegt einiger Sinn. Wird Kronos dargestellt mit einem Gewand, das über den Hinterkopf gezogen ist, und mit der Sichel in der Hand, so ist darin etwas Zeitliches ausgesprochen. Die Sense oder Sichel erscheint später als ein Attribut der dem antiken Denken fremden Gestalt des Todes, der durch sie in ein Verhältnis zur Zeit gesetzt wird. Saturnus, der mit dem Chronos verwechselt wird, ist von einem dunklen Zeitenstrom umweht, auch in seiner Eigenschaft als Gott der Saaten, in der er von den Römern besonders verehrt wird.

Das Reich des Uranos schließt eine Raumsetzung, das des Kronos eine Zeitwerdung in sich. Im Reiche des Uranos ist unverbrüchliche Ruhe; in seinem Schweigen, seiner Stille scheint nichts sich zu verändern. Uranisches Schweigen ist über Himmel und Erde ausgebreitet. Das Reich des Kronos erfüllt sich mehr und mehr mit der Unruhe des titanischen Werdens, mit dem Ansturm sich widerstreitender Kräfte, durch die auch Gaia in heftige Mitleidenschaft gezogen wird, während sie unter der Herrschaft ihres Sohnes und Gatten Uranos ruhender erscheint.

Kronos ist der jüngste der Titanen, der am spätesten Geborene, ist also von der Herrschaft des Vaters am weitesten entfernt und wächst dort auf, wo sie endet. Uranos ist hart gegen seine Kinder, aber von anderer Härte als Kronos. Kronos ist über die Härte des Vaters erbittert, der dem titanischen Werden einen Riegel vorlegt. Kronos will dieses titanische Werden, will es so, daß es in sich selbst besteht und sich in seinem ewigen Kreislauf erhält. Er verschlingt seine Kinder, den Hades und Poseidon, die Hera, Hestia und Demeter. Die Götter wollen das nicht, was der Vater will, Zeus will es nicht; seine Herrschaft vollendet sich nicht in den zyklischen Wiederholungen, im Kreislauf der elementaren Wiederkehr, über der Kronos als mächtigster der Titanen Wache hält. Uranos erscheint in einem Raum von ewiger, eherner Bläue, in dem er unbeweglich thront. Die Starre des Kronos liegt in der Bewegung, die sich in vorgezeichneten Bahnen unabänderlich und gleichförmig wiederholt. Kronos bewegt sich, aber vollendet nichts. In Zeus vollendet sich die Bewegung.

Kronos verschlingt seine Söhne, die Kroniden, und verschlingt seine Töchter. Rhea rettet den Zeus und gibt dem Vater an Stelle des Sohnes einen mit Windeln umwickelten Stein zum Verschlingen. Kronos merkt die Täuschung nicht; es entgeht ihm, daß ihm der Zeus entgangen ist. Und so entgeht der in der Verborgenheit lebende Sohn dem Vater, der ihn nicht wahrnimmt. Rhea hält den Sohn in Höhlen verborgen, doch ist in Zeus selbst ein dem Kronos Verborgenes, zu dem er von sich aus keinen Zugang hat. Das bewahrt den Jüngsten vor dem Geschick, das seinen Geschwistern zuteil wird. Als er zu männlicher Reife gelangt, zwingt er den Kronos, die verschlungenen Kinder wieder herauszugeben. Kronos kann sie nicht bei sich behalten und speit sie aus. Er gibt auch den Stein von sich, den er verschlungen hatte, und Zeus befestigt ihn als Wahrzeichen in Delphi. Der Trunk, durch den die Götter und der Stein wieder ans Licht kommen, wird dem Zeus von der Okeanide Metis gereicht, und Metis gilt als die erste Gemahlin des Zeus. Zeus verschlingt seine Kinder nicht, aber er verschlingt die kluge, ratgebende Metis, als ihm geweissagt wird, sie werde ihm eine Tochter gebären, dann aber einen Sohn, welcher seine Herrschaft gefährde. Als er die Okeanide verschlungen hat, gebiert er aus seinem Haupte die Athene.

Der Titanenkampf beginnt in dem Augenblick, in dem Kronos die verschlungenen Kinder von sich gibt. Kronos wird in den Tartaros gestürzt, und im Tartaros liegt er von da an gefangen. Wie Uranos, so besteht auch Kronos immerdar fort. Es heißt von ihm, daß er mit Rhadamantis die Inseln der Seligen beherrsche, daß er im kronischen Meer jenseits Thule als Entthronter in der goldenen Höhle einer Insel schlafend ruhe. Es sind Schattenreiche, in denen er fortbestehend gedacht wird. Und auch seine Verehrung besteht fort. Ihm werden in Athen die Kronien gefeiert, und unter der Burg hat er sein Heiligtum. Im Peribolos des Heiligtums des olympischen Zeus liegt der kronische Hügel, liegt der Tempel des Kronos und der Rhea und der heilige Raum der Gaia Olympia.

Ein Sohn des Kronos und der Okeanide Philyra ist der Kentaur Cheiron, der ehrwürdigste aller Kentauren durch seine Herkunft. Das Kentaurische, das frei ausschweifend und streifend im Wildlande lebt, von der Morgenfrische der Landschaft umwittert, zeigt sich bei ihm in seiner geistigsten Gestalt. Er ist der heilende Arzt, der dem Phoinix sein Augenlicht wiedergibt. Musische Kraft ist in ihm; er ist ein

Lehrer der Tonkunst und der Gymnastik. Er ist der Schutzherr des Peleus, seines Enkels, den er vor den Kentauren bewahrt, dessen Hochzeit er durch sein Erscheinen ehrt und dem er eine unfehlbare Lanze schenkt. Er überträgt diese Freundschaft auf den Achilleus, dessen Lehrer er ist. Und so ist er der Schützer und Wärter des jugendlichen Heroenlebens, und seine Höhle auf dem Pelion ist die Schule der jungen Heroen, unter denen wir den Theseus, den Polydeukes, Diomedes und viele andere finden. In Cheiron zeigen sich, obwohl er von reinem titanischem Ursprung ist, keine titanischen Kräfte. Er ist Arzt, Künstler, Erzieher, ein tiefer Kenner der in den Kräutern schlummernden Kräfte. Er ist der unter seiner Unsterblichkeit Leidende, krankend an dem mit dem Gift der lernäischen Hydra getränkten Pfeile. Er sehnt seinen Tod herbei und stirbt, als Zeus seine Unsterblichkeit auf den Prometheus überträgt. Ihm also kann, was bei den Titanen nicht denkbar ist, die Unsterblichkeit genommen werden, seine Unsterblichkeit kann als übertragbar gedacht werden. Als den Schützen sehen wir ihn unter den Gestirnen. Sein Tod wird von Göttern und Heroen beklagt, und die Trauer um ihn zeigt die Größe des Verlustes an, an dem jeder teilhatte, denn Cheiron ist ein Inbild aller kentaurischen Kraft, Tugend und Tüchtigkeit.

Rhea, die Gattin des Kronos, ist die stärkste der Titaninnen, ist, wie ihre Tochter Hera, weibliche Urkraft und Urmacht. Ihr Baum ist die Eiche, ihr Tier der Löwe. Der Löwe, der ihr zugeordnet ist, den wir auf ihren Darstellungen finden, zeigt ihr königliches Wesen. Er liegt einzeln oder paarweise zu den Füßen ihres Thronsessels, in statuarischer Haltung, welche die ruhende, ihrer selbst bewußte Kraft anzeigt, oder er zieht den Wagen, auf dem die Titanin sitzt. Auf dem Altarfries von Pergamon reitet Rhea auf dem Löwen in den Gigantenkampf. Sie ist selbst eine Löwin und hat etwas Sonnenhaftes.

Sie ist die Mutter schlechthin, die Große Mutter, die Göttermutter. Zeus, Poseidon und Hades sind ihre Söhne, Hera, Demeter und Hestia ihre Töchter. Rhea als Tochter der Erdmutter Gaia zeigt Verwandtschaft mit dieser, ist mehr Mutter als Gattin und wendet sich von dem Zeuger Kronos ab. Im Kampf der Titanen mit den Göttern ergreift sie für ihre Kinder Partei; sie legt den Grund für diesen Kampf und bereitet ihn vor. Auf Kreta, auf dem Gebirge Dikte oder Ida oder in der Höhle bei Lyktos war es, wo sie den Zeus heimlich gebar und vor dem Kronos versteckte. Der Zeuger Kronos war immer auch der Vernichter ihrer Mutterschaft; ihr Zusammenleben mit ihm ist unaufhörliche Qual, nie endendes Leiden der Mutter, die sich ihrer Frucht beraubt sieht. Im Reich des Kronos ist es ihr verwehrt, als Mutter ihrer Kinder zu leben, mütterlich für sie zu sorgen und zu wirken.

Was ist das Titanische an der Rhea? Eben dieses, daß sie Mutter ist, und nichts anderes. Die Titaninnen sind Mütter oder werden, wie die Themis und die Mnemosyne, durch den Zeus zu Müttern. In der Mutterschaft und Mütterlichkeit reichen auch die sterblichen Weiber an das Titanische heran, in der Maß- und Grenzenlosigkeit der Sorge und des Leidens. Mehr als das Mädchen, als die Jungfrau, die unberührt und verschlossen ist, ist die Mutter dem Titanischen der Gaia und Rhea zugewendet. Die immer wiederkehrende Bestimmung des Weibes, die stets sich erneuernde und wiederholende Fruchtbarkeit wird in der Rhea am höchsten geehrt, aus deren Schoß die olympischen Götter kommen. Die Befruchtung, das Austragen der Frucht, die Schmerzen und Wehen der Geburt, das Nähren und Aufziehen, das alles wiederholt sich, dieser Gesetzmäßigkeit entrinnt das Weib nicht. In Athene, in Artemis ist nicht dieses Titanische, aber in Rhea, der Mutter, ist es in seiner Stärke, die bis zur Wildheit geht, bis zur reißenden Wut der von ihrer Brut aufgescheuchten, in ihrer Brut bedrohten Löwin. Daß der Gatte selbst ihre Brut bedroht, mehrt die Wildheit der Mutter. Ihr Mühen für den Zeus wird von diesem vergolten; er gibt ihr Ruhe, schafft der Mutter Raum und setzt die mütterlich thronende Rhea in den Genuß ihrer Würden ein. So sitzt sie auf dem Thronsessel, die Mauerkrone auf dem Haupt, die Löwen zu ihren Füßen.

Mehr als der thronenden wird der verletzten Rhea Verehrung gezollt, deren Hauptsitz die Insel Kreta ist, wo sie in einer Höhle, auf Bergen den Zeus gebar. Und nicht nur in Griechenland, auch in Lydien, Mysien, Phrygien und anderen kleinasiatischen Ländern wird sie geehrt. Sie ist die pessinuntische Mutter. Hier erscheint sie nicht als Titanin, sondern als die Große Mutter eines Mysteriendienstes, der sich weithin verzweigt, immer aber, auch als Rhea-Kybele, als Stellvertreterin der Gaia, der Erdmutter. Die Frauen strömen ihr zu, und in der Erregung, welche die Mysterien des Attis-Dienstes durchzittert, ist spürbar, wie der Sohn und der Geliebte für sie eins werden. Hier wird ihre Mütterlichkeit orgiastisch und schweifend und nähert sich dem dionysischen Wesen, das sich mit ihr auf enge Weise verbindet. Sie ist umgeben von Korybanten und Kureten und auch von Entmannten, den Gallen, die zu ihrem Festzug gehören. Es ist der thrakische Bakchos Sabazios, der zu der Rhea-Kybele in innigem Verhältnis steht und als Sohn der Großen Mutter ausgegeben wird. Das gesamte dionysische Wesen ist zu der orgiastischen Mütterlichkeit der Rhea so in Beziehung gesetzt, daß es als hervorgehend aus ihr gedacht wird. Wilder, zur Raserei ansteigender Jubel, der von dem Lärm der Handpauke, des Tympanons begleitet wird, gehört zum Dienst der Rhea-Kybele.

Das Titanische an ihr tritt hervor, wo sie durch die ihr innewohnenden Kräfte auf die idäischen Daktylen einwirkt und sie in korybantische Erregung versetzt. Sie stehen im

Dienst der Großen Mutter. Geboren sind sie auf dem kretischen oder phrygischen Ida. So werden kretische und phrygische Daktylen unterschieden und als kretische fünf, zehn oder hundert angegeben, Zahlen, die auf eine große und geschätzte Anzahl hinweisen. Phrygische gibt es nur drei: Damnameneus, Akmon und Kelmis. Diese Namen bezeichnen sie als Hammer, Amboß und Schmelzer, geben also zu erkennen, daß sie zu den Schmieden gehören. Sie sind titanische Wesen, titanische Schmiede, die aus ihren rußigen Essen hervorkommen, um der Rhea ihre Verehrung zu beweisen, um die Tochter der Gaia zu begrüßen. Sie sollen das Eisen und Kupfer gefunden und zuerst bearbeitet haben und gelten zugleich als Erfinder des Taktes, jenes wiederkehrenden Rhythmus nämlich, den sie dem Takt ihrer Hämmer abgelauscht haben. Sie sind kunstfertig, erfinderisch, besitzen ein Wissen um die geheimen Kräfte der Natur und werden als Zauberer angesehen. Nicht nur die Fundorte der Metalle kennen sie, etwas Metallisches ist an ihnen selbst, und ihre handwerklichen, technischen Fähigkeiten verbinden sich mit elementargeistigem, salamandrischem Wesen. Als Besitzer geheimer und von ihnen gehüteter Kräfte sind sie abgesondert, fremd und werden mit Mißtrauen betrachtet, wie es den Schmieden oft geschieht. Ihre quecksilberne Unruhe und Beweglichkeit hat etwas Dämonisches. So erscheinen sie als titanische Arbeiter, die in ihren rauchenden Essen sich unsichtbar umhertreiben, aktiv als Hämmerer und Schmelzer, passiv in den Kräften des von Eisen geschlagenen Ambosses. In ihnen tritt eine Seite des titanischen Wesens hervor, die nicht außer acht gelassen werden darf. Sie gehören in das Gefolge der Titanen, in die titanischen Rüstkammern und Werkstätten, in denen metallurgischer Geist und Schaffensprozeß am Werk ist. Schon die Anfänge aller Technik sind titanischen Ursprungs.

2. Okeanos und Tethys

Der Große Titan Okeanos war von allen Titanen der einzige, der schon in den Kampf zwischen Kronos und Uranos nicht eingriff. Er nimmt, wie die Mehrzahl der Titanen, auch an dem Kampfe zwischen Kronos und Zeus keinen Anteil. Sein Wesen ist friedlich, stetig, beharrend wie das Wesen des Elements, das ihm zugeordnet ist. Wasser ist freilich beweglich, flüssig, veränderlich, zugleich aber beharrend und aller feurigen Unruhe widerstrebend. Proteus, der die Robben der Amphitrite weidet, zeigt am sichtbarsten die Veränderlichkeit des Elements, das sich in allen Formen gleichbleibt. Ein leicht Auffahrendes, leicht Bewegtes, aber auch rasch zu Begütigendes zeigt sich an Poseidon. Okeanos ist in einer immerwährenden, immer sich gleichbleibenden Bewegung begriffen, und aus dem Kreislauf des Elements tritt er hervor, ohne ihn je zu verlassen.

Unter dem Namen Okeanos ist dreierlei zu verstehen. Zunächst der Titan selbst, ein Herrscher von hoher Machtfülle. Sodann der die scheibenförmige Erde umfließende Weltstrom, welcher Erde und Meer in sich schließt. Er läuft in einem genauen Kreise, strömt also in sich selbst zurück und wird als in sich zurückströmende Flut von Hephaistos auf dem Schilde des Achilles abgebildet. Wo der Strom in Berührung kommt mit dem Meere, das er einschließt, vermengt er sich mit ihm nicht; die Wasser bleiben getrennt und sind als geschieden vom Auge zu erkennen. Der Lauf des Okeanos hat einen ungeheuren Umfang, und in seiner Weite berührt er das Entfernteste. Aus ihm erheben sich Eos, Helios und Selene, und in ihn kehren sie zurück. An ihm liegen das Haus des Hades und die Ströme der Unterwelt, liegen die Haine der Persephone und das Land der Träume, liegt Elysium und wohnen die Kimmerier und Aithiopen. Bald in hohen Wirbeln aufschäumend, bald tief und sanft strömend, eilt der Weltstrom an diesen Grenzen aller Erscheinungen vorbei. Nach Hesiod entspringen ihm zehn Quellen, die sich wie Okeanos selbst im Kreise drehen. Styx, die Geheiligte, die älteste Tochter des Okeanos, ist der Quelle gleichen Namens zugeordnet, die aus einem von silbernen Säulen gestützten Felsenhause hervorkommt und ein Zehntel der Länge des Weltstroms Okeanos ausmacht. Von der Styx sagt Hesiod, daß sie als erste auf die Aufforderung hin, die Titanen zu bekämpfen, mit ihren Söhnen zum Olymp eilte und deshalb geehrt und in ihren Würden gemehrt wurde. Ihre Kinder gewannen für immer Wohnung im Hause des Zeus. Bei der Styx schworen die Götter und ließen zur Bekräftigung des Schwures von der Iris in einem goldenen Kruge Wasser von der Styx holen. Alle zehn Quellen schlängeln sich nach Beendigung ihres Kreislaufs ins Salzmeer. Okeanos ist ein Süßwasserstrom. Ein noch weiterer Begriff ist, daß ihm alle Meeresfluten, Ströme, Flüsse und Quellen entspringen; hier erscheint er als Urgrund und Urquell von allem, was ist, und wird der Ursprung aller Götter genannt, die aus diesem Kreis ohne Ende, der in ewiger Bewegung und Wiederkehr ist, hervorgehen.

Daß Okeanos nicht auf die Seite der Titanen tritt, wird von den Göttern als Beitrag zu ihrem Sieg gewürdigt; er wird in seinen Ehren und Besitztümern erhalten und weicht nur dem Zeus an Machtfülle. Dargestellt wird er mit dem Zepter, dem Füllhorn, der Wasserurne, aus der reiches Naß hervorströmt; Seetiere und Schilf umgeben ihn, und die Hörner der Kraft entsprießen seinem Haupte. Seine alte Würde zeigt sich wie die des Pontos, des Nereus, des Thaumas und Phorkys in der Gestalt; die Meeresherrscher verkörpern das silberne Greisenalter. Sie sind herrliche, kraftvolle Gestalten, unter denen Pontos als der älteste, vor dem Okeanos von der

Gaia Geborene, hervorragt. Pontos ist der Beherrscher weiter Meeresräume. Nereus, der älteste Sohn von Pontos und Gaia, herrscht in den tiefen und stillen Fluten. Von ihm und der Okeanide Doris stammt die Schar der fünfzig lieblichen Nereiden. Hesiod nennt ihn den Alten, der wahr, untrüglich und unfehlbar ist, voller Huld, gesetzliebend und von unveränderlicher rechtlicher Gesinnung. Er nennt den Thaumas gewaltig, den Phorkys herrlich. An dem silbernen Alter und den Bewegungen der Meeresherrscher zeigt sich die Zeitlosigkeit der Flut, die der am Wasser lebende Mensch empfindet. Die rhythmische Wiederkehr der Wogen und Wellen, das Sichheben und Sichsenken des Meeres, das ein ewiges Ein- und Ausatmen ist, ist zeitlos. Die erheiternde Kraft des Elements hängt damit zusammen. Am Wasser geht die Zeit hin, ohne daß wir sie merken. Es nimmt dem Menschen eine Last ab und erleichtert ihn. Hier ist das Gebiet tritonischer Spiele, die ohne Anfang und Ende sind. Wunderbar ist diese Wiederkehr der Flut; der Mensch, der sich ihr hingibt, vergißt sich selbst. So ist dem Fischer anzumerken, daß er einen anderen Zeitbegriff hat als der Bauer; er schaltet mit der Zeit freier, er paßt sich dem Wasser und seiner Bewegung an.

Tethys, die liebliche, die Gemahlin des Okeanos und durch ihn die Mutter der Okeaniden und der Stromgötter, lebt mit dem Gatten in engster Vereinigung. Sie ist die Erzieherin der Hera, welche von Rhea zu ihr gebracht wurde. Dargestellt wird sie auf dem von Seetieren gezogenen Wagen, neben ihrem Bruder und Gatten Okeanos sitzend. Sie ist ausgezeichnet durch ihre freudige und unerschöpfliche Fruchtbarkeit, durch die Fülle ihrer gebärenden Kraft, die sich auch an der Doris zeigt. Die Fruchtbarkeit ist bei den Beherrschern der Feuchte am größten. Die Zahl der Okeaniden, der Weltstromnymphen, deren Reich das der Nereiden umschließt, wird auf dreitausend männliche und dreitausend weibliche angegeben.

Zahlen dieser Art sind immer rund, so die Zahl der Rinder des Helios, die Zahl der Kinder des Endymion und der Selene oder die Zahl der idäischen Daktylen. Sie sind Schätzungen und Abkürzungen. Hesiod sagt, daß kein Sterblicher alle Kinder der Tethys mit Namen benennen könne; der Mensch kennt nur die, die im Umkreis seiner eigenen Heimat beheimatet sind. Die Kraft der Tethys ist nur in Anschlag zu bringen; sie umfaßt und schließt alles bis zu den äußersten Grenzen in sich. Sie entspricht auf der weiblichen Seite dem männlichen Okeanos, den sie auf seinem Kreislauf begleitet, dessen Bewegung sie unablässig teilt.

An dem Okeanos, verglichen mit dem Poseidon, zeigt sich ein Unterschied, der in bezug auf die elementar schaffende Natur besteht. Die Titanen sind die Meister der elementaren Kräfte und Erscheinungen, doch ist ihnen nicht gegeben, sich deren Wirken frei gegenüberzustellen. Sie folgen immer auch dem Zug dieser Kräfte und machen ihn sichtbar, ohne sich von ihnen ablösen zu können. Sie sind Söhne der Gaia, von der sie nicht freikommen. Das Großgeartete an ihnen hebt sich nicht von dem Grund ab, dem sie entstammen. Hinter ihnen ist Dunkel, und wenn sie ins Licht treten, ist es, als ob sie unmittelbar aus der Nacht kämen. Selbst an dem leuchtenden Helios ist das unverkennbar. Das riesenhaft Erhabene, das ihnen als den ersten Kindern anhaftet, hat die Erhabenheit der Natur und gleicht dem Gewitter, dem Meeresleuchten oder der Sturmnacht. Notwendigkeit und auch die Zügel- und Fessellosigkeit des Elements ist in ihnen, die nur von einem anderen Element in Schranken gehalten werden kann. Indem hier jeder bis zum Äußersten geht, ohne zu fragen, wie weit dieses Äußerste reicht und wo es aufgefangen wird, stoßen sie hart zusammen. Druck und Stoß ist in ihren Bewegungen, und so halten sie den elementaren Bau aufrecht, der sich in ihnen zugleich darstellt.

Okeanos umfaßt das ganze Reich des Poseidon, das auch in seiner äußersten Erstreckung an den titanischen Bezirk stößt. Wie das Reich des Uranos weiter und leerer erscheint als das des Kronos, und dieses weiter und leerer als das des Zeus, so auch das Reich des Okeanos weiter und leerer als das des Poseidon. Auch ist das Wirken des Poseidon ein anderes als das des Okeanos, denn ihm untersteht nicht wie dem Titanen der Weltstrom in seinem Kreislauf und seiner Wiederkehr. Er ist der Herr und Gott des Meeres, das von ihm durchaus geschieden ist und als unterschieden von ihm gedacht werden muß. In seiner Herrschaft über das Meer ist mehr Freiheit und Distanz als in der des Okeanos über den Weltstrom. Weil diese Trennung da ist, ist mehr Ordnung da, denn wäre die Trennung nicht, wäre Poseidon identisch mit dem Meere, was nicht einmal von Okeanos und dem Weltstrom behauptet werden darf. Diese Ordnung ist immer eine zugeordnete. Poseidon ist der Erderhalter und Erderschütterer; er ist der Nymphenführer und lockt Quellen hervor. Er bringt das Roß und bändigt es, das macht ihn zum Gott der isthmischen Spiele, wie denn gegen das Land hin die Kaps und Vorgebirge, die Landengen und Halbinseln seine Macht spürbarer werden lassen. Ihm untersteht die nereidische Weiblichkeit, deren Anführerin, die Nereide Amphitrite, seine Gattin ist. Er ist der Liebhaber und der Beschützer der Mädchen, die zu den Quellen gehen, um Wasser zu holen; auf einem solchen Wege begegnet ihm die schöne Danaide Amymone. Das Reich des Poseidon ist ein schöner geordnetes Reich als das des Okeanos. Es ist reicher an Schmuck und Wohllaut. Der mächtig einherrollende Weltstrom umschließt es mit einem Gürtel, umschließt es als eine Mitte, von der her das gesamte Meereswesen Gestalt gewinnt. Schön sind die Okeaniden, aber erst in der Verbindung des Poseidon mit der nereidischen Weiblichkeit entfalten sich die Grazien des

Meeres. Es ist der große Chor der Nereiden, in dem sie sich vereinigen. Auf Delphinen und Tritonen, auf den Ungeheuern der Tiefe reitend, nackt aus der Flut hervortauchend, kennen sie den Scherz, das Spiel und die Muße, welche das Meer gewährt. Alle Wohltaten, die das Element bereithält, werden von ihnen verwaltet, auch eilen sie, von den angstvollen Schiffern und Schiffbrüchigen gerufen, aus der Tiefe an die Oberfläche, um Hilfe in Stürmen zu leisten. Alles dem Meer Entsprungene zeigt Verwandtschaft, etwas Gemeinsames, das seine Herkunft nicht verleugnet. Delphine, Nereiden, Tritonen, sie alle tauchen aus der Feuchte hervor und zeigen in ihrem Wuchse die Macht des Elements, dem sie entstammen. Die Schuppen, die Flossen, die Fischschwänze sind etwas, das nur im Wasser sich formt, das in seiner Bewegung dem Widerstand der Flut entspricht. Muscheln und Schnecken zeigen in ihren Abplattungen, Windungen und Krümmungen ein gleiches. Gewisse Tiere des Meeres haben einen streng symmetrischen Bau und bauen sich aus dem Kalk zu stern- und strahlenförmigen Gestalten auf, zu Gebilden, in die das Wasser ebenso stern- und strahlenförmig hineingreift. Andere sind, wie die Quallen, durchsichtig; ihr ganzer Leib wird vom Lichte durchdrungen und durch köstliche Farbenspiele belebt. Dem im Wasser Geborenen und Aufgewachsenen ist ein Schmelz, ein Auftrag der Farbe und des Glanzes eigentümlich, wie ihn nur das Wasser geben kann. Es irisiert, fluoresziert, opalisiert und phosphoresziert. Das durch die Flut dringende Licht schlägt sich auf einem festen Grunde nieder, der alle die zarten Brechungen und Funken des Lichtes abspiegelt. Diese Art Glanz zeigt der Perlmutter und in einer noch höheren Ausbildung die Perle selbst. Das Meer ist nicht ohne Geschmeide, ja alles Geschmeide steht zum Wasser in Beziehung, hat auch eine Wassernatur, durch die ihm Leuchtkraft verliehen wird. Die Farben sind hier kühl und doch schimmernd, sie gehen spiegelnd ineinander über. Das Grüne und das Blaue herrschen hell und dunkel durch alle Abstufungen hindurch. In der Erregung wird die Flut schwarz und schäumt silbern auf. Und auch dort, wo ein reines Rot oder Gelb auftauchen, ist das Wasser an ihrer Bildung beteiligt.

Es sind die Spiele der Nereiden, an die der Betrachter dieser wunderbaren, auf den ersten Blick oft befremdenden Formen erinnert wird. Es sind die Spiele, die sie in den kristallenen Fluten, in ihren grünen Grotten spielen. Der Gedanke an diese Spiele ist es, der dem Schwimmer, dem Badenden kommt und ihn erheitert. Ein Schatz von Heiterkeit ist in aller Fruchtbarkeit des Meeres verwahrt; so viel auch von ihm gehoben wird, er wird immer unerschöpflich bleiben. Wer in die Flut hinabtaucht, der spürt die Zärtlichkeit, mit der sie den Körper ergreift und durchdringt, spürt die Umarmungen, die sie austeilt. Von der spiralförmig gedrehten Schnecke bis zum schneeig weißen Leibe Leukotheas, in die sich der rohe Polyphem verliebte, als er ihren Spielen im Schaum der Küsten zusah, folgt hier alles dem gleichen Gesetz. Auch die Aphrodite Aphrogeneia entstieg dem Meere; ihre Schönheit, ihr Liebreiz ist eine Mitgift des Meeres.

Es ist poseidonischer Bereich, ist das Reich Poseidons, dem all dieses untersteht. Alles dem Dreizack Unterworfene hat etwas Gemeinsames und zeigt unverkennbare Verwandtschaft. Es ist fließend, beweglich, leuchtend, durchsichtig, dem Drucke nachgebend und Druck ausübend. Es hebt und senkt sich rhythmisch und enthüllt in seiner Bildung den Rhythmus, von dem es durchdrungen ist.

3. Hyperion und Theia

In dem Hyperion und der Theia ist uranisches Erbe. Uranos wirkt in ihnen mächtig fort, auch in der Verbindung, welche die Geschwister miteinander eingehen, auch in ihren Kindern. In dem Helios, in der Eos und Selene zeigt sich, daß sie Enkel des Uranos sind. Hyperion und sein Sohn Helios sind von der größten Wesensähnlichkeit. Oft verschmelzen sie in eine Person, so bei Homer, der den Helios mit seinem Vater gleichsetzt. Helios wird auch der Hyperionide genannt.

Das Titanische des Hyperion und der Theia zeigt auch der Sohn Helios. Das sonnenhaft Strahlende an ihm ist in unablässiger Bewegung. Aus einer stillen Bucht des in ewigem Kreislauf befindlichen Okeanos erhebt er sich am Morgen, um seinen eigenen Kreislauf über der scheibenförmigen Erde zu beginnen, und in den Kreislauf des Okeanos steigt er am Abend nieder. Er erhebt sich in den Gefilden des östlichen Äthiopiens und senkt sich in den westlichen Okeanos. Nachts vollendet er seine wiederkehrende Bahn und fährt im goldenen Kahn, in dem goldenen Sonnenbecher schlummernd, im Okeanos nach Osten zurück. Es ist der Nachen, den er dem Herakles lieh, als dieser sich zu den Gärten der Hesperiden aufmachte. Der leuchtende Helios steht zum Okeanos und der Nacht in Beziehung. Aus den Toren der Nacht steigt er im Osten immer wieder empor, der Nacht eilt er nach Westen hin immer wieder entgegen. Im äußersten Westen steht sein Haus, steht der Stall seiner goldenen und geflügelten Rosse, die von den Nereiden und den Horen abgeschirrt werden und dann auf den Inseln der Seligen weiden. Im Westen liegen seine von den Hesperiden gehüteten Gärten. Aigle, Arethusa, Erytheia und Hesperia bewachen hier zusammen mit dem Drachen Ladon den Baum der goldenen Äpfel, der aus dem Schoße der Gaia emporsproß. Die Sonnenäpfel und die

Sonnenrinder sind der Besitz des Titanen. Er erfreut sich seiner Rinderherden in Erytheia und auf der Insel Thrinakria, deren Zahl so groß ist wie die Zahl der Tage des Mondjahres. Er badet seine Rosse in dem Sonnenteich in Kolchis und ruht dort. Seine Gattin ist die Okeanide Perse, von der ihm Aëtes, Pasiphae und Kirke geboren werden. Auch Augeias ist sein Sohn. Von der Okeanide Klymene werden ihm Phaëton, die Heliaden und Merops geboren. Das Geschick des Phaëton und der Heliaden ist ein uranisches. Phaëton stürzt mit dem Sonnenwagen, zu dessen Meisterung seine Kraft nicht ausreicht. Seine Schwestern Aigle, Phaëtusa und Lampetia, die ohne Wissen des Helios den Wagen anspannen, werden in Pappeln verwandelt, welche goldene Tränen ausschwitzen, Tränen, aus denen der Bernstein entsteht.

Das Titanische erhebt sich an dem Helios zu seiner höchsten Leuchtkraft. Auf dem von Hephaistos geschmiedeten Wagen umkreist er in rollendem Glanze die Erde, in der gleichen Wiederkehr der Bewegung, die allen Titanen eigentümlich ist. Am Ostgiebel des Parthenon sehen wir den aus dem Meere auftauchenden Helios. Auf der trojanischen Metope steht er hinter der Quadriga der sich bäumenden Rosse, in der Haltung des Lenkers mit ausgestrecktem Arm, mit im Winde flatterndem Mantel, einen starken Strahlenkranz um das Haupt. Der Glanz des Helios und die Art seiner Bewegung unterscheiden ihn von dem Apollon. Der statuarisch sich aufrichtende Apollon blickt auf uns in vollkommener Ruhe, erhebt sich auf dem Sockel seiner Besonnenheit so, daß freier Raum um ihn ist und spürbar wird, wie der Gott in der Mitte steht, von der Mitte her wirkt, von der Mitte her ordnet. An Helios ist alles bewegt. Seine Rosse bäumen sich, der Wagen knirscht, Mantel und Haare werden von dem Sturmwind der Bewegung, in dem er dahinfährt, nach hinten gezogen. Dieser Bewegung kann sich Helios nicht entziehen, er ist an sie gebunden, und das ist das Titanische an ihm. In dem Glanz und Licht der Titanen Hyperion und Helios zeigt sich die Nähe des Apollon zu ihnen. Das Auge des Helios hat wie das des Apollon etwas Durchdringendes, Allumfassendes; dem Helios entgeht nichts, er sieht und hört auf seinem Kreislauf alles, weshalb er auch als Eideshelfer bei Eidschwüren angerufen wird. Sein rund gebildeter Kopf, sein Gesicht ist uns immer zugewandt und kehrt sich nicht von uns ab. So auf den rhodischen Münzen. Rhodos ist die Insel, die Helios aus dem Meer emporsteigen sah, die er sich als seinen eigenen Sitz auswählte. Rhodos ist eine Helios-Insel. Wer sie betritt, wer Gaben dazu hat, der spürt es, wenn er ihre Berge, Schluchten und Täler durchwandert, ihre Ufer umschreitet, wenn er vom Gipfel des Atabyros die im hellsten Lichte liegende Insel, das Meer und die Bergzüge der kleinasiatischen Küste überblickt. Rhodos ist der Hauptsitz seiner Verehrung, der Ort, an dem die Bildhauer ihn in Kolossalbildern verherrlichten. Hier entstand das siebzig Ellen hohe Bildwerk des Lysippos, der ihn auf dem Viergespann darstellte, hier das Standbild des Lysipp-Schülers, des Chares, aus dem Rhodos benachbarten Lindos, der den Koloß schuf, das Heliosstandbild am Eingang des Hafens der Stadt Rhodos.

In der Eos, welcher die Morgenröte und Morgenfrühe zugeordnet ist, zeigt sich das uranische Erbe der Eltern Hyperion und Theia. Eos erscheint untrennbar verbunden mit ihrem Bruder Helios. Früher noch als er erhebt sie sich aus dem kreisläufigen Okeanos, umhüllt sich mit dem safranfarbigen Mantel und schirrt ihre Rosse Phaëton und Lampos an. Sie verkündet das Nahen des Helios, sie eilt ihm voraus. Sie verläßt ihn auch während des Tages nicht, aber mit dem stärkeren Licht wird sie unsichtbar und geht in dem Glanze des Helios unter. Ihre Bewegung ist eine leichtere, leisere, ist wie der frische Hauch in der tauigen Kühle des erwachenden

Morgens. Auf den Darstellungen erscheint sie auch geflügelt, mit einer Fackel in der Hand und sich umblickend nach dem Helios, der ihr auf seinem Gespanne folgt. Eos ist Morgenfrische und Lebensfrühe, ist höchste jugendliche Anmut, erwachender und erweckender Liebreiz. Sie ist der Liebling der Dichter, die sie als die Rosenfingrige, die Rosenarmige, die Schöngelockte, die Glanzhelle rühmen. Vor der Einherfahrenden oder Einherfliegenden beginnt sich der dunkle Okeanos leise zu röten, und der Schimmer fliegt über das Land hin. Hell erschallt dann die Stimme des ihr heiligen Vogels, des Hahns. Jugendlich, wie sie selbst ist, liebt sie die schönen Jünglinge, den Jäger Orion, den Kephalos und den Tithonos, dem sie den Aithiopenkönig Memnon und den Emation gebiert. Als Gattin des Titanen Astraios wird sie die Mutter von Gestirnen, die Mutter des Zephyros, Notos und Boreas. In dieser Tochter und Gattin von Titanen ist das Titanische milde, doch unverkennbar durch die Bewegung, welche sie vollführt. Im Reiche des Zeus hat sie als Göttin ein festes Amt.

Ihre Schwester Selene enthüllt etwas anderes. Eos und Selene leben nicht zusammen, und so ist das Eoshafte und Selenenhafte am Weibe nicht vereinigt und unterscheidet sich wie die Zustände des Wachens und des Traumes. Auch die Selene taucht aus dem allumfassenden Okeanos hervor, auch sie lenkt ihren Wagen, vor den zwei oder vier Rosse gespannt sind. Die Darstellungen zeigen sie auch reitend, nicht nur auf Rossen, sondern auch auf Maultieren und Kühen. Die Mondkühe der Selene stehen in einer Beziehung zu ihr und ihrem Wesen, das etwas von der tiefen, weidenden Sanftmut der Kuh hat. Der Liebreiz der Selene ist silbernes Licht; ihre Bewegung ist von der tiefsten Milde und Ruhe, ist leise, lautlos und weich wie der Flügel der Eule. Sie quillt hervor aus dem quellenden Leben der Nacht, den sanftesten, zärtlichsten Schimmer um sich breitend. Dargestellt wird sie mit verschleiertem Hinterhaupt, eine Fackel in der Hand, aus dem Sichelmond aufsteigend oder einen Halbmond über der Stirn. Wir sehen sie auch mit dem halben Mond über dem Scheitel oder mit einem halbmondförmig über dem Haupt gewölbten Schleier. Auf dem Altar im Louvre ist sie umgeben von Phosphoros und Hesperos, denen eine aufgerichtete und eine gesenkte Fackel beigegeben ist. Ihr Haupt ist sanft geneigt, und unter dem aus der Mondsichel hervorgehenden Brustbild ist die Maske des Okeanos angebracht, aus dessen Kreislauf sie aufsteigt. Der homerische Hymnus nennt sie schöngelockt und weißarmig und teilt ihr lange Flügel und ein goldenes Diadem zu.

Wie den Helios mit Apollon Beziehungen verknüpfen, so die Selene mit der Artemis. Es sind zwei Paare von Geschwistern, die sich so entsprechen. Doch die Ähnlichkeit der beiden Göttinnen, die in einer späteren Zeit oft miteinander verwechselt werden, ist nur für den flüchtigen Blick da. Die hochgewachsene, kurzgeschürzte Artemis, die jungfräuliche Jägerin, die Tochter der Leto und die Schwester des Apollon, ist schnell, wachsam und geistig hell. Die Darstellungen zeigen, daß sie schlanker von Gestalt und wie eine Läuferin gebildet ist, mit ovalerem Gesicht und mit einer Kleidung, die sie am Laufen und Jagen nicht behindert. Selene ist nicht so schlank, ihr Körper ist weicher gerundet, das Gesicht voller; sie lugt aus Schleiern hervor. Sie ruht tiefer, eingebettet in die elementare Natur, durch ihren Gang an sie gebunden. Helios und Eos sind mit dem Sonnenlauf, Selene ist mit dem Mondlauf verbunden und vom Gang der Gestirne nicht zu trennen. Apollon und Artemis aber sind nicht Götter, welche Gestirnen zugeordnet sind und an sie gebunden bleiben. Der Lauf und Gang der Artemis ist freier als der der Selene; sie kommt von Hyperion und Theia, von Okeanos und Uranos. Die geistig wache Jungfräulichkeit steht im Gegensatz zu der im Lebens- und Liebestraum schlummernden Selene. Dem Zeus, den ihre silberne Schönheit und Anmut bezwang, gebar sie die schöne Pandeia, die Ersa und die Nemea. Deutlich wird ihr Wesen in der Neigung, die sie mit dem Endymion verband, dem Jüngling, in dem das Selenenhafte sich in seiner männlichen Entsprechung zeigt. Er ist der reine Genius des Schlummers. In der latmischen Höhle, in der er in ewigem Schlummer liegt, neigt sich Selene küssend über ihn. Sie wird dargestellt, wie sie von oben her auf den Endymion hinabsieht, zärtlich auf ihn niederblickt und zu ihm hinunterschwebt. Die auf den Endymion hinabsinkende, in seinen Umarmungen ruhende Selene, der im Traum liegende und sie umarmende Endymion sind in die dämmernde, silberne Nacht, in den fruchtbaren Lebenstraum, in die träumende Regsamkeit der Lust versunken. Aus dieser langen Umarmung schreckt sie kein Erwachen, keine Helle des Tages hervor. Es ist etwas Pflanzen- und Blumenhaftes in dieser Umarmung.

4. Koios und Phoibe

Phoibe ist, wie schon ihr Name sagt, eine Trägerin großen Glanzes. Durch den Titanen Koios wird sie die Mutter der Asteria und der Leto; ihre Enkel sind Apollon und Artemis. Das Licht, das von der Titanin ausgeht, bricht aus ihrer Nachkommenschaft hervor. Sie ist die Vorsteherin des delphischen Orakels, das zunächst bei der Gaia, dann bei der Titanin Themis war. Das delphische Orakel stand von allem Anfang an unter weiblicher Obhut. „Soweit die Erinnerung reicht", heißt es von ihm, „finden wir bei Erteilung des Orakels nur Frauen." Zunächst werden die Sprüche der Gaia und ihrer Nachfolgerinnen dort verkündet, dann die des Apollon durch seine Priesterin. Das titanische Orakel ist ein Orakel der

Mütter, das apollinische eines der Jungfrauen, die ein Mundstück, ein Gefäß und Becher des Apollon sind. Apollon verwaltet das Orakel im Auftrage des Zeus. Der dodonäische Spruch lautet:

Gaia bringt Früchte hervor, verehret als
Mutter die Erd' drum.
Zeus war, Zeus ist, Zeus wird sein.
O du allmächtiger Zeus du!

Über die Anfänge des Apollon-Orakels gibt es Vermutungen. Hirten, wie sie dem Apollon wert sind, sollen zunächst darauf gestoßen sein und, von dem aufsteigenden Dunste begeistert, durch Eingebung des Apollon Orakelsprüche verkündet haben. Boio, eine Delpherin, sagt, daß Hyperboräer dem Gotte das Orakel bereitet hätten. Und Phemonoe, die erste Priesterin des Apollon zu Delphi, soll den Hexameter erfunden und zuerst die Sprüche des Apollon in Hexametern gedichtet haben. Offenbar ist die Tötung des pythischen Drachens jenes Ereignis, das dem alten Erdorakel ein Ende setzt. In Phoibe wird sichtbar, daß es auf den Apollon übergehen wird.

Asteria, die Tochter der Phoibe und des Koios, ist die Mutter der Hekate, die sie mit dem Titanen Perses erzeugt. Der Hymnus auf die Hekate, welcher in die Theogonie eingeflochten ist, zeigt die Verehrung, welche sie genoß, und die Macht, welche ihr eigen ist. Es ist etwas Allverbindendes in der Hekate, so daß sie mit ihren Kräften und Gaben weite Räume durchwaltet und durchwebt, daß sie überall dem Menschen entgegentritt, wie diesem sich von vielen Gebieten und vor allem Wegen des Lebens ein Zugang zu ihr öffnet. Deshalb heißt sie die Fernhinwirkende. Die Theogonie sagt von der Hekate, daß ihre dreifache Herrschaft über Erde, Himmel und Meer schon zur Zeit der Titanen bestanden habe. Sie ist nicht nur titanischen Ursprungs, sondern selbst Titanin. Ihr Ansehen ist von Urzeiten her begründet und bleibt durch alle Umwälzungen hindurch unerschüttert. Sie hat und genießt, wie es heißt, einen Anteil an allem. Zeus ehrt sie vor allen anderen; er kränkt sie nie und beraubt sie nicht der Ehren, die sie schon unter dem Kronos in reichem Maße genoß. Vielmehr achtet er sie aufs höchste und mehrt ihre Würden.

Was heißt es, daß die Hekate an allem titanischen Wesen und Vermögen einen Anteil hat, und welcher Art ist dieser Anteil? In ihr tritt uns eine Herrscherin von eigentümlicher Macht entgegen. Sie ist nicht beschränkt auf ein bestimmtes, in sich abgeschlossenes Amt; ihr Wirken durchkreuzt und überschneidet jedes andere Wirken und verbindet das, was entgegengesetzt ist oder scheint. Ihre Macht greift schon räumlich überall ein, auf der festen Erde, im Himmelsraum und auf dem Meere. Doch ist sie weder über die Erde noch über den Himmel und das Meer als Gebieterin gesetzt. Sie umfaßt wie die Gaia die lichten Tagesräume und das unterirdische Dunkel. Doch gebietet sie weder über den Tag noch über die Nacht. Die vielfältig, in Beziehungen und Gegensätzen wirkende Hekate ist als Gestalt nicht leicht faßbar; sie verschwebt in geisterhafter Weise und entzieht sich dem Blick. Dieses Verschweben gehört zu ihr. Wie ihre Herrschaft, so hat sie selbst etwas Dreigestaltiges, und ihr Lieblingsplatz ist die Kreuzung dreier Wege. Pausanias bemerkt, daß Alkamenes die Hekate zuerst so dargestellt habe, daß drei Figuren aneinanderstoßen, daß Myron, Skopas, Polyklet und Naukydes sie eingestaltig bildeten. Auf dem Fries des Pergamon-Altars erscheint sie mit einem Körper, aber drei Köpfen und drei Händepaaren. Die kapitolinische Hekate ist dargestellt in einer Vereinigung dreier Figuren, die mit dem Rücken gegeneinander stehen, kurze Fackeln, Stricke und Schlüssel in der Hand. Auf anderen Darstellungen finden wir Dolche und Schlangen oder lange Fackeln, die auf dem Boden ruhen.

Doch nicht von der Hekate des Mysteriendienstes, sondern von der Titanin ist hier die Rede.

Das Titanische der Hekate äußert sich anders als das der Großen Titanen, als Naturgeheimnis, in der dunklen Wiederkehr von Verknüpfungen und Verbindungen. Sie liebt die Wege, vor allem die Wegkreuzungen und Wegverbindungen. Damit hängt zusammen, daß sie in Versammlungen, Kriegen, Gerichtsverhandlungen, Wettkämpfen, wo viele Willen und Meinungen sich durchkreuzen, sich hervortut und Sieg, Beute und Ruhm gewährt, damit der Schutz, den sie dem Seefahrer erteilt, denn sie kennt auch die ungebahnten Meereswege, sie führt sicher. Auch das Geschlecht, insofern es auf dunklen Bahnen sich begegnet und verbindet, untersteht ihr, das glückhafte Zusammenfinden der Geschlechter und die Paarung der Tiere. Sie mehrt und mindert die Herden. Sie ist zudem der Hort der Jünglinge und eine Pflegerin der Jugend, die sie gute Wege führt. Ihr unterstehen die Eidschwüre; wer sie im Eid anruft, dessen Eid bindet überall, da auch die Hekate überall ist. Sie hat das Können in der Hand; sie kann alles und vermag jeden zu fördern.

Da ihre vielfältig wirkende Kraft in den Verzweigungen, Verbindungen und Kreuzungen hervortritt, wurden für sie und die unheilabwehrenden Götter am Monatsende an den Scheidewegen Speisen aufgestellt, an denen die Armen sich labten. Da sie an allem Anteil hat, steht sie mit allen Titanen und Göttern in Verbindung, vorzüglich mit der Rhea, der Jugendpflegerin Artemis, mit Selene und Persephone. Ihr untersteht die gesamte elementare Natur, immer aber in den Verbindungen, den Verknüpfungen, den Blickpunkten, die zwischen den einzelnen Bezirken und Kreisen bestehen. Sie ist ein Zwischenwesen von unübertroffener Macht und Dämonie, eine alles bemerkende Wächterin. Im Homerischen Hymnus findet und begleitet sie die Demeter; sie folgt dem

Gang der Persephone, der vom Dunkel ins Licht und vom Licht ins Dunkel führt. So ist sie auch Herrscherin in der Unterwelt und zugleich eine Göttin der Sühnungen und Reinigungen, insofern nämlich durch diese ein guter Weg gebahnt wird. Als nächtliche, ganz ins Unterirdische führende Göttin ist sie gleich der Selene von silbernem Glanze umflossen. Sie ruft die Seelen aus dem unzugänglichen Hades herauf, in dem sie frei ein- und ausschwebt, und sie schickt die Lamien und Empusen aus der Tiefe empor. Auch schwärmt sie selbst auf geisterhafte Weise mit den Seelen der Verstorbenen auf den Kreuzwegen. Es versteht sich, daß sie mit dem wegekundigen Boten Hermes in Beziehung steht, und wie dessen Hermen überall stehen, so ihre Säulen und Wegpfeiler, die Hekateia auf den Kreuzwegen, aber auch vor und in den Häusern. Hekate ist die Stammutter aller Zauberer und Zauberinnen, die Lehrerin von Medeia und Kirke. In dieser Eigenschaft wird sie angerufen von denen, die auf Zauber und Beschwörung sinnen und in den Mondnächten jene Kräuter sammeln, in welche die Hekatekräfte eingegangen sind. Hekate wird von der Nacht, von den Gräbern, von dem Blute der Ermordeten angelockt; ihr werden schwarze weibliche Lämmer, junge Hunde und Honig geopfert. Der Hund ist ein von der Hekate unzertrennliches Tier. Nicht nur erscheint sie selbst von stygischen Hunden begleitet, wenn sie aus der Unterwelt heraufsteigt, die Hunde, die auf Wegen kreuzen und streunen, verkünden mit Winseln und Heulen in den Nächten ihre Nähe. Die Beziehung des Hundes zur Hekate gibt einen Einblick in das Wesen dieses Tieres.

Asteria, die Mutter der Hekate, nach der die Insel Delos mit ihrem ersten Namen Asteria hieß, wurde, weil sie die Liebe des Zeus und des Poseidon verschmähte, in eine Wachtel verwandelt. Diesem Ereignis verdankt Delos seinen zweiten Namen Orthygia. Wie die Mutter verwandelt wird, so hat die

Tochter eine verwandelnde Kraft; das Zauberische ist bei ihr wie überall die Fähigkeit, durch Formeln, Sprüche, Säfte, Gifte, Berührungen mannigfache Verwandlungen hervorzurufen. Medeia und Kirke sind von Hekatekräften durchdrungen, und auch Hermes gebietet über solche Kräfte.

Allen Beziehungen nachzuspüren, in denen Hekate wirksam ist, ist nicht leicht, und kaum möchte jemand dieser Aufgabe genügen. Denn sie erscheint nicht nur in der äußeren, sichtbaren Welt, sondern dringt tief ins Unsichtbare ein, in Pläne, Überlegungen, Gedanken und Vorsätze. Das Titanische an ihr tritt auf wunderbare und oft überraschende Weise hervor, in Zwischenreichen wiederkehrend, begleitend und folgend, führend und wegweisend, segenbringend und unheilvoll.

5. *Krios*

Über den Krios oder Kreios ist uns, wie auch über den Koios, wenig überliefert worden. Er bleibt samt dem Bereich, über den er herrscht, im Dunkel, denn dem, was Hesiod und Spätere über ihn berichten, ist nichts Näheres zu entnehmen. Die für uns so unschätzbare Theogonie schrumpft oft zu der Kürze eines genealogischen Namenskataloges zusammen. Ihr genealogischer Bau ist zugleich ein architektonischer, und bewundernswert wird immer die Sicherheit bleiben, mit der der Verfasser ihn behandelt. Der Lakonismus, den er übt, behält für uns etwas Schmerzliches.

Krios ist der Gatte der Eurybia und zeugt mit ihr den Astraios, den Pallas und den Perses, Kinder, aus deren Beschaffenheit sich auf die uranische Natur der Eltern schließen läßt. Den Astraios sahen wir schon als Gatten der Eos, mit der er leuchtende Gestirne, darunter den Heosphoros, und jene Winde zeugt, die nach ihm asträische Brüder genannt werden. Der Titan Pallas ist Gatte der Styx, und aus ihrer Verbindung stammen Zelos und Nike, Kratos und Bia. Diese beiden Geschwisterpaare erschienen mit ihrer Mutter zuerst im Olymp, als Zeus zum Kampfe gegen die Titanen aufrief. Daß sie kommen, ist für den Zeus eine Bürgschaft des Sieges. Nike errichtet Trophäen und gräbt die Taten des Siegers in den Schild ein. Sie hat leichte Flügel und trägt Palme und Kranz, bekränzt den Sieger, lenkt seine Rosse, schwebt ihm also voraus. Sie wird mit dem Zeus, der Athene, den Göttern und Heroen zusammen dargestellt. Die Athene, die auf der Burg zu Megara ein Heiligtum hat, trägt den Beinamen der Nike. Und gleich der Athene ist Nike jungfräulich. Die Nike des Menschen wird zu einem Genius, der ihn umschwebt. Kratos und Bia erscheinen als Diener des Zeus im „Prometheus“ des Aischylos, wo sie den Titanen an den Felsen schmieden. Sie gehören als männliche und weibliche Stärke und Gewalt zu dem stärksten Gott. Perses, der von Hesiod als in Listen sich hervortuend bezeichnet wird, ist der Gatte der sternhellen Asteria. Pindar nennt sie einen fernleuchtenden Stern der dunklen Erde. Mit der Asteria zeugt Perses die Hekate.

6. Themis

Themis, die Vorsteherin des delphischen Orakels, und als solche die Nachfolgerin im alten Erdorakel der Gaia, beschäftigt uns hier eben wegen dieses Amtes, in dem sie tätig ist. Das Titanische zeigt sich in der Gaia Themis, die als die Erbin der Gaia und in deren Auftrag das Erdorakel verwaltet und die Weisheitssprüche verkündet. Das Prophetische des Wortes, seine geweihte, vorverkündende Kraft tritt in der Gaia zunächst hervor, dort, wo sie den bevorstehenden Sturz des Uranos verkündet. Dieser Spruch trägt dazu bei, den

Uranos zu verhärten, ihn bis in die Vernichtung seiner Vaterschaft hinein von der Zukunft abzuwenden. Die Kräfte der Gaia zeigen sich in den Titaninnen Themis und Phoibe, wie denn das weiblich Titanische mit einer besonderen vorverkündenden Kraft begabt ist. Bei der Erdmutter Gaia ist diese an die Mutterschaft gebunden, worauf zuerst der dem Uranos erteilte Spruch hinweist. Das delphische Orakel ist bis zum Ende der titanischen Herrschaft ein Mütterorakel und Orakel der titanisch mütterlichen Sorge. Die um das Schicksal ihrer Kinder sorgende und leidende Gaia ruft dem Uranos einen Warnspruch zu. Gaias Weisheitsspruch ist ein Leidspruch; das Leiden der titanischen Mütter tönt in den delphischen Hainen und Grotten wider. Gaia leidet; es leidet die Titanin, der wie durch einen Blitzstrahl die Zukunft erhellt wird. Es leidet die Priesterin, die, von Apollon begeistert, in mantischem Wahnsinn zu rasen beginnt. Sie ist ein Gefäß des Gottes, der sie übermächtig, bis zum Zerspringen erfüllt. Dieses Überschwemmtwerden von Gesichten, dieses drohend und scharf einfallende Licht ist ohne ein Leiden nicht denkbar, ist nicht ohne einen stechenden Schmerz und tiefe Erschöpfung.

Es entsteht der Anschein, daß in der Themis das Titanische gar nicht vorhanden ist, und dieser Anschein ist da, weil von ihrer späteren Bestimmung her ein Licht rückwärts fällt auf ihre Anfänge hin. Es ist ein Unterschied zwischen der Gaia Themis und der Themis, welche die Gattin des Zeus ist. Das Leiden der Gaia Themis ist groß, ist, weil sie eine Titanin ist, ohne Maß und Mitte. Grenzenloses Leiden ist immer titanisch. Themis leidet nicht nur als Seherin, durch ihre Sichtigkeit; ihr begegnet, gleich der Rhea, ein anderes Leiden. Im Reiche des Zeus wird sie zu einer Vorsteherin alles göttlichen Rechts, wird eine Göttin der Sitte und Ordnung. Hierauf ist in ihr alles von Anfang an angelegt, doch kommt sie unter dem Kronos nicht zur Entfaltung, kommt nicht zur Reife. Grenzenloses Leiden um der Verletzung des Rechtes willen ist titanisch, sei es, daß es hingenommen und schweigend geduldet wird, sei es, daß der in seinem Recht Verletzte wiederum zum Verletzer wird. Themis im Reiche des Kronos ist eine erhabene Gestalt, die von Wolken dunkler Trauer umgeben und in dunkle Gewänder gehüllt scheint.

Die große Entscheidung zwischen Titanen und Göttern wandelt alles und verwandelt auch die auf die Seite der Götter tretenden Titanen. Denn wenn sie auch in ihren Ehren und Würden belassen oder erhöht werden, ihr Wesen wandelt sich; sie mildern sich, und Reife beginnt sich an ihnen zu zeigen. Themis wandelt sich, indem sie die Gattin des Zeus wird; in der Göttin erfüllt sich, was in der Titanin Erwartung war. Ihre Würde als Gattin des höchsten Gottes ist groß; sie bleibt auch nach der Trennung von ihm seine Beisitzerin und Vertraute. Gleich ihm handhabt sie die Waage, das Zeichen der höchsten Macht. Sie hält nun ein Füllhorn. Der Bereich ihrer Herrschaft ist umfassend und durchdringt mit einer nicht auszuschließenden Kraft alle göttlichen und menschlichen Verhältnisse. Themis erfüllt den ganzen Bereich des waltenden Zeus. Sie ruft die Götter zusammen, sie eröffnet und schließt die Götterversammlungen. Und sie übernimmt das gleiche Amt in den Versammlungen der Menschen, in jenen nämlich, die der Göttin Einlaß gewähren, die ihr wohlgefällig sind und nicht auf rohe Gewalt und Rechtsbrechung hinauslaufen. Ihr untersteht nicht nur das Gastrecht, sie hütet alles Recht, insbesondere aber das göttliche Recht in seiner Beziehung zum Leben der Menschen, insofern es eingreift ins Irdische. Sie ist eine Göttin der Schutzflehenden. Die Bestimmung, die sie erfüllt, ist zu eng gefaßt, wenn sie auf das Amt einer Göttin der Gerechtigkeit eingeschränkt wird. Die Themis, die nach Aischylos das Rechte rät, ist nicht nur eine Hüterin von Gesetz, Satzung, Sitte und Ordnung. Ihr Füllhorn weist darauf hin. Es ist kein starres Gesetz, keine starre Sitte, über der sie wacht. Auch die Wohlbeschaffenheit des Seins untersteht ihr, das göttliche Maß, das sich an Bestehendem zu erkennen gibt. Was sich von der Themis entfernt, ist leicht zu erkennen, denn je weiter es von ihr abliegt, desto sichtbarer trägt es den Stempel des Rohen, Unfertigen und Mißförmigen.

Themis ist die Mutter der Horen und Moiren. Eunomia, Dike, Eirene sind ihre Töchter, und die Namen geben zu erkennen, welche Seiten der Themis an ihnen hervortreten. Sie bringen, wie Hesiod sagt, das Tun der sterblichen Menschen zur Reife; Pindar nennt sie die ethischen Horen. Sie sind zu unterscheiden und zugleich zusammenzustellen mit den anderen Horen, denen die Jahreszeiten unterstehen. Dem Zeus als dem Ordner des Zeitlaufs unterstehen die Jahre und werden, insofern er sie ordnet, Jahre des Zeus genannt. In den Horen, welche diese Ordnung vollziehen, ist das uranische Erbe zur größten Heiterkeit und Lieblichkeit gediehen. Sie folgen sich im Chor, vorwärts schauend und sich zurückwendend, so auf der Darstellung der Villa Albani, wo sie dem Peleus die Hochzeitsgeschenke bringen. Sie folgen einander im uranischen Reigen, dem Zeus und der Hera mannigfache Dienste leistend, den Menschen die Gaben bringend, über die jede verfügt. Ihre Bewegung ist rhythmisch und entspricht dem Rhythmus der Jahreszeiten, der den Menschen erfrischt. Das Glück, das sie spenden, ist ein schön geflochtener Kranz, durch den sich Blüten und Früchte winden. In leisen Hebungen und Senkungen schreiten sie voran, Freundinnen der Chariten, mit denen sie in zärtlichem Verein leben. Es ist die Jugendschönheit, die an ihnen sichtbar wird, und die blühende Jugend wird von ihnen aufgezogen. Wer unter dem Schutz der Horen aufwächst, dem mag vieles Widrige begegnen, er wird die Heiterkeit nicht verlieren. Ihr Verhältnis zur Zeit stellt sich dar in einem Reigen, der wiederkehrend durchgetanzt wird; sie beginnen ihn und bringen ihn wiederkehrend zur Vollendung. Zur glücklichen Vollendung bringen sie, was der Mensch sich vornimmt und ausführt. Wie sie die kyprische Aphrodite schmücken, so flechten und streuen sie auch Schmuck in das Leben des Menschen. Das Fest Horaia, das ihnen gefeiert wird, ist eines der anmutigsten Feste. In Attika kannte man nur zwei Horen, die Frühlingshore Thallo und die Herbsthore Karpo. Es werden bis zu vier angegeben, doch wird die Winterhore oft nicht mitgezählt.

Auch die Moiren, die der Verbindung des Zeus mit der Themis entstammen, sind uranische Göttinnen. In Athen wurde die Aphrodite Urania als älteste Göttin verehrt. Gemeinsam mit der Themis und dem Zeus Agoraios, dem Zeus der Ratsversammlung, haben sie in Theben ein Heiligtum. Insofern als Mutter der Moiren die Nacht angegeben wird, insofern sie als Töchter von Okeanos und Gaia oder als Töchter der Ananke erscheinen, gehören sie ganz dem titanischen Werden an. Als Töchter des Zeus und der Themis sind sie die dunklen Göttinnen, denen Gewalt über die Menschen gegeben ist. Sie sind Weberinnen, Spinnerinnen. Klotho ist die Spinnerin, Lachesis die erlösende Göttin, Atropos, die Unabwendbare, ist die Abschneiderin des Fadens. Die Darstellungen zeigen Lachesis auch mit einer Rolle, mit Lostäfelchen oder schreibend, Atropos mit der Sonnenuhr oder der Waage. Das Zepter ist von Anfang her das Zeichen ihrer Herrschaft. Horen und Moiren, welche Schwestern sind, stehen in einer engen Beziehung. Jene Unerbittlichkeit, welche die Moiren zeigen, ist auch den Horen eigen; nur ist sie unter Laub und Früchten verborgen. Horen und Moiren begleiten den Menschen. Jene flechten in das Leben ein, was ihm Blüte und Frucht gibt, diese handhaben den Faden und Einschlag, das Beginnen und Enden. Es ist die Lebenszeit, die den Horen und Moiren untersteht, das zeitliche Gewebe des Lebens.

7. *Mnemosyne*

Es ist etwas Geheimes an der Mnemosyne, etwas verborgen, still und tief Wirkendes, aus Dunkel und Traum klar Hervorgehendes. Sie ist einer der Brunnen des Lebens, ein lautloser, leise quellender. In dieser Tochter des Uranos und der Gaia ist das titanische Werden am stillsten und wendet sich nicht nach außen, sondern nach innen hin.

So mag es zunächst befremden, die Mnemosyne dem Kreise der Titaninnen beigeordnet zu finden. Doch wie an dem Okeanos ein ewiger Kreislauf sichtbar wird, der in sich selbst besteht, eine Wiederkehr des Gleichen, die unablässig strömend den Ring des Werdens erfüllt, so ist auch bei der Mnemosyne eine Wiederkehr, denn als Herrin des Gedächtnisses und der Erinnerung verwaltet sie jene Kraft, jenes Vermögen, welches die Abbilder des Seienden im Geiste wieder aufruft und das Vergangene im Bilde wiederkehren läßt. Welcher Art diese Bilder und Wiederholungen zunächst auch sein mögen, sie entstammen dem titanischen Werden. Mnemosyne ist eine echte Schwester des Kronos. Es ist der Wille des Kronos, dem titanischen Werden eine unbegrenzte Dauer zu geben, es in seinem Kreise zu drehen, wie das Okeanos tut. Er will die Zukunft nicht, die nach dem Spruch der Gaia nicht ihm, sondern seinem Sohne gehört. Und auch die Mnemosyne, insofern sie im Reich des Kronos lebt, weiß von dieser Zukunft nichts. Sie neigt sich über sich selbst und wiederholt im Denken ein immer schon Vergangenes und immer Wiederkehrendes. Mit dem Gedächtnis steht es so, daß es erst durch Erfahrung möglich wird, insofern diese Wiederholung ist und die Wiederholbarkeit des Geschehens voraussetzt.

Böotien war die Landschaft, in der Mnemosyne insbesondere verehrt wurde, und in Eleutherai und Thespiai waren die Hauptsitze ihrer Verehrung. Von ihr heißt es, daß sie bei

Eleuther einst den Dionysos von seinem Wahnsinn befreit habe, das heißt, ihm das Gedächtnis wiedergegeben hat. Pausanias berichtet von ihr noch etwas anderes. Wer in das in Böotien liegende unterirdische Heiligtum und Orakel des Trophonios hinabsteigen will, wird zunächst zu den Wasserquellen geführt. Er trinkt vom Wasser der Lethe, um alles zu vergessen, was er bis dahin gedacht hat, und trinkt vom Wasser der Mnemosyne, das ihm in Erinnerung bringen wird, was er beim Hinuntersteigen in das Heiligtum gesehen und erfahren hat. Der Zurückgekommene ist von Schrecken so erfüllt, daß er zunächst weder von sich selbst weiß noch seine Umgebung erkennt. Es dauert einige Zeit, bis ihm die Mnemosyne zu Hilfe kommt, bis er seine Besinnung zurückerlangt und des Lachens wieder fähig wird.

Der Sturz der Titanen verwandelt die Mnemosyne. Sie wird die Geliebte des Zeus, mit dem sie neun Nächte in Pierien weilt, durch den sie die Mutter der neun Musen wird. Pierische Nächte heißen daher jene Nächte, in denen wie die Musen selbst alles Musenwerk erzeugt wird. Sie sind zugleich jene Nächte, in denen das titanische Gedächtnis zu einem musischen umgeschaffen wird. Mnemosyne als Mutter der Musen, die nach ihr auch Mnemoniden heißen, ist die Mutter des musischen Sicherinnerns. Dieses musische Sicherinnern, das höchste, wozu das Gedächtnis beiträgt, entsteht in den Umarmungen des Zeus und der Mnemosyne und tritt in den Musen ans Licht.

Es heißt, daß es zunächst nur eine Muse gab, dann drei, zuletzt neun. Daran zeigt sich, daß sie nacheinander sichtbar wurden, in dem Verhältnis, in dem die musische Erinnerung sich in den Künsten faßt und sondert. Wo die Musen auftreten, dort sind sie vereinigt und bilden einen schön geordneten Chor. Die drei Musen, deren Dienst die Aloaden Otos und Ephialtes zuerst auf dem Helikon einführten, heißen Melete,

Mneme, Aoide; ihre Namen bezeichnen, worauf alles Musenwerk beruht, auf dem Nachdenken, dem Gedächtnis, auf gesangvoller Ordnung. An den Musen bemerkt man die Lust am Wasser, die sie haben, wie sie denn nach der Quelle Pimpleia die Pimpleiden genannt werden. Nach den Quellen, Grotten und Bergen erhalten sie andere Beinamen. Der Helikon gilt als ihr liebster Aufenthalt; sie baden in den Flüssen Olmios und Permessos, in den Quellen Aganippe und Hippokrene. Sie sind auf dem Pindos, auf dem Kithairon, auf dem Parnaß, wo sie aus der kastalischen Quelle trinken. Sie netzen dem Zeus mit Tau die Zunge, damit sein Wort sanft vom Munde ströme. Diese Beziehung zum Wasser, zur Flut hat auch die Mnemosyne, womit die Kenntnis des Rhythmus und der Periodizität zusammenhängt. In ihrem Gedächtnis faßt sich alles Rhythmische, wie es schon in dem Stromkreislauf des Okeanos sich zeigt. Mnemosyne ist nicht die Mutter des mechanischen und logischen Gedächtnisses, sondern des ingeniösen, das auf der Wahrnehmung von rhythmischen Gebilden beruht. Rhythmus ist Wiederkehr, und dieses rhythmisch Wiederkehrende untersteht der Mnemosyne. Also untersteht ihr auch die rhythmisch geordnete Sprache.

Die Hymne Hölderlins, welche den Titel „Mnemosyne" trägt, verweilt bei der musischen Erinnerung.

Vom Genius kühn
Der unbewegten Salamis steter
Gewohnheit, in der Fremd' ist groß
Ajax gestorben,
Patroklos aber in des Königes Harnisch. Und es starben
Noch andere viel. Am Kithäron aber lag
Eleutherä, der Mnemosyne Stadt, der auch, als
Den Mantel ablegt' der abendliche Gott nachher löste
Die Locken. Himmlische nemlich sind
Unwillig, wenn einer nicht die Seele schonend sich

Zusammengenommen, aber er muß doch; dem
Gleich fehlet die Trauer.

Der Sinn ist der: Indem der abendliche Zeus der Mnemosyne die Locken löst, löst er auch das Leiden, welches durch die Innigkeit des Haftens am Vergangenen entsteht und wiederkehrt. Er mildert das Titanische der Mnemosyne, die Schwere des Erinnerns. Und hierauf bezieht sich der Schluß. Es gefällt den Göttern nicht, daß der Mensch mit seinem ganzen Wesen in der titanischen Mnemosyne untergeht, in der wiederkehrenden Beschwörung des Vergangenen und der Trauer des Verlustes. Eine solche Trauer geht fehl. Auch in ihr nähert sich der Mensch dem Titanischen.

8. *Iapetos*

Iapetos ist der Führer der unversöhnlichen Titanen im Kampfe gegen die Götter, der sich von den Gefilden des thessalischen Othrys bis zum Olympos hinzieht. Er ist der Vater des Prometheus, und sein Name ist der erste, den wir auf der hellenischen Stammtafel finden. Von Anfang an zieht titanisches Wesen in den Menschen hinein und vermischt sich mit ihm. Der Mensch ist kein Titan, aber er ähnelt den Titanen in manchem mehr als den Göttern, als Werdender und der Wiederkehr des Werdens Verhafteter, durch die Rastlosigkeit seines Wollens und Strebens, in den nie endenden Plänen, die er schmiedet, auch in seiner Verkettung an schwere Arbeit, Notstände und Armut. Auf eine geringere, schwächere Art beschäftigt ihn das, was die Titanen selbst umtreibt. Diese Verwandtschaft des Strebens ist den Titanen wohl bewußt; sie blicken nicht unfreundlich auf den Menschen, sind nicht ohne Wohlwollen für ihn. In dem Prometheus ist das titanische Wohlwollen für den Menschen leidenschaftlich tätig und stark. Die Titanen nähern sich dem Menschen in dem Verhältnis, in dem die Götter sich von ihm entfernen und sich ihm entfremden. In eine entgötterte Welt muß das Titanische in seiner alten Kraft wieder einziehen. Das ist der Kern der Drohung, welche Prometheus für den Zeus bereithält. Der Mensch aber, der sich dem Titanischen wieder zuneigt, ist bedroht, denn offenbar ist, daß die Götter das Titanische am Menschen nicht lieben. An solchen Menschen tritt die Ananke deutlicher hervor, und Nemesis und Dike, Moiren und Keren folgen ihnen wachsamer. Neigt der Mensch dem Titanischen zu, dann wendet er sich von Zeus und Apollon ab und auch von Dionysos und Pan, die den Titanen nicht freundlich gesinnt sind. Er tritt in ein Reich anderer Gesetzlichkeit ein. Er wird in den Kampf des Titanischen verflochten, und nun ist er überall, von allen Seiten mit Untergang bedroht. Wenn er stürzt, wiederholt sich jener Sturz, durch den die Macht der Titanen vernichtet wurde.

In dem Iapetos erscheint das titanische Wesen in seiner schroffsten und unnachgiebigsten Ausprägung. Das Geschlecht der Iapetiden, dem Prometheus angehört, ist nicht mit der neuen Herrschaft zu versöhnen. Neben dem Kronos, dem Bruder, dem er ähnelt, ist Iapetos ein Gefangener im dunklen Tartaros. Nicht nur zu dem Kronos, auch zu seinem Bruder Okeanos steht Iapetos in enger Beziehung. Seine Gattinnen Asia, Libye und Klymene sind Töchter des Okeanos und der Tethys. Im Wesen des Iapetos zeigt sich unerbittliche uranische Härte, die auch in dem Atlas ist, den er mit der Okeanide Klymene zeugt. In dem Atlas sondert sich das Erbe des Uranos und der Gaia. Hesiod nennt ihn gewaltig an Geist. Homer sagt von ihm, daß er Unheil sinnt, daß er die Tiefe des Meeres in seiner ganzen Ausdehnung kennt und im Besitz jener langen Säulen oder Ständer ist, durch welche Himmel und Erde gehalten werden. Er ist dem Okeanos eng verbunden. Auf Seite der Titanen nimmt er am Kampf teil und wird in ihren Sturz verwickelt. Zeus legt ihm auf, das Himmelsgewölbe auf Haupt und Händen zu tragen. So steht er, sich anstemmend und von der ungeheuren Last gebeugt, im Westen der Erde, nahe den Hesperiden, die seine Töchter sind. Später steht er in dem afrikanischen Atlasgebirge, wo seine Gärten und Herden sind. In seinem Wesen ist etwas Steinernes und der Versteinerung Entgegengehendes, wie er denn von dem Perseus, der ihm das Medusenhaupt entgegenhält, in ein Gebirge versteinert wird. Auf der Metope des Zeustempels von Olympia ist zu sehen, wie Herakles ihm die Last abnimmt. In der Begegnung des Herakles und des Atlas findet eine Vereinigung halbgöttlich-heroischer und titanischer Kräfte statt. Sie nähern sich einander und sondern sich sofort wieder. Die Aufgabe des Titanen, ein Träger und Aufstemmer von Lasten zu sein, das Gewicht zu erleiden und unter dem Drucke auszuharren, ist nicht Aufgabe des Halbgotts und Heros.

Das uranische Erbe des Atlas pflanzt sich fort in seinen zahlreichen Töchtern. Er ist von der Okeanide Pleione der Vater der sieben schönen Plejaden, die, untröstlich über das Geschick ihres Vaters und ihrer hyadischen Schwestern, Hand an sich legen und als Sternbilder an den Himmel versetzt werden, wo ihr Aufgang den Beginn der den Schiffern günstigen Zeit verkündet. Wo das Gestirnhafte auftaucht, das einen immer von neuem beschriebenen Gang und Weg hat, dort ist das Titanische nicht fern. Atlas ist auch der Vater des Hyas, den auf der Jagd eine Schlange tötet, und seiner Schwestern, die, trauernd um ihn, von Zeus an den Himmel versetzt werden, wo sie neben dem Kopf des Stieres zu sehen sind. Die Hyaden haben ein nymphisches Wesen, das fruchtbar, feucht und wachstumfördernd ist; es zeigt sich in ihrer Beziehung zu dem Dionysos Hyes, dessen Retter und Ammen sie sind. Mit ihrem Aufgang beginnt die Zeit des Regens und der Stürme. In allen diesen Kindern, auch in den vier Hesperiden, zeigt sich uranisches Wesen.

Ein Sohn des Iapetos ist Buphagos, welcher der Artemis nachstellt und von ihr mit dem Pfeile erschossen wird. Zu den Iapetiden gehören endlich Menoitios, Prometheus und Epimetheus. Ihr Schicksal bildet das riesenhafte Schlußstück des kosmogonischen Werdens und bedarf, da es von dem Titanenkampf sich absondert, einer eigenen Darstellung.

Der Sturz des Kronos und die Parteinahme fast aller Großen Titanen für die Götter entmutigt den Iapetos nicht; er strengt noch einmal alle seine Kräfte an, um die Herrschaft zu retten. An ihm wird die empfindungslose Schroffheit sichtbar, die in den titanischen Bemühungen und Anstrengungen liegt. In dieser Welt riesenhafter Kräfte, wie sie durch den Iapetos dargestellt wird, zeigt sich zugleich etwas Graues und Freudloses. Der Gedanke der Selbsterhaltung, der Machtbehauptung tritt in seiner ganzen Starrheit hervor. Im Reiche des Kronos hat sich ein Gleichgewicht ausgebildet, das weder einer Veränderung noch einer Entfaltung fähig ist. Überall zeigt sich der Kreislauf der Kräfte, die sich hart gegeneinandersetzen und doch von einander abhängig sind. Das Mißtrauen des Kronos gegen seine Kinder hat diese Ordnung in sich verriegelt und abgesperrt. Sie wiederholt unaufhörlich das gleiche und altert in diesen fruchtlosen Anstrengungen. An dem Kronos ist etwas Greises; er zeigt die Spuren des höchsten Alters. Aus dem Werden, das keinen Ruhepunkt außer sich hat, das wie die Gezeiten in unstillbarer Unruhe hin und her pendelt, löst sich nichts Reifes, nichts Vollendetes ab. Die Titanen scheinen Modelle, Hinwürfe der mit elementarer Wildheit und Fruchtbarkeit arbeitenden Gaia zu sein. Sie kennen nur sich selbst und sind nie einig, nicht einmal im Kampfe gegen die Götter. Ihre Welt ist aufgerissen bis in die tiefsten Klüfte und Schlünde; sie hat etwas Vulkanisches, und der Vulkanismus erscheint mit dem Titanischen eng verbunden.

Das Werdende hat wenig Bewußtsein über sich selbst oder doch nur dieses Bewußtsein des Werdens, das nichts Abschließendes und deshalb nichts Unterscheidendes hat. Viel dumpfes Wachstum drängt sich empor, metallisch und steinig, den Raum mit dem Lärm seiner Bewegungen erfüllend. Es ist ein geschichtloses Mühen, aus dem sich nichts absetzt, das der Darstellung fähig wäre. Hier gibt es nichts Tragisches und Komisches, sondern nur das Katastrophale; denn Katastrophen sind es, die das titanische Gegeneinander der Kräfte stiftet. Konflikte, die mit der Notwendigkeit eines Naturgesetzes sich vollziehen, haben nichts Tragisches, denn der tragische Konflikt gründet nicht auf dieser Notwendigkeit des Naturgesetzes. Sowenig das Leben und der Tod an sich tragisch sind, sowenig es Überschwemmungen, Feuersbrünste, Felsstürze sind, die den Menschen vernichten, sowenig kommt in der Unablässigkeit des elementaren Werdens ein tragisches Moment zum Vorschein. Wir finden deshalb hier auch das Lachen nicht, das die Welt der Götter durchdringt.

Dionysos und der Große Pan

Der Sieg der olympischen Götter wird mühsam errungen. Auch sind es nicht Götterkräfte allein, die ihn herbeiführen. Um die Titanen niederzuwerfen, bedarf es der Titanen. Und nicht einmal sie reichen hin, um den Widerstand des Iapetos, Atlas und seiner Gefolgsleute zu besiegen. Es müssen nun die Pforten der Tiefe geöffnet werden, es müssen jene fürchterlichen chthonischen Wächter erscheinen, die immer im Verborgenen hausen, die nur in den Zeiten tiefster Erschütterung zum wachen Tage und zum Lichte emporsteigen. Sie kommen nur, wenn das Ganze der Herrschaft berührt wird, wenn sie getroffen werden von dem Zittern, das Himmel und Erde und den untersten Abgrund durchdringt. Dann springen die ehernen Pforten des Tartaros auf, von dem die Ilias sagt, daß er unter dem Hades liegt, so weit unter ihm, wie der Himmel über der Erde liegt.

Dem Kampfe der Götter gegen die Titanen liegt kein Dualismus zugrunde. Er kann nicht aufgefaßt werden als der Streit eines lichten mit einem dunklen Prinzip. Die finsteren Hekatoncheiren und Kyklopen eilen dem Zeus zu Hilfe, von dem sie gerufen werden. Der Angriff auf die Titanen erfolgt von oben und unten her, und erst diesem umfassenden Angriff erliegen sie.

An dem Kampfe nimmt auch Dionysos teil. Dionysos steht zu den Titanen in einer eigenen Beziehung. Das Dionysische und das Titanische sind in einem Gegensatz, der seine Verschärfung dadurch erfährt, daß zwischen ihnen eine Verwandtschaft des Wesens besteht. Den Dionysos bezeichnet im Unterschied zu den olympischen Göttern, daß er ein Gott des Werdens, der beständigen Veränderung und Verwandlung ist. Es unterscheidet ihn das auch von den phallischen Göttern, deren stetes und unveränderliches Amt es ist, Wächter, Hüter und Schützer des Geschlechtes zu sein. Als Gott des Werdens berührt sich Dionysos mit den Titanen, vor allem in der Epiphanie seines jugendlich stürmischen Hervorbrechens. Der Ausbruch seines Wahnsinns scheint den lucidus ordo der Götter- und Menschenwelt in allen seinen Beziehungen zu verfinstern, und ein Mann ohne Imagination und Spürsinn wie der König Pentheus mochte mit einem Schein des Rechtes sich sagen, daß dieses Rasen mit der Zerstörung gleichbedeutend sei und aufgehalten werden müsse. Es ist nicht immer leicht, einen Gott zu erkennen, und Pentheus, Herrscher in einer Wendezeit, mußte auf grauenvolle Weise für seine Verkennung einstehen.

Dionysos ist kein Titan, so titanenhaft immer seine Anfänge anmuten mögen. Er kommt nicht, um das Haus des Kronos zu stützen; er zieht in das ihm von Zeus angewiesene Reich erobernd ein, um seine Herrschaft darüber anzutreten und zu befestigen. Alsbald greift er in den Kampf gegen die Titanen ein, Seite an Seite mit dem Zeus, dessen Sohn und getreuer Gefolgsmann er ist. Deutlich wird, was ihn von den Titanen trennt, von dem Kreise der zwölf Großen wie von dem Prometheus. Das titanische und dionysische Werden sind nicht eins, und auch die Wiederkehr unterscheidet sich bei ihnen. Die Wende, die mit dem Dionysos beginnt, hat einen anderen Weg und ein anderes Ziel. Sein Werden ist nicht die nichtendende elementare Wiederholung, in welcher Gang und Bewegung der Titanen aufgeht, ohne darüber hinauszureichen. Dieses tellurische Wirken furcht die Erde nur auf und zieht wie das Spiel der Wetter über sie hin. Dionysos ist nicht nur ein Gott der Wende, er ist auch ein Gott der Wandlung, durch den dem Werdenden das Gewordene als Widerspruch ins Bewußtsein kommt. Er hebt Vergangenheit und Zukunft aus den Angeln und schafft einen Zugang zur zeitlosen Gegenwart. Die dionysische Ungenügsamkeit ist eine andere als die titanische. Es wird als eine Aufgabe des Menschen bezeichnet, seine titanische Art zur dionysischen zu wandeln. Das geschieht durch den kathartischen Wahnsinn des Dionysos, mit dem er den Menschen erfüllt. Der von diesem Wahnsinn Ergriffene ist aufgenommen in die dionysische Gemeinschaft; er erfährt die Kraft des Gottes in sich. Seine Verbindung mit dem Gotte ist eins mit der Aufhebung der Zeitbestimmung, Aufhebung der Grenzen, Öffnung des Hades, Überfluß, Trunkenheit und dem großen Fest. Bei den Titanen gab es keine Feste. In dieser Welt einer ehernen Notwendigkeit ist nichts Festliches, wie in ihr nichts Tragisches und Komisches ist. Es ist ein großer, roher Ernst in den Titanen, nicht nur weil sie blind auf das vertrauen, was sie sind, sondern weil hier jeder nur sich kennt und keiner etwas von dem anderen wissen will. Jeder bewegt sich in der ihm eigenen Bahn. Dionysos aber ist Gemeingeist, und das dionysische Fest besteht in diesem Gemeingeist. Dionysos bringt die Tragödie nicht nur hervor; er ist im Unterschied zu den Titanen selbst ein tragischer Gott und zugleich der Herr der Feste und phallisch festlichen Aufzüge. Der tragische und der komische Konflikt gehen aus seinem Wirken hervor; sie kommen mit der Zeit und dem neuen Zeitbegriff, den er bringt. Daher ist er auch der Herr der Geschichte und macht dem geschichtslosen Werden ein Ende. Er stiftet jene Zäsur, durch welche Geschichte erst möglich wird. Es ist das nicht leicht zu fassen, es sei denn, man begreife, daß alle Geschichte etwas voraussetzt, das ihr selbst nicht angehört. Bliebe es bei dem Kreislauf der Titanen, dann könnte es keine Geschichte geben.

Die Titanen sind die Verfechter einer alten Ordnung, deren kyklopische Mauern etwas Unverwüstliches haben, denn sie sind von der Notwendigkeit selbst errichtet worden. Indessen ist das Notwendige nicht das, was Bewunderung erweckt, und in dem Mühen des Menschen ist ein unablässiges Streben, sich von diesen Fesseln, welche drücken und wundscheuern, frei zu machen. Notwendig ist das, was dem Verstande bedingt, durch Bedingungen hervorgebracht scheint. Für notwendig erklären wir aber auch das Unbedingte. Nicht deshalb, weil es an keine Bedingungen geknüpft scheint, sondern weil ihm gegenüber keine Wahl gegeben ist, weil es zwingend und keiner Abänderung fähig ist. Wo eine mechanisch arbeitende Notwendigkeit vorliegt, dort erkennen wir auch, daß sie auf mechanische Weise bedingt ist. Auch das Unbedingte aber ist nach unserem Sprachgebrauch ein Notwendiges. Hier besteht eine Gegensätzlichkeit des Ausdrucks, bezeichnet aber wird ein Gleiches. Doch läßt sich ein Unterschied fassen. Das, was aus Bedingungen hervorgeht, erhält seine Notwendigkeit durch die Folge der Bedingungen, die lückenlos und zwingend ist. Es ist die Abhängigkeit, auf die wir hier achten. Wo wir die Notwendigkeit eine unbedingte nennen, dort achten wir nicht auf die Folge der Bedingungen, sondern darauf, daß wir keine Wahl mehr haben. Uranos herrscht über einen Raum, in dem wenig geschieht. Eine eherne Dauer und Ruhe bezeichnet seine Herrschaft; das titanische Werden hat noch nicht begonnen. Noch erfüllen die Titanen nicht mit ihrem Leben, mit ihrer Kraft die Erde; ein zeitloses Schweigen ist überall. An dem Uranos zeigt sich eherne Notwendigkeit. Diese uranische Notwendigkeit ist nicht die des Werdens, von der die Kinder des Uranos durchdrungen sind. Die Zeit scheint stillzustehen; sie beginnt erst unter dem Kronos schneller zu fließen. Dort, wo alles als notwendig gedacht wird, ist keine Freiheit gegeben; es regt sich nicht einmal das Bedürfnis nach ihr. Wo aber der Geist, der sich zum Spiele geschickt weiß, einmal dieses Bedürfnis gespürt hat, dort kommt er nicht wieder von ihm los. Die Macht und Anziehungskraft des Schönen liegt darin, daß es in sich selbst frei ist. Die Welt des titanischen Werdens ist nicht von dem Durst und der Leidenschaft nach dem Schönen durchdrungen. In ihr entsteht kein Überschuß und Überfluß, denn die Kräfte verzehren sich in ihrem Wirken, und wenn sie sich beständig erneuern, so geschieht es, um von neuem dem Verzehr anheimzufallen. Die Titanen kennen nicht die Muße. Dionysos entzieht sich ihrem Wirken, das ihn nicht beschäftigen kann. Er ist ein Gott des Überflusses und spendet Überfluß, wohin er kommt. Von ihm gehen Reichtum, Trunkenheit, Vergessen aus. Die Titanen schenken niemandem etwas; sie teilen sich nicht mit, sondern verharren in unzugänglichen Behausungen, aus denen keine

Frucht wegzutragen ist. Sie pflegen und hüten den Menschen nicht. Dionysos aber ist ein Pfleger. Als Volkspfleger und Festordner, als Pfleger des Weinbaus und der Ackerfrucht, als Gatte der Ariadne entfernt er sich weit von allem Titanischen.

Ihn verfolgen die Titanen mit einem so wachsamen, scharfen und ausdauernden Hasse, wie sie ihn keinem der anderen Götter entgegenbringen. Es scheint, daß sie ihn beständig beobachten, ihm auflauern und ihn nicht aus dem Auge verlieren. Titanisches und Dionysisches grenzen aneinander. Auf allen Stufen seiner Epiphanie folgen die Titanen dem Dionysos, und zuletzt fallen sie über ihn her. Er setzt sich zur Wehr, indem er die Kunst der Verwandlung gegen sie übt, als Löwe, Schlange und Tiger, bis er ihnen in der Gestalt des Stieres erliegt und von ihnen zerrissen wird.

Mit dem Dionysos greift auch Pan in den Kampf gegen die Titanen ein. Es heißt, daß er sich aus einer Meeresschnecke eine Trompete machte, deren Getöse die Titanen in Schrekken versetzte. Worin gründet der Streit, der hier zum Austrag kommt? Der phallische Gott liebt das Titanische nicht; er steht ihm fremd und ablehnend gegenüber. Seine Macht zeigt sich auf einem anderen Gebiete. Schon die Bewegung, in der er begriffen ist, unterscheidet sich von aller titanischen Bewegung. Er ist ein Jäger, ein Sucher und Finder. Seine Unermüdlichkeit und Rastlosigkeit betrifft das Geschlecht; sie beginnt und endet im phallischen Bereich. Dieser liegt mit all dem Leben, das ihn erfüllt, in einer ungestörten Stille, die sich gegen den Mittag hin zu panischem Schweigen verdichtet. Das Schweigen des Pan, sein Ruhen, ist wie sein Vergnügen am Lärm, am Gelächter und Toben ein phallisches. Er tritt aus dem Ursprung als Zeuger hervor, als ein Götter- und Nymphensohn. In seinem tiefen Mittagsschlaf wie in seiner wachen Bewegung erscheint er als Zeuger. Die zeugende

Kraft faßt sich in ihm nicht wie der Meeresstrom in dem Okeanos. Sein Platz ist nicht in der Welt des titanischen Werdens, die von Willensanstrengungen erfüllt ist. Als ein müßiger und musischer Gott, der dem Geschlecht und seinen Spielen vorsteht, ist Pan dem titanischen Wesen entgegengesetzt. In der Muße des Pan zeigt sich das mühelose Sein des Gottes, dem alle Not und Anstrengung fremd ist; es zeigt sich in seiner Freude an musischen Dingen. Er ist der Gott der arkadischen Wildnis, der Gott der Nymphenfluren, der Tänzer, dessen goldene Gestalt sich gegen das beständige, tiefe Blau des arkadischen Himmels abhebt. Pan ist ein Gott der Reife und allem Reifenden hold, ist wie Dionysos ein Gott des Überflusses und der Fruchtbarkeit, ist ein Mehrer und Spender. Die Titanen verschwenden nichts; bei aller Machtfülle ist etwas Karges an ihnen. Dem müßigen Pan sind ihre Anstrengungen fremd; seine Kämpfe sind anderer Art. Sie gleichen den Jagden, die er unternimmt; er ist ein großer Jäger, und darin ist die Beziehung zum Geschlecht ausgesprochen. Urplötzlich werden die Titanen durch das hervorbrechende Getöse des phallischen Gottes erschreckt; sie werden von einer Seite her angegriffen, von der sie keinen Angriff erwarteten, mit Waffen, denen nicht leicht zu begegnen ist.

Titanen und Giganten

Was verbindet die Titanen mit den Giganten, und was unterscheidet sie voneinander? Beiden ist gemeinsam, daß sie der Gaia entstammen, und beide werden in den Kampf gegen die Götter verwickelt. Homer sagt von den Giganten, daß sie der König Eurymedon beherrscht, daß ihr Übermut groß ist und daß sie, obwohl von riesenhaftem Wuchs und den Göttern nicht fern, doch sterblich sind. Hesiod fügt hinzu, daß sie schimmernde Waffen, gewaltige Speere in den Händen halten. Nach ihm entspringen sie den Blutstropfen, die aus dem abgemähten Zeugungsglied des Uranos herabfließen und von der Gaia aufgefangen werden. Aber auch der Tartaros wird ihnen als Vater zugeteilt.

Unter dem Tartaros ist zweierlei begriffen. Einmal der unter dem Hades liegende, durch eherne Pforten geschlossene Abgrund, der von gleicher Größe wie der über ihm ausgestreckte Himmelsraum ist. Sodann der Sohn von Äther und Gaia. Er haust in der gleichnamigen Erdtiefe, als ein chthonisches Wesen, das sich dem Blicke entzieht. Er lebt im Schoße der Gaia, deren jüngster Sohn er ist und mit der er den Typhoeus zeugt. Typhoeus ist von riesenhafter Gestalt und hat hundert Schlangenköpfe, die in beständiger Bewegung sind. Feuer blitzt aus jedem seiner Augen, und alle seine Häupter sind stimmbegabt. Die Töne, die er von sich gibt, werden bald von den Göttern verstanden, bald lauten sie wie Stier- und Löwengebrüll, wie Hundegebell oder wie ein lautes, scharfes Pfeifen. Er wirkt vom Erdinnern her durch seine zusammengeballte Kraft, in der tellurisches Feuer sich verdichtet und feuriger Dampf vernichtend hervorbricht. Seine Kraft ist so groß, daß er Alleinherrschaft erstrebt. Er rüstet sich zu diesem Kampfe, nachdem die Entscheidung zwischen Göttern und Titanen gefallen ist. Die Götter geraten bei seinem Angriff ins Wanken und entfliehen, unter ihnen Pan, der sich in einen Bock mit Fischschwanz verwandelt, also die Feuchte aufsucht. Zeus, unterstützt von der Athene, bändigt den Typhoeus durch Blitze, so daß er in das Dunkel zurück muß, aus dem er hervorbrach. Der Kampf des Zeus mit dem Typhoeus ähnelt dem Titanenkampf. Erde, Meer und Himmel beben. Erdbeben, Sturmflut und Feuerglut wüten, so daß Hades, Tartaros und die darin eingeschlossenen Titanen erzittern.

Als Sohn des Tartaros und der Gaia, als Vater chthonischer Kinder steht Typhoeus im Mittelpunkt des ganzen chthonischen Wesens, das durch ihn sich vervielfältigt und Gestalt gewinnt. Er ist der Vater des Typhaon, der ihm vollkommen ähnelt und mit der Echidna den Kerberos, die lernäische Schlange, die Chimaira und den Hund Orthros zeugt. Es genügt, einen Blick auf diese Kinder zu werfen, um ihre Zusammengehörigkeit zu erkennen. Kerberos, der Wächterhund des Hades, der die Seelen in den Hades hinein, nicht aber aus ihm heraus läßt, ist schlangenartig und vielköpfig; sein Gebell macht die Unterwelt erzittern, und aus seinem geöffneten Rachen fließt der Giftschaum, der, indem er niedertropft, die Pflanze Aconitum hervorsprießen läßt. Die lernäische Schlange ist neunköpfig, durch den mittelsten Kopf unsterblich und ganz von Gift durchdrungen. Chimaira, die von tellurischem Feuer erfüllt ist und es ausspeit, ist dreiköpfig und hat nach Hesiod einen Löwen-, einen Ziegen- und einen Drachenkopf. Der Hund Orthros, der die Herden des Geryones weidet, besteht aus drei Körpern, die am Bauche zusammengewachsen sind. Schon der Gestalt nach sind diese Geschöpfe von den Kindern des Uranos und der Gaia verschieden; das Titanische zeigt sich nicht in solchen chthonischen Formen. Es sind ungeheure Bildungen, welche die Erde aus sich entläßt, Zerstörer, Verwüster, Hinabschlinger des Lebens, das sie umgibt. Sie sind Wächter der Gaia. Der Schrecken, den sie einflößen, ist groß. Etwas Feuriges und zugleich Giftiges ist an ihnen. Der Widerspruch tritt in der Leiblichkeit hervor, in der Verbindung entgegengesetzter Tiergestalten und in ihrer Vielköpfigkeit. Sie sind Gestalten des kosmogonischen Werdens, wie es aus der untersten chthonischen Sphäre hervortritt. Drachen und Schlangen sind chthonische Tiere, aber auch Hund und Ziege. Wie Typhoeus seinen Kampf um die Alleinherrschaft erst beginnt, nachdem die

Titanen von den Göttern bezwungen sind, so werden alle diese chthonischen Gestalten erst wahrhaft lebendig und brechen hervor, nachdem das Reich des Kronos untergegangen ist. Sie bilden, so widrig sie einander auch sind, eine gemeinsame Gruppe. Herrschen möchten sie alle, aber sie sind nicht zur Herrschaft berufen, und wo sie nicht einwilligen, in Knechtsgestalt weiter zu dienen, dort müssen sie vernichtet werden. Der Sturz des Typhoeus, des Stärksten unter ihnen, reißt die anderen mit hinab. Die Aufgabe des Zeus, diese Wesen zu beseitigen, wird von seinem Sohne Herakles fortgesetzt. Herakles wütet unter den Kindern des Typhaon und der Echidna; er säubert die Gebirge, die Schluchten und die Sümpfe von ihnen. Das chthonisch Ungeheure und Maßlose ist dem Halbgott verhaßt, der überall Grenzen und Maße festlegt. Er will nicht, daß die Erde von diesen Wesen bevölkert und beherrscht wird, denn innerhalb der Ordnung des Zeus haben sie auf ihr nichts zu suchen und müssen dorthin zurückkehren, woher sie gekommen sind, in den Schoß der Gaia, in den Abgrund des Tartaros.

Das ist auch das Los der Giganten. Es ist an ihnen etwas Typhonisches, das sie von den Titanen unterscheidet. Und auch ihnen ist Herakles feind. Wie der Typhoeus, dessen Stärke vom Erdinnern her wirkt, aus den Bereichen des tellurischen Feuers, aus denen geballter Dampf und glühende Lava hervorbricht, so sind die Giganten dem inneren, feurigen Wesen der Gaia nahe. Phlegra gilt als ihr Geburtsland; die phlegräischen Gefilde sind die Landschaft, in der sie wirken. Wo immer sie hervortreten, in Thrakien, Makedonien, Unteritalien oder im äußersten Westen des Okeanos, bei Tartessos, dort ist ihr Erscheinen an die vulkanischen Landschaften geknüpft. Ihr Herrschaftsbereich ist enger als der der Titanen. Auch gehören sie in einem engeren Sinne als die Titanen der Gaia an. Deshalb werden sie als Erdgeborene, Erdentsprossene schlechthin bezeichnet. Uranische Züge sind an ihnen kaum wahrnehmbar. Wird ihnen der Tartaros als Vater zugeteilt, so ist darin genauer ausgesprochen, daß sie Erdsöhne sind. Auf den älteren Darstellungen erscheinen sie in menschlichen Bildungen. Reiches, wildflatterndes Haupthaar ist immer eines ihrer Kennzeichen. Ihre chthonische Kraft zeigt sich darin, daß sie als Drachenfüßler dargestellt werden. Wo wir solchen Bildungen begegnen, sind wir weit vom Titanischen entfernt. Die schwanzförmigen, in züngelnde Schlangenköpfe mündenden Beine geben ihnen etwas unbeholfen Mächtiges und Unheimliches. In diesen Gliedmaßen ist selbständiges Leben; sie winden und ringeln sich schuppig und flossenhaft empor. Die Schlangenköpfe nehmen am Kampfe teil und verbeißen sich in den Gegner, so auf dem vatikanischen Relief, wo einer dieser Köpfe den Hund der Artemis in den Rücken beißt. Auf dem Fries des Altars von Priene sind die Giganten teils von menschlichem Wuchs, teils drachenfüßig; auch haben sie Flügel. Niemals finden wir sie reitend, wie sie denn zu Rossen und Wagen keine Beziehung haben. Ihnen fehlt die Bewegung, an die die Titanen gebunden sind; die kreisförmige Bewegung des Okeanos und der Tethys, der kreisende Umlauf des Helios, der Eos, der Selene, der Horen ist an keinem der Giganten wahrnehmbar. Ganz andere Gestalten sind es, die wir hier vor uns haben.

Homer bezeichnet sie als Volk, das unter einem König steht. Giganten gibt es in großer Zahl, von denen wir nur die Namen der Häupter kennen. Es ist schwer und meist unmöglich, auf den Darstellungen die einzelnen Giganten, wenn sie nicht bezeichnet sind, voneinander zu unterscheiden. Sie haben nichts Bezeichnendes, das sie abhebt, und das ist kein unwichtiger Zug an ihnen. Lärmend, ungeordnet, erfüllt von einer wilden Kraft der Bewegung greifen sie an. Sie sind kriegerisch und treten massenhaft auf, schleudern Felsblöcke und brennende Baumstämme gegen den Himmel und halten Fackeln bei ihrem Ansturm in der Hand. Über den Gigantenkampf läßt sich sagen, daß seine künstlerische Darstellung und Ausarbeitung um so genauer ist, einer je späteren Zeit sie angehört. Was die Mythographen und insbesondere Apollodor darüber zusammengetragen haben, fällt in die Zeit gelehrten Sammelns. Diesen Sammlern, die vom Lebenszusammenhang der Mythe keine Empfindung mehr haben, unterläuft auch die Verwechslung von Titanen und Giganten.

Unter den Giganten ragen Alkyoneus und Porphyrion hervor. Alkyoneus, der Herrscher von Pallene, ist auf seiner Heimaterde unsterblich; er wird daher von Herakles mit Pfeilen niedergeschossen, dann auf den Rat der Athene hin aus Pallene weggeschleppt, worauf er stirbt. Porphyrion, der den Herakles und die Hera angreift und der Hera Gewalt antun will, wird durch die Blitze des Zeus und die Pfeile des Herakles getötet. Diese Darstellung ist auf der melischen Vase im Louvre zu finden. Porphyrion wird von Pindar König der Giganten genannt und ist der Herrscher in Athmonon. Polybotes, der dem Poseidon gegenübersteht, entflieht vor ihm nach Kos, und Poseidon wirft ein Stück der Insel auf ihn. Er liegt unter der Insel Nisyros, die, wie Plinius mitteilt, durch ein Erdbeben von Kos losgerissen wurde. Ihm wird ein ähnliches Los bereitet wie dem Typhoeus, auf den Zeus die Inseln, die Cumae gegenüberliegen, schleuderte, wie dem Tantalos, auf den Zeus die Sypilosgebirge warf. Von dem Alkyoneus heißt es in einer späteren Zeit, daß er unter dem Vesuv liege. Der Gigant Eurythos wird von Dionysos mit dem Thyrsos niedergestochen. Von Dionysos, Hephaistos und den Satyrn heißt es, daß sie auf Eseln zum Gigantenkampf geritten kamen. Hephaistos, der glühendes Eisen auf ihn wirft, oder auch die Hekate besiegen den Klytios. Agrios und Thoon, die mit ehernen Keulen in den Kampf ziehen, werden von den Moiren getötet, Gration von der Artemis und Hyppolitos von dem die Hadeskappe tragenden Hermes. Zeus und Ares zusammen besiegen den Mimas, Athene den vor ihr fliehenden Enkelados, auf den sie Sizilien schleudert, sowie den Pallas, dem sie die Haut abzieht. Auf seiten der Giganten kämpfen Aster und Leon sowie die Aloaden Otos und Ephialtes, die mit Apollon, Poseidon oder Zeus kämpfen und von dem Apollon getötet werden, weil sie der Artemis nachstellen. An den Aloaden finden sich gigantische Züge, aber auch musische Gaben, da sie als Stifter des Musendienstes auf dem Helikon erscheinen und Eigenschaften besitzen, die sie von den Giganten absondern. Die Insel Naxos, wo die beiden Aloaden ein eigenes Temenos hatten, kennt auch einen Bericht, nach dem beide durch eine List der Artemis getötet wurden, die in Gestalt einer Hirschkuh zwischen ihnen durchlief und die von den Brüdern abgeschossenen Pfeile auf sie selbst lenkte.

Die Giganten erscheinen im Kampf als die Angreifer. Sie werden als Götterfeinde, als Frevler und Übermütige bezeichnet, die den Olymp selbst erstürmen, den Zeus stürzen, sich an den Göttinnen vergreifen wollen. Zeus schlägt sie mit seinen Blitzen nieder, Herakles durchbohrt jeden der Gefallenen mit seinen Pfeilen. Der Mittelpunkt des Kampfes und derjenige, welcher die Entscheidung in ihm herbeiführt, ist Herakles. Ohne einen Halbgott, so verkündet das Orakel der Gaia, kann kein Gigant von den Göttern getötet werden. Die Götter können den Kampf nicht allein zu Ende bringen, deshalb ruft Athene den Herakles herbei. Wie er die Kinder des Typhaon bekämpft, so bekämpft er die Giganten. Am Titanenkampf hat er keinen Anteil und tritt nur mit dem Prometheus in Beziehung, aber als Helfer und Freund. Der Halbgott, der ein Mittleres zwischen Göttern und Menschen ist, vermag den Kampf zum Ende zu bringen. Der Sohn des Zeus vermag etwas, das Zeus selbst nicht vermag. Er setzt ein neues Maß, eine neue Grenze in diesem Kampfe; er grenzt den Menschen selbst gegen das Gigantische ab. Seine Stärke ist anderer und höherer Art als die des Alkyoneus, Polybotes, Porphyrion und Enkelados. Sie wurzelt in der Besonnenheit des Geistes, die unerschütterlich ist und der die Furcht nicht beikommt. Der Kampf der Herakles mit dem Alkyoneus zeigt, wie solchen Wesen, die auf ihre tellurische Unbesiegbarkeit pochen, beizukommen ist; er wiederholt sich in dem Ringen mit Antaios. Es ist der Kampf des Zeus mit dem Typhoeus, der Kampf des Apollon mit dem Python, der Kampf des Griechentums gegen Echidna und Chimaira, und Herakles ist sein Vorkämpfer. Herakles folgt dem Ruf der Athene, deren Freundschaft er vertraut, die gemeinsam mit ihm diesen Kampf durchficht. Das Gigantische ist für den sterblichen Menschen nicht nur eine Bedrohung, es ist auch eine Versuchung über das Maß hinaus. Es ist ein Pochen auf riesenhafte Kräfte, ein Streben ins Kolossale, ein Bündnis mit dem Ungeschlachten. Immer wieder erliegt der Mensch dieser Versuchung; er wendet seine Kräfte auf Unternehmungen, denen er nicht gewachsen ist. Der Gigantenkampf beschäftigt das griechische Denken wie eine Trennungslinie, die genau und scharf gezogen werden muß; immer ist der griechische Geist von dieser Seite her bedroht. Wer dem Ruf der Athene folgt, der ist diesen Bedrohungen gewachsen und braucht sie nicht mehr zu fürchten. Die Stärke des Halbgotts zeigt sich in hellem Lichte. Sie erschöpft sich nicht im Ausbruche roher, gewalttätiger Kraft, sie ist athletisch und geistig zugleich, ist Proportion, Wuchs, Ebenmaß, ein Ebenmaß aller Kraft des Zeus.

Der Titanenkampf war kein Gegenstand für die plastische Kunst. Nicht deshalb, weil er nicht darstellbar gewesen wäre, und auch nicht deshalb, weil kein Vernichtungskampf, sondern eine Schlacht durchgekämpft wurde, in der es keine

Toten geben konnte. Die Titanen sind unsterblich; ihnen kann der Tod und die Zeit nichts anhaben, und die neue Herrschaft, die sich über ihnen erhebt, ändert daran nichts. Die Scheu aber verbot es, einen Kampf, dem die Gegnerschaft zwischen Vater und Sohn zugrunde liegt, hervorzuheben. Der Sturz des Kronos, seine Entmannung, sein Versinken waren Geschehnisse, die den Betrachter nicht anzogen, sondern fernhielten. Sie verletzten die Pietät, die in dem Kronos den Stammvater der stärksten Götter verehrte. Diese Verehrung bestand fort. Ihn als den Besiegten, seiner Herrschermacht Beraubten darzustellen, verbot sich aus vielen Gründen. Ohne die Titanen konnte es zu keiner Herrschaft der Götter kommen; ohne sie kann die Herrschaft der Götter nicht bestehen. Im Reiche des Zeus, in dem die meisten von ihnen fortherrschen, sind sie ihrer Würden sicher; sie bleiben die unzerstörbaren, unvernichtbaren Gestalten, in denen dem Menschen das ursprüngliche Werden entgegentritt.

Fruchtbarer für die griechische Kunst ist der Gegensatz von Göttern und Giganten geworden. Es gibt kein Material, in dem er nicht verewigt worden wäre, auf Gemmen und Münzen, auf Vasen, Waffen und Rüstungen, auf dem Schild der goldenen Athene von Pheidias, auf dem gestickten oder gewobenen Peplos, der an den großen Panathenäen der Athena in Prozession dargebracht wurde, in Erz und Stein, in Einzeldarstellungen wie auf riesigen Friesen, die den Kampf in seiner ganzen Ausdehnung umfassen. Er ist ein Hauptthema der plastischen Kunst, vor allem der Spätzeit, die ihn mit immer neuen Zügen bereichert und ausgeschmückt, ja überhäuft hat. Diese Darstellungen in ihrer Gesamtheit sind eine Verherrlichung des Zeus und seines Reiches, ein Loblied auf die olympischen Götter und den Herakles, der überall dort auftaucht, wo die Giganten hervorbrechen, um sich Brust an Brust mit ihnen zu messen. Es ist, als ob dieser Kampf nicht ende, als ob er immer wieder ausgefochten werden müsse, der Gaia zum Leid, die ihn mit ihrer wilden Klage begleitet. Von unten her greifen die Giganten an, von oben her kommen ihnen die Götter entgegen. Der Sieg des Zeus in diesem Kampfe ist ein Sieg, den die Griechen als ihren eigenen feiern; er ist ein Augenblick des höchsten Glückes für den griechischen Menschen. Es ist die Wonne des Künstlers, ihn durch die Darstellung lebendig zu machen, die Wonne des Betrachters, sich in diese Darstellung zu versenken. Die Götterfeinde werden niedergeworfen, vernichtet, mit Inseln und Gebirgen bedeckt, als müsse sich die Anschauung versichern, daß sie niemals von neuem hervorbrechen. Über Sterblichkeit und Unsterblichkeit der Giganten hegten die Griechen einen Zweifel, da schon Hesiod sie für unsterblich hielt. Im Kampfe können sie von den Göttern allein nicht getötet werden, und Gaia bemüht sich, sie auch gegen die todbringenden Waffen des Herakles zu schützen, ein Plan, der von Zeus durchkreuzt wird. Den Alkyoneus oder Polybotes kann man töten, und doch regt es sich unter den Inseln und Bergen. Der Gedanke, daß die Giganten wieder hervorbrechen könnten, hat den antiken Menschen hin und wieder erschreckt. Noch Dio Cassius berichtet, daß im Jahre 79, als der Vesuv ausbrach, das erschrokkene Volk an eine Wiedererhebung der Giganten glaubte und ihre Riesengestalten auf dem Berge sah.

Inwiefern sind die Giganten Götterfeinde? Sie werden es nicht erst, sie sind es von Anfang an, sind es im Einverständnis mit der Gaia. Der Zustand der Gaia während des Kampfes ist ein leidender. Sie kommt, wie der Fries von Pergamon zeigt, aus dem Grunde hervor und betrachtet den Kampf als leidende Mutter. Sie kämpft ihn nicht selbst mit aus, und keiner der Götter wagt es, gegen die Klagende seine Waffen unmittelbar zu richten. Sie ist hier die wahre Gegnerin des Zeus, dessen Herrschaftsanspruch sie sich entgegensetzt. Die

Macht, Tiefe und Fruchtbarkeit des Kampfes liegt in diesem Gegensatz der Gaia und des Zeus; die erschütternde Kraft des Kampfes empfindet erst der, der die Teilnahme der Gaia an ihm überdenkt. Es ist der Vater Zeus, der triumphiert; es ist die Mutter Gaia, welche leidet und verletzt wird. Wer sie betrachtet, wie sie der Niedermähung ihrer starken Söhne beiwohnt, der empfindet die Schwere des Geschehens, den erfaßt Trauer.

Prometheus

Das Titanische erscheint bei dem Prometheus in einer neuen Gestalt, über neuen Gedanken sinnend, an neuen Plänen arbeitend. Der Kampf, der sich hier entspinnt, hat einen neuen Inhalt gewonnen und wird mit anderen Mitteln geführt. Alles ist hier verwandelt, die Gegensätze, die Mittel des Kampfes, sein Ziel und das Licht, in dem die Begebenheiten erscheinen. Diese Folge von Geschehnissen hebt sich scharf und unverkennbar gegen das Frühere ab; sie hat so kraftvolle Konturen, daß sie abgesondert vor dem Auge steht. Es ist das nicht nur die Folge der äschyleischen Behandlung der Mythe; Prometheus hat eine isolierte und isolierende Kraft.

Der Kreis der zwölf Großen Titanen zeigt das Gemeinsame, Verwandte. Es ist das Gesetz des Kronos, das ihn verbindet. Ihre Unsterblichkeit ist elementare und zyklisch wiederkehrende Notwendigkeit, an der sie haften, aus der sie hervortreten. Sie stehen über den kosmisch wirkenden Kräften der Gaia, aber in untrennbarer Gemeinschaft mit ihnen. Kronos, Hyperion, Iapetos, Okeanos und die anderen rücken eng zusammen, wenn wir sie mit dem Prometheus vergleichen. An dem Vater Iapetos abgemessen, erscheint der Sohn Prometheus als ein Neuer. Er ist aus diesem Kreis hervorgetreten und steht für sich da. Obwohl er zu den Titanen gehört, steht er dem Zeus mit seinem Rat gegen die Titanen bei. Dem titanischen Wesen in seiner ursprünglichen Gestalt hat er sich entfremdet; er hält sich entfernt von ihm. In der gleichen Entfernung befindet er sich von den Göttern. Damit hängt zusammen, daß er als Einzelner sichtbar wird; es fällt von allen Seiten her Licht auf ihn. Er besitzt eine unverkennbare Individualität, und er ist der erste, bei dem sie so deutlich wahrnehmbar wird. An den Titanen ist sie nicht wahrzunehmen, weil sie an die gesetzmäßige Notwendigkeit gebunden sind, und an den Göttern erscheint sie anders gebunden, gedämpft durch das Licht und den Glanz, der sie umgibt. Das Sein, wie es in seinen höchsten Gestalten hervortritt, hat keine Individualität, wie sie am Menschen abgemessen werden kann. Prometheus hat mehr Individualität, aber weniger Reife und Helle als Apollon. Er hat eine freiere Bewegung als die Titanen. Das Individuelle an ihm zeigt sich in der sich ablösenden Kraft, die unerschöpflich einfallreich und fruchtbar ist. Titanisch ist diese Intelligenz insofern, als sie ganz dem Werden zugewandt ist und sich in Widerspruch setzt mit dem ruhenden Sein des Zeus. Sie ist rastlos, tätig, kunstfertig, auf Veränderung bedacht und, im Unterschied zu dem Kronos, in die Zukunft weisend. In dem Prometheus ist etwas Prophetisches. Ihm gelingt viel, und er genießt ein hohes Glück. Das prometheische Glück ist vor allem ein Glück der Anfänge, des unbekümmerten Beginnens und Schaffens. Es ist ein Glück der Wagnisse. Es ist das Glück der auf sich selbst gestellten Kraft, die keinen Zweifel an sich hegt und allen Unternehmungen gewachsen zu sein glaubt. Der Sturz der Titanen scheint den Prometheus nicht zu berühren. Er trägt selbst zu ihm bei, vernichtet also den Rückhalt, den er an ihnen hat, indem er seiner ungeheuren Stärke vertraut. Die Isolierung scheut er nicht, denn in ihr erst bewährt sich seine Kraft. Er weiß nicht nur, wessen er fähig ist, in ihm ist auch ein mächtiger Stolz, der sich selbst leben will und anderen nichts verdanken möchte. Dieser Stolz und das freie, kühne Wagen bringen ihn dem Herakles nahe, der an dem Prometheus ein Wohlgefallen hat und als sein Befreier erscheint. Das freie, geistige Wagen verbindet ihn mit der Athena. Ihm schrieben die Attiker den Hammerschlag zu, durch den die Göttin aus dem Haupte des Zeus geboren wurde.

Die Kraft des Prometheus ist eine geniale; sie ist der des Zeus verwandt und tritt ihr zugleich entgegen. Freie Genialität bezeichnet sein Denken und Tun und sichert ihm die Verehrung des geistig kräftigen Menschen. Er ist ein Entdecker, und das Reich des Zeus ist es, in dem er Umschau hält. Wie neu ist die Welt, die er betritt; wie neu wird sie eben dadurch, daß sein Auge auf ihr zu haften beginnt. Kronos und die Titanen hatten nicht solche Augen wie Prometheus; sie sahen das Werden und seine Wiederkehr. Das Neue war ihnen nicht neu; sie kannten alles. Für den alten Kronos gab es nichts Neues, so wenig wie für den Okeanos. Sie drehten das Werden im nicht endenden Kreise. Der Rhythmus dieser Herrschaft war wie Ebbe und Flut, wie das leise, monotone Rauschen der Meereswogen, die ohne Unterlaß auf den Strand prallen. Für den Prometheus aber, der aus diesem Kreislauf heraustrat, war alles neu. Er war sich dessen bewußt, er fühlte sich als Schöpfer. Sein Auge hatte eine verwandelnde Kraft. Das Werden lag vor ihm, und er brauchte nur die Hand zu heben, nur die Finger zu rühren, um dem Geschehen das Siegel seiner Kraft aufzuprägen. Alles begann erst, alles war unerschöpft. Es war, als ob er in die Luft des Morgens, in den Tau, in die Frische hinaustrete, nüchtern und zugleich trunken wie jemand, dem ein mächtiger Gedanke aufgeht, der seine Imagination auf einen großen Plan wendet. Was er vor sich sah, war die Fülle des Möglichen, war eine Welt, die er nach seinem Bilde und auch nach seinem

Gutdünken formen konnte. Mit dem Zeus oder auch gegen ihn, wenn er sich dieser Arbeit versagte.

Gegen ihn und auch gegen den Apollon. Prometheus und Apollon stehen sich fremd gegenüber. Was den Titanen so sehr bewegt, dieses neue Werden und sein Reichtum, der nicht abzumessen ist, das berührt den Apollon nicht. Diese Unruhe des Prometheus, der die Gegenwart nicht genügt, die sich in die Zukunft wendet, kennt Apollon nicht. Der Gott des Vollkommenen, Vollendeten, Gelungenen ist nicht zugleich der Gott der Arbeiten, Pläne und Werkstätten. Er ist kein Gott des homo faber, den der Prometheus begünstigt. Es ist ein dunkleres, wilderes Feuer in dem Prometheus als in Apollon. Er räumt der Leidenschaft mehr ein. Sein Geist hat etwas Nerviges, Muskulöses, das den Widerstand nicht dulden mag und mit ihm auf kurze Weise abrechnet. Der Hammerschlag, den er auf den Kopf des Zeus führte, bezeugt die Art seiner Geistigkeit. Sie gleicht dem Hammer. In einem doppelten Sinne, denn sie hat etwas Ehernes und hart Zufahrendes; sodann aber ist in ihr ein Zutrauen zu den Erfindungen, zu den Werkzeugen des Geistes. Es ist eine handwerkliche Kraft in dem Prometheus. Von den Titanen ist ihm noch etwas anderes vererbt worden, jener Zwiespalt, der das titanische Wesen voneinander sondert. Sein Geist ist fruchtbar, vielschichtig, den Widerspruch einschließend. Die Leidenschaft des Schaffens und Hervorbringens macht ihn zum Handelnden; wie alle Täter kann er sich der Tat nicht entziehen, und das Element, das er in Bewegung setzt, verschlingt ihn zuletzt. Seine dem Werden zugewandte Willensmäßigkeit zeigt sich in dem athletischen Körper, in athletischen Plänen. Apollon hat den leichteren Fuß, ist voll musischer Gegenwart und durch seine Besonnenheit ein unbesieglicher Kämpfer. Prometheus ist dem Menschen so nahe wie keiner der Götter; Apollon steht ihm in einer unaufhebbaren Distanz gegenüber. Mit dem Titanischen kann er sich, möge es auftreten, wie es wolle, in keine Verbindung einlassen. Der griechische Mensch muß sich nun entscheiden, ob er dem Prometheischen oder dem Apollinischen sich zuneigt.

An dem Prometheus wird noch etwas anderes deutlich; er ist ein Arbeiter. Die Titanen sind es nicht; wir finden nur in ihrem Anhang, nur im Bereiche vulkanischer Stätten titanische Schmiede und Erzformer, die Arbeiter genannt werden können. Okeanos aber ist so wenig ein Arbeiter wie Hyperion oder Helios; ihre Tätigkeit, ihr Tun ist mit dem des Prometheus nicht vergleichbar. Es ist von elementarer Notwendigkeit, und von dieser löst sich kein selbständiger Arbeitscharakter ab. Aus der formenden Hand des Prometheus aber lösen sich selbständige Werke ab. Sein Wirken wird in Werken sichtbar, die unabhängig von ihm bestehen; er versteht sich auf das Produzieren, auf das freie Hervorbringen. Diese Fähigkeit bezeichnet ihn. Er ist nicht ohne Werkstätten zu denken, nicht ohne Bemühungen und Arbeitsplan. Die prometheische Welt ist immer auch eine Arbeitswelt; ihr Titanismus wird nirgends deutlicher als dort, wo sie in rastlos erfinderischer Arbeit tätig ist, im Umkreis ingeniöser Gedanken, im Bereich von Werkstätten. Prometheus ist stolz auf die Werke seines Geistes und seiner Hand, und dieser Stolz kehrt bei dem prometheischen Menschen wieder, bis in die Verkrümmung hinein, bis in jene Selbsteinschätzung der Arbeit und des Arbeiters, die den Sisyphismus wieder in das Leben einführt.

Prometheus, welcher an seinen Werken tätig ist, steht zu einem der Götter in naher Beziehung, zu dem Hephaistos. Auch Hephaistos ist ein Arbeiter. Er ist der Handwerker und Schmied, der Mechaniker-Gott im Kreise der Götter. Bekleidet mit dem kurzen Oberkleid der Handwerker, auf dem Kopf die eiförmig zulaufende Werkmannskappe, die ihn vor glühenden Eisenspänen und Funkenflug schützt, in der Hand Hammer und Zange, ist er der einzige Arbeiter unter den Göttern. Er ist der Herr unterirdischer Essen und Schächte, der Herr unterirdischer Feuer, deren Kraft er für seine Zwecke zu nutzen versteht. Hephaistos ist sowohl erfinderisch wie kunstfertig. Er ist der Erfinder der ersten Automaten, denn die zwei golden redenden und sich selbst bewegenden Sklavinnen, die er sich schuf, um sich auf sie zu stützen, wenn er ging, sind Automaten. Von ihm stammen so rare Kunstwerke wie das Bild der Pandora, der Wagen des Helios, die Pfeile des Eros, die Rüstung des Achilles, die silbernen und goldenen Hunde des Alkinoos, das Zepter des Pelops, das Halsband der Harmonia, der Becher des Menelaos, der Brustharnisch des Diomedes, Arbeiten, die zum Teil durch ihre Pracht und Kunstfertigkeit hervorstechen, zum Teil Kräfte zeigen, die in sie hineingegossen und hineingeschmiedet sind. Hephaistos ist es auch, der die Ketten des Prometheus schmiedet. In seinen Schmieden fanden die drei Kyklopen Arges, Brontes und Steropes Beschäftigung. So mögen in ihnen manche titanischen Wesen Unterschlupf gefunden haben und dienstbar geworden sein. Doch ist er kein Titan, sondern ein Gott. Er ist nicht nur ein Mechaniker, sondern ein göttlicher Künstler in all den Arbeiten, die durch Hilfe des Feuers hervorgebracht werden. Was ihn, was den Prometheus bezeichnet, ist, daß sie nur durch Arbeit etwas hervorbringen können. Es liegt darin ein Unterschied zu dem Hervorbringen anderer Götter, das mühelos ist. Poseidon, der das Roß, Athena, die den Ölbaum hervorbringt, tun das ganz mühelos; es knüpft sich an dieses Hervorbringen so wenig der Begriff der Arbeit wie an das musische Hervorbringen des Apollon und des Dionysos.

Hephaistos wird von den Göttern nicht ganz als Ebenbürtiger behandelt. Seine Lahmheit, sein Humpeln erregen bei ihnen unauslöschliches Gelächter. Mancherlei komische Züge haften an ihm, mancherlei Erinnerungen, durch die sein Anblick den Kitzel des Lachens erweckt. Ihn selbst scheint dieses Lachen nicht zu bekümmern; er nimmt es hin, ohne darüber in Erregung zu geraten. Der Sitz an der Tafel, die Teilnahme am Göttermahl ist ihm gewährleistet. Obwohl er der Gatte der Aphrodite ist – und wer anders könnte ihr Gatte sein? –, erscheint er in Knechtsgestalt, und der ganze Bereich, dem er vorsteht, scheint nichts Hohes zu enthalten. Er wird von den Göttern seiner Brauchbarkeit wegen geschätzt, wenn sie seiner bedürfen, sonst aber wenig beachtet, obwohl er ein immer fleißiger, dienstbereiter Helfer ist. Hephaistos, der so viele glänzende, schimmernde Arbeiten hervorbringt, entbehrt selbst des Glanzes. Seine beiden goldenen Sklavinnen, seine goldenen Automaten scheinen ihn zu überglänzen. An dieser Zurückstellung ist die Geringschätzung beteiligt, welche die Griechen dem bildenden Künstler entgegenbrachten. Sie hat ihren Grund darin, daß Hephaistos ärmer an Sein ist als die anderen Götter. Ihm fehlt das Luzide. Er hat nicht die mächtige Seinsfülle des Apollon oder Dionysos. Der Beleg dafür ist eben, daß er Schmied ist, daß er Werke der Kunst hervorbringt, ein Unternehmen, an das die anderen Götter nicht einmal denken. Diese Werke sind geringer als die der anderen Götter, als das Roß des Poseidon, als der Ölbaum der Athene. Dergleichen hervorzubringen, ist Hephaistos außerstande; seine Kunstfertigkeit, so groß sie ist, verbindet sich immer mit dem mechanischen Hervorbringen.

Doch ist das Wesen des Hephaistos nicht allein dem Homer zu entnehmen. Das Epos behält immer den Heros im Auge; das Heroenleben und Heroenwerk ist immer der Maßstab, nach dem alles Geschehen betrachtet wird. Hephaistos ist wilder, dunkler, leidenschaftlicher, als ihn das Epos darstellt.

Im Reiche des Zeus erscheint er im Gegensatz zum Prometheus dienstfertig, willfährig, gebändigt, ja als ein Leidender. Doch steht er zu den Kabeiren und Daktylen, zur Rhea, zu allen titanischen Kräften in Beziehung. Er steht in engem Verhältnis zur prometheischen Intelligenz. Sein Heiligtum in Athen befindet sich auf dem Kerameikos, auf dem Töpfermarkt, dessen Schutzherr er gemeinsam mit Prometheus ist. Prometheische Intelligenz ist auch in ihm wirksam, nachdenkend, sinnend, über mechanischen Werken und Künsten grübelnd. Gleich dem Prometheus ist er der Athena verbunden. Er ist zu der höchsten Schützerin aller Kunstfertigkeit in einer wilden, brünstigen, hoffnungslosen Leidenschaft entbrannt. Er ersehnt die innigste Liebesverbindung mit der Athena, die ihm, stets unnahbar, ausweicht. In diesem Verhältnis ist er der Werbende und Unterlegene; es ist aber bedeutend, und beiden Gottheiten werden gemeinsame Feste gefeiert. Das Gemeinsame der Athena und des Hephaistos ist dort, wo sie in ihm den Künstler und Erfinder ehrt. Zugleich hält sie ihn durch die strengere, hellere Geistigkeit, die ihr eigen ist, in Schranken. Es ist die Athena Ergane, um welche Hephaistos wirbt. Und gleich der Athena Ergane ist Hephaistos der Schutzherr der bildenden Künste, die nicht unter der Führung der Musen stehen, weil sie mit handwerklicher Fähigkeit untrennbar verbunden sind. Endlich erscheint der an tellurischen Feuern arbeitende Hephaistos auch dem Dionysos verbunden. Auf den Vasenbildern erscheint er, trunken gemacht von Dionysos und auf einem Esel reitend. So reitet er mit dem Dionysos in den Gigantenkampf. Er gerät in die Umgebung des Seilenos und seines Gefolges. Der vom Wein des Dionysos berauschte Hephaistos, der Teilnehmer am dionysischen Fest, hat etwas orgiastisch Hervorbrechendes. Wie die idäischen Daktylen dem Rufe der orgiastischen Mutter Rhea folgen, so der Hephaistos dem mächtigen Rufe des

Dionysos, der ihn von dem Qualm und Lärm seiner Werkstätten hinwegreißt in die Wogen der Trunkenheit.

Dem Kronos und Iapetos verwandt ist Prometheus auch darin, daß er seine Kraft auf das Höchste wendet, auf das Ganze der Macht. Er begnügt sich nicht mit dem Geringeren. Sein Geist strebt danach, sich hoch hinaufzuschwingen und alles zu umfassen. Er mißt seine Kräfte mit denen des Zeus. Es ist der Zeus Kronion, dem er entgegentritt. Als Ratgeber und Weissager erscheint er zunächst im Kreise der Götter, die seine Gaben anerkennen und ihn als Gleichberechtigten behandeln. Er tritt in eine freie Verbindung zu ihnen, die nicht durch Zugehörigkeit, sondern durch Anlagen, Fähigkeiten und Wissen begründet wird. Durch die ihm innewohnende Geistigkeit berührt er sich mit den Göttern und sondert sich zugleich von ihnen. Er ist nur ein Gast im Olymp. Sein Denken geht auf einer anderen Bahn, und seine Pläne und Ziele lassen sich mit denen der Götter nicht vereinbaren. Immer umkreisen seine Gedanken den Zeus. In Zeus ist alles vereinigt, was der Götterherrschaft Kraft, Dauer und Sicherheit verleiht. In dem waltenden Zeus ist sie unerschütterlich gegründet; sie ruht in dem höchsten Gotte. Sein Gesetz ist es, das die Götter ausführen. Das Gesetz des Prometheus ist ein anderes. Diese Ordnung kann nicht die seine werden, denn wäre sie es, würde er nicht ausführen können, wozu es ihn drängt. In ihm ist der Wille zur Veränderung; er will etwas Neues. Sein Stolz umfaßt auch den Wunsch, dem Zeus nichts zu verdanken. Er will unabhängig von jedem anderen tätig sein. Das Neue, das ihn bewegt, würde verlieren, wenn er es nicht allein erschaffte. Dann erst zeigt es die Zeichen seines Wollens, die Signatur seiner Hand. Wie der Künstler sein Werk signiert, so sollen auch die prometheischen Werke eine unverkennbare Signatur haben. Er prägt ihnen das Charakteristische, die Spuren seiner Individualität ein; er haucht sie mit seinem Atem an. Das alles lag den Großen Titanen fern; sie sind Träger einer Gesetzlichkeit, welche starre Züge zeigt. Die Notwendigkeit, der sie vorstehen, ist elementar. An diese Notwendigkeit glaubt Prometheus nicht mehr; er fühlt in sich Kräfte, die ihr überlegen sind, und glaubt sie auf neue Weise meistern zu können. Nicht der Gedanke an eine erschaffene Welt, sondern der Gedanke, daß er eine Welt erschaffen könne, treibt ihn vorwärts. Ohne Scheu betrachtet er die großen Urbilder des Seins. Wirklich ist er zunächst nur sich selbst; wirklich ist das, was er in die Welt hineinbildet. Sie ist ein Bild seiner selbst, seiner Gedanken, Taten und Mühen, wie sein Gesicht das Abbild des geistig regsamen Lebens ist, das ihn erfüllt. Die Ehrfurcht, die Bestehendes hält und schützt, ist ihm fremd; sie verliert sich vor der Gewißheit, daß in ihm die Kraft ist, eine neue und schönere Welt zu begründen. Was in ihm hell wie ein Blitzstrahl aufleuchtet, ist der Gedanke der Freiheit. Auch die elementarste Notwendigkeit ist kraftlos gegenüber dem Gedanken der Freiheit, der in ihm siegreich und triumphierend hervorbricht. Dieser Freiheitsgedanke isoliert ihn. Die Unabhängigkeit, das Befreitsein von allen Diensten und Abhängigkeiten umschließt noch nicht die volle Freiheit. Sie liegt aber in dem Schaffen und Hervorbringen, in dem Bau einer neuen Welt. Das Unternehmen des Iapetos scheiterte, weil er dem Zeus gegenüber ein sinkendes Reich halten wollte. Prometheus wird ihm eine neue Welt entgegensetzen. Stück um Stück wird er dem Zeus die Macht aus den Händen winden. Das ist sein Plan, und die Mittel dazu wendet er jetzt an.

Quellender, beweglicher, geschmeidiger Ton ist in den Händen des Titanen. Er knetet und formt ihn, er bildet Gestalten daraus, Menschen und Tiere. Was ihm gelungen scheint, das haucht er an, er bläst ihm himmlisches Feuer ein. Er bringt es dem Zeus und der Athene, die diesen Werken Atem geben.

Es ist etwas Seelenhaftes und Beseelendes in seinem Tun. Die späte Antike hat diesem Schaffen und Hervorbringen ihre Aufmerksamkeit zugewendet; sie hat es in mancherlei Bildern wiedergegeben. Prometheus erscheint in einer Beziehung zu den Moiren, zu Eros und Psyche. Seelentiere erscheinen auf diesen Darstellungen. Das Relief im Louvre zeigt den Bildner Prometheus, wie er den Menschen hervorbringt, während Athene einen Schmetterling aussendet. Er ist der Lebens-, der Seelenschmetterling, der Atembringer, der in den leblosen Ton einfährt. Ein solches Tun hebt den Prometheus gegen das ältere Geschehen ab. Aus Chaos ging die Gaia hervor, aus der Gaia Uranos, Pontos und die Gebirge. Es sind Urzeugungen, denen sie entstammen; es ist Parthenogenesis. Hier ist keine schaffende, formende Hand; die Gestalten brechen unmittelbar aus dem Grunde des Seins hervor. Prometheus aber schafft keine Götter und Titanen, sondern Menschen und Tiere. Er bildet sie aus dem flüchtigsten, dem vergänglichsten Stoffe, aus Ton, der ein formloses Erzeugnis aller Verwitterung ist. Es ist etwas seelenhaft Flüchtiges und Vergängliches in seinem Tun; seine Gebilde sind ebenso zart und verletzlich wie der Schmetterling, der ihnen den Atem bringt. Dieser Schmetterling wird sie wieder verlassen; es sind sterbliche Wesen, die er hervorbringt, Geschöpfe seiner Einbildungskraft, aber dem Tode unterworfen. Der Töpfer Prometheus kann ihnen keine Unsterblichkeit verleihen; sie werden altern, welk werden und verschwinden. Er kann als Wohltäter ihr Los milder machen, durch seine Erfindungen und Künste ihr Leben bereichern, Unsterblichkeit und dauernde Jugend kann er ihnen nicht geben.

Doch liebt er sie und liebt sie heftiger und leidenschaftlicher, als die Götter den Menschen lieben. Er liebt sie als die Kinder seiner Kraft. Sie sind nicht ganz sein Werk; der Anteil des Zeus und der Athene ist an ihnen sichtbar. Aber das Prometheische an ihnen ist unverkennbar; sie sind ihm ähnlich, und er vermag sich in ihnen wiederzuerkennen. Das Feuer, das ihn durchdringt, ist auch im Menschen. In ihm ist alle Unruhe des Werdens, alle Schaffenslust, die der Titan in seiner eigenen Brust empfindet. Er liebt sie wie ein Vater seine Kinder. Und da er sie sich so ganz zu eigen macht, ihnen überall Schutz angedeihen läßt, werden sie in seiner Hand auch ein Werkzeug gegen die Götter, gegen den Zeus. Der Mensch wird nun in den Kampf verwickelt, der sich zwischen Zeus und dem Prometheus entspinnt; er erleidet diesen Kampf mit, in den er unvermeidbar hineingezogen wird. Je mehr das Prometheische an ihm sichtbar wird, desto bedrohter ist er. Zeus, der die Pläne des Titanen durchschaut, liebt den prometheischen Menschen nicht; er sinnt schon auf seine Vernichtung, er will ein anderes Menschengeschlecht schaffen. Der Himmel beginnt sich über den Menschen zu verdüstern, und auch Prometheus verdüstert sich. Je mehr er in den Kampf gegen den Zeus hineingezogen wird, desto dunkler wird sein Wesen. Er ist ein Abbild der äußersten Anstrengung und Kraftanspannung, indem er dem Zeus gegenübertritt und sein Werk gegen ihn zu erhalten sucht. Das Athletische an ihm tritt in dem Maße hervor, in dem er sich gegen den Zeus anstemmt. Es gibt kein Zurück für ihn mehr; er kann nur siegen oder vernichtet werden.

Hesiod berichtet über die Zusammenkunft der Götter mit Prometheus und den Menschen in Mekone. Er hebt das listige, scharfsinnige Wesen des Titanen hervor, der, um seine Pläne durchzusetzen, nicht vor den krummen Wegen und vor der Täuschung zurückscheut. Es geht hier um das Opfer, das den Göttern von den Menschen gebracht wird, und zwar nicht um die Frage, ob überhaupt Opfer gebracht werden sollen, sondern um die Frage, wie sie darzubringen sind. Prometheus schafft das Opfer nicht ab. Das Verfahren, das er in Anwendung bringt, betrifft die Verteilung der Opferstücke, die so von ihm geregelt wird, daß er den Göttern die für das Auge ansehnlichen Stücke, den Menschen die besseren zuweist. Was liegt darin? Das Opfer, das seinem Begriffe nach ein freies Geschenk des Menschen an die Götter ist, eine Spende, die von der Dankbarkeit dargebracht wird, wird nun seinem Wesen nach verändert. Ein Opfer, das mit einer eigennützigen Nebenabsicht dargebracht wird, ist kein freies Geschenk mehr. Wozu soll ein solches Opfer überhaupt gebracht werden? Es zu bringen, hat nur dann einen Sinn, wenn man annimmt, daß die Opfer von den Göttern erzwungen werden, daß der Mensch sie aus Schwäche und Furcht bringen muß, um sich vor Schaden zu hüten. Dieser Gedanke ist es, den Prometheus dem prometheischen Menschen einflüstert, mit dem er ihn vertraut macht, um eine Entfremdung zwischen ihm und den Göttern hervorzurufen. Wenn die Opfer erzwungen sind, wenn sie gebracht werden müssen, um Schaden abzuwenden, dann werden sie zu einer lästigen Abgabe und Steuer, deren Verminderung durch listiges Verhalten die Klugheit des Menschen beweist. Doch die Götter werden nicht getäuscht; sie durchschauen den Verhalt, und Zeus lächelt, wählt lächelnd das Schauopfer, das Prometheus für ihn aufgehäuft hat.

Dieses trügerische Opfer war es, wie Hesiod bemerkt, das den Zeus bewog, den Menschen das Feuer, in dessen Besitz und Genuß sie waren, wieder zu entziehen. Es leitet also den Feuerraub ein, den Prometheus jetzt unternimmt. Feuer ist das Element, zu dem er in der innigsten Beziehung steht. Es ist das Element, in dem alles Seelenhafte, Lebendige sich beflügelt. Es ist in dem Titanen selbst; er bläst es seinen Werken ein. In seinem Schaffen und Hervorbringen ist eine feurige Kraft; er ist der Flammenträger, der Fackelschwinger, der eine Spur hellen Lichtes durch den dunklen Raum zieht. In der Natur des Titanen ist die feurige Heftigkeit der Kometen, die sich als große Lichterscheinungen gegen den Himmel abheben, wenn sie das Himmelsgewölbe durchbrechen. Doch das prometheische Feuer ist nicht nur Licht, das erhellt und erwärmt, es hat auch eine zehrende Kraft, die in seiner Verwendung und Nutzbarmachung sich zeigt. Als Element der jungfräulichen Hestia ist Feuer etwas Heiliges und Reines. Es erweckt eine heilige Scheu in dem Menschen, der es betrachtet; er geht behutsam mit ihm um. Uralte Bräuche knüpfen sich an die Entzündung des Feuers, an das Opferfeuer, dessen Reinheit von den Griechen nicht ohne Ängstlichkeit gewahrt wird. Prometheus und Hestia stehen sich fern; das Feuer des Prometheus und das Feuer der Hestia unterscheiden sich.

Hestia ist eine Göttin von strenger Jungfräulichkeit, die beim Haupte des Zeus den Eid immerwährender Jungfrauenschaft geschworen hat. Damit hängt zusammen, daß ihr die junge Saat, die ersten Früchte, die einjährigen Rinder geschlachtet werden, daß sie eine Göttin der Anfänge ist. Ihre Jungfräulichkeit entspricht dem Amte, das sie verwaltet, in dem sie aufgeht. Von ihr heißt es im Homerischen Hymnus, daß sie in den hohen Häusern der Götter und in denen der Menschen ewigen Sitz und alte Ehren habe, daß sie als die erstgeborene Tochter statt der Ehe die Ehre habe, bei allen Sterblichen als älteste Göttin zu gelten, mitten im Hause zu sitzen und Öl zu trinken. So erhält sie bei allen Opfern die erste Darbietung, ein Ritus, der stets an den Altären von Olympia beachtet wurde. Und so hat der Herd bei den Griechen seinen Namen von der Göttin des Herdfeuers, von der Hestia, erhalten. Der erste Altar ist der Herd des Hauses, das erste Opferfeuer das Feuer des Herdes. Es ist das wärmende, schützende und nährende Feuer, von dem die Verehrung der Hestia ausgeht. Da die den Hausgenossen gemeinsame Feuerstelle ursprünglich in der Mitte des Hauses liegt, wird die

Mitte des Hauses auch als der Sitz der Göttin gedacht, von dem aus sie in alle häuslichen Verhältnisse eingreift. Das Haus selbst, alle seine Teile unterstehen ihr, Zimmer und Kammern, Keller und Küche, die Vorräte und das Eingebrachte. Sie waltet über dem einzelnen Hausbewohner wie über der Hausgemeinschaft, über dem ehelichen Lager, den Ehe- und Verwandtschaftsbeziehungen, über allen denen, die in die Hausgenossenschaft aufgenommen sind, wie über den Hausbesuchern und Gästen. Deshalb erstreckt sich ihre Macht auch über die Gastfreundschaft und über die in Häusern Schutzsuchenden. Jene zum Eintritt einladenden, freundliche Aufnahme verheißenden Sprüche, die sich heute noch am Eingang der Häuser befinden, jenes „Tritt ein!“, „Salve!“, „Willkommen!“ sind Schutzversicherungen und gastliche Verheißungen der Hestia. Hestia grüßt durch das Licht und den Herdrauch. Das Blühen und Gedeihen des Hauses, seine Sicherheit, sein wohlgeordnetes Leben unterstehen der Göttin, die eine Schwester des Zeus und die älteste Tochter des Kronos und der Rhea ist. Auch der Opferstelle des Hauses steht sie vor, so daß die Hausgötter, die am Herde ihren Platz haben, ihr folgen und von ihr angeführt werden.

Wer kennt nicht die Häuser, die von der Hestia gemieden werden, die Wohnungen, die man nicht ohne Erleichterung verläßt! Die Hestia hat in ihnen keine Stätte, und so fehlt es an den guten Haus- und Wohngeistern, die im Gefolge der Göttin kommen und gehen. Wer hat noch nie ein Haus betreten, in dem er gute Stunden verbrachte, und das er jetzt leer findet, verlassen von den Bewohnern, geräumt von den Dingen, die es wohnlich machten. Wenn ihn dann ein Gefühl der Kälte und Trauer ergreift, dann spürt er: die Hestia hat es verlassen. Es ist das bewohnte Haus, in dem die Göttin anzutreffen ist; sie liebt die Nähe des Menschen und meidet die verlassenen Bauten und Ruinen. Wenn es von ihr heißt, daß sie den Hausbau erfunden habe, so ist es nicht der nackte Bau, in dem sie zu finden ist; es sind die häuslichen Beziehungen insgesamt und das Haus als der Ort dieser Beziehungen, dem sie ihren Schutz angedeihen läßt. Es ist das häusliche Haus, in dem sie sich unsichtbar zu schaffen macht. In Wachtstuben, Maschinensälen, Kontoren, Schuppen und Speichern ist nichts von ihr zu spüren, nichts auch in Museen, Wartesälen oder Eisenbahnabteilen. An den Mietverhältnissen großer Städte, am wechselnden und flüchtigen Wohnen hat sie keine Freude. Sie ist eine friedliche und stetige, dem Wandel und schneller Veränderung abgeneigte Göttin, eine unmerkliche und leise Wohltäterin, welche die vertrauliche Gewohnheit und Gemeinsamkeit des Zusammenlebens liebt. Wenn sie auch den Einsamen nicht meidet, so ist doch die Familie der Ort, an dem sie wirkt.

Nicht nur über die Wohnhäuser, auch über die Tempel erstreckt sich die Macht der Hestia, und nicht nur das Feuer des Herdes, auch das Altarfeuer untersteht ihr. Deshalb wird sie in allen Tempeln geehrt, wird beim Opfer als erste angerufen, empfängt das erste Opfer und die erste und letzte Spende beim Opfermahle. Wie das Haus einen Herd hat, so hat auch die Stadt einen allen Bewohnern gemeinsamen Herd und ein Standbild der Göttin im Hause des Prytanen, der ihr beim Antritt seines Amtes opfert. Vom Feuer dieses Herdes nehmen die Kolonisten, die ihre Heimatstadt verlassen und in die Ferne ziehen; die Herdflamme der heimischen Hestia brennt in den neugegründeten Städten ohne Unterbrechung weiter. Ein immer unterhaltenes Feuer brennt in ihren Heiligtümern, eine Flamme, die nicht erlöschen darf und die beim Erlöschen nicht an anderen Feuern entzündet, sondern durch Reiben von Holz oder Brenngläser neu hervorgerufen werden muß. Immer ist es die Feuerstelle, an die ihre Verehrung gebunden bleibt, und das Erlöschen des Feuers in Häusern und

Tempeln treibt auch die Göttin fort. So ist das gewaltsame Ausgießen und Verlöschen des Feuers, wie es als Strafe gegen den Hausvater geübt wird, der seine Abgaben nicht entrichtet, ein Akt, der gegen seine Hestia gerichtet ist. Von seiner Hestia fort müssen, heißt vom Feuer des heimatlichen Herdes fortgehen. Das Mädchen, welches heiratet, muß von seiner Hestia fort, an einen neuen Herd, ein neues Feuer. Pythagoras sagt, daß die Frau von ihrem Herde, von ihrer Hestia weggeführt und bei dem Manne wie eine Schutzflehende ist; demgemäß habe er sie zu halten.

Das Feuer der Hestia ist ein trauliches und stilles, ein heimliches und nährendes Feuer. Die Obhut, unter die es durch die Göttin genommen wird, hält seine zerstörende, fressende, verschlingende Kraft im Zaume. Nicht dieses Feuer ist es, dessen sich der Titan bemächtigt. Nicht das Feuer der Hestia bringt er den Menschen. Er strebt höher hinauf, er greift an die Feuerzeichen der höchsten Macht, an die Blitze des Zeus. In dem hohlen, dürren Stengel der Narthex-Staude bringt er das Blitzfeuer auf die Erde herab zu den Menschen. Die Blitze, die von den Kyklopen geschmiedet werden, sind die Waffen des Götterkönigs; in ihnen äußert sich die vernichtende wie die segenbringende Macht des Zeus. Zweierlei umfaßt das Tun des Titanen, einen Angriff auf den Zeus selbst und eine Profanation. Die Indienststellung, die Nutzbarmachung und Verwendung dieses Feuers ist profanierend und wird als ein Akt der Profanation festgehalten. Sie ist eine offene Kampfansage gegen den Zeus, der nun aus der ruhenden Sphäre seiner Macht hervortritt und den Prometheus niederwirft. Drei Begebenheiten sind es, durch die das Werk des Titanen vernichtet und er selbst gebändigt wird: die Herabkunft der Pandora, die deukalionische Flut und die Fesselung des Prometheus.

Pandora ist das Werkzeug zur Schwächung des prometheischen Menschen. Zeus tritt dem Erfinder Prometheus als Erfinder entgegen. Er bedient sich des prometheischen Verfahrens, indem er durch den Hephaistos auf künstliche Weise ein Weib bilden läßt. Hephaistos hat es aus Erde gebildet und gemeinsam mit der Athena Ergane ausgeschmückt. Hesiod nennt die Pandora die erste der sterblichen Weiber und bemerkt, daß dem Manne vom Weibe alles Üble, Leidige und Mißliche komme, daß er aber ohne das Weib nicht auszukommen vermöge. Von der Pandora wird berichtet, daß sie durch die Mitarbeit der Aphrodite, der Musen und des Hermes Liebreize, Verführungskraft, schmeichelnde Rede, Verstellungskunst erhalten habe. Sie bringt dem Menschen das Faß, in dem alle Übel enthalten sind. Bei der Öffnung fliegen sie heraus, und nur die Hoffnung bleibt zurück. Hier zeigt sich, daß Zeus die Natur des prometheischen Menschen genau kennt, denn die Pandora ist das Traum- und Wunschbild dieses Menschen, dem er, als es ihm in seinem Glanze und seiner Lieblichkeit entgegentritt, keinen Widerstand zu leisten vermag. Sie ist schimmernder Trug, welcher der blinden Begierde, dem blinden Willen verhängnisvoll wird, so daß er das bis zum Rande gefüllte Gefäß der Leiden nicht einmal beachtet. Diese Blindheit zeigt auch Epimetheus, der schwache Bruder des Prometheus. Die Götter überlassen es ihm, sich selbst zu schwächen und zugrunde zu richten. Ihm führte Hermes die Pandora zu, und willig nahm er sie an, bis er in ihrem Besitze zu spät das Unheil erkannte, das sie mitführte. Der kühnere Menoitios wird von dem Wetterstrahl des Zeus niedergeworfen und zu den unversöhnlichen Titanen in den Tartaros geschlossen.

In der deukalionischen Flut wird die Vernichtung des prometheischen Menschen durch Zeus dargestellt. Das Wasser bricht herein, bedeckt neun Tage die Erde und vernichtet das Menschengeschlecht. Nur Deukalion, der Sohn des Prometheus, und seine Gattin Pyrrha, die Tochter des Epimetheus und der Pandora, retten sich in einem hölzernen Kasten, der auf den Wassern schwimmt. Die Arche setzt sich auf dem Parnaß oder einem anderen Berge. Deukalion tritt aus ihr hervor und opfert dem Zeus, der ihm die Schaffung eines neuen Menschengeschlechts verheißt. Er und Pyrrha werfen Steine über die Schultern nach hinten, und aus diesen Gebeinen der großen Mutter Gaia gehen Menschen hervor, mit denen Deukalion ein neues Reich gründet. Mit Pyrrha zeugt er den Amphiktion, den Hellen, die Protogeneia. Er gilt als der Stifter der Hydrophorien, des Festes in Athen, das die Erinnerung an die große Flut festhält.

Es genügt Zeus nicht, das Werk des Prometheus zu vernichten, er wirft auch ihn selbst nieder. Durch die Kette, welche Hephaistos geschmiedet hat, am Kaukasus festgehalten, erleidet er jetzt alle Qualen des Besiegten und Unterlegenen. Der Früchte seiner Mühen sieht er sich beraubt. Der Adler des Zeus zehrt an seiner immer neu wachsenden Leber. Ungebrochen leidet er, bis der das Gebirge durchziehende Herakles den Adler erlegt und den Titanen von seinen Fesseln befreit. Prometheus ist, wie die Großen Titanen, unsterblich, und so ist sein Wollen unsterblich. Zeus kann ihn niederwerfen, aber er vermag weder ihn noch sein Wollen auszulöschen. Er kehrt auf den Olymp zurück, wo er wie ehemals der Ratgeber und Weissager der Götter wird.

Das Stück des Aischylos zeigt den leidenden, in Fesseln geschlagenen Prometheus. Es beginnt mit der Fesselung und endet mit dem Augenblick, in dem der Titan in den Tartaros versenkt wird. Prometheus wird als Vereinzelter, als ein durchaus Isolierter von Aischylos dargestellt. Hephaistos, der dem Titanen freundlich gesinnt ist, erscheint mit Hammer und Ketten und verrichtet seufzend und widerwillig die ihm von Zeus aufgetragene Schmiedearbeit. Kratos und Bia, die steten

Begleiter des Zeus, führen den Titanen gefesselt herbei. Kratos treibt mit scharfen Worten den zaudernden Hephaistos an, seine Arbeit unverzüglich und gut zu verrichten. In dem Prometheus sieht er nur den blinden Toren, den Gottverhaßten, den Räuber und Verräter göttlicher Geheimnisse, der durch Leiden geschmeidig gemacht werden muß. Prometheus wird nicht nur gefesselt, es wird ihm auch ein diamantener Keil durch die Brust geschlagen. Der Titan schweigt während dieser Arbeit und bricht erst, als er einsam in der Wüstenei zurückgeblieben ist, in mächtige Klagen aus.

Die Titanen sehen in dem Prometheus trotz allem, was ihn von ihnen trennt, einen der Ihren. Sie lassen ihn nicht im Stich, als er an den Felsen geschmiedet ist. Vom Meere her schweben auf einem geflügelten Wagen die Okeaniden heran, die Töchter der Tethys und des Okeanos. Es ist ein titanischer Chor, der seine Stimme in der Einsamkeit des Meeresgestades und der Felsschluchten erhebt. Er steigt zu dem Prometheus hernieder, ihn tröstend, ihm zusprechend und ihn besänftigend. Der Vater Okeanos, der seinen Töchtern auf einem geflügelten Meeresroß folgt, bietet sich als Vermittler zwischen Zeus und dem Titanen an, der ihm verwandt und teurer als die Götter ist. Er will seine Lösung aus den Banden von Zeus erbitten. Prometheus sucht ihn davon abzubringen, indem er ihn an das Schicksal des Atlas und des Typhoeus erinnert. Okeanos folgt der Warnung und kehrt in sein Reich zurück.

Der Chor der Okeaniden erhebt seine Stimme. Übergewaltig, so beginnt er, hat Zeus den alten Herrschern seine Macht gezeigt. Um das Schicksal der Titanen, um das des Prometheus erhebt sich nun in allen Ländern Klage, bei den Bewohnern von Asien und Kolchis, bei den Skythen, den Arabern und den Burgbewohnern des Kaukasus. Um den Titanen Atlas, der in diamantenen Banden gefesselt ist, erschallt die Klage der Wogen, die wild aus dem Meere herauffahren; die Tiefe des Hades seufzt, und die heiligen Ströme beklagen sein Leiden. Es ist das Leid der Gaia um ihre Kinder, dem ein mächtiges Echo von den Meeren und Gebirgen, den Schlünden und Strömen folgt. Diese sich überallhin verbreitende Klage zeigt, daß Gaia sich eins mit den Titanen fühlt. Es ist ein Riß entstanden zwischen ihr und ihren Kindern, eine gewaltsame und schmerzliche Trennung, und alles der Gaia Zugehörige wird von diesem Schmerz durchzittert. Schwermütig seufzt es bei dem Herrschaftsantritt des Zeus auf.

Io, die dem Zorne der Hera verfallen ist und, gleichsam eine zweite Hera, die Länder durchirrt, trifft auf ihrer Flucht mit dem Titanen zusammen. Der Seher Prometheus sagt ihr Weg und Ende ihres Leidens voraus, enthüllt ihr auch, daß ihr Urenkel Herakles ihn befreien wird. Io ist dem Prometheus nicht nur als die Stamm-Mutter des Herakles verbunden; sie ist ihm auch verbunden durch die Gemeinsamkeit des Leidens. Ihr Los ist das weibliche Seitenstück zu dem Lose des Prometheus. Die inachidische Jungfrau ist, indem sie die Geliebte des Zeus wurde, in eine gleiche Lage geraten wie der Titan. Schuld oder Nichtschuld bleiben hier außer Betracht; es genügt, daß sie als Sterbliche sich mit dem Gotte verband, der sie begehrte. Das hob sie über alles Menschliche, brachte sie in Gefahr und setzte sie der Vernichtung aus. Sie ist in den Streit der Götter verflochten worden, und ruheloser Wahnsinn treibt sie über die Erde fort. Darum erflehen sich die Okeaniden als Gabe des Schicksals, daß keine von ihnen mit einem olympischen Gotte das Lager teilen müsse. Denn schwer ist das Los der von den Göttern Geliebten.

Im Gegensatz zu Prometheus, der mit männlicher Entschlossenheit sein Los sich bereitete, ist Io die hilflos Leidende, von dem tausendäugigen Argos Gehetzte. Ihre Klagen schneiden tief in die Brust, wenn sie in einem Augenblick der Besinnung in die schmerzliche Frage ausbricht, welche Schuld denn Zeus bei ihr entdeckte, daß er sie an diese Qualen bindet und mit Angst und Wahnsinn martern läßt. Die Macht des Zeus ist, weil sie jung und neu ist, voll rücksichtsloser Härte gegen die Titanen. Diese erscheinen hier als die alten Herrscher. Als grau vor Alter wird Kronos von dem Prometheus bezeichnet; die Graue nennt er die Titanin Themis. Auf neue Weise beginnen die Götter zu herrschen; sie fühlen sich, wie Prometheus gegen den Hermes bemerkt, schon so sicher, daß sie wie in einer festen Burg ihre Wohnung einzurichten beginnen. In seinem Hasse gegen den Zeus und die olympischen Götter stützt sich Prometheus wieder auf das Titanische. Er ruft den Äther, die Lüfte, die Meereswogen, die große Mutter Gaia und den Helios an, eine titanische, götterleere Welt, der er sich verbunden fühlt.

Prometheus fällt, weil er über Maß und Gebühr die Menschen geliebt hat. Er ist der Urfeind des Zeus und rühmt sich dessen. Er rettete die Menschen, als Zeus sie vernichten wollte. Er pflanzte ihnen blinde Hoffnung ein, so daß sie ihr Geschick nicht mehr voraussehen konnten und ihrer eigenen Sterblichkeit und Hinfälligkeit vergaßen. Er gab ihnen das Feuer zur Erlernung tausendfacher Künste. Er rühmt sich, daß durch ihn der Mensch Geist und Bewußtsein bekommen habe. Er lehrte die in Höhlen Wohnenden Häuser bauen, lehrte sie die Witterung und den Gang der Gestirne beobachten. Die Lehre von den Zahlen, die Erfindung der alles festhaltenden Schrift sind von ihm. Er unterwarf dem Menschen die Tiere, erfand das Segelschiff, die Arzneien, die Seherkunst, die Opferschau, er entdeckte und lehrte die Nutzung der Metalle. Der Chor der Okeaniden hört mit zwiespältigen Empfindungen die Aufzählung der Werke an, deren

Prometheus sich rühmt. Gegen wen rühmt er sie? Im Wechselgesang erhebt der Chor seine Stimme, um den Zeus zu rühmen, ihm die Versicherung seines Gehorsams zu geben. Zu hoch hat Prometheus die Menschen geehrt. Er fehlte aus Liebe zugunsten blinder und nichtiger Wesen, deren Wille vergebens über den Rat des Zeus hinaus will. Was ist der Mensch? Eine Traumgestalt, die aus der ihr eigenen Ohnmacht nie herauskommt, ein Schemen und Nichts.

Prometheus bleibt unversöhnlich. Er bezeichnet selbst den Gang des Streites, der zwischen Zeus und ihm entstanden ist. Den Kampf der Großen Titanen gegen Zeus hat er von Anfang an als vergeblich erkannt und versucht, sie durch klugen Rat dafür zu stimmen, sich der Herrschaft des Zeus zu unterwerfen. Weissagungen der Gaia und Themis hatten ihn darüber belehrt, daß mit Gewalt nichts gegen den Zeus zu erreichen sei, daß nur die List helfen könne. Daher trat er, als die Titanen seinen Rat verwarfen, mit der Themis auf die Seite des Zeus und gab ihm den Rat, den Kronos samt seinen Anhängern in den Tartaros einzuschließen.

Was verhärtet den Prometheus in seiner Kraft und seinem Trotze? Er sieht voraus, daß Zeus ihn nötig haben wird, und pocht darauf. Ihm allein ist das zukünftige Ereignis bekannt, das den Zeus in seiner Herrschaft bedroht. Er wagt es, seinen Sturz anzukünden, und läßt sich durch die Warnungen des Chors nicht einschüchtern. Ein Ehebund ist es, dessen Frucht dem Zeus verhängnisvoll werden wird. Den Hermes, der als Bote erscheint und Aufklärung fordert, weist er schroff und höhnend zurück. Auch Hermes begegnet dem Titanen mit schneidender Ironie. Es ist etwas Wahres daran, wenn er ihm vorhält, daß er unerträglich sein würde, wenn er glücklich wäre. Prometheus antwortet darauf nur mit einem Wehruf, einem Rufe, der nach der lakonischen Bemerkung des Hermes dem Zeus unbekannt ist. Er kündet dem Prometheus jetzt die Folgen seiner Weigerung an. Zeus wird ihn mit seinen Blitzen in den Abgrund schleudern, und lange wird er das Licht nicht mehr sehen. Dann, wieder zur Erde hinaufgehoben, wird der Adler an seiner Leber zehren, an der Mitte seiner Kraft und seiner Begierden, bis Herakles kommt, bis Cheiron sich entschließt, an Stelle des Prometheus in den Hades hinabzugehen. Prometheus, mit seiner Zukunft längst vertraut, verharrt trotz der letzten Warnungen des Chors bei seiner Weigerung, und sofort vollzieht sich nun der Beschluß des Zeus. Die Erde bebt gewaltig, und der Titan versinkt mit dem Felsen, an den er geschmiedet ist; er verschwindet mit einem Anruf an den heiligen Äther in der Tiefe.

Titanen und Götter

Die Titanen sind keine Götter, obwohl sie Götter erzeugen und im Reich des Zeus göttliche Verehrung genießen. Über den Gegensatz zwischen ihnen gibt der „Prometheus" des Aischylos hinreichende Auskunft. Es ist eine Welt ohne Götter, über welche die Titanen herrschen. Wer sich einen Kosmos Atheos denkt, allerdings keinen solchen, wie ihn die exakte Naturwissenschaft beschreibt, der findet ihn hier. Titanen und Götter unterscheiden sich, und da dieser Unterschied auch in ihrem Verhalten gegenüber dem Menschen sichtbar wird, da der Mensch an sich erfährt, wie sie herrschen, vermag er sie kraft seiner Erfahrungen zu unterscheiden. Er vermag sie zu erkennen, nicht als das Werk seiner Erfahrung, sondern als Gebietende, durch welche Erfahrung begründet wird. Der Herrschaftsantritt des Zeus ist ein Wendepunkt. Die Zeitalter des Kronos und des Zeus können nun verglichen und aneinander abgemessen werden. Indem die olympischen Götter zu Leitern der menschlichen

Geschicke werden, tritt alles Titanische zurück in den Schatten. Kronos und Iapetos herrschen in dem Dämmer der Schattenreiche fort; sie steigen in das Dunkel der Höhlen hinab, aus denen der jugendliche Zeus sich zum Lichte erhebt. Die Großen Titanen und ihr Anhang, die auf die Seite des Zeus treten, bleiben in ihrer Herrschaft erhalten, doch werden auch sie in Mitleidenschaft gezogen durch den Sturz des Kronos; sie weichen nun den olympischen Göttern, welche die Mitte des Geschehens bilden.

Nicht als Frevler, als Übermütige und Vermessene werden die Großen Titanen dargestellt; dargestellt wird ihre ernste Macht, ihr gesetzliches und notwendiges Wirken. Sie sind nicht zügellose Gewalthaber und rohe Gesetzesverächter, sind vielmehr die Beherrscher einer Gesetzmäßigkeit, über deren Notwendigkeit kein Zweifel sein kann. Es ist der Gang der Elemente, dem sie gebietend vorstehen, dessen Zügel und Zaumwerk sie in den Händen halten, wie das an dem Helios zu sehen ist. Sie sind Erhalter, Bewahrer, Hüter, Wächter und Lenker dieser Ordnung. Sie sind ihre Begründer, die von Chaos hinweg sie beginnen und entfalten, worauf die Anmerkung Homers über den Atlas hinzielt, daß er im Besitz der langen Ständer ist, welche Himmel und Erde halten. Ihre Herrschaft ist kein Wirrwarr, keine ungeordnete Kraftentfaltung; sie bilden einen mächtigen Riegel gegen Chaos und verhindern, daß alles in den Wust des Ungeordneten zurückkehrt. Es ist ein Kreis, ein Kyklos von Herrschern, der uns hier gegenübertritt, jeder gesondert vom anderen und doch in einheitlichem Wirken. Seine Ordnung unterscheidet ihn von dem Haufen der Giganten, der immer etwas Massenhaftes hat. Daß der Kreis titanischer Herrscher dem Kreis der olympischen Götter an Zahl gleich ist, ist keine leere Verrechnung und Erfindung, sondern zeigt die Symmetrie der Ablösung. Titanen und Götter entsprechen sich, und wie Zeus für den Kronos eintritt, so steht Poseidon dem Okeanos gegenüber, so Hyperion und sein Sohn Helios dem Apollon, Koios und Phoibe dem Apollon und der Artemis, Selene der Artemis.

Das Reich des Kronos ist kein Reich des Sohnes. Die Söhne sind in ihm verborgen, in dem Kronos selbst, der in sich zurücknimmt, was er gezeugt hat, oder sie verbergen sich in seiner Herrschaft wie der verborgen lebende Zeus, der von der Rhea vor dem Kronos in Höhlen versteckt und aufgezogen wird. Weil es sich so verhält, ist das Reich des Kronos auch kein Reich des Vaters. Kronos will nicht Vater sein, denn Vaterschaft ist für ihn eins mit der steten Bedrohung seiner Herrschaft, ist nichts anderes als Arbeit und Vorbereitung an seinem Sturze. Er will den Kreislauf des Bestehenden, über dem er thront, erhalten und unverändert währen lassen, will ihn in sich drehen und wälzen von Äon zu Äon. Das Erhalten und Verharren war schon der Wille seines Vaters. Uranos will nicht das titanische Werden, wohl aber will er in der Räumlichkeit seiner Herrschaft unverändert fortdauern. Uranos ist alt, unvorstellbar alt, so alt wie Metalle und Steine, Luft und Äther. Er ist von einer ehernen, dem Werden abgewandten Härte. Und auch Kronos ist alt. Alt scheint er, wenn er an Zeus abgemessen, der Vater mit dem Sohn verglichen wird. Kann das Fließen und Strömen titanischer Kräfte zugleich das Gesicht des Unbeweglichen, Unveränderlichen annehmen? Ja, wenn es als Wiederkehr betrachtet wird, als eine Stufe der Wiederkehr, deren unablässig strömende Bewegung zugleich das starre, unverbrüchliche Gesetz enthüllt. Alt scheint dann alles, alt wie der im Kreise sich bewegende Okeanos, der Meere und Länder einschließt, alt wie die Meeresgreise, die silberlockig aus den Fluten emportauchen. Grau vor Alter nennt Aischylos den Kronos, grau die Gaia Themis. Die Unsterblichkeit, verbunden mit hohem

Alter, zeigt sich bei den Titanen, nicht aber bei den Göttern. Und auch die Jugendlichkeit der Titanen unterscheidet sich von der Jugendlichkeit der Götter, weil der titanischen Blüte die Wiederkehr der elementaren Bewegung anzumerken ist. Zeus ist jung, weil er diese Bewegung verneint, weil er sie zerbricht. Er schlingt seine Kinder nicht in sich zurück; er ist ein Vater. Er hat die Reife des Vaters. Uranos und Kronos sind älter als Zeus, und doch haben sie nicht seine Reife.

Das Reich des Kronos ist starrer in sich abgeschlossen als das des Zeus, was sich in der an Kiesel erinnernden Härte des Kronos zeigt; ihm fehlt die Mitte. Die Mitte ist allem titanischen Wesen fremd, deshalb kann es nicht zur Reife gelangen, denn Mitte und Reife verhalten sich wie Kern und Frucht. Das Werdende ist nicht eins mit dem Reifenden; die Art der Bewegung ist verschieden. Kronos will von seiner eigenen Frucht nichts wissen; sein Werden schließt Frucht und Reife aus. Rhea zeigt sich hier als seine Gegenspielerin. Sie ist des titanischen Mühens müde, ist voll einer titanischen Sehnsucht nach Reife; sie will reif sein, vor allem als Mutter. Mutterschaft ist es, in der sie ihre Reife sucht, und dazu verhilft ihr der Sohn Zeus.

Wie sollen die Titanen zur Mitte gelangen? Chaos hat sie nicht, und sie fehlt der Gaia, die beunruhigt um das Los ihrer Kinder mit halbem Leibe aus der Erde bricht. Das Werdende hat keine Mitte; sie wird wahrnehmbar erst in der Vollendung. Mitte und Vollendung entsprechen sich. Der Spruch des Solon, daß niemand vor seinem Ende glücklich zu preisen sei, hat eine Beziehung hierzu. Was Glück ist in einem Leben, wen man einen Glücklichen nennen kann, das wird erst sichtbar, wenn die Mitte gewonnen, wenn Vollendung eingetreten ist. An einem solchen Leben zeigt sich Licht; es gewinnt einen Glanz. Wo das Werden ein Sichvollenden ist, dort kommt die Bewegung in der Vollendung zur Ruhe.

In Zeus ist Mitte und Reife, und so gewinnt alles in der Zeuswelt Mitte und Reife. Apollon ist Mitte bis zum Leuchtenden, bis zum höchsten Glanze. Sein Glanz unterscheidet ihn von dem Helios, der uns immer nur das Gesicht zuwendet. Athene ist Mitte in ihrer Besonnenheit und Geistigkeit. Das Luzide dieser Welt bricht aus der Mitte hervor. Und der Schimmer fliegt die Titanen an, welche die Herrschaft des Zeus anerkennen und in sein Reich aufgenommen werden. Rhea wird reif als Mutter, Themis und Mnemosyne werden reif in der Verbindung mit dem Zeus.

Mit Mitte und Reife hängt ein anderes zusammen, das Leiden der Titanen. Jener Wehruf des gefesselten Prometheus bewog den Hermes zu der spöttischen Bemerkung, daß dergleichen dem Zeus fremd sei. Insofern die Titanen Bewegende sind, sind sie auch Bewegte. Ihr Kampf ist erfüllt von der Unruhe des Werdens, und diese Unruhe ist ein Leiden. Großes ist ihnen auferlegt worden, und Großes wird von ihnen gemeistert. Sie sind Chaos näher als die Götter, und so ist das Chaotische an ihnen sichtbar. In Chaos ist noch keine Notwendigkeit, denn in ihm ist noch keine zu beobachtende Gesetzlichkeit, und das Notwendige tritt erst hervor, wo es an einem Gesetzmäßigen abgemessen werden kann. Es verstärkt sich an Uranos und Kronos im Gesetz der Wiederkehr. Diese Notwendigkeit ist zugleich härteste Willkür. Willkür ist nur ein anderer Name für Notwendigkeit, ist ihre Willensmäßigkeit. In der Willensmäßigkeit der titanischen Anstrengungen ist getrennt, was in Chaos ungetrennt war, hat das Ungeordnete und Ungesonderte eine Ordnung und Sonderung erfahren. Diese von der Unruhe des Werdens erfüllte Ordnung trägt die Spuren der Mühe an sich, die sie kostete; sie zeigt Züge der Trauer. In den Titaninnen wird die Trauer am wahrnehmbarsten, als Trauer der Rhea, die in ihrer Mutterschaft getroffen ist, als Trauer der Mnemosyne, die unablässig Vergangenes beschwört. Der Grund, von dem sie sich abheben, bleibt dunkel, und Einsamkeit umgibt sie. Der besiegte Titan ist ein Bild des Leidens. Niedergestürzt, hinabgeworfen in die Schluchten der Erde, zu einer Passivität verurteilt, die nur noch das Tragen, das Heben und Stemmen kennt, gleicht er den Lasten tragenden Karyatiden. Sein Rücken krümmt sich, seine Adern und Muskeln schwellen an wie die des Atlas, der das Gewicht der Erde auf Schultern und Nacken lasten fühlt. Unbesiegbar und unbeugbar ist der Trotz, der ihr Wesen von dem der Götter abhebt, in dem sie sich verhärten und versteinern. Unbeugbar ist der Trotz des Iapetos und seines Geschlechtes, unbeugbar der Trotz des in Fesseln geschlagenen, des leidenden und an den Kaukasus geschmiedeten Prometheus. Gaia und ihre Kinder lauschen diesen Klagen, die das Gebirge erfüllen.

Das Leiden des Dionysos erinnert an das Leiden der Titanen, doch ist es eingeordnet in den Siegeslauf und Triumphzug des Gottes, ist ein Stadium seiner steten Verwandlung. Er geht im Leiden unter, zerrissen von den Titanen, die ihn anfallen, und geht aus ihm mit unsterblicher, unbesiegbarer Kraft hervor. Die Wiederkehr des Dionysos, des Herrn, der sich wandelt, ist etwas anderes als die Wiederkehr des elementar Gleichen, über welcher der unsterbliche Titan wacht. Das Leiden des Dionysos verhilft ihm zur Reife. Die olympischen Götter aber leiden nicht wie die Titanen. Sie sind selig in sich selbst und genügen sich selbst. Nicht als ob sie das Leiden des Menschen nicht kennten; sie rufen es hervor und heilen es. Im epikurischen Denken sind die Götter in den Intermundien, abgesondert vom Leben der Erde und der Menschen in einem Grade, daß nichts zu ihnen hinüberreicht, nichts von ihnen herüberkommt. Sie genießen sich selbst in einer ewigen Glückseligkeit, die sich nicht mitteilt. Der Gedanke ihrer Schicksallosigkeit ist hier so weit hinausgeführt, daß er über alle Macht und Ohnmacht geht; es ist, als ob die Götter in den tiefsten Schlaf versenkt, als ob sie für den Menschen gar nicht da wären. Er hat es nicht nötig, an sie zu denken, er braucht sie nur in ihrem seligen Schlummer zu lassen. Das ist ein philosophischer Gedanke, welcher der Mythe fremd ist. Die Seligkeit der Götter ist noch in der homerischen Welt eine ganz andere; sie hat nichts Epikurisches und Stoisches. Ihr Sichselbstgenügen schneidet den Menschen nicht von ihnen ab; im Menschen selbst ist etwas Göttliches, das sich nicht verliert und der Götter bedarf. Die Herrschaft des Zeus hat etwas überall Eingreifendes; die Götter sind Stifter, und ihre stiftende Kraft zeigt sich überall, auch das blindeste Auge nimmt sie wahr. Hier gibt es keine Intermundien, keine isolierten Räume, zu denen keine Kunde dringt, von denen keine Kunde kommt. Der Olymp wurzelt in der Erde, und die Erde, von der sie stammen, ist den Göttern lieb in allen ihren Formen, der Kontinent, die Insel, das Meer und der Fluß.

Ist unter dem Zeus der Schmerz und das Leiden des Menschen geringer als unter dem Kronos? Nein, es ist anderer Art. Ist es größer? Ja, insofern auch das Glück größer ist. Im Glück und in den Schmerzen ist mehr Reife als im titanischen Bereich. Eine tragische Reife, die den Titanen fehlt, ist in Dionysos. Das Glück des Apollon und die Muße des Pan sind ihnen versagt. Unter dem Zeus sondert sich manches, das unter Kronos noch beisammen war. In der Deutlichkeit, die alles hier bekommt, ist ein Mehr an Schmerz und Glück. Wo beginnt das Leiden des apollinischen Menschen? Es beginnt dort, wo die Luzidität des Leibes und Geistes geschwächt und getrübt wird, wo das Krumme und Schiefe sich einnisten, im Denken und Tun, im Staat, im Recht, in den Künsten. Es geht aus der Verletzung des geraden Wuchses, des aufrechten Ganges hervor, aus der Verdunkelung, aus jedem Mangel an Licht. Wie dem Apollon Barbarei und rohe Gewaltmäßigkeit verhaßt ist, so dem apollinischen Menschen. Wer dürfte sagen, daß dieses Leiden gering ist? Ist das Glück, das Apollon spendet, denn gering? Das Leiden, das den Geist ergreift, wenn er den Menschen mit Flecken bedeckt sieht, ist groß.

Der dionysische Mensch leidet auf andere Art. Ihm muß das Schale, das Leere und Hohle des Zeitlaufs zum Bewußtsein kommen, wenn sich Dionysos entfernt, wenn er dem Blick entschwindet und unwahrnehmbar wird. Die Zeit wird dann als solche bemerkt, das Leben wird zur Mühle, die sich mechanisch bewegt und forttreibt, wozu und wohin nur? Das Dasein, aus dem sich Dionysos verloren hat, erscheint ihm sinnlos, die Trennung von dem Gotte unerträglich hart; er seufzt in seiner Verlassenheit auf, denn was ist er ohne den Gott, welcher der Wein seines Lebens ist, ohne Überfluß, Trunkenheit und Vergessen? Gut ist es für ihn, wie Seilenos sagt, gar nicht geboren zu werden oder, wenn er geboren ist, früh zu sterben.

Leidet nicht auch der Mensch, der den Pan verehrt, der panische Mensch? Er leidet, wenn er seiner Muße beraubt wird, wenn sein freies Wachstum sich verengt und der Zugang zur Wildnis ihm verschlossen wird. Er leidet wie ein Jäger, dem man die Jagden verschließt, der nicht mehr jagen, schweifen und streifen kann, der von den Bergen und Wäldern, den Flüssen und Ufern, den Hainen und dem Röhricht ausgeschlossen ist. Er leidet vom Geschlecht her, durch die Verkrümmung, weil der Ursprung des Wachstums in ihm angegriffen wird, weil er aus den Nymphenfluren Arkadiens vertrieben wird, aus den Strömen von Wasser und Licht der arkadischen Wildnis, in welcher der Jäger Pan sich umtreibt.

Unter dem Kronos ist der Mensch einbegriffen in die titanische Ordnung; er steht noch nicht in dem Gegensatz zu ihr, der durch die Herrschaft des Zeus begründet wird. Er erfährt an sich die Kräfte der Titanen; er lebt in ihrem Bereich. Der Fischer und Schiffer, der sich auf die Wasser hinauswagt, ist im titanischen Element; dem Hirten, Jäger und Bauern geschieht auf der Erde ein gleiches. Hyperion, Helios und Eos bestimmen den Tag, Selene die Nacht. Iris, die Horen, die Plejaden und Hyaden vollenden stets von neuem ihren Tanz und Reigen. Die titanischen Mütter herrschen, Gaia, Rhea, Gaia Mnemosyne und Gaia Themis. Über allem thront und waltet der alte Kronos, der im Ring zusammenfaßt, was am Himmel, auf Erden und im Wasser hervortritt.

Der Gang des menschlichen Lebens ist an die titanische Ordnung gebunden. Das Leben ist eins mit ihr; der Lebenslauf löst sich von ihr nicht ab. Er ist Zeitlauf, Jahreslauf, Tageslauf. Gezeiten und Gestirne bewegen sich. Das Werden ist in unaufhörlichem Flusse. Kronos herrscht über der elementaren Wiederkehr, und alles kehrt wieder, wiederholt sich, gleicht sich. Das ist das Gesetz der Titanen und ihre Notwendigkeit. In ihrer Bewegung ist eine strenge zyklische Ordnung, ein Turnus der Wiederkehr, dem sich der Mensch nicht entziehen kann. Sein Leben ist das Abbild dieses Zyklus; es dreht sich im titanischen Turnus des Kronos.

Das Werden ist geschichtslos, und zwar eben wegen dieser Notwendigkeit, die mit ihm verbunden ist. Unseren Begriff von Natur kennt das mythische Denken nicht. Aber das, was wir freie Natur nennen, indem wir damit einen Gegensatz zu dem bezeichnen zu dem, was durch göttlichen oder menschlichen Zwang, durch göttliche oder menschliche Ordnung bestimmt wird, ist hier. Natur ist für uns alles, was vom Naturgesetz abhängt. An solcher Gesetzlichkeit fehlt es dem Reich des Kronos nicht; es ist erfüllt von ihr. Wo aber eine solche Gesetzlichkeit und Notwendigkeit herrscht, dort kann es keine Geschichte geben, es kann nicht zu ihr kommen. Sowenig es eine Geschichte der Blumen und Bäume gibt, weil sie immer nur wiederkehren im Zeitlauf, sowenig gibt es eine Geschichte für den Menschen, der ganz in die Wiederkehr des elementaren Werdens einbegriffen ist. Von ihm löst sich kein Geschehen ab, in dem der Mensch sich vermittels des Vergangenen begreift. Die Stufung, die dazu erforderlich wäre, kann sich nicht bilden. Hier gibt es keine Entwicklung, keinen Fortschritt, keine Veränderung, die von Gedächtnis und Erinnerung festgehalten wird; hier gibt es nur ein Kommen und Gehen von Geschlechtern, die in die Namenlosigkeit zurücksinken. Von ihnen hat sich uns nichts erhalten; sie sind verwelkt wie Gras und abgefallen wie die Blätter der Bäume. Der Mensch hat hier noch kein Schicksal, wie es die Halbgötter und Heroen haben. Unter dem Zeus entfaltet sich das Heroenleben, das im Liede, im Epos, in der Tragödie fortlebt; unter dem Kronos gibt es keine Heroen, kein Heroenzeitalter. Kronos und die Titanen sind dem Menschen kein Schicksal; sie sind selbst schicksallos. Helios, Eos, Selene haben kein Schicksal; die zauberische Anmut ihrer runden, kreisenden Bewegung zeigt es. Schicksallos sind auch die Götter, dort nämlich, wo göttliche Notwendigkeit herrscht, wo der Mensch sie so erblickt, daß er ihnen nicht gegenübergestellt ist. Der Mensch, dem die Titanen entgegentreten, kommt nur um; er erliegt einer Katastrophe.

Wie kommt es dazu, daß die Zeit, in der die Menschen unter dem Kronos lebten, als eine glückliche von der Erinnerung festgehalten wird? Darüber, daß sie eine Glückszeit war, eine goldene Zeit, kommt es zu einem Einverständnis. Selbst wenn der Vers 110 der Theogonie, in dem Kronos als König des Goldenen Zeitalters genannt wird, eine Einschiebung in den Text ist, so spricht die Interpolation für sich selbst. Die Erinnerung setzt einen Abstand voraus; es ist eine spätere Zeit, die sich des glücklichen Lebens unter dem Kronos erinnert. Nicht ohne Wehmut, nicht ohne das Gefühl eines Verlustes wird seiner gedacht. Welcher Art war das Glück, das die Menschen in dieser Zeit genossen, und warum wurde die Erinnerung an sie ihnen teuer? Um das zu verstehen, brauchen wir nur von Erfahrungen auszugehen, die jeder von uns macht. Wenn wir am Ufer eines Baches oder Flusses sitzen und das Wasser betrachten, das unablässig kommt und geht, wenn wir das eintönige Rieseln und Rauschen hören, das nicht endet, werden wir in diese Bewegung eingewiegt, werden eingewiegt in die Zeit- und Schicksallosigkeit des Elements, die in aller Bewegung und Stimme des Wassers sich uns mitteilt. Am Strande des Meeres ist diese Empfindung am stärksten. Sie ist da, wenn wir in die Flamme, in das Feuer sehen; sie kann so mächtig werden, daß sie als Bann und Zwang wirkt. Wir können das Auge von der Bewegung des Elements nicht abwenden; es verliert den Blick und wird träumerisch und starr. Der Mensch ruht gegenüber einer solchen Bewegung nicht nur aus; er wird von ihr mitgenommen und geht in sie ein. Er verliert seine Individualität, sein Bewußtsein und Gedächtnis. In der Bewegung ist Frieden. Er braucht nicht mehr wach, argwöhnisch und berechnend zu sein; er darf sich diesem Frieden, der geschichtslos ist, hingeben, und er spürt das Glück der Hingabe. Woraus aber geht dieser Friede hervor? Woraus sonst als aus der Wiederkehr. Es ist die Wiederkehr der Bewegung, die den Menschen mehr und mehr erfüllt, und in ihr spürt er das Nahen der Mnemosyne. Das Vertraute der Bewegung kommt daher, daß sie sich immer gleich bleibt. Der Mensch, der sich ihr ganz anvertrauen möchte, der zurückkehren möchte in diesen

Frieden des Kreisens, sehnt sich nach dem Kronos zurück. Unter dem Kronos lebt der Mensch in einer Geborgenheit, die er unter den Göttern verliert, die ihm als eine verlorene in Erinnerung kommt. Er erinnert sich ihrer und vergißt dabei, worin sie besteht. Die Empfindung der Geborgenheit hat der ungeborgene Mensch, und er hat sie in dem Maße, in dem er bedroht ist und sich bergen muß. So schützt sich nur der, der des Schutzes bedürftig ist. Frieden und Unfrieden des titanischen Werdens entsprechen sich. Die Woge trägt und verschlingt. Und gegenüber der elementaren Bewegung des Werdens bleibt der Mensch schwach und gering an Hilfsmitteln.

Was ihm hier aber auch zustoßen mag, es kann gesagt werden, daß der Mensch es unter den Titanen leichter hat als unter den Göttern. Die Last, die ihm hier auferlegt wird, ist geringer. In diese Wiederkehr des Gleichen ist auch der Mensch wiederkehrend eingefügt und folgt ihr von der Geburt bis zum Tode. Es ist die Gewohnheit, ist das Sichgewöhnen, durch das er sich in sie einwiegt. Nichts anderes wird von ihm verlangt, und diese Aufgabe zu erfüllen, ist ein leichtes. Um sie zu erfüllen, dazu bedarf es keiner Götter, keines Staates, keiner Städte, keines ihm von Göttern oder Menschen zusätzlich auferlegten Gesetzes. Apollon ist ein Gründer, ein Hervorrufer des Stadtstaates, und auch sein Ordner und Überwacher. Von den Titanen wird dergleichen nicht berichtet; sie sind keine Gründer und Stifter, und unter dem Kronos gibt es keinen Staat, keine Städte. Der Mensch bedarf hier des Staates so wenig, wie er der Gesetze und Institutionen bedarf und jenes ganzen Baues, der nach dem Sturze des Kronos entsteht. Hier gibt es nicht jenes Gesetz der Adrasteia, von dem Platon im Phaidros redet.

Zeus wendet alles. Der Mensch muß sich nun entscheiden zwischen Titanen und Göttern. Er muß, so heißt es, sein titanisches Wesen läutern zum dionysischen. Er muß in die

Kelter, um geistig und reif zu werden. Dazu verhilft ihm der Gott und sein kathartischer Wahnsinn. Es ist das eine Auffassung, in der Dionysos die Aufgabe eines Heilsgottes erhält. Es ist die Auffassung, die sich in den aristotelischen Gedanken über die Tragödie wiederfindet, nicht die der Mythe.

Die Titanen entgehen dem Schicksal nicht, das alle Besiegten trifft. Sie sind zweimal besiegt worden, in dem Kronos und in dem Prometheus. Der Titanismus des Kronos ist zyklisch wiederkehrendes Werden, der des Prometheus ein Werden in unbegrenzter Entwicklung und Entfaltung, das den ruhig thronenden Zeus zur Abwehr aufrief. Sie alle erliegen der höheren Kraft des Gottes.

Die Götter haben jene Macht, die ausreicht, um die Titanen niederzuwerfen, aber es liegt außerhalb ihres Vermögens, sie zu vernichten, auszurotten und ihnen ihr unsterbliches Leben zu nehmen. Es liegt das auch nicht in ihrem Plan, und nicht darauf zielen die Kämpfe ab, in denen sie den Sieg erringen. Das Titanische gehört unverlierbar dem Bau der Erde an; es arbeitet immer an ihm fort und kann nicht aus ihm weggedacht werden. Es ist nicht auszumerzen. Die grollenden Titanen leben in den Schattenreichen fort, die versöhnten in der Götterwelt, und Prometheus wird wiederkehren. Wäre das Titanische nicht, dann wäre die Herrschaft der Götter ins Leere gebaut; sie hätte keinen Bestand und keinen Widerstand, gegen den sie sich absetzen und Gestalt gewinnen könnte. Die Last dieser Herrschaft bedarf eines tragenden Pfeilers, einer Schulter und eines Nackens, wie sie der Atlas hat, auf dem alles Gewicht ruht. Zeus und die Götter sind den Titanen entsprossen, und Götter und Menschen sind Kinder der Gaia. Ein Wechsel der Herrschaft ist es, der den Titanen die Rechte der Erstgeburt nimmt und die sich zur Wehr Setzenden tief in die Klüfte und Höhlen stürzt, in denen sie fortgrollen. Dieses Verhängnis lag lange über ihnen; sie waren nicht unvertraut mit dem Gedanken, daß es kommen werde. Sie hatten es zu verhindern gesucht, indem sie die Zukunft selbst zu vernichten suchten. In ihrer Erbitterung sonderten sie sich von dem ab, was heraufkam. Die Gesetzlichkeit des Werdens, die sie allein anerkannten, lief wie der kreisförmig fließende Okeanos in sich selbst zurück; sie war das Imflussesein der Dinge, die ihren Ort nur vertauschen, um ihn wieder aufzusuchen. Die vis inertiae macht sich bei den Titanen geltend, und ihr Wesen zeigt eine Bestimmbarkeit, die mechanisch genannt werden kann. Diese Gesetzlichkeit der Natur ist so genau, daß sie berechnet werden kann. Ein alter, steinharter Kausalismus liegt in ihrem Gange. Sie erkennen nichts über sich und haben auch nichts unter sich. Es ist die Unerschöpflichkeit der natura naturans, in der sie auf- und umtreiben, in der Stille wie im wütenden Aufruhr der Kräfte. Die Unlenkbarkeit und Unerbittlichkeit des titanischen Werdens erschreckt wie ein großes Naturereignis, in das der Mensch nicht einbezogen ist oder doch nur so einbezogen ist, daß es ihn blind und wahllos vernichtet.

Prometheus erkennt, daß Kronos stürzen wird. Der mit Seherkraft begabte Sohn des Iapetos sieht das Ende dieser Herrschaft voraus. Er wendet sich von den Titanen ab und nimmt nicht die Partei der Titanen, die von seinem Vater angeführt werden. Er unterstützt den Zeus mit Ratschlägen. Sein Begriff des Werdens ist ein anderer als der des Kronos; er sieht eine neue, zukunftsträchtige Welt voraus, an deren Bau er sich alsbald begibt.

Der titanische Mensch

Jenes sprichwörtlich gebrauchte Τιτᾶνας βοᾶν und Τιτᾶνας καλεῖν hat eine doppelte Bedeutung, eine ironische und eine ernsthafte, die davon abhängt, wer hier der Rufer ist.

Das Rufen der Titanen kann Leichtfertigkeit und Prahlerei sein, die spöttisch abzufertigen ist; es kann auf menschlicher Vermessenheit beruhen, die dem Rufer nicht ungeahndet hingeht. Auch durch Unachtsamkeit ruft man die Titanen, so wie ein Schiffsjunge, der bei aufziehendem Sturm pfeift und vom Steuermann einen Verweis erhält, weil er den Sturm herbeipfeift. Der Mensch ist kein Titan und reicht mit seinen Kräften nicht an sie heran. Das Los des Phaëton zeigt, wie es denen ergeht, die sich zumuten, was über ihr Vermögen weit hinausreicht. Er wird aus der Bahn geschleudert, die er im Spiel zu durchmessen glaubte, und stürzt verkohlt, verbrannt und verstümmelt aus dem Äther auf die Erde hinab. So erging es dem Bellerophon, der nach herrlichen Anfängen sein Heroenleben in Dunkel und Verzweiflung beendete. Als er zum Olymp aufsteigen wollte, warf ihn das wütende Flügelroß ab. Er wurde allen Göttern widrig und verhaßt und irrte, gelähmt und erblindet, bis zu seinem Tode im Lande umher, abgesondert von den Menschen, deren Berührung er mied. So stürzte der unschuldige Ikaros aus der Bläue in die Tiefe hinab.

Es ist das Übermaß des Willens, durch das der Mensch in das titanische Wesen verflochten wird. Innerhalb des titanischen Werdens ist ein machtvoller Wille tätig. Der Mensch, der durch Nachahmung diesen Willen abzubilden versucht, geht über sein Maß hinaus; es geschieht ihm, daß er ein Unerreichbares zu verwirklichen sucht und der Anstrengung erliegt. Die Götter strafen ihn so, daß er für immer an diese Anstrengung gebunden bleibt. Die Arbeit des Sisyphos, der unermüdlich den Felsblock bergauf rollt, der ihm vor dem Gipfel entgleitet, ist titanisch. Sisyphos, der König von Ephyra und Stifter der Isthmischen Spiele, erhielt diese Arbeit von den Göttern zugeteilt für sein listiges und betrügerisches Verhalten ihnen gegenüber. Sisyphosarbeit ist alle Arbeit, die ohne Frucht bleibt, ist Anstrengung, bei der nichts herauskommt. Wer die Arbeit als solche anpreist, wer für sie um ihrer selbst willen Achtung verlangt, führt den Sisyphismus wieder ins Leben ein. Der Titanismus des Menschen tritt dort hervor, wo das Leben als Arbeitsleben, die Welt als Arbeitswelt begriffen wird; er wird sichtbar in riesenhaften Plänen und Anstrengungen, die alles Maß überschreiten und kläglich scheitern an der Erschöpfung aller Kräfte. Tantalos, König von Lydien und Liebling des Zeus, wurde für übermäßige Frevel in die Unterwelt gestürzt, wo er unter Fruchtbäumen steht, die vor ihm zurückschnellen, in einem Teiche, dessen Wasser, wenn er sich durstig niederbeugt, vor ihm zurückweicht. Er leidet, durch ein anderes Mittel, gleiche Qualen wie Sisyphos; beider Bemühung bleibt unerreichbar. Sisyphos und Tantalos sind titanische Menschen, denen, weil sie das Maß verletzten, ein titanisches Los bereitet wird. Es ist nicht Größe, die an ihnen sichtbar wird, denn diese hat etwas für das Auge und die Einsicht Abmeßbares; sie wird erst durch das Maß begründet. Wo kein Maß ist, kann es nichts Großes geben; da ist nichts abzumessen. Im Unmaß des Sisyphos und des Tantalos steckt Prahlerei und zugleich etwas Friedloses, das sie den Göttern verhaßt macht. Pindar stellt den Tantalos dar, wie er in der Luft schwebt, während über seinem Haupt ein Felsen immer niederzurollen droht. Die Strafe deutet auf den Charakter, über den sie verhängt ist.

Der Mensch, der kein Maß hat, behält etwas Unfertiges. Es haftet ihm an, weil das Wollen den ihm zugeordneten Bereich des Erreichbaren überschreitet. Solche Menschen scheinen, wenn sie ihren Anlauf nehmen, am stärksten und ganz unüberwindlich zu sein. Dann aber verfehlen sie das Ziel und stürzen ins Leere; sie fallen in die unterirdischen Räume hinab.

Was geschieht dort, wo die Götter sich vom Menschen zurückziehen, wo sie ihn sich selbst überlassen? Wo immer sie sich ihm unwahrnehmbar machen, wo ihre Anteilnahme an ihm schwindet, so daß sein Geschick ohne sie anfängt und endet, dort geschieht immer dasselbe. Das Titanische kehrt wieder und macht seinen Herrschaftsanspruch geltend. Wo keine Götter sind, dort sind Titanen. Das ist ein Gesetz, dem der Mensch sich nicht entziehen kann, er möge sich wenden, wohin er wolle. Die Titanen sind unsterblich, sie sind immer da, und immer streben sie danach, ihre Herrschaft in der alten Macht wieder aufzurichten. Davon träumt das Geschlecht des Iapetos, und davon träumen alle Iapetiden. Die Erde ist von titanischen Kräften erfüllt und durchdrungen. Sie liegen auf der Lauer, um hervorzubrechen, die Fesseln abzustreifen, das Reich des Kronos wiederherzustellen. Die Träume der Gaia sind voll titanischer Schwere, und sie umkreisen immer den gleichen Wunsch, immer das gleiche Ziel. Die Mütterlichkeit der Gaia ist titanisches Beharren und Haften an dem Kronos, die der Rhea titanisches Fortstreben von dem Kronos. Gaia sehnt sich nach dem Kronos, und diese Sehnsucht spürt der Mensch, der sich dem Titanischen zuwendet.

Titanisch ist der Mensch, der sich ganz auf sich selbst verläßt und ein schrankenloses Zutrauen in seine eigenen Kräfte setzt; dieses Zutrauen löst ihn ab und isoliert ihn auf prometheische Weise. Das Streben des Menschen nach schrankenloser Freiheit und Unabhängigkeit ist titanisch, und wo es durchdringt, dort erscheint auch sein Regulativ, die mechanisch arbeitende Notwendigkeit, die als Korrektur eines solchen Strebens hervortreten muß. Das ist das Ende des Prometheischen, welches dem Zeus wohl bewußt ist. Die neue Welt, die Prometheus schafft, ist nicht unerschöpflich; auch ihre Hilfsmittel erschöpfen sich.

Durch Willen, Verstand und Empfindung nähert sich der Mensch dem Titanischen. Er neigt dazu, im Übermaß des Willens die Signatur der Größe zu sehen, daher muß ihm immer von neuem eingeprägt werden, daß es ohne Maß keine Größe geben kann. Maß ist etwas Ebenbildliches, das heißt, niemand kann sich selbst Maß sein und bleiben. Im Begriff des Maßes steckt das Verhältnis von Urbild und Ebenbild, und daraus ergibt sich Gültigkeit. Herakles ist ein Ebenbild des Zeus und hat Maß und Größe. Dieser Größe kann nachgeeifert werden. Das, was er aus eigenem Willen angreift, was ihm als Aufgabe durch einen fremden Willen auferlegt wird, gelingt ihm. Die Aufgaben, die er zu bewältigen hat, entsprechen seiner Kraft. Dort, wo sein Glanz sich verdunkelt, wo er abweicht von dem geraden Gange, dort liegt eine Blendung durch den Willen vor, die ihn hinreißt. Er überwindet sie und erscheint athletisch in seiner Besonnenheit, durch die er seinen Gegnern überlegen ist. Der pure Wille ist Element und führt zum Elementaren zurück. Was geschieht dem Geist, der sich ins Element zurücksehnt, der selbst Element sein möchte? Er stößt auf das Titanische, und diese Begegnung dürfte das Äußerste sein, das ihm gelingt. Es ist immer der gleiche Weg, den er zurücklegt, und immer muß er zuvor ein Feind der Götter werden. Es ist ein Weg, der ins Unbetretene zu führen scheint, den wenigsten bekannt, und wer ihn geht, der mißt nicht ab, wohin er geht und durch wen er geführt wird. Wo aber ist sein Ende? Der von der Sehnsucht getriebene Geist nimmt seinen Flug gegen das Ungebundene; er strebt von den Gehäusen fort, in denen er beheimatet ist. Er muß das Haus und den Becher zerbrechen. Ihn bedrückt, daß er beheimatet ist, bedrückt sein Wohnen und Haften, in dem er wie in einem Gefängnis zu schmachten beginnt. Er möchte einen hohen Flug nehmen. Indem er sich ins Ungebundene zurücksehnt, möchte er frei sein, frei auch von seinem eigenen Stachel, von dem er nicht loskommt. Dieser Sehnsüchtige und Träumer ist immer auch gewaltsam. Der Träumer ist nicht weniger gewaltsam als der Handelnde. Dieser stößt schnell auf eine Schranke und begegnet dem Widerstand, aber das Geistige ist grenzenlos, bricht durch alle Grenzen hindurch und setzt sich leicht und spielend über alles hinweg. Was aber ist das Ungebundene, auf das der Geist zustrebt? Ist es ein nur Verneinendes? Nein, denn wenn der Geist die Schranken, Maße und Grenzen, durch die er sich äußert, zerbricht, dann stößt er auf etwas anderes, auf das Elementare. Solange er darauf zustrebt, muß es ihm als das Ungebundene erscheinen; auf dem Wege dorthin ist nichts, was ihn selbst bindet. Er strebt darauf zu im Fluge des Ikaros, der sich fröhlich gegen die Sonne bewegt. Hat er es aber erreicht, dann kehrt sich das Verhältnis um, und er stößt auf ein Spiel uralter Kräfte, das er weder vermutete noch zu finden glaubte. Das Elementare ist notwendig, und Notwendigkeit allein herrscht in ihm. Hier ist von Freiheit nicht mehr die Rede, hier geht und kommt alles nach harten Gesetzen, kehrt auf eine notwendige Weise alles wieder, rollend im Umlauf wie der kreisförmig sich bewegende Okeanos, wie der glänzende Helios oder die milder schimmernde Selene. Es sind die titanischen Wächter, die den Menschen hier empfangen. Weder Apollon noch Athene begleiten ihn auf diesem Wege, der ein Weg der Umkehr ist. Jenes „Nichts zu sehr!" und „Erkenne dich selbst!" des Apollon sind Riegel, die vor alles Titanische gelegt sind und den Menschen davor feien, sich nach dieser Seite hin zu wenden.

Zeus

Der im Reiche des Kronos lebende Zeus lebt in der Verborgenheit. Als ein deus und filius absconditus, dem Auge des Vaters verborgen, bereitet er sich auf seine Herrschaft vor. Es ist die Zeit seiner Sohnschaft, die er so verbringt; sie wird durch wunderbare und märchenhafte Begebenheiten bezeichnet. Die Nymphen Ida und Adrasteia nähren ihn mit der Milch der Ziege Amaltheia, Bienen tragen ihm Honig und Tauben Ambrosia zu. Die Darstellungen des jugendlichen Zeus sind selten; wir finden sie an den Orten, die in einer Beziehung zu seinem verborgenen Heranwachsen stehen.

Zeus ist stärker als Kronos und die Titanen, stärker als Typhoeus und Prometheus. Nicht nur durch den Willen ist er stärker, sondern durch das Gelingen. Sein Wille setzt ein gültiges Maß; Wille und Maß sind bei ihm eines. Wollen und Gelingen fallen zusammen, da er kein fruchtloses Mühen kennt. Reife ist da, denn bei ihm ist alles reif und vollkommen. Er ist jünger als Kronos, aber das Reich, das er beherrscht, ist reifer als das des Kronos. Der Vergleich der Titanen mit den Göttern zeigt es. Die Reife zeigt sich in der Vollendung der Gestalten, die sich von der Gaia abgelöst haben. Sie zeigt sich in Nektar und Ambrosia, in dem Duft, der die Götter umschwebt. Sie fällt als Glanz, als Schimmer, als stärkeres Licht in ihre Welt ein. Es ist ein höher und schöner geordneter Kreis von Herrschern, der hier vereint ist. Die Entsprechung dieser Ordnung ist der Tempel, ist das von Säulen getragene Pantheon. Hier ist Übersicht von den Burgen und Berggipfeln her, die dem Zeus heilig sind. Hier ist weite, freie Sicht, wie vom lykäischen Berge herab, der höchsten Erhebung des arkadischen Gebirges, von der ein Überblick über den ganzen Peloponnes ist, die daher dem Zeus besonders geheiligt ist. Den im Äther thronenden Zeus umgibt ein starkes, weißes Licht. Weiß ist die ihm heilige Farbe, und weiß sind die Rosse seines Wagens.

Es ist die Macht des männlichsten Gottes, dessen Darstellungen die reifste und kraftvollste Männlichkeit zeigen. Seine Erhabenheit sondert ihn auch von den Göttern ab; er liebt es, allein auf den Gipfeln zu sitzen und die Erde zu überschauen. Er ist nicht nur der Aigiserschütterer, er ist vor allem der Unerschütterliche, in dessen Kraft die Ruhe, Sicherheit und Dauer der Herrschaft wahrnehmbar ist. Er ist, wie seine Waage zeigt, der Erhalter des Gleichgewichts aller Kräfte, nicht weil er im Kampfe von Parteien sein Übergewicht wahrt, sondern durch eine Stärke, die auch einer Verbindung aller gegen ihn gewachsen ist. Daher seine Drohung gegen die Götter, sie in das Dunkel des Tartaros hinabzuschleudern, und seine Versicherung, sie alle samt der Erde und dem Meere emporzuziehen. Eine so ungeheure Macht, die doch nichts Drückendes, Einengendes und das Leben Verkümmerndes hat, muß, wie das höchste Erhabene überhaupt, durchaus als eine ruhende gedacht werden. Es reicht hin, daß sie vorhanden ist, um Angriffe zu verhindern. Diese Ruhe entspricht der höchsten Besonnenheit, Umsicht und Übersicht, die zu vorausschauend ist, um jemals zur Hast, zu vergeblichen Anstrengungen, zur Bewegung gedrängt zu werden. Sie ist bewegend, nicht aber abhängig von einer bewegenden Kraft. In dem Gotte, der das reichste Sein hat, offenbart sich die ruhende Fülle des Seins. Er waltet ruhend über allem. Der waltende Zeus ist überall, als Ratgeber, als Begründer und Erhalter des Königtums, in der Rats- und Volksversammlung, in der Familie, als Schirmherr des Gastrechts und wachend über den Eiden. Er ist als Zeus Polieus Vorstand der ganzen Stadt, als Zeus Xenios Schützer der Fremden- und Gastverhältnisse, als Hikesios Schutzgott der Flehenden und als Horios Schützer der Feldgrenzen. Als Zeus Horkios wacht er über den Eiden, als Tropäus verleiht er Sieg und Triumph, als Zeus Soter feiert man ihm, dem Retter, die Soteria und trinkt ihm den dritten Becher, als Zeus Herkeios ist er der Gott des Haussegens. Er ist stets gegenwärtig, ohne daß er seinen goldenen Thron zu verlassen brauchte. Was immer geschieht, geschieht in der Ordnung, die von ihm begründet und ihm zugeordnet ist, muß also an den Sitz seiner Herrschaft gelangen. Wenn jemand einen Eid schwört und, um ihn zu festigen, den Zeus Horkios anruft, dann ist Zeus gegenwärtig, weil alle Eidschwüre ihm unterstehen und keiner seiner Wahrnehmung entgehen kann. So ist der waltende Zeus allgegenwärtig in der Welt, über der er waltet. Selten zeigt er sich als ein sinnlich und sichtbar Eingreifender. Er erscheint nur dort, wo an seine Herrschaft gerührt wird, und dort, wo er Liebender ist.

Die Titanen sind keine Liebenden; in ihrem Bereich ist alle Neigung elementar und muß, wo sie nicht gegenseitig ist, gewaltsam werden. Der höchste und stärkste der Götter beugt sich tief vor der Macht des Schönen; er folgt ihm, er verfolgt es, müht sich und scheut nicht die Verwandlung, ja er wendet List an. Die Verwandlungen des Zeus sind Verwandlungen eines Liebenden. Die Macht des Schönen ist so groß, so siegreich, daß sie auch den Zeus bezwingt, daß er sich von ihr bezwingen läßt. Wiederum ist das Schöne in sich so frei, daß ihm nicht durch Zwang beizukommen ist, nicht durch den bloßen Machtspruch. So entäußert sich der Gott seiner Macht und wirbt um die Töchter der Könige und Heroen. Er liebt, wie sein Sänger Homer, das Hohe und Gewaltige der Frau, den mächtigen Wuchs, die Kühnheit und Kraft des Körpers und Geistes. Hera ist das Urbild aller weiblichen Stärke, und so scheint Alkmene, die Mutter des Herakles, von gewaltigerem Wuchs, einem stolzeren Geschlechte angehörig, wie denn ihr Sohn nicht nur der Lieblingssohn des Zeus, sondern der Zeus der Halbgötter und Heroen ist, der ganz die Natur des Vaters zeigt. Wer von dem Geiste des Herakles berührt wird, der ist vor aller Verweichlichung gefeit. Es sind die zeusgleichen Frauen, die in Verbindung mit dem Zeus treten, deren Kinder mit den Gaben des Vaters beschenkt werden. Das Erhabene und Anmutige verbinden sich. Goldregen fällt auf die Danae herab, und der Schwan nähert sich der schwanengleichen Leda. Der Adler des Zeus stößt herab und entführt den Ganymedes, weil er der schönste aller sterblichen Erdenbewohner ist und deshalb würdig, mit Göttern zu leben und Mundschenk des Zeus zu sein.

Im Göttlichen erscheint jetzt Heiterkeit, in der Heiterkeit etwas Göttliches. Das Heitere in seiner Verbindung mit dem höchsten Erhabenen heißt nach dem Zeus das Joviale. Es durchglänzt die Fülle seiner Macht als Glückszeichen und ist zugleich geistiges Wohlwollen, ein Licht, an dem jeder Anteil hat. In diesem Zustand verweilt der Gott; das Dunkel-Gewaltige, Finster-Erhabene, der Schrecken, den er verbreitet, herrscht nur dort, wo er aus dem ruhenden Sein heraustritt und sich gegen den Angreifer auf seine Herrschaft wendet. Jovialität ist bei den Titanen nicht zu finden; sie sind nicht heiter wie die Götter, sondern ernst. Die hohe Kraft ist in der Ruhe am wahrnehmbarsten, und der ruhende, sitzende Zeus ist die angemessene Darstellung; hier erscheint er als der unangefochten thronende Herrscher und Richter der Götter und Menschen. So stellt ihn das berühmteste aller Bildwerke, das Gold- und Elfenbeinbild des Pheidias, dar. Er sitzt auf dem Thron, auf der Rechten die dem Beschauer zugewendete, eine Siegesbinde tragende Nike, in der Linken den Adlerzepter. Er trägt auf dem Haupte einen Kranz von Ölzweigen, die Füße ruhen auf einem Schemel. Der Gott reichte mit seinem Haupte so hoch an die Decke, daß im Beschauer der Eindruck entstand, er müsse, wenn er sich erhebe, den Tempel sprengen und sich hoch in den Äther aufrichten. Dieses Kunstwerk, das eine mit Staunen gemischte Ehrfurcht hervorrief, ist untergegangen; eine solche Darstellung des Erhabenen kann aber, wenn sie einmal sichtbar geworden ist, nicht mehr vergessen werden. Sie zeigt nicht die Erhabenheit der Macht, sondern die Erhabenheit der väterlichen Macht. Der Vater ist es, welcher Verehrung weckt; über ihm ist niemand, dem eine höhere Verehrung gezollt werden könnte.

GÖTTER

Apollon - Pan - Dionysos

„Dem Zeus Ithomatas", heißt es in einem Prozessionsliede des Bakchiaden Eumelos von Korinth, „war immer die Muse genehm, die reinen und freien Schrittes einherschreitet." Ithomatas heißt jener Zeus, dem auf dem Berge Ithome in Messenien, wo ihm ein Heiligtum errichtet war, das Fest Ithomäa gefeiert wurde. Reiner und freier Schritt bezeichnet die Muse des Zeus; sie hat die höchste, trefflichste Bildung, und in ihrem Gange zeigt sich der aufrechte Wuchs. Diese festlichen Worte haben eine Beziehung auf Apollon, den Lieblingssohn von Zeus, der als Urheber und Schirmherr der Künste erscheint. Apollon ist der Führer der Musen, der Herr der helikonischen Göttinnen, welche nymphischen Ursprungs sind, Quellgöttinnen und Hüterinnen geistiger und begeisternder Wasser. Er ist der Musaget, der dem Musenchor voranschreitet, dem alle Musen folgen. Wie die Musen als Mütter und Lehrerinnen der Dichter und Sänger bezeichnet werden, so Apollon, der Vater des Orpheus und Linos, als Vater des musischen Menschen. Es gibt keinen Gott, der ihm verehrenswürdiger sein könnte, keinen zuverlässigeren Führer und Ratgeber. So ist er von den Dichtern und Sängern und den Leitern der künstlerischen Werkstätten immer geehrt worden. Er weckt durch Gesang und Saitenspiel die musische Ordnung, die eine Bedingung aller Ordnung ist, da ohne sie alle Arbeit, alles Mühen dem Menschen nicht heilsam werden kann. Nicht als solche kann die Arbeit geehrt werden, nicht weil sie Arbeit ist; wo das geschieht, dort verliert sich aller Fleiß, alle Tätigkeit in der Finsternis, dort wird das Knechtische und Fruchtlose des Mühens sichtbar. Das freudige Tun ist es, zu dem die Musen hinzutreten; wo sie fliehen, dort nehmen sie die Freude mit. Die Zeiten der amusischen Arbeit sind immer auch die dunklen, im Leben des einzelnen wie der

Völker; sie sind erinnerungsleer, weil Mnemosyne, die Mutter der Musen, ihnen fernbleibt.

Der Bereich, dem der Gott vorsteht, ist weit und hell. Lichthell ist er wie Apollon selbst, dem nichts verborgen bleibt, nichts Gegenwärtiges und nichts Zukünftiges. Er ist, wie Aischylos ihn nennt, der Prophet des Vater Zeus und verkündet den Willen des Zeus im Heiligtum zu Dodona. Von Zeus hat er die Gabe der Weissagung erhalten, und als dem Weissagegott untersteht ihm das Orakel zu Delphi. Die Gabe der Weissagung gibt er an den Hermes weiter. Von Apollon geht ein Licht aus, das über die Dunkelheit Helle verbreitet und durch die Helle Ordnung schafft. In dieser Ordnung sondern sich nicht nur die Dinge, so daß sie deutlich werden und sich scharf voneinander abheben; im Licht treten auch die Grenzen und Maße hervor. Es ist nicht das Licht des Helios, das kreisend über der Erde erscheint, verschwindet und wiederkehrt; es ist ein Licht, das von innen her aus dem Gotte hervorbricht und Gesetze gibt. Dem Trüben, Dumpfen, Wirren ist er feind; dem Unentschiedenen, Zweideutigen und Schwankenden tritt er als ein Gott der Entscheidung entgegen. Bei ihm ist die Richtschnur des Wissens. Seine Macht hebt das Gewicht des trägen und schweren Widerstandes auf; sein Ordnen ist zugleich ein Durchsichtigmachen schwieriger und drückender Verhältnisse, die dem Menschen zusetzen. Der Gott teilt seinen Lieblingen die eigene Leichtigkeit und Sicherheit mit, die schwebende Kraft seines zum Tanze bestimmten Fußes. Er verweilt nicht in den Zwischenreichen, in denen die Chimären vor dem Auge entstehen und vergehen, und nicht das Reich der Utopie ist es, über das er herrscht. Nicht als Hüter uralter Ordnungen erscheint er, sondern als Gesetzgeber einer neuen, die er begründet, die dem Willen des Zeus gemäß ist. Unter dem Kronos lebte der Mensch in dunkler Angst, nicht vor den Titanen, sondern vor den chthonischen Wesen, die der Gaia entstiegen. Die Grenzen zur Gaia, zu Chaos hin waren dünner, und durch die Löcher, Fugen und Ritzen drangen Ungeheuer ein. Der Mensch bevölkerte die Erde mit Träumen und Wesen, die zu ihm zurückkehrten, sich über ihn neigten und ihn noch im Schlaf erschreckten, deren Anblick selbst der Mutigste nicht gewachsen war. Der Bereich des Typhoeus und seiner Abkömmlinge ist nicht nur von tellurischen, sondern auch von dämonischen Kräften erfüllt. Ihr Wirken ist dem Menschen durchaus feindlich, ist vernichtend. Diese dunkle Angst ist es, von der der gegen Ungeheuer kämpfende Gott den Menschen befreit. Er ist der Drachenkämpfer und erlegt den Drachen Python, der als Sohn der Gaia das delphische Orakel bewacht. Dieser Kampf ist zugleich die Ablösung, in der der Gott sich das alte Erdorakel zueignet.

Apollon verkörpert, indem er verbindet und trennt. Ihm ist der Lorbeer geweiht, dessen festes, kräftiges, duftendes Blatt klar durchgeformt ist, ihm die Zikade, die im Licht ihr scharfes Lied singt, ihm die Schlange, nicht als pythonisches Erdgeschöpf, sondern als leuchtendes Mittagstier, das in der Sonne ruht. Reinigender als das Quell- und Meerwasser, als Weihrauch und Schwefel, der wegen seiner reinigenden Kraft göttlich heißt, ist ein Lorbeerzweig aus dem Hain des Apollon in Delphi. Dieses Reinste ist ein Ungemischtes, aber auch ein heilsam Sonderndes und Trennendes. Der Gott spricht durch Formen zu uns, und strenge Form hat alles, was er liebt. Form ist Verbindung von Teilen zu einem Ganzen, ist Art und Weise dieser Verbindung; sie ist nach der Bestimmung des Aristoteles das begriffliche Wesen des Gegenstandes im Gegensatz zur Materie. Dieser Bestimmung liegt eine Trennung zugrunde, und die leichte Kraft des Gottes liegt vor dieser Trennung. Das Formlose und Ungeformte erfreut nicht; an ihm wird die Last spürbar, die Schwere, die an ihm haftet. Spürbar ist das Ungeformte in den schlechten und mißlungenen Formen, durch die sich Risse und Unebenheiten ziehen, die auf eine mangelhafte Verbindung hinweisen. Es gibt Grade der Vollendung, ein zunehmendes Gelingen, eine wachsende Leichtigkeit. Wer ermattet, der spürt das Gewicht der Dinge, spürt sein eigenes Gewicht. An der Schwere des eigenen Körpers mißt der Mensch alle Schwere ab. Wer sich frei fühlt, der neigt dem Gedanken zu, daß alles Gewicht auf einer Täuschung beruht, daß die Welt leicht wie eine Feder ist und kein Gewicht hat, da ihre Schwere nur auf dem Verhältnis von Teilen beruht. Die Meisterschaft des Apollon zeigt sich darin, daß es für ihn nichts Schweres gibt. An ihm ist keine Anstrengung und Anspannung des Willens, nichts Erzwungenes und auch kein Mißlingen. Der titanische Bereich ist abgründig, ist in der Tiefe aufgerissen, und aus diesen Tiefen der Erde steigen Ungeheuer empor. Apollon aber ist der Ergründer und Enträtseler der dunklen Ängste und Schrekken dieser Welt, die sich vor seinem Auge verlieren. Die Drachen und Chimären zeigen sich an den Grenzen, gegen das Grenzenlose hin. Solche Wesen haben, wo das Auge des Gottes sie trifft, keinen Bestand und entfliehen. Er bringt den Menschen zu sich selbst, und darin wurzelt seine Heiterkeit. Die Erschütterung, die der große Festherr Dionysos hervorruft, scheint den Menschen tiefer und gewaltsamer zu durchdringen. Dionysos ist nicht heiter wie Apollon, denn er ist ein wandelnder und sich verwandelnder Gott. Ihm fehlt das Stete, und seine Milde ist die Ruhe vor und nach den Stürmen, die das Meer aufwühlen. Dionysos ist ein Kenner und Prüfer der Tiefen und Höhen im Menschen, und so scheint es, daß sein Reich umfassender ist und über das des Apollon hinausragt. Dieses Hinausragen aber wäre nicht einmal wahrnehmbar, wenn nicht Apollon standhielte; er bleibt Mitte und Kreis.

Wiegt der heitere Geist sich in seinem eigenen Mittel und nimmt den freien Flug, in dem er zum Schweben kommt, so ist es schwer, sich ihm zu nähern. Es ist schwer, sich dem Apollon zu nähern, denn zwischen ihm und dem Menschen liegt ein unüberbrückbarer und tödlicher Abstand. Damit hängt zusammen, daß er als der Fernhintreffer bezeichnet wird, als der Schütze, der von weither schießt. Er nähert sich dem Menschen nicht so vertraulich und sorglich, wie das Athena im homerischen Epos tut. Und wo er sich nähert, dort werden durch die Nähe die Grenzen deutlicher. Seine Heiterkeit ist klares Feuer, ist sehnsuchtsleer, ohne Bedürfnis und genügt sich selbst. Sehnsucht ist Erinnerung an das Vergangene und ergreift den Menschen durch das Bewußtsein eines erlittenen Verlustes. Bezieht sie sich auf die Zukunft, dann entspringt sie nicht weniger der Empfindung des Mangels. Sie verneint die Gegenwart und wird zu einer Empfindung der schlechten Zeit. Ihre Süße ist nur vergleichsweise da. Der Sehnsüchtige ist nicht heiter, aber insofern er unvollkommen ist, hat er seine Tiefe. Dem sehnsuchtsleeren Apollon kann er nicht nahen; er findet nirgends einen Zugang zu dem Gott, der frei ist von dem Wissen um einen Verlust, frei vor der Vergangenheit und frei vor der Zukunft. Er heilt die Leidenden, die sich ihm anvertrauen, aber er liebt das Leiden nicht. Sein Auge ist sonnenhaft, und er ist ein Schirmherr des Vollkommenen. Der Glanz, der ihn umgibt, zeigt an, daß er frei von der Qual des Werdens und der Fron des Willens ist. Er hat den Tod überwunden, und die Zerstörung kann ihm nichts anhaben. Der Schmerz kommt in ihm zur Ruhe. So spiegelt sich in ihm das Heile und Unverletzte der Dinge, die wie der Gesunde des Arztes nicht bedürfen.

Weil er ein Grenzen ziehender Gott ist, ein Herr des Maßes und der Distanz, die durch das Maß begründet wird, werden dem, der sich ihm naht, die Schranken spürbar, die dieser

Annäherung gesetzt sind, die unaufhebbaren Grenzen, die nicht überschritten werden dürfen. Dämonisch ist immer nur das Distanzlose, und davon ist in seiner Verehrung nichts zu spüren; sie ist feierlich, freudig, klar und abgemessen. Er feit den Menschen vor Grenzverletzungen, vor dem Unmaß und Übermaß. Er hütet das Auge und verleiht die Gabe der Anschauung. Das treffliche Maß des griechischen Kunstwerkes ist ein Geschenk des Gottes, der große Augen und einen genauen Blick hat. Er bleibt der Freund der sich selbst zügelnden Kraft. Der Gott der lichtumflossenen Endlichkeit, in der die Dinge sich sondern und der Mensch ein Bewußtsein seiner selbst und seiner Grenzen gewinnt, wendet sich feindlich gegen das Titanische, Gigantische und Kyklopische. Er ist helle Gegenwart, leuchtendes Dasein, das der Augenblick am fühlbarsten macht. So bringt er Licht in das Verhältnis der Dinge, als Herrscher und Gesetzgeber. Er gleicht der Säule, und die dorische Säulenordnung ist ohne ihn nicht zu denken. Der runde, sich verjüngende Schaft, der leicht aufsteigt, sich sondernd, umflossen vom Licht- und Luftraum und in Echinus und Abakus hervortretend, zeigt seine Kraft.

Insofern der Staat und die Staatsverfassung nicht nur die Notdurft des menschlichen Daseins abspiegeln, sondern ein Kunstwerk des wachen Geistes sind, ist Apollon Städtegründer und Verfassungsgeber. Er ist der Urheber der dorischen Verfassung; die Rhetren des Lykurg stammen vom delphischen Orakel. Er ruft die Polis nicht nur hervor, er überwacht auch den politischen Bau des Staates, als Künstler-Architekt. Der saitenspielende Gott führt und fügt durch sein Spiel die Mauern von Ilion zusammen; unter seinem Schutz gelingt alles Schwere leicht. Er weist den rechten Weg, deshalb ist er der Schützer der Straßen und Wege und derjenige, der die Kolonisten sicher geleitet. Sein Orakel gebietet nicht nur die Koloniegründung und bezeichnet die günstige Zeit für sie, es nennt auch den Ort, an dem die neue Gründung gedeihen wird. Der wohlbeschaffene Stadtstaat darf weder zu groß noch zu klein sein; seine Mittel sind ausgewogen, und es besteht ein angemessenes Verhältnis zwischen Gebiet und Bevölkerung. Fehlt es innerhalb der Mauern an Bürgern, so muß man suchen, sie herbeizuschaffen. Ist ein Überschuß an ihnen vorhanden, so müssen Kolonien gegründet werden. Daß dem Apollon diese von der Muttererde sich ablösenden Gemeinschaften unterstehen, hängt damit zusammen, daß er der Schutzherr des männlichen Wagens und Bauens ist und überall die geistige Gemeinschaft vor den Ansprüchen der Blutsgemeinschaft begünstigt. Die Orestie zeigt, wie er dem Mutterrecht, das von der Gaia sich herleitet, feindlich gesinnt ist. Ein Bewußtsein des geistig-freudigen Wachstums, des Gelingens und Vollbringens durchdringt den Menschen, an dem er Anteil nimmt. Er ist vom Hauche des nahenden Gottes mit Begeisterung erfüllt – afflatus est numine quando iam propriore dei. Die Begeisterung, welche Apollon weckt, ist wachsendes Wissen, das Glück, welches er mitteilt, ist helle Einsicht; so durchdringt er das ganze Leben, das Hirtendasein, welches in offener Witterung unter den Strahlen der Sonne geführt wird, wie die Zustände königlicher Macht.

Als dem Staatsgott und Staatsverfassungsgott unterstehen ihm Gesetzgebung und Rechtsprechung. Er ist der Liebling des Zeus und verkündet dessen Willen als der Kenner des Rechten und Wahren, der dem Irrtum nicht unterworfen ist und den Betrug durchschaut. Die Täuschung erreicht und berührt ihn nicht, deshalb ist es vergeblich, ihn betrügen und irreleiten zu wollen. An der List, die eine Waffe des männlichen Geistes ist, hat er kein Wohlgefallen wie die Athena, die ihren Schutz auch über die Erfindungen des Geistes, über die Ausreden, Vorgaben und Verstellungen erstreckt und die Listen des Wagemutigen belächelt. Einfache Erhabenheit,

Offenheit, Gewißheit liebt er, nicht aber das Verwickelte und Fragwürdige.

Vor allem ist es die Kenntnis des Maßes, die ihn auszeichnet. Er kennt die Maße des Schönen und zeigt sie dem Staatsmann, dem Künstler, dem Handwerker und Hirten. Das Geheimnis und die Kraft seines Saitenspiels ist, daß es Harmonien gibt, Grundfiguren, welche Maßstäbe des Schönen sind. Es ist nicht allein der hohe Wohllaut, durch welchen sein Spiel und das Spiel seiner Schüler entzückt; hier wird auch die Erkenntnis vermittelt, daß der Wohllaut die Folge einer Maßordnung ist und daß es durch den Beistand des Gottes gelingt, diese Ordnung überall in Erscheinung treten zu lassen, in der Staatsverfassung, der Gesetzgebung, dem Tempelbau und der einzelnen plastischen Figur. Vom apollinischen Nomos der Musik her wird aller Nomos gewonnen. Die unmittelbare politische Bedeutung der Musik hängt hiermit zusammen; der gutgeordnete Staat zeigt sich in der Tonkunst, und die Neuerungen in ihr wirken auf den Staat zurück. Die Einführung einer neuen Tonart, eines neuen Instruments kann zum Streit führen, welcher den Staat in Mitleidenschaft zieht, Verwirrung stiftet und ein Eingreifen notwendig macht.

Die musisch ordnende Kraft Apollons, der ein Staatsgott ist, erstreckt sich vor allem auf die Musik. Der Äolier Terpandros, der Sieger im Agon der Hymnen zu Delphi, schlichtet, wie das Orakel verheißen hat, den Zwiespalt, der den spartanischen Staat zerrüttet. Durch seinen Vortrag auf der Kithara stimmt dieser Äolier den Geist der Hörer zur Ordnung und versöhnt die unversöhnlich scheinenden Parteien. Das ist ein Vorgang, der an die Kräfte des Orpheus rührt. Ein Mann, dem ein solches Werk gelingt, hat etwas Göttliches, und als einen göttlichen Menschen ehrten ihn die Spartaner und räumten ihm große Befugnisse ein. Er ist der Begründer der ersten musischen Katastasis in Sparta. An seinen Namen knüpft sich die Festsetzung neuer Normen für die spartanische Musik; er führt die siebensaitige Kithara an Stelle der viersaitigen ein und unterrichtet die spartanischen Kitharoden in den neuen Tonarten. Er setzt den kitharodischen Nomos orthios kunstmäßig fest und gibt ihm eine feste episch-lyrische Form. Durch ihn gewinnt das Saitenspiel einen weiteren Umfang, der es befähigt, kunstvolle Rhythmen und Metren zu begleiten, neue und reicher geordnete Hymnen. Sogleich zeigt sich, in welcher engen Beziehung diese Musik, dieser Gesang zum Leben des Staates stehen. Terpandros schon singt zum Ruhme Spartas, daß in ihm die Lanze des Jünglings, die Muse, das Recht blühe; er setzt die Kriegsordnung, die Rechtsordnung, die musische Ordnung in einen genauen Zusammenhang. Das Kitharaspiel geht in der dorischen Marsch- und Schlachtordnung „dem Eisen entgegen", und dem Kastor zu Ehren ertönt das Kastareion, in äolischen Saiten, wie Pindar in der Zweiten Pythischen Ode bemerkt.

Päonen werden dem Apollon gesungen. In päonischen Maßen bewegen sich die Hyporchemata, die Tanzlieder für den Apollon, und die leichten Pyrrhichen, die von Kreta ihren Ausgang nehmen. Sie sind schnell und feurig wie die Tänze, die dem Apollon Paian getanzt werden. Sie ergießen sich nicht in schwermütigen Klagen um die Vergänglichkeit des Lebens, der Liebe und Jugend, sie sind heiter und rasch, begeistert und freudig, voll jugendlicher Empfindung und Genusses der Gegenwart. Ihr heller, leichter spielender Ton muntert auf, gibt dem Geiste Gewandtheit und macht die Füße locker. Sie sind wild, ungestüm, feurig, anmutig und scherzhaft. In den Chorliedern der Komödie begegnen wir ihnen wieder. Solche päonischen Hyporchemata führte der Begründer der zweiten musischen Katastasis in Sparta ein, der kretische Sänger und Sühnpriester Thaletas, und Xenodamos und Alkman bildeten sie weiterhin aus. Ohne Hyporchemata und pyrrhichistische Tanzlieder ist die musische Erziehung nicht zu denken.

An solchen Lehrern hat es den Griechen nicht gefehlt. Sie vereinigen die Kenntnis der Theorie mit einer eindringenden Praxis. So war Damon, der Sohn des Damonides von Oea und der Vertraute des Perikles, nicht nur ein ausgezeichneter Musiker, er beherrschte auch die musikalische Theorie, die Rhythmik und Metrik, und von ihm heißt es nicht nur, daß er die Versmaße geordnet und benannt habe, ihm wird auch der Satz zugeschrieben, daß die Musik sich nicht wandle ohne politische Wandlungen, wie er denn auch ausgeführt haben soll, daß an den Weisen und Rhythmen das Edle und Schöne, das Niedere und Gemeine, Hochmut und Wahnsinn sich erkennen lasse. Er legt die Beziehung dar, die zwischen dem rhythmisch-metrischen Ausdruck und den Leidenschaften des Menschen besteht. Seine Teilnahme an den politischen Kämpfen der Zeit wird als entscheidend bezeichnet, und Plutarch bemerkt über ihn, daß er für den Perikles das gleiche war, was der Einreiber und Ringmeister für den Athleten ist. Gaben des Apollon sind es, die an einem solchen Manne wahrnehmbar werden.

Nicht fern davon liegt, daß Apollon ein heilender Gott, ein Abwehrer der Übel, Arzt und Arztweissager ist; er ist es durch die gleiche Kraft, die ihn zum Anführer des musischen Lebens und Musageten macht. Jeder Gott hat eine tötende und heilende Kraft, doch zeigt sich die des Apollon vor allen anderen. Er ist der Vater des Asklepios, welcher der Vater der heroischen Ärzte Machaon und Podaleirios ist. Die asklepiadeische Medizin wird auf die heroischen Ärzte und den Asklepios zurückgeführt, mündet also in Apollon. Die beiden Söhne des Machaon bauten ihrem Stammvater Asklepios den ersten Tempel, und bis auf den Asklepiaden Hippokrates erbte sich das ärztliche Wissen vom Vater auf den Sohn fort, gehütet von einer eigenen Priester- und Ärzte-Innung. Die Kultorte des Asklepios und der Heroenärzte, die in Tempelhainen, an heilkräftigen Quellen, an hohen, gesunden, quellreichen Stellen liegen, sind zugleich Heilorte. Die große Zahl dieser Heilstätten und Heilbäder zeigt die innige Beziehung der griechischen Medizin zum Apollon. Er ist nicht nur der Arztweissager, der durch sein Orakel Mittel gegen die Seuchen angibt, er ist durch sein Wesen heilsam. So hebt er die Übel, die den Geist und das Gemüt zerrütten. Er heilt durch Maß, Ordnung, Selbsterkenntnis. In seinem Schutze gesundet der Kranke, weil er einen Zugang zur Gesundheit des Gottes findet. Das Unverletzte und Heile sind eins; im Heilen aber liegt eine besondere Fähigkeit, Heilungen hervorzurufen.

Apollon teilt seinen Lieblingen die eigene ordnende Klarheit mit, die kristallene Helle des formenhervorbringenden Geistes und das gesangvoll Lebendige, das den Gestalten innewohnt. Er öffnet das Auge. Im Reiche des Apollon Lykios ist nichts Totes und Starres; hier ist alles belebt, hat alles Leben Bewußtsein und erhebt sich alles Bewußtsein zu freudiger Erkenntnis. Hier ist kein Gegensatz zwischen Natur und Geist, denn das Blühen und Schwellen der Formen ist selbst ein geistiges; der Wissende aber fühlt sich eins mit dem Wachstum, das ihn mit Wonne erfüllt. Alles das bringt der erste Homerische Hymnus auf den Apollon zum Ausdruck, wenn der Sänger sagt, daß dem Phoibos die Tempel und Haine, die Warten, die Gipfel und die ins Meer strömenden Flüsse lieb sind, am liebsten aber das blühende Delos, wo ihn in festlicher Kleidung die Iaonen ehren, wo sie ihn durch Tanz, Gesang und Faustkampf erfreuen, durch ihre schönen Frauen, ihre raschen Schiffe, ihren reichen Besitz, durch den Aufzug der Jungfrauen, die im Dienste des Gottes stehen und ihm, der Artemis und der Leto das Loblied singen, einen so schön geordneten Gesang, daß man denken könnte, der Gott und die Göttinnen selbst sängen ihn. Die klare Festlichkeit des Lebens, die Empfindung des frischen Wachstums, ein musisches Glück sind es, die der Dichter besingt. Von dem delischen Berge Kynthos, an dessen Fuße Apollon und seine Zwillingsschwester Artemis geboren wurden, geht ein hohes Licht aus. Es heißt, daß Apollon am siebenten Tage des Lenzmonats geboren wurde, daß er im Frühling von seinem Winteraufenthalt aus dem sonnigen Lykien, aus Äthiopien und von den im ewigen Licht wohnenden Hyperboräern zurückkehrt.

Weil Apollon das Maß bezeichnet, die Grenzen hütet und das Wohlgestaltete liebt, deshalb entflammt sein Zorn gegen die Grenzverletzer, deshalb wird er den Verächtern des Maßes furchtbar und verderblich. Er kennt keine Schonung, und seine Pfeile sind unfehlbar. Das, was an ihm als Härte erscheint, ist ein Unverletzbares, Unverrückbares. Die Rechtwinkligkeit der Gestalt und des Geistes, die senkrechte Schärfe des Lichts und der Erkenntnis schmerzen, aber der Schmerz heilt auch. Das blinde und schwache Auge verkennt die Lichtfülle, denn das sehr helle Licht blendet. Insofern ist Apollon Loxias, nicht weil er täuschen, verwirren und das Gerade krumm machen will, sondern weil Verwirrung und Täuschung überall dort sind, wo ein Mangel an Erkenntnis ist. Seine verderbende und heilende Kraft sind eins; er tötet, wie er ins Leben ruft.

Als strafender und verderbender Gott ist er der strengste, härteste und unerbittlichste von allen, derjenige, der die Hybris unverzüglich und immer mit dem Tode ahndet. In seinem Wesen ist nichts Vermittelndes, er ist kein Gott der Übergänge und Zugeständnisse, sondern macht sich schroff und unerbittlich geltend. Die Furcht vor dem Apollon begreift in sich, daß der Verletzer seiner Ordnung vernichtet wird. Die Scheu vor ihm bleibt immer spürbar, und sie steigert sich bei dem apollinischen Menschen zu einem tiefen Grauen, wenn er den Streit mit dem Gotte heraufbeschworen sieht. Dieses Grauen erfaßt im ersten Gesange der Ilias die Danaer, als Apollon ihnen, nach der Verletzung seines Priesters Chryses durch den Agamemnon, die Pest ins Lager sendet. Finster wie die dunkle Nacht eilt der Gott auf das Schiffslager zu, und indem er vorwärts schreitet, tönt sein silberner Bogen, ein grauenvoller Klang entfährt ihm, und helles, tödliches Klingen kommt von den Pfeilen im Köcher. Hier wird das Sühne- und Reinigungsopfer geschildert, das Agamemnon befiehlt, die allgemeine Waschung im Meere, durch welche der Frevel abgespült werden soll, und das vollständige Stier- und Ziegenopfer, durch das die Versöhnung mit dem Gotte erstrebt wird. Das Opfer bleibt ohne Erfolg, und erst die feierliche Anrufung des Chryses, der von Odysseus besänftigt worden ist, und das von dem Apollonpriester vorgenommene Opfer versöhnen den Gott. Nach dem Mahle ertönt zu Ehren des Apollon der Paian.

Wo entsteht der Konflikt mit dem Gotte? Nirgend anders als an den Grenzen, die gegen ihn hin, auf ihn zu dem Menschen gesetzt sind, die er wissend oder bedachtlos überschreitet. Er stößt dabei auf den Apollon Oulios, der als Grenzwächter den silbernen Bogen führt, dessen Name schon Schrekken einflößt. Die Maßlosigkeit, in der der Mensch sich selbst verdunkelt, zieht auch den Gott in Mitleidenschaft. Den Apollon verletzen, heißt immer auch an seine Geistigkeit rühren. Als Gott des lichthellen Geistes straft er die Mutter Niobe; er ist hart gegen die Machtansprüche der Mütter. Er straft die Vermessenheit des Marsyas, straft die Aloaden und den Tityos. Durch ihn wird die Göttlichkeit des Geistigen leuchtend verkündet, denn in ihm wird es als selbständige, unbezwingbare Macht sichtbar. Deshalb ist er ein Feind alles Rohen, aller Knechtung und Barbarei. Wie er über Gymnasien und Palästren herrscht und Ausdauer im Faustkampf, Gewandtheit und Schnelligkeit verleiht, so ist er Siegverleiher in den musischen Kämpfen. Sein Orakel ist es, das den Sokrates als den weisesten aller Griechen bezeichnet.

Er ist der Beschützer des Orestes. Die Aufgabe, die er in der Orestie übernimmt, ist vorgezeichnet in den Begebenheiten, die sich bei der Tötung des delphischen Drachen abspielen. Als Apollon den Python tötete, den Sohn der Gaia, der aus der feuchten Erde der deukalionischen Flut entstand, verletzte er die Mutter Erde. In dem Python griff er nicht nur einen Einzelnen an, er traf die dunkle, riesenhafte Vereinigung der Erdgottheiten in dem Sitze ihrer Kraft und Würden, im Heiligtum der Gaia. Python ist ein Wächter der Gaia, wie Apollon ein Wächter des Zeus ist. Das Heiligtum der Gaia machte er gewaltsam zu seinem Sitze; die Tötung des Python verstrickt ihn in die Blutschuld, welche die Gaia gegen ihn geltend machte. Er mußte fliehen, seine Blutschuld sühnen, sieben Jahre als Knecht bei Admetos verweilen, im Lorbeerhain sich reinigen, bevor er nach Delphi zurückkehren und sein Amt als Wahrsager des Zeus antreten kann. Was hier geschieht, setzt sich in der Orestie fort, denn das Reich des Python ist das gleiche, in dem die Erinyen gebieten. Die Gesetze der Blutschuld und Blutrache sind älter als das Reich der olympischen Götter und leiten sich von der Gaia her. Die Erinyen werden in der Odyssee unterirdische, im Erebos wohnende Gottheiten genannt; Hesiod nennt sie Kinder der Gaia, die sie aus dem Blut des entmannten Uranos zeugte.

Gemeinsam mit der mutterlosen Athena ergreift Apollon die Partei des Muttermörders, welcher der Rächer des Vaters, der Vollstrecker der Rache an der Gattenmörderin ist. Indem Apollon und Athena sich gemeinsam des Orestes annehmen, zeigt sich der Unterschied ihres Wesens und ihrer Teilnahme.

Schroffer und rücksichtsloser als Athena verfolgt Apollon sein Ziel; er scheut auch das Äußerste nicht, er scheint auf den Bruch mit der Ursatzung und ihren Hüterinnen geradezu hinzuarbeiten. Sein Orakel gebietet den Muttermord. Er ist es, der die Erinyen im Tempel einschläfert, der sie mit harten Worten daraus fortweist. Athena zeigt sich als die Göttin des guten Rates, der Auswege und trefflichen Lösungen. Ihre Aufgabe ist es, mit den Erdgöttinnen zu verhandeln und sie zu besänftigen; auch ist es ihr Tempel, in dem das schwere Werk der Versöhnung stattfindet. Apollon gibt seinen Widerwillen gegen die Erinyen offen zu erkennen und tritt ihnen mit scharfen, höhnenden Worten gegenüber. Die älteren Gottheiten werfen den jüngeren vor, daß sie allem Rechte zum Hohn Gewalt üben, indem sie in das alte, unabdingbare Blutrecht eingreifen; sie drohen, das Land und das Volk von Athen entgelten zu lassen, was ihnen an ihrem Blutrecht geschmälert wird. Wie soll ein solcher Kampf geschlichtet werden? Athena führt die entscheidende Wendung herbei, indem sie es dahin bringt, daß die Erinyen ihr die Entscheidung anheimstellen. Als sie aber einem athenischen Areopag diese Entscheidung überträgt, also ein Gerichtsverfahren eröffnet, droht alles wieder zu scheitern. Das Neue, Unerhörte eines solchen Verfahrens liegt in dem Mittel selbst, das eine unangefochtene, seit unvordenklicher Zeit bestehende Ordnung aus den Angeln hebt. Das alte Blutrecht ist damit unwiederbringlich dahin; mag das Urteil ausfallen, wie es will, seine Wiederherstellung ist nicht denkbar. Die Erinyen brechen in erbitterte Klagen, in lauten Jammer aus. Obwohl Apollon und Athena den Gerichtshof unterstützen, wagt er nicht, den Orestes freizusprechen; es gibt keinen mit sterblichen Männern besetzten Areopag, der einen solchen Freispruch verkünden könnte. Erst als die Schutzherrin der Stadt ihren Stimmstein zugunsten des Orestes in die Urne legt, wird Gleichheit der Stimmen und damit ein freisprechendes Urteil erzielt. Von diesem Stimmstein der Athena läßt sich sagen, daß er Athen zu dem gemacht hat, was es wurde, daß er an den Schicksalen der Stadt mitgearbeitet hat. Die Blutgöttinnen, die sich beschimpft fühlen, beschwören von neuem Rache über die Stadt herauf und können nur dadurch beschwichtigt werden, daß ihnen Athena einen Platz in der Stadt neben ihrem eigenen Tempel zusichert, ihnen also die durch Götter und Menschen gewährleistete Verehrung anbietet, die ihre Rechte für immer sichert. Der Jubel, in den Athena ausbricht, als das Werk der Versöhnung zustande kommt, zeigt, was hier erreicht wurde. Ein feierlicher Umzug der Göttin mit ihren Priesterinnen und den Erinyen, geleitet von Athenern und Athenerinnen, beschließt und bestätigt alles. Wer die Orestie überdenkt, der faßt wohl, daß die ungeheure, dunkle Blutschuld nicht allein von der Brust des Orestes abgewälzt wurde, daß Apollon mit ihm die Stadt und ganz Griechenland von der Herrschaft eines urtümlich finsteren Blut- und Vergeltungsrechts befreite. Es ist der Wille des Zeus, es ist ein Auftrag der olympischen Gottheiten, den er vollstreckt. In der Schlichtung dieses Falles, der über alle Einsicht und Urteilskraft von Sterblichen hinausgeht, ist etwas, das den Menschen aufatmen macht. Der Gott kommt als Versöhner und Befreier. Die Herrschaft der Erdgöttinnen wird eingeschränkt, ohne daß sie ihrer Würden beraubt werden; sie werden anerkannt. Hier entfaltet sich die Macht des Apollon und leuchtet zugleich in ihrem höchsten Glanze auf; er erscheint als der Wohltäter, der noch in seiner Strenge wohltätig ist. Die Tat des Orestes rührt an die schützenden Kräfte Apollons, weil sie eine Machtprobe zwischen dem Bereich der Gaia und des Zeus einschließt. Darüber, daß der Mord an dem Vatermörder Aegisthos eine Ruhmestat ist, herrscht bei Göttern und Menschen kein Zweifel. Zeus selbst billigt sie im ersten Gesange der Odyssee, und Athena stimmt ihm zu. Im gleichen Gesange spornt die Göttin den Telemachos an, die Freier mit List oder öffentlich zu ermorden, und rühmt den Rächer Orestes, der für seine Vaterrache von allen Sterblichen gepriesen wird.

Apollon ist ein festlicher Gott. Er ist der Gott der pythischen Spiele, der Siegverleiher in gymnastischen und musischen Wettkämpfen und selbst Wettkämpfer, der Phorminxspieler, der durch Musik und Gesang ordnet, ist Staatengründer, Verfassungsgeber, Führer der Kolonisten und Schirmherr der Straßen und gebahnten Wege. Er ist Weissager, Arzt und Mehrer der Fruchtbarkeit. Seine Kraft äußert sich überall, wo das Leben im Lichte geführt wird. Das ungetrübte Auge, das mit jugendlicher Wonne die Gestalten umfaßt, erkennt ihn. Hierin liegt ein hohes Glück. Es ist nicht das Glück der Tyche, deren Steuerruder das Walten des Geschickes, deren Kugel den rollenden Zufall, deren amaltheisches Horn die Fülle der Glücksgaben bezeichnet; es ist ein von Veränderungen, Zufällen und Wechsel unabhängiges Glück, ein dauerhafter Glückszustand, der auf Einsicht, geistiger Helle und Heiterkeit beruht, auf der musischen Nüchternheit des Geistes. Es ist das Glück des wohlgebauten Menschen, der aus der Vereinigung seiner Kräfte heraus handelt. Es ist das Glück des Königs Admetos, in dessen Hause der Gott ein und aus geht, in dem Licht und Fülle herrschen. Wer einmal auf einer der Inseln stand, die dem Apollon wert sind, wer in der Frühe des Morgens oder am hohen Mittag auf Land und Meer hinsah, wer im Licht spürt, wie in den Umrissen, in den Grenzlinien das lichtvolle Leben sich rührt und regt, der kennt das Glück, das ein solches Umschauen hervorruft, der hat eine Ahnung von den Kräften des Apollon erfahren.

Er ist der Gott der Jugend, ist der jugendlich schönste Gott. Seine Gestalt ist ein Archetyp des Schönen, und die plastischen Künstler, die ihm so viel zu verdanken haben, wetteifern in der Darstellung seiner Schönheit. Nicht liegend oder sitzend stellen sie ihn dar; am schönsten ist der aufrecht stehende, nackte Gott, der die Vollkommenheit seiner Bildung am sichtbarsten zeigt. Streng aufgerichtet, geometrisch starr noch erhebt sich der Mantiklos-Apollon, der, nach der Armhaltung zu schließen, den Bogen in der Hand hielt. Auf dem überlangen Hals steht der Kopf mit den riesigen, runden Augenhöhlen, die ehemals mit Silber gefüllt waren. In seinem feierlichen Aufragen ist etwas Entfremdetes und Fremdes, das drohend und unheimlich wird. Sehr fern steht er da, in einem unberührbaren Raum, und nichts an ihm nähert sich dem Beschauer, nichts ist da, durch das der Beschauer sich ihm vertraulich nähern könnte. Senkrechten Stand hat der vorwärtsschreitende Kuros aus parischem Marmor, und wie zum gymnastischen Wettkampf eilt der Apollon des Deinagoras. Aufrecht steht der Apollon von Olympia im Gewühl des Lapithen- und Kentaurenkampfes, nicht verstrickt in den Kampf und seine Mühen, sondern leicht und mühelos, so daß schon in der Wendung des Kopfes, in der leichten Berührung der sichere Ausgang und die Entscheidung angezeigt ist. Die Vasenbilder zeigen stärkere Bewegung des Gottes, aber auch die Kürze dieser Bewegung. Er wiegt sich selbst aus, hält sich im Gleichgewicht; er braucht weder Beistand noch Stütze. Schon deshalb wirkt der knabenhafte Apollon Sauronktonos des Praxiteles, der uns nur in Kopien erhalten ist, schwächer, weil der Gott nicht nur die Gerade aufgibt, sondern auch einen Halt sucht.

Pan

Der Ort, an dem er erscheint, bezeichnet den Gott, und seine Gestalt macht ihn sogleich kenntlich. Die Bildung des Pan ist weder menschlich noch tierisch; sie ist halb göttlich, halb tierisch. Dort, wo der Gott als Bock erscheint und auf vier Füßen einherschreitet, liegt eine Verwandlung vor. In der ihm eigenen Gestalt steht und geht er aufrecht. Von der Leibesmitte abwärts ist er bocksgestaltig, und auch der reichbehaarte Kopf, dem aus der Stirnmitte oder seitlich Hörner entsprießen, hat etwas Tierhaftes, das sich nie ganz verliert. Daran ist nichts Zusammengesetztes, keine Nahtstelle, an der etwas Getrenntes sichtbar wird; der Leib des Tänzers und Läufers Pan erscheint aus einem Gusse. Die Bildung des Pan erinnert an die der Kentauren, die, obwohl vierfüßig, einen gleichen Ursprung verrät, und nicht von ungefähr, denn das Leben der Kentauren spielt sich in der panischen Natur ab; sie sind die Hüter und Pfleger aller Anfänge des Heroenlebens. Zwischen ihnen und dem Pan gibt es manches Verbindende. Einen Ansatz zu solchem Wuchse zeigt auch der bärtige und gehörnte Dionysos, dem aber die charakteristische Kraft und Häßlichkeit des Pan fehlt. Von dieser Gestalt weicht die plastische Kunst auch in ihren besten Zeiten nicht ab; sie konnte nicht davon abgehen, weil hier das Geschlecht selbst göttlich ist, weil das Phallische von dem Gotte und seiner Erscheinung nicht zu trennen ist.

Pan ist ein phallischer Gott. Das, was ihn zum Gott macht, ist bei keinem der anderen Götter zu finden, auch bei dem Dionysos nicht, denn sie alle haben zwar ein Geschlecht, aber das Göttliche ist bei ihnen nicht das Geschlecht selbst, deshalb ist in ihrer Bildung, ihrem Wuchse das Phallische ausgelöscht; wir finden eine Entsprechung erst bei der vielbrüstigen ephesischen Artemis. Aphrodite ist nichts weniger als eine Göttin, bei der das Geschlecht sich als solches absondert und hervortritt. In ihr wird nicht der Trieb und seine Kraft verehrt; auch ist ihr Amt nicht das einer Göttin der Fruchtbarkeit. Sie ist von dem feinsten, das Auge sättigenden Ebenmaß. Sie ist Liebreiz und Liebesfülle, ist auch die Göttin des

Liebesgenusses, der von der Anschauung und dem Besitz des Schönen unzertrennlich ist. Alles, was den Liebesgenuß vorbereitet und mehrt, die Präludien zwischen den Geschlechtern, der Schmuck der Neigung, das Werben, die Spiele, das Sichversagen und Hingeben, die Neckereien und Scherze, das untersteht ihr. Der Zauber, der in ihrem Gürtel sich sammelt und Licht über ihre Vollkommenheit verbreitet, bezeichnet wie der Gürtel selbst, worin ihre Kraft besteht. Bei ihr scheint alle Neigung freie Wahl zu sein, und der stumme Trieb, der seinem Wesen nach unerbittlich, gewaltsam und zwingend ist, wird beredt, wird Spiel, nimmt ein Geistiges an, belebt die Phantasie und bewegt die Einbildungskraft.

Pan trägt keinen Gürtel, und ihm untersteht nicht dieser aphrodisische Herrschaftsbereich, in dem alles sich in Reiz und Duft verwandelt. Er ist ein phallischer Gott. Sichtbarer, deutlicher noch als beim Pan, im Zeugungsglied selbst hervortretend, zeigt sich das Phallische am Priap, der ein lokalisierter Pan ist, ein Pan der Weingärten, des Fruchtlandes und der Fischzüge, der die bebaute, gepflegte Natur und in ihr die Nähe des Menschen liebt. Hier ist zu erkennen, daß das Phallisch-Göttliche und die Verletzung des Maßes zusammentreffen. Die Gottheiten, bei denen das Phallische nicht selbst zum Göttlichen gehört, zeigen ein vollkommenes Ebenmaß der Gestalt, eine ausgewogene und durchgebildete Proportionalität, und das, was an ihnen als Vernunft, Besonnenheit oder Licht erscheint, zeigt sogleich, daß der Gott und das Geschlecht nicht eins sind. An den Göttern der Inder ist zu sehen, daß dort, wo ihre phallische Kraft verehrt wird, das Ebenmaß der Gestalt schwindet und das Geschlecht zu wuchern beginnt. Das Phallische ist Urkraft ohne Maß und nicht aus sich heraus zu bändigen. Jene Frage, welche die Humanisten stellten, warum die Griechen einen solchen Gott nicht glätteten und verfeinerten, warum sie ihn nicht den Göttern, Halbgöttern und Heroen gleichformten, ist also gar nicht zu stellen, denn als phallischer Gott kann er keiner Maßordnung des Schönen, der die menschliche Gestalt zugrunde liegt, eingefügt werden. Das Geschlecht ist nicht human, sondern divin. Ein solcher Zugriff auf die Gestalt des Gottes wirkt wie ein Angriff auf die zeugende Kraft selbst, wie ein unfruchtbar machender Akt, welcher Dürre und Mangel zur Folge haben müßte. Gelänge er, würde er den Gott bewegen, sich unsichtbar zu machen und seine Kraft den Pflanzen, Tieren und Menschen zu entziehen, so daß Schwäche und Unfruchtbarkeit eintreten würden.

Daß im Geschlecht als solchem sich das Göttliche und der Verehrung Würdige ausspricht, ist eine Einsicht, die neben den Griechen andere Völker hatten, denn es gibt keines, dem sie fremd geblieben wäre. Eigentümlich ist den Griechen, daß sie den tiefen, oft fürchterlichen Ernst dieser Verehrung, die ganz in Angst eingetaucht ist, gemildert haben und ihren Bereich zu freier Anschauung erhoben haben. Es ist keinerlei Feindschaft, keine Spur eines Mißvergnügens zwischen den olympischen Göttern und den phallischen Gottheiten. Sie stehen sich nicht als im Kampfe miteinander liegende Mächte gegenüber und stören nicht die Bereiche ihres Wirkens. Vielmehr sind sie durch freundschaftliche Beziehungen verbunden. Heiterkeit und Freude herrschen bei der Geburt der phallischen Gottheiten und zeigen sich dort, wo die olympischen Götter den Wuchs des Pan und Priap betrachten, einen Wuchs, der unverkennbar ihr Wesen anzeigt. Weil er ein phallischer Gott ist, deshalb hat Pan die Gestalt, die von unten herauf, vom gespaltenen Huf bis zur Hüfte und zum Sitz des Geschlechts, den Wuchs des Bockes zeigt. Sein phallisches Gesicht wird durch den tiefen Winkel zwischen Nase und Stirn bezeichnet, durch die Einkerbung, die noch in dem faunischen Geistgesicht des Sokrates wiederkehrt, durch die tierisch gespitzten, lauschenden Ohren und die aus der niedrigen Stirn hervorbrechenden Hörner. Und das Gelächter des Pan entspringt nicht aus der Wahrnehmung eines Widerspruchs, nicht aus der Erkenntnis eines Konflikts, der es hervorbringt; es ist phallisches Lachen, ist das Lachen des Geschlechts. Die Darstellungen dieses Gesichts zeigen wie die Gesichter der Panisken und Satyrn, wie das Gesicht des Priap, daß jeder Zug darin Geschlecht ist und die Unschuld des Geschlechtes hat, über dem keine Instanz der Erkenntnis als Richter steht. So wie Auge und Trieb bei den Pflanzen eins sind und aus der gleichen Stelle des Zweigs hervorsprießen, so sprießt hier das Geschlecht unbekümmert ins Licht hin.

Wer ein solches Pansgesicht betrachtet, der muß auf das Verhältnis von Geschlecht und Individualität achten. Das Göttliche hat nichts Individuelles, weil es über alle Individualität hinausgreift. Am Antlitz des Pan wird das besonders deutlich, weil das Individuelle den einzelnen abschließt, beschränkt und festigt, das Geschlecht aber über den einzelnen hinausweist. Im Menschenantlitz zeigt sich der Widerspruch zwischen Geschlecht und Geistigkeit. Solche Gesichter sind nicht sinnlich reich oder geistig hell. Sie zeigen das Leiden des durch den Geist gequälten Geschlechts, des vom Geschlechte gequälten Geistes. Ihre Proportion ist verletzt, und das Mißverhältnis zieht sich als Riß durch das Antlitz. Im unverletzten phallischen Gesicht ist dergleichen nicht zu finden, auch nicht im Gesicht des phallischen Gottes, dem ein solcher Widerspruch fremd ist. Geschlecht, Natur und Erkenntnis sind bei ihm eins und lassen sich nicht trennen. In den besten Darstellungen des Pan, in denen das Panisch-Göttliche getroffen ist, liegt für den Betrachter zugleich etwas Fremdes, das er nicht aufzulösen vermag, und das wie ein unberührbarer Kreis den Gott umläuft. Er teilt sich nicht mit, und witternd, lauschend, sich aufbäumend, das Launische des Triebes verkörpernd, bleibt er durch eine unsichtbare Schranke abgesondert, späht über den Betrachter hinweg, ohne ihn wahrzunehmen. Ein solches unauflösbares Geheimnis ist das Geschlecht selbst, ein Geheimnis, das Lust einflößt und Angst erweckt. Der Anblick des Pan hat immer etwas Überraschendes und Erschreckendes; zugleich macht er die Wonne des Lebens spürbar und den Schauder der Lust, der bis ins Mark fährt. Bei einem Maler wie Rubens, der tiefe Einblicke in die panisch belebte Natur hatte, ist ihr ganzer Reichtum ausgebreitet, im flämischen Stil, der das Antike wunderlich abwandelt, und der bei Jordaens bis zur derbsten und massigsten Fleischlichkeit geht. Auf den Bildern dieser Meister ist die phallisch strenge Natur des Gottes zum Bukolischen abgemildert.

Der Kopf des phallischen Gottes ist niemals die Krone, die dem Leibe aufsitzt. Sein Kopf löst sich nicht wie der Kopf des Apollon, der die Blüte jugendlich erhabener Schönheit ist, vom Ebenmaß des Leibes, schwebt nicht über ihm wie die Blume auf dem schlanken Halse. Nacken und Hals des Pan dürfen so nicht gebildet werden, denn die Röhren und das Mark seiner Kraft fließen anders zusammen. Der untere tierische Wuchs bestimmt den Bau und die Haltung des oberen Leibes, so daß den Schwerpunkt die Mitte bildet, und diese Mitte ist der Sitz des Geschlechts. Das Gesicht des Pan hat nicht das Ausgedachte und Durchgebildete, über dem die Stirn wie eine hohe Wand steht; in seinem Gesicht bleibt vieles schlummernd, und noch in seiner Wachsamkeit behält es etwas Witterndes, im Aufwerfen etwas von der Heimlichkeit des Wildes, das einem Geräusch nachhorcht.

Bei dem Priap tritt das Phallische noch stärker hervor, und in dem gleichen Verhältnis tritt alles zurück, was dem Gesichte Bestimmtheit und Schärfe gibt. So zeigen die plastischen Arbeiten, die ihn darstellen, oft nur ein angedeutetes

Gesicht und scheinen mit einer gewissen Roheit und Unförmigkeit behaftet zu sein. Aber hier bedarf es keiner minutiösen Ausführung und Verfeinerung. Der Leib des phallischen Gottes ist Attribut der zeugenden Kraft, und das Geschlecht selbst ist es, welches ihn kenntlich macht.

Die Darstellungsweise der Mythe ist nicht chronologisch; alle Chronologie ist ein historisches Zeitmeßverfahren. Die Mythe ist weder Geschichte, noch ist sie ein historischer Prozeß, der vom Bewußtsein als solcher aufgefaßt wird. Wird sie historisch betrachtet, dann entsteht der Anschein, daß sie als etwas Geschichtsloses vor der geschichtlichen Zeit liegt. Zugleich wird sie in ihrem Wesen durch eine solche Betrachtung zerstört, wird einer ihr fremden Zeitmessung unterworfen. Ein gleiches geschieht, wo sie, des Verstehens wegen, symbolisch oder allegorisch genommen wird, denn dieses Verstehen und Nehmen ist nur innerhalb einer historischen Betrachtung möglich.

Daten sind im mythischen Geschehen nicht zu finden. Das goldene und silberne Zeitalter lassen sich nicht chronologisch voneinander abheben. Die Zeitlosigkeit des Geschehens entzieht sich jeder zeitlichen Bestimmung. Die Genauigkeit des mythischen Geschehens ist eine andere als die der Wissenschaft, doch nicht ungenauer. Diese Genauigkeit liegt in der zutreffenden Kraft und Deutlichkeit der Bilder und in ihrem Zusammenhang. Pan wird als Sohn des Hermes und der Tochter des Dryops bezeichnet. Andere Überlieferungen nennen ihn einen Sohn des Zeus und geben als seine Mutter bald die Thymbris, bald die Kallisto, bald die Oeneis an. Die römischen Dichter stellen über seine Herkunft noch andere Thesen auf, die als willkürliche Erfindungen erkennbar sind. Solche abweichenden Angaben haben ihren Grund nicht darin, daß die genealogische Zuordnung ein nachträgliches Bemühen ist. Für den Historiker ist es unvorstellbar, daß verschiedene Väter und Mütter bestehen, und doch ist darin nichts Unzulässiges. Ein Dichter wird nicht nur als Sohn seiner Eltern, sondern auch als Sohn des Apollon oder der Musen bezeichnet, und so sind wir nicht nur die Söhne einer bestimmten Mutter, sondern auch Söhne der Erde, eines Landes, einer Stadt; wir haben viele Väter und Mütter und stehen in einer mannigfachen Verwandtschaft. Pan, der als Sohn des Zeus bezeichnet wird, ist der gleiche Pan, den die Homerische Hymne als Sohn des Hermes und der Tochter des Dryops nennt. Der Akt der Zuordnung bezeichnet zugleich die Anlage und den Bereich. Von der Vaterseite her kommt Pan vom Zeus, und als Urenkel des Kronos reicht er zu den Titanen hinauf. Er erscheint bei seiner Geburt ganz ausgebildet, so daß die Mutter erschrocken vor dem eigenen Kinde entflieht, so wie die Nymphen vor dem sie verfolgenden Gotte flüchten. Von der Athene wird berichtet, daß sie in bewaffneter Jungfräulichkeit dem Haupte des Zeus entsprang. Die Göttin, die durch keine Nabelschnur an einen mütterlichen Leib gebunden ist, zeigt sogleich die unverletzliche und männliche Kraft ihres Geistes und bricht wie der freie Gedanke durch die Stirn des allstärksten Gottes.

Auch Pan ist sogleich ganz das, was er ist, und sofort löst er sich von der Mutter ab. Er ist ganz Trieb. Nicht vor dem Kinde, vor dem phallischen Gotte entflieht die Mutter, das Wochenbett verlassend, und nie mehr wird sie zu ihm zurückkehren, nicht aus Mangel an Mutterliebe, sondern weil der stärkere Sohn ihrer Pflege nicht bedarf. Der Schrecken, der sie ergreift, entspringt der Erkenntnis, daß der Sohn nicht die Mutter, sondern das Weib in ihr sieht. Pan ist kein Muttersohn. Auch ist er weder ein Schutzherr der Ehen noch der Familien; das Reich, dem er vorsteht, liegt vor allen Ehen und Familien. Er hat keine Gattin, er ist zugeordnet den Nymphen, und alles nymphische Wesen, alle Oreaden, Najaden,

Dryaden, alle weiblichen Gottheiten, welche Flüsse, Bäume, Quellen, Berge bewohnen, sind innerhalb seiner Herrschaft. Nymphen erscheinen unter seinen Müttern, Nymphen unter seinen Erzieherinnen, Nymphen sind seine Geliebten, so die Oreade Echo, so die arkadische Nymphe Syrinx, die, von ihm verfolgt, auf ihr Flehen in Schilf verwandelt wird. Wie die Nymphen, die nur zu den Götterversammlungen im Olymp erscheinen, hält sich auch Pan dort nicht auf. Indem sie sich ihm anschließen und ihn begleiten, geben sie ihn als ihren Herrn und Meister zu erkennen. Alles Nymphenwesen steht zum Pan in enger, unlösbarer Beziehung, und der nymphische Ort gehört wie die nymphische Weiblichkeit zu seinem Reich. Ihr Entfliehen und Verstecken vor ihm gehört zu den panischen Spielen des Geschlechts. Auch bringen sie ihm Opfer, und zwar solche, die sich auf sein Geschlecht beziehen. Die Nymphe ist ein Kind der Gaia, deren Schlüssel sie bewahrt. Sie ist Numen des Orts, den sie hütet, aus dem sie auf weibliche Weise hervortritt, als Empfangende. Es ist etwas Pflanzenhaftes an ihr, auch in der pflanzenhaften Unschuld des Geschlechts; in ihren Verwandlungen nimmt sie Pflanzengestalt an. Von den gebirgbewohnenden Nymphen sagt die Homerische Hymne, daß sie weder zu den Sterblichen noch zu den Unsterblichen zählen, daß sie Ambrosia essen, lang leben, den herrlichen Reigen tanzen, mit dem Hermes und den Silenen Liebesvereinigungen eingehen und mit ihren hochragenden Bäumen sterben.

Pan hütet weder Sitte noch Brauch; er hütet auch nicht das Ehebett, den Herd und das Haus. Er ist kein Gott der Gesetze und Einrichtungen, die durch das Zusammenleben geheiligt werden, sondern ein Gott des Geschlechts, das als Ursprung erscheint. Wie er selbst nicht in ehelicher Verbindung lebt, so hat er auch keinen Herd, kein Bett, kein Haus, keinen Ort, an dem er residierte. Er läßt von dem Schweifen,

Streifen, Jagen und Wandern nie ab, und diese Ruhelosigkeit, dieses Umherziehen in weiten Revieren steht im Zusammenhang mit dem Geschlecht, mit der Rastlosigkeit des zeugenden, befruchtenden, mehrenden Gottes.

Heiterkeit als etwas Joviales, dem Zeus Gemäßes durchdringt die Götterwelt, begleitet von olympischen Gelächter. Davon berichtet vor allem das Epos. Der von seinem Vater Hermes zum Olymp emporgetragene Pan wird von den Göttern betrachtet, und sie ergötzen sich an ihm, wie sie es am Anblick des Priap tun. Der Grundton ihres Lachens ist der des hohen Wohlwollens und eines Erstaunens, das von freudiger Erschütterung begleitet wird. In der Bildung des Pan zeigt sich die Gestalt des machtvollsten Triebes, unverfeinert und roh, aus seiner tierhaften Wurzel unbekümmert aufsprießend, von grausamer Wahrhaftigkeit, zugleich aber voll Wonne und Lust. Hermes trägt den Pan wie zu einem Akte der Anerkennung herbei, und es herrscht kein Zweifel darüber, daß in dieser wunderbaren Gestalt ein Gott in den Kreis der Götter tritt. In ihrem Kreise wird er nicht oft zu finden sein, denn in seinem Leben ist etwas Ungeselliges, das ihn die Götterversammlungen meiden läßt. Ihm behagt es nur in seinem eigenen Reiche, und vor allem duldet er keinen Zwang, möge dieser auftauchen, wo er wolle. In dem Lachen der Götter liegt ein Wiedererkennen, ein Sicherinnern. Nichts wird darüber berichtet, wie Apollon und wie die jungfräulichen Göttinnen Athene und Artemis den Pan begrüßen, denn nur von einem der Götter heißt es, daß seine Freude über den Ankömmling groß war, von Dionysos. Dionysos erscheint hier als der ältere Gott, zugleich wird berichtet, daß er ein Pflegesohn seines Nährvaters Pan ist. So ist es; Dionysos ist ohne die panische Natur nicht zu denken. In der Freude des Weingottes über die Geburt des Pan zeigt sich zuerst die Beziehung der Götter, die von ihrer Neigung zueinander oft

Kunde geben. Panisches und dionysisches Wesen begegnen einander, und wie die Opferstätten oft gemeinsam sind, so sehen wir auch die beiden Gefolgsherren beisammen, sehen, wie sich ihre Scharen vermischen. Das Nahen des Dionysos erregt auch den Pan. Emporgetrieben durch den mänadischen Lärm, lauscht er und naht, unwiderstehlich angezogen vom Getöse des festlichen Zuges, der seine Einöden durchquert.

Nicht der Olymp ist der Aufenthalt des Gottes, sondern die arkadische Landschaft. Von Anfang an erscheint er mit der arkadischen Landschaft aufs engste verbunden, die unter allen Nymphenfluren die weiträumigste ist. Hier erzieht ihn die Nymphe Sinoe, hier sind viele seiner Heiligtümer, auf dem parthenischen und mainalischen Gebirge, auf dem nomischen Gebirge bei Lykosura, zu Heraia und Molipeia. Hier hören ihn die Einwohner, wenn er, auf der Syrinx blasend, im Gebirge verweilt. Im jugendlichen Alter durchschweift er die arkadischen Gefilde, unter freiem Himmel einherziehend, landliebend und mit jener Scheu vor den Städten, die ihn immer bezeichnet. Auf Hügeln, in Gebirgen, an Quellen stehen seine Heiligtümer, und Grotten, die kühlen Stätten seines Schlafes, sind die Orte seiner Verehrung. Bei Marathon befindet sich ein ihm geweihter Berg und eine Grotte mit Felsen, welche die Ziegenherde des Pan genannt wird. Am Parnaß ehrt man ihn in der korykischen Grotte. Im parthenischen Gebirge ruft er den athenischen Gesandten Pheidippides an, der in Sparta Hilfe gegen die Meder erbitten will, und verspricht ihm, die Meder zu erschrecken, wenn die Athener ihm Ehre erweisen werden. Wie ihm die Stadt fremd ist, so liebt er auch nicht die Fluren der Demeter, das Ackerland, die Kornfelder und Gärten. Er erscheint dort nicht, wo der Pflug seine Arbeit tut, wo die Erde in Schollen gebrochen wird. Erst an den Weiden und Viehtriften, an den Orten der Bienenzucht, an den Küsten, wo die Fischer ihre Netze auslegen, beginnt sein Reich.

Verschieden wie das Leben und die Tätigkeit der Menschen sind auch ihre Begegnungen mit dem Gotte. Gewiß ist, daß die Hirten, denen er freundlich gesinnt ist, ihn vor anderen erkannt und sich seiner am kräftigsten versichert haben. Unter ihnen wiederum sind es die Ziegen- und Schafhirten, die ihm die höchste Verehrung zollen. Hengst und Stier stehen dem Pan ferner; in ihre Gestalt verwandelt er sich nicht. Er ist kein Reiter. Roß und Rind sind häusliche, der Menschenbehausung nahe Tiere, und die Haus- und Stallwirtschaft ist kein Ort des Pan. Die Ziegen- und Schafhirten, die unter freiem Himmel schlafen und ihre Herden weithin treiben, sind es, denen seine Gestalt zuerst körperlich faßlich und sichtbar wurde, die ihn zuerst beschrieben haben als den Geißfüßigen, Gehörnten, Geschwänzten, den wie den Widder Krummnasigen. Als Hirten- und Weidegott tut sich Pan hervor. Er wacht über den Herden als Mehrer ihrer Fruchtbarkeit, als der Zeuger Pan, dessen Nähe die Herden wachsen macht. Den Jägern, Bienenzüchtern, Fischern gibt oder versagt er Wild, Honig, Fische. Daher geißeln die Arkader sein Bild, wenn die Jagd ohne Beute geblieben ist.

Das halbwilde Hirtenleben beginnt dort, wo der Ackerbau sein Ende nimmt und die Weidelandschaft beginnt. Das Weideland ist nicht das eigentliche Herrschaftsgebiet des Pan, es ist das Grenzland seines Reiches gegen die bebauten Fluren hin. Sein Reich ist die Wildnis. Pan ist dort, wo das Gebirge, der Bergwald, die Flüsse, das Röhricht, der wilde Obsthain unberührt sind; er ist der Gott der Wildnis. Was ist darin ausgesprochen, daß in der panisch belebten Wildnis etwas Göttliches erkennbar wird? Was ist die Wildnis für den Menschen?

Die Wildnis ist zunächst das Unbezeichnete, das Unbenannte. Sie ist dem Menschen nicht unterworfen, steht in keines Menschen Eigentum, ist unvermessen und ohne Wegmarken. Sie ist unnützes Land, insofern in ihr die Gesetze menschlicher Ökonomie nicht gelten. Sie hat keine Geschichte, und es knüpfen uns keine Erinnerungen an sie. Sie pflanzt sich ohne unseren Willen und gedeiht ohne unser Zutun. Sie ist terra incognita für uns. Der Wildbaum blüht und trägt Früchte durch die Kräfte, die ihm innewohnen, und durch die Gunst der Witterung, in der er aufwächst. Tiere zehren von den Früchten, und was sie übriglassen, verdorrt am Zweig und fällt zur Erde. Vielleicht bildet es einen neuen Keim und Trieb, vielleicht verkommt es. Daran liegt nichts, denn was hier wächst, entzieht sich jeder Vermessung und Berechnung. Hier gibt es weder Eigentum noch Namen, hier grünt, blüht, reift und welkt ein namenloses Land. Das Eigentum beginnt mit dem Namen. Pan ist ein Gott, der das Eigentum nicht kennt und es deshalb auch nicht anerkennt und schützt. Namen sind es, durch die der Mensch Bestehendes bezeichnet und abgrenzt, durch die er es sich aneignet. Pan ist kein Namengeber; Namengeber sind die Heroen, welche das Wildland zuerst durchziehen.

Vielleicht achten die meisten der Wildnis nicht und sinnen nur darauf, sie zu zerstören. Wie aber, wenn sie nicht da wäre, wenn sie ganz vernichtet würde? Wäre das möglich? Gewiß, denn der Wille dazu ist in dem Menschen, der sie nur als Feindin betrachtet und mit feindlichen Angriffen gegen sie vorgeht, deren er sich rühmt. Er kann sie zurückdrängen, in ihrem Leben verletzen und zum Erliegen bringen. Er kann es und tut es, obwohl er auf sie angewiesen bleibt. Solche Bemühungen bleiben nicht ohne Folgen, die etwas Gesetzmäßiges haben. Der Boden, welcher der Wildnis abgewonnen wird, heißt jungfräulicher Boden, und die Erfahrung lehrt, daß er von einer besonderen Fruchtbarkeit ist und reiche Ernten abwirft. Nicht lange, denn die Kräfte, die er in der Wildnis bewahrte, erschöpfen sich, und nun bedarf es künstlicher Pflege, um ihm Frucht abzulocken. Man muß ihm ersetzen, was ihm entzogen wurde, seitdem er sein freies Wachstum verlor. Freies Wachstum ist das Leben der Wildnis; wo es angegriffen wird, dort wird auch die Wildnis angegriffen. Wo sie erliegt, dort versagt die Kraft der Demeter, dort reicht ihre Macht nicht mehr hin, um das Korn zur Reife, den Obsthain zur Frucht zu bringen. Ohne die Wildgräser wäre weder Weizen noch Hafer, ohne die Wildtraube kein edler Wein, ohne die Wildtiere kein zahmes Vieh. Alles das wird der Wildnis nicht nur abgerungen und im Kampfe gegen sie erhalten, es wird auch durch sie genährt, so daß es sich dort nicht mehr fortbringen kann, wo die Wildnis abstirbt. Die Wildnis liegt vor der Demeter, und wie die Wildgräser dem Getreide vorangehen, so stützt sich aller Anbau, alle Pflege auf den wilden Wuchs, auf das freie Wachstum. Die Macht der Demeter beginnt erst bei den eingefangenen Geschöpfen, den nutzbringenden Herden und erstreckt sich über das Land, das durch die Pflugschar bezeichnet wird, nicht aber untersteht ihr die unbezeichnete Wildnis, der Ursprung. Die Sichel und der Ährenkranz sind ihre Attribute, nicht die des Pan. Sie mag aus Krügen und Bechern schöpfen, er aus der Hand. Ihre Mysterien sind nicht die des Pan. Und nicht die Werkzeuge, nicht das Instrumentarium des Ackerbaus und der Viehzucht sind dem Pan heilig. Pan ist der Gott der erdgewaltigen Fruchtbarkeit, die am Ursprung liegt. Als solcher wird er erkennbar in dem Geschehen, das Pausanias von der schwarzen Demeter berichtet, die unweit des arkadischen Phigalia auf dem Berge Elaion in einer Grotte verehrt wurde. Als Demeter aus Zorn gegen ihren Begatter Poseidon und aus Trauer über den Raub der Persephoneia sich in diese Grotte zurückzog, ging alles, was die Erde hervorbrachte, zugrunde, so daß die Menschen vom Hungertode bedroht wurden. Keiner der Götter kannte den Aufenthalt der Göttin, keiner wußte, wo sie zu suchen war. Pan aber, der die arkadischen Gefilde, sein Jagdrevier, durchstreifte, entdeckte sie in ihrem schwarzen Gewande in der Grotte. Er teilte seine Entdeckung dem Zeus mit. Dieser schickte die Moiren zu ihr, und von ihnen beredet kam sie hervor und entsagte der Trauer und dem Zorne.

Pan findet die den Göttern und Menschen verlorengegangene Demeter. Ihm geht sie nicht verloren, und auch sie findet seinen Ort. Der Gott und die Göttin können sich nicht so weit aus den Augen verlieren, daß sie nicht zueinander zurückfänden. Er betrachtet sie nur, er tritt nicht näher, und leise, wie er gekommen ist, zieht er sich wieder zurück, sein Wissen mit sich nehmend. Inwiefern ist ihm daran gelegen, die Demeter zu finden, und warum bringt er die Kunde von ihrem Versteck anderen? Wäre ihm nicht mehr damit gedient, wenn er sie für sich behalten würde? Schmälert die Göttin nicht seinen Bereich, drängt sie ihn nicht zurück, wo sie vordringt? Sie tut es, aber sie kann es nur, indem sie ihm zurückerstattet, was sie ihm genommen hat, und Pan weiß wohl, daß alles, was sie zu ihrer Herrschaft schlägt, ihm wieder anheimfallen wird. Es liegt weder in ihrer Kraft, ihn zu verdrängen, noch will sie es; sie kann es nicht wollen, denn ohne ihn würde sie nicht sein, was sie ist. Der Zeuger Pan hat einen ursprünglichen Anspruch an sie; ihre Reife, ihre Fruchtbarkeit ist nicht ohne ihn. Das Reich des Pan umfaßt den vordemetreischen Zustand des Lebens und der Natur, und die Herrschaft der Demeter ruht auf diesem überall auf. Sie kann nur das Land gewinnen, das der Fuß des Pan berührt hat. Ihr Anteil an der Fruchtbarkeit ist das Empfangen und die Fortbildung der Empfängnis. Sie ist die Enkelin der Gaia, deren Mutterkraft in ihr ist. Ihr Liebeslager ist der Acker, und Homer und Hesiod berichten, daß sie auf dem dreimal geackerten Brachfeld mit dem Iasion ruhte, der deshalb von Zeus mit dem Blitz erschlagen wurde. Ihre Stärke wird von den stärksten Göttern aufgesucht, von Zeus und Poseidon, der die in eine Stute Verwandelte als Hengst besprang. In ihrer Umarmung scheint das ganze weibliche Geschlecht umarmt zu werden. Das macht sie zur Göttin der Volkskraft. Ehe, Ackerbau, Obstbau, Viehzucht sind ihre Bezirke. Dazu die Pflege und Erziehung der Helden, jene frühe Wartung des Heroenlebens, die von den Kentauren nicht besorgt werden kann. Sie läßt die Saat sprossen, die Frucht gedeihen, und darauf beziehen sich ihre Mysterien, die vom Dunkel ins Licht gehen. Als Göttin des Wachstums ist sie zugleich eine unterirdische Göttin.

Pan weiß, wo die verborgene, sich versteckt haltende Demeter ist, und findet sie dort, wo niemand sie sucht. Er kennt besser als andere die Grenzen von Demeters Herrschaft und achtet auf diese Grenzen. Zusammenleben mit ihr kann er nicht. Seiner Umarmung ergeben sich nur die Nymphen. In Demeter ist nichts Nymphisches. Wo sie herrscht, wo das Eisen der Sichel erklingt, weilt Pan nicht; sein Fuß streift durch das Gras, das nicht gemäht wird. Wo er ist, dorthin begibt sich Demeter nicht. Dennoch gehören beide zusammen, kraft einer Entsprechung, die nicht aufhebbar ist.

Die Wildnis ist nicht nur das namenlose, unbezeichnete Land, das Demeters Fluren umringt, sie ist auch der Ursprung und deshalb heilig. Wohin wir uns wenden, wie weit wir in unserem Denken zurückgehen, wir werden auf sie stoßen. Sie liegt in der ersten Frühe des Morgens, blitzend vom Tau und erfrischt von der Nacht, aus der sie hervorging. Sie liegt vor aller Geschichte, und an ihr abgemessen ist alle Historie etwas Begrenztes, ein Akt des Bewußtseins, das sich zurückneigt, um das Vergangene zu durchdringen. Es ist ein künstliches Licht, das so geschaffen wird; die Verteilung des Lichtes zeigt es, das wie der Schein einer Kerze einen ins Dunkle fallenden Umkreis erhellt. Seine Peripherie ist spärlich und ungewiß beleuchtet, und die Helle nimmt in dem Verhältnis zu, in dem sie sich dem Träger des Lichtes nähert. Hierin liegt ein Gesetz, das wir nicht abzuändern vermögen, und dieses Gesetz ist zugleich die Methode unseres Denkens, das Schema, nach dem unser Bewußtsein arbeitet. Der Ursprung, der innerhalb der Natur als Wildnis hervortritt, bleibt ihm entzogen; er entzieht sich, obwohl er uns begleitet und obwohl wir, von ihm kommend, zu ihm zurückkehren können. Diese Rückkehr zur Wildnis vollzieht sich zunächst in der Aussetzung.

Das Kind, das auf wilder Erde ausgesetzt wird, wird seinem Ursprung anheimgegeben, um wie die Frucht des Wildbaumes zu verderben. Vielleicht verdirbt es, doch kann es auf wunderbare Weise erhalten werden. Wenn es von den Brüsten seiner Mutter getrennt wird, kann es zu seiner ersten Nährerin zurückkehren, die Wildnis kann den namenlosen Findling aufnehmen und ihm durch die Euter und Zitzen der wilden Tiere Nahrung reichen. So werden Romulus und Remus durch die Wölfin erhalten, Atalante durch die Bärin, Telephos durch die Hirschkuh, und sie gedeihen frischer und kräftiger, sie wachsen stärker und behender auf als im Hause der Eltern. Solche Kinder sind Auserlesene, die das Zeichen ihres Geschickes auf der Stirn tragen. Was aber dem Kinde geschieht, das in seinem zartesten, hilflosesten Alter preisgegeben wird, kann auch dem Mann geschehen. Dem Geächteten, dem Rechtlosen und Friedlosen, dem vogelfrei Gewordenen bleibt kein anderer Weg; er muß als Namenloser in das wilde Land zurück, fort vom Feuer der Hestia, fort von den Fluren der Demeter. Er muß sein bezeichnetes Vaterland, seine bezeichnete Gemeinschaft aufgeben. Ist er stark und zeigt sich der Wildnis gewachsen, dann nimmt sie ihn auf und schützt ihn, er mag begangen haben, was er wolle. Vor ihr gilt weder Gesetz, noch Recht, noch Sitte, und sie kennt keine Verbrecher. Sie ist das letzte, unbezwingbare Asyl des schutzlos Gewordenen, den jeder ungestraft töten darf, die Heimat des vogelfreien Mannes. Und auch als solche ist sie heilig.

Heilig ist sie in einem noch umfassenderen Sinne, an den die Worte des Dichters erinnern:

Vor allem, daß man schone
Der Wildnis, göttlichgebaut
Im reinen Gesetze, woher
Es haben die Kinder
Des Gotts,

Worte, die in genauer Weise bezeichnen, welches Verhältnis hier stattfindet. Göttlichgebaut ist die Wildnis, kein Menschenwerk, deshalb wird ein reines Gesetz an ihr sichtbar, ein Urmaß alles Bauens. Dieses reine Gesetz, das sich an der Wildnis zeigt, entnehmen ihr die Kinder des Gottes. Die Forderung nach Schonung, die hier erhoben wird, ist kein nebensächliches Verlangen, sondern ein Anliegen, das der Mensch zu erfüllen hat. Daran muß erinnert werden, denn er hat die Wildnis nicht geschont, er verwüstet sie und breitet die Dürre in ihr aus, die zu ihm zurückkehren muß. In Land des Pan treibt er Raubbau. Für ihn gilt daher auch das Wort nicht:

Süß ists zu irren
In heiliger Wildnis.

Die Wildnis ist das Reich des Großen Pan, und er ist ihr innerstes göttliches Leben. Aus ihr tritt er als der schimmernd behaarte, der rauhe, zwiegehörnte, lächelnde Pan hervor, als der Gebirgswanderer und Tanzliebende. Nackt oder mit einem Luchsfell, bekränzt mit dem dunkelgrünen Zweig der ihm heiligen Fichte, mit glänzend rotem Antlitz tritt er aus der Waldung, dem Gebüsch, dem Uferschilf. Tanzend und die aus dem Röhricht geschnittene Syrinx blasend, zeigt er sich in den Einöden. Vom Tau triefend erhebt er sich am Morgen zum Streifzuge in seine Jagden. Göttliche Wildheit und Heiterkeit bezeichnen sein Wesen. Er ist nervig, unermüdlich, vom Feuer in allen Adern durchströmt. Müßiges Schweifen und Ruhen, Spiel und Tanz und der köstliche Schlaf am hohen Mittag füllen seinen Tag. Sein Schlaf hat eine besondere Tiefe und Heilsamkeit, und zürnend wendet er sich gegen den Störenfried, der seinen Schlummer unterbricht. Der hohe, heiße Mittag, an dem er, ermüdet von der Jagd, entschlummert, ist die Tageszeit, in der seine Macht spürbar wird, weil er alles mit sich in den Schlaf zwingt. Panisches Schweigen breitet sich dann über die Landschaft aus, die in ihren Blumen, Bäumen und Tieren verstummt. In der stillen, glühenden, zitternden Luft rührt sich kein Laut mehr. Es schlafen und verstummen auch die Menschen. Diejenigen aber, die wachen, spüren das Numen des Gottes und senken ihre Stimme, um seinen Schlaf nicht zu stören.

Er ist nicht leicht zu erspähen und entzieht sich dem Auge, so scheu wie das Wild, das sich vor dem lauschenden Jäger verbirgt. Nicht deshalb allein, weil er die Arbeit des Menschen flieht und nur an den einsamen und abgelegenen Orten anzutreffen ist, die von den Hirten, Jägern, Köhlern, Fischern und Wanderern gestreift werden. Man kann ihn nicht aufsuchen, um ihn zu treffen. Die Begegnungen mit ihm sind teils gewollt, teils haben sie etwas Zufälliges. Sie sind kurz wie die Begegnungen mit einem Jäger, der sich rasch in den Büschen verliert. Sein Leben spielt sich im offenen Lichte ab, und dieses starke Licht schützt ihn wie den Apollon, der sich im hellsten Lichte dem Auge entzieht. Das alles macht deutlich, inwiefern der Gott unberührbar ist, und wie er in seiner Unberührbarkeit Verborgenes sinnt. Er füllt das Ohr mehr als den Blick; er ist in den Geräuschen, in den leisen und den starken. Er liebt das Geräusch; sein Lachen, sein Lärm, sein panisches Toben zeigen das, aber auch die Mittagsstille, in der alles erschreckend stumm und lautlos wird, weil er schläft und alles Leben der Landschaft sich in seinen Schlaf hineinzieht. Wenn er nicht schläft, ist er immer vernehmbar. Das Wehen im Grase, das Seufzen in Röhricht und Binsen, das Knistern von Sand und Gestein, das Rieseln und Plätschern der Wasser, das alles erinnert an ihn und spricht sofort und unverkennbar von ihm. Ehe noch im Ohre das Geräusch deutlich wird und sich sondert, verbindet es sich mit dem Dasein des Pan. Das Rohr bricht, und seine Füße nahen. Das Wasser plätschert, und er nimmt ein Bad in ihm. Er ist in dem Weben und Schweben, in der Regsamkeit des Naturlauts; er ist es, dessen Leben die Landschaft bis in die verborgensten Klüfte und Kammern hin mit Leben erfüllt. Die Ahnung von seiner Nähe wird dichter und dichter, bis der Gott einen Menschen oder Ort anrührt, drohend, denn der einzelne ist bei solchen Begegnungen niemals sicher und kann ihren Verlauf nicht voraussehen. Er weiß nicht, ob seine Anwesenheit für den Gott nicht etwas Verletzendes hat. Dieser Fülle von Kraft ist schon deshalb, weil sie das Maß des Menschen so sehr übersteigt, immer ein Zerstörendes nahe.

Pan hütet das Geschlecht, er schützt es. Er ist der Hort der unversehrten männlichen Geschlechtskraft, die in ihm keiner Abnahme unterworfen ist. In einem bestimmteren Sinne hütet er den Ursprung des Geschlechts, auf den die Verehrung des Phallos, wo immer wir sie antreffen, hinweist. Das Geschlecht ist nie etwas in sich Fertiges, nichts in sich Ruhendes und Begrenztes, denn es strebt ruhelos dem Geschlecht entgegen. Daher das rastlose Schweifen des Pan, der ein Bodenbewohner ist und über die Böden dahinzieht. Er ist der Erde verbunden, ist irdischer als die olympischen Götter. Wie durch Raum und Zeit, so ist alles Lebende durch das Geschlecht verbunden, und von ihm werden zuerst die Bande und Beziehungen gestiftet, die zwischen den Geschöpfen bestehen. So weist es auf den gemeinsamen Ursprung hin, von dem der große Lebensstrom sich herleitet. Es führt wie die Wildnis auf den Ursprung zurück, dem alle entspringen. Geschlecht in einem verwandten Sinne ist der Inbegriff aller derer, die einem gemeinsamen Stamme ihr Leben verdanken; auch die Toten und die Unbekannten gehören dazu.

Wie hütet der phallische Gott das Geschlecht? Durch sein Dasein, seine Nähe, seine Berührungen. In ihm ist das Geschlecht in seiner Fülle und Unversehrtheit, in seiner göttlichen Kraft. Er weckt Leben, er ruft als Zeuger Leben hervor. Es beginnt von Leben zu wimmeln, wo er weilt. Er ist der Fruchtbare und Fruchtbarkeit Bewirkende. Die Herden mehren sich durch sein Wohlwollen, bringen Zwillinge hervor und verdoppeln sich. Das erheitert ihn und schafft ihm Wonne. Als Zeuger überwacht er das Keimen, Quellen, Sprießen und Fruchten; ein Hauch von Fruchtbarkeit und Lebensfülle umgibt ihn. Die Landschaft, in der er weilt, bezeugt es. Sie ist belebt von Nymphen, reich an Wild und Gefieder, voll frischen Laubs und Wassers. Seine Wildnis ist die von Leben erfüllte, nicht die Wüste, nicht das dürre und tote Land, in dem kein Leben ist. Der Schatten am Mittag, die Kühle der Grotten, der Wald, das Röhricht und die Feuchte sind ihm unentbehrlich. Er liebt die Grenzen. Nicht nur erscheint er auf der Grenzlinie zwischen bebautem und unbebauten Land; er liebt auch das Meeresufer und den Blick über die blauen Wasser. Er sucht voll Neigung die See- und Flußuferlandschaft auf, in der Wasser und Land, Festes und Flüssiges sich scheiden. Die Uferlandschaft ist fruchtbarer und begünstigt durch ihre Feuchte das Leben, so entspricht sie in ihrer Fruchtbarkeit dem Gotte. In Schilf, Röhricht und Binsen treibt er sich um, wo an Ufern die Wiegen und Nester des Lebens stehen und der weiße Leib der Nymphe im lautlosen Wasser sich still hält beim Nahen des Gottes. Die aus Röhricht geschnittene Syrinx wiederholt die Klagen und Seufzer der Nymphe; der Atem, der durch ihre Höhlung fließt, formt Melodien, die von vergangener Wasserlust, von den Streifereien im Röhricht, vom Glück der Ufer und der Lust der Umarmungen tönen.

Erinnerung ist die Mutter des musischen Lebens. Mnemosyne ist die Mutter der Musen und aller musischen Beschäftigung. Pan ist kein Gott der Erinnerung, doch ist ihm die Mnemosyne nicht fremd. Das Melodische des Naturlauts ist in seinem Reich zu hören, der Wohllaut, welcher der Erde und ihren Bildungen entströmt, die Nymphenstimme der Syrinx, in der Wasser, Röhricht und Luft sich verbinden. Der müßige Gott ist zugleich ein musischer Gott. Pan liebt die Musik, und seine Neigung zu Dichtern und Sängern ist von diesen immer erwidert worden. Daß der phallische Gott zugleich ein musischer Gott ist, muß hervorgehoben werden. Je enger die phallischen Gottheiten auf das Amt von Hütern und Wächtern über das Geschlecht eingeschränkt sind, desto mehr zeigen sie ihren strengen, furchtbaren Ernst und ihre zerstörende Kraft. Sie haben etwas Unerbittliches, den Geist Niederdrückendes, und ihre Wohltaten müssen um schweren Preis erkauft werden. Wo sie als stumme, schwere Götzen auftreten, wo ihre Gestalt das Wuchernde und Monströse zeigt, dort ist die Stätte blutiger Opfer, denn die zeugende und vernichtende Kraft sind eines, sie lassen sich nicht trennen.

Den Pan aber, welcher der Schimmernde genannt wird, umfließt die Heiterkeit eines goldenen Lichtes, die Bläue einer durchsichtigen Luft. Seine Bewegungen gehen in den Tanz über, den er so sehr liebt. Er ist nicht nur der Meister des Reigentanzes und der Erfinder der Syrinx, die er zuerst zusammenbindet, er steht durch sein Wesen in einer Beziehung zum Tanze und Gesange, zum Spiele und der Dichtung. Ohne ihn ist die Flöte, das ländliche Fest, die Hirtenweise, das bukolische Gedicht nicht denkbar; sie müssen verkümmern, wenn sich das panische Leben aus ihnen herauszieht. Wie er den sikelischen Jäger und Rinderhirten Daphnis auf der Syrinx unterweist, so ist er überall der Lehrmeister der tanzenden, blasenden und singenden Hirten. Das Schicksal des mit Blindheit geschlagenen Daphnis wird in den Hirtengedichten des Stesichoros, in den Idyllen Theokrits behandelt. Pan ist ein Liebhaber des apollinischen wie des dionysischen Gesanges. Er ist der Freund des Pindar, dessen Gesänge er liebt. In der Dritten Pythischen Ode besingen ihn die Mädchen vor der Haustüre des Dichters. Im höchsten Jubel ruft der Chor des sophokleischen Ajax den Pan und fordert ihn auf, von dem arkadischen Gebirge Kyllenia herüberzukommen und den Reigen zu führen, mit nysischen Wendungen, wie er sie auf den Fluren Nysas bei den Dionysien zeigt, und mit knossischen Sprüngen, wie sie in der Kreterstadt beim Fest des Zeus und der Ariadne getanzt werden. Und zugleich mit ihm wird der Chor- und Reigenführer Apollon angerufen.

Das musische Zeugen und Hervorbringen steht unter seinem Schutze. An die musischen Kräfte des Pan rühren die Künste, und unermeßlich ist der Einfluß, den er auf sie übt. Er ist ein Kenner des rhythmisch geordneten Wohllauts. Sein Leben ist zum Tanze, zum Spiele und Gesange geordnet. Horn und Leier wiederholen den Ton seiner Flöte, die von Hügel und Hain spricht. Wo er nicht mehr tanzt, wo seine Flöte zerbricht, dort verstummen die Künste.

Die Götter leben im Überfluß, und Überfluß geht von ihnen aus, wo sie in wohlwollender Beziehung zum Menschen stehen. Nicht nur in Form von Geschenken wie der Ölbaum der Athene, das Roß des Poseidon oder der Weinstock des Dionysos, Dinge, welche die Menschen weder erschaffen haben noch sich zueignen konnten, ehe sie ihnen nicht durch einen

Akt der Zueignung dienstbar gemacht wurden. Nicht nur in Hilfeleistungen, Weisungen, Ratschlägen, die zum Guten führen. Diese Wohltaten, so groß sie sind, sind die Zeichen des Überflusses, der sich nicht erschöpft, sie sind Verleihungen, die immer ein Gegengeschenk des Menschen voraussetzen. Der Mensch ist nicht so arm, daß er die Götter nicht beschenken könnte, doch ist er ärmer als sie, und sie sind nicht gewillt, ihm diese Armut abzunehmen. Sie wollen nicht, daß er wie sie lebt, und wer es wagt, mit ihnen zu wetteifern, der ist schon von Vernichtung bedroht. Nicht nur dem Verbrechen, auch dem übermäßigen Glücke folgt die Nemesis mit wachsamerem Blicke, und immer ist es eine ihrer Aufgaben, den Menschen auf sein Maß zurückzuführen, die Grenzen aufrechtzuerhalten, die ihn von den Göttern trennen. Die Götter lieben weder die übermäßige Rache noch das übermäßige Leiden am Menschen. Verhaßt ist ihnen die titanische Art am Menschen. Hybris kann im Tun wie in den Unterlassungen liegen, im Eifer wie in der Gleichgültigkeit, und wo Hybris am Werke ist, dort ist Nemesis nicht fern. Es liegt nichts Falsches in dem Gedanken, daß jedem Menschen seine eigene Nemesis folgt, daß jeden Gott eine eigene Nemesis begleitet, die in erkennbarer Weise sich gegen den Menschen richtet. Gibt es doch auch so viele Todeslose, wie es Menschen gibt. Wenn alle das gleiche Amt versehen, so führen sie es doch in verschiedener Weise aus, und die Keren des Achilles und Hektor unterscheiden sich voneinander. Wie die Götter selbst sich unterscheiden, so sind auch ihre Berührungen mit dem Menschen verschieden. Er muß wachsam sein, daß er sie in ihrem Sein nicht durch Schuld verletzt, sie nicht herausfordert. Und es bedarf nicht einmal einer Schuld, denn er kann schuldlos und zugleich schicksalhaft in ihren Streit verwickelt werden und zugrunde gehen. Die olympischen Götter leben in einem Agon, der den Menschen in Mitleidenschaft zieht.

Überfluß ist das reichere Sein der Götter, an dem der Mensch nur mittelbar, nur durch ihre Vermittlung teilnimmt. Demeter streut auf ihre Weise Überfluß aus; er wird sichtbar im Gedeihen der Haustiere und Feldfrüchte, kommt also dem Menschen zugute. Dieser Überfluß ist zwar von der Arbeit des Menschen unabhängig wie alles Gelingen von den Bemühungen, er stellt sich aber auch nicht ohne Arbeit ein, er setzt Ordnung, Fleiß und Schweiß voraus. Wo diese zu finden sind, mag auch das Wohlwollen der Göttin sich einstellen, doch stets so, daß sich darauf nicht zählen, nicht damit rechnen läßt. Athene begünstigt nur Männer von Mut und Klugheit und jene geistige Kraft, die in Plänen und Gedanken, in Wagnissen und Listen sich zeigt. Wo sie vorhanden ist, wird die Göttin am ehesten zu finden sein, und wo sie hilft, ist das Gelingen sicher, denn Wollen und Gelingen sind, anders als beim Menschen, bei den Göttern eines. Der Überfluß des Pan ist anderer Art, denn um seiner teilhaftig zu werden, bedarf es beim Menschen nicht der Pläne und Bemühungen, nicht der Wagnisse und künstlichen Werke. Das Wohlwollen des Pan gilt nicht der Arbeit; in diesem Sinne ist er kein tätiger Gott, und es gibt keinen Arbeiter Pan, wie es einen Schmied Hephaistos gibt. Sein Überfluß kommt dem Menschen ohne Vorsorge und mühelos zugute, so wie die unbebaute Natur ohne Entgelt ihre Schätze darbietet. Er wird genossen wie der Wald, der von niemandem gehegt und gepflegt wurde, wie der Fluß, der nicht durch uns entstanden ist, wie Erde, Wasser, Licht, Luft und das Geschlecht. Pan bedarf der Arbeit nicht, auch nicht der menschlichen Arbeit, denn alles, was durch diese bewirkt und hervorgebracht wird, ist ohne Nutzen für ihn. Er ist kein Gott der Bauten und Werkstätten, der Brücken und Straßen, auch nicht der Arbeitspläne und Berechnungen. Er ist nackt, er bettet sich unter freiem Himmel, und Ehe, Eigentum, Erwerb sind nicht sein Anliegen.

Zwecke, Ziele, Pläne, die sich auf die Zukunft beziehen, sind bei ihm nicht zu finden. Er tanzt, spielt, jagt und schläft. So vergeudet er die Zeit, und sie fließt von ihm ab, ohne ihn zu berühren, ohne in ihn einzudringen. Er ist der Zeit weder unterworfen, noch gebiert er sie. Seine Muße ist zeitlos und zeitleer wie der Blick seiner Augen, die frei vom Werden sind. Würde der Augenblick so geweitet, daß er alles umfaßt, alles einschluckt, würde er so aus der Folge der Zeit genommen, daß er reines Sein wird, so würde sich in ihm die zeitleere Muße des Gottes öffnen, die rund ist wie der rollende Ball und sich selbst genug. Mangel, Sorge und Not liegen schon deshalb weit von ihm, weil solche Zustände nie ohne den Zwang und Drang der Zeit sind, die auf ihnen lastet und die Brust preßt und zusammenschnürt. Daher haben die Begegnungen des der Zeit verhafteten Menschen mit dem Gotte etwas Erschütterndes und zugleich Fremdes. Der Mensch spürt bei einem solchen Zusammentreffen einen Schock; es ist ihm, als ob er aus den Angeln gehoben würde. Fremd sind ihm die Gestalt und die Augen des Gottes, die auf ihm ruhen. Panischer Schrecken und panische Heiterkeit entstehen dort, wo der Gott den Menschen in seiner Zeitordnung aufstört, ängstigend und beglückend, immer aber plötzlich und unvermutet, denn der Zusammenstoß kann nicht abgestuft und gemildert werden. Schrecken erfaßt den Waldgänger, den im Gebüsch und der Einöde Streifenden, wenn er dem Pan begegnet. Indem er erschrickt und zusammenfährt, sieht er nicht nur etwas, das ihm Grauen einflößt, er spürt auch, daß ihn etwas verändert, ein Unvertrautes, Ungewohntes, das mit seinem Denken und Fühlen keinen Zusammenhang hat. Ein Schauder fährt ihm ins Mark, und er erzittert. So wie ein sehr helles Licht die Sehkraft aufhebt, so hebt die Begegnung mit dem Gotte den Menschen aus den Angeln und Fugen seiner zweckhaften Verständigkeit. Er kann sich gegen den

Anprall nicht wappnen, denn gegenüber solchen Prüfungen gibt es keine Berufung an das logische Denken. Der Verstand mag aus den Erscheinungen ableiten, was er will; wo er dem Ursprung selbst gegenübergesetzt wird, dort erstaunt und erschrickt er.

Der überaus helle Tag des Pan erinnert an das Licht des Apollon, dessen Lehrmeister er war. Die Bereiche, denen jeder der Götter vorsteht, sind gesonderte und auseinanderliegende, so daß ein so enges, eingreifendes Verhältnis wie das von Lehrer und Schüler zwischen ihnen befremdlich scheinen kann und die Frage sich erhebt, was Apollon in der Schule des Pan gelernt hat. Pan ist ein weissagender Gott. Bei dem Tempel von Akakesion, in dem ein ewiges Feuer brennt, hat er eine Orakelstätte, in der die Nymphe Erato seine Priesterin ist. Er ist Arzt, heilkundig, in Träumen Heilmittel verkündend, der Befreier zu Troizen, wo er den Schlafenden Anweisungen erteilt, welche die Pest heilen. Als Weissager und heilender Arzt entfernt er sich nicht von seinem Bereich; diese Gaben sind untrennbar mit ihm verbunden, und das Heilsame, das sich in ihnen zu erkennen gibt, entspringt aus den Kräften, die immer an den Hirten wahrzunehmen waren, unter denen Weissager und Naturärzte hervortreten. Die Kunst der Weissagung gehörte zu dem Unterricht, den Pan dem Apollon erteilte. Diese ist nach der antiken Überzeugung bis zu einem gewissen Grade erlernbar, da die Bedeutung der vorverkündenden Zeichen eine feststehende ist, die durch Erfahrung erworben, durch Ausbildung gesichert werden kann. Nicht erlernbar ist die Sehergabe selbst, die Seherfähigkeit, da sie auf Anlage beruht. Diese Gabe ist beiden Göttern eigen. Das Lehramt des Pan ist so zu verstehen, daß er im Besitze der ursprünglichen Anlage ist, daß er die Unmittelbarkeit der Gesichte hat. Bei ihm liegt der Geist der Weissagung in den Nüstern und ist witternde Sichtigkeit; bei Apollon tritt er in

Stirn und Auge hervor. Die Seherkraft beider Götter entspringt aus verschiedenen Anlagen, bei Pan aus dem elementaren Naturwissen, bei Apollon aus der Geistigkeit der Einsicht. Diese ruht nicht auf sich allein, das heißt hier, sie ist von der Sichtigkeit des Naturgeistes nicht zu trennen, sie muß, um reif zu werden, von ihm ihren Ausgang nehmen, sich auf ihn berufen können. Dieses Verhältnis bezeichnet die Stellung beider Götter zueinander. Was in den Beziehungen des Pan zur Demeter sich zeigte, das wiederholt sich auf einem anderen Gebiete zwischen Pan und Apollon. Das Lehramt des Pan ist nicht auf die Weissagung beschränkt, denn diese ist als eine Krone des göttlichen und von den Göttern gewissen Menschen verliehenen Wissens kein Fach, das gesondert für sich gelehrt werden könnte und beziehungslos zu anderem Wissen stände. Nicht nur als Seher, auch als Tänzer, als Ärzte und musische Götter begegnen sich Pan und Apollon. Nicht nur zu Apollon, auch zu Pan stehen die Musen in enger Beziehung. Alles, was Apollon auf diesem Gebiete vollendet, nimmt in Pan seinen Ursprung.

So geht auch das Dionysische aus dem Panischen hervor, da Dionysos ohne den Pan nicht bestehen kann. Wie der Weinstock und der Efeu, wie die dem Dionysos geheiligten Tiere aus der Wildnis hervorgehen, so führt auch die Kraft des Dionysos auf die Wildnis zurück. Dionysos ist aber, und das unterscheidet ihn zunächst von Pan und rückt ihn der Demeter nahe, ein Pfleger. Er ist kein Gott der Wildnis, sondern ein Gott der reichen und reichsten Böden. Die Rebe ist das Gewächs, das im Anbau die sorgsamste Pflege, den unermüdlichsten Fleiß verlangt, und Weinland ist ohne den Winzer nicht vorhanden. Es ist nicht das Amt des Pan, den Wuchs der Erde in Pflege zu nehmen, Pflanzen und Tiere zu züchten und zu veredeln. Er ist freier, wilder Wuchs und läßt das Wachstum unberührt; er verändert die Erde, die

Böden nicht. Indem aber Dionysos den Weinstock berührt, verändert er sich und wird süßer und feuriger. Im Reiche des Pan wächst wilder Wein, in dem des Dionysos wird er in Pflege genommen und dem Messer unterworfen. Pan bewirkt das Sprießen; der Fuß des Dionysos, der die panische Erde betritt, mehrt es. In Pan zeigt sich der Kreislauf der Natur, die sich selbst genügt, die ohne ein Bewußtsein über sich selbst ist, in der es weder Geschichte noch Drama gibt. Hier verfließt die Zeit nur, und weder ist Veränderung da, noch ist ein Bedürfnis nach ihr. Das Licht kommt und geht, und Blühen und Welken folgen sich ohne Ende. Es ist kein Bewußtsein des Todes in dieser Welt, keine Trauer, keine Erinnerung. Auch gibt es in ihr kein Auge, dem sie als ein Fremdes gegenübergestellt wäre, denn das Auge des Pan ist nicht mehr und nicht weniger als der Spiegel ihres Seins, ihr Abglanz und Schimmer.

Er, der als Weidegott zuerst die Verehrung der rauh und einfach lebenden Hirten genoß, dehnt sich später über das Weltall hin, dessen Gott und Beherrscher er in dunklen Lehren wird. Hierher folgen wir nicht, denn hier löst sich die Anschauung und damit die Gestalt des Gottes selbst auf. Das Geschehen wird symbolisch, der Gott selbst zum Mantel von Begriffen, zum Weltprinzip.

Dionysos

Die Sorge des Menschen, sein Mühen und Rechnen liegen in der Zeit; in seiner Angst und Furcht setzt die Zeit ihm zu, im Mangel und in der Not. An die Zeit seines Daseins ist er gebunden und kommt von ihr nicht los. Es hilft ihm nichts, daß er die eine, unendliche und unendlich teilbare äußere Zeit schärfer und schärfer vermißt; er wird abhängig von diesen Messungen, so abhängig, daß seine eigene innere Zeit von der äußeren genau und scharf vermessen wird. Keine Zeit haben, das ist die ärmlichste Form der Armut, und zugleich die unerbittlichste, sei es, daß diese Armut auf äußerem Zwang beruht oder auf innerer, gefühlter Notwendigkeit.

Pan ist keiner Zeitberechnung und Zeiteinteilung unterworfen; er ist der müßigste der Götter. Er ist der arkadische Jäger und Wanderer, und Arkadien ist der Ursprung, seine Nymphenflur müßige Wildnis. Pan und das Land des Pan entsprechen sich genau, und der Gott befindet sich immer an dem ihm angemessenen Ort. Er lebt in einem Raume, in dem unser Zeitbewußtsein keine Gültigkeit hat; Mangel, Sorge und Not berühren ihn nicht. Er kennt nicht jene Formen der schlechten Zeit, die uns ängstigen, und er tritt, da er eins mit dem Ursprung ist, nicht in unsere Folge, unsere Abmessungen der Zeit ein. Dieser Ursprung ist, auf den Raum hin angesehen, die Wildnis. Der Zugang zu dem Gotte ist deshalb für den Menschen leicht, der einen Zugang zur Wildnis hat. Wo diese Beziehung im Menschen ausgelöscht ist, erscheint der Gott nicht mehr. Ein Mensch ohne Muße kann von ihm nichts in Erfahrung bringen. Pan meidet weite Bereiche des menschlichen Lebens, die Städte und die Arbeitswelt des Menschen. Er ist ungesellig und liebt die Einsamkeit. Hell, golden und ungetrübt sind seine Tage, weil sie nie anfangen und nie enden.

Anders ist die Muße des Dionysos und anders sein Verhältnis zur Zeit, die uns durch ihn aus dem Bewußtsein kommt, so daß wir frei von ihr werden. In Pan liegt das Apollinische und Dionysische noch vereinigt, deshalb ist er Lehrer des Apollon und Nährvater des Dionysos, dessen Fest ihn unwiderstehlich anzieht. Doch wenn die großen Gefolgsherren sich treffen und vereinigen, so sondern und trennen sie sich auch wieder voneinander; sie schneiden sich nur auf dem Zuge, den das dionysische Fest nimmt. Der Ort ihres Zusammentreffens ist der Ursprung; dem Raume nach ist es die Wildnis, in der sie zusammentreffen, die Einöden, das Waldgebirge, das Felsenland. Der witternde, spähende Pan, der den mänadischen Lärm von weiten vernimmt, strebt auf den Festzug zu, mischt sich unter ihn und begleitet ihn. Er kostet die Macht des Festes aus, dann verläßt er es und zieht sich in seine weglosen Reviere zurück. Die festliche Natur des Dionysos berührt ihn, aber sein Reich ist nicht das des Weingottes, dem er nicht in die Städte folgt, und wie sie in der Gemeinsamkeit des Ursprungs sich zusammenfinden, so grenzen sie die Bereiche ihrer Macht wieder gegeneinander ab.

Das Reich des Pan liegt vor aller Zeit, aber Dionysos ist die Umkehr, ist die Wende der Zeit. Deshalb ist er der Umwerfer und bringt den Menschen aus dem Stand, verkehrt und verrückt, vernichtet und zerreißt ihn. Umwerfer ist er, weil er sich jäh, plötzlich, überraschend geltend macht, den Menschen mit einem einzigen Griffe seiner ungeheuren Kraft verwandelt und den Widerstand zerbricht, der ihm geleistet wird. Dieser Widerstand stützt sich auf die Zeitlichkeit des Menschenlebens, auf sein zeitliches Gerüst, das in Gesetzen, Regeln und festen Gewohnheiten wirksam ist, in Sitte und Brauch, im Rhythmus des Tages und Jahres. Dieses alles, dieses nach den Abmessungen der Zeit geordnete und in sich gefestigte und beruhigte Leben stößt plötzlich auf den Widerstand des Gottes, der sich als Rasender, aus der unergründlichen Tiefe seines Wahnsinns dagegen auflehnt und es zu Fall bringt. In den tiefen Frieden des Lebens bricht er ein. Wer wollte die frommen Töchter des Minyas nicht loben, die guten Gattinnen und Mütter, welche Haus und Kinder hüteten und an ihren Webstühlen silberne Fäden spannen. Im Frieden schafften sie und mühten sich, im wohleingerichteten Haus, das reich an duftendem Leinen und der Hestia lieb war. Was aber geschah ihnen, als sie dem Rufe des Gottes nicht folgten? Wein und Efeu spannen sich um die Webstühle, und Milch und Wein rannen von der Decke herab. Wahnsinn fuhr in sie, daß sie Los über ihre Kinder warfen und den Knaben der Leukippe in Stücke rissen und verschlangen. Der Frieden des Hauses verkehrt und verwandelt sich in blutigen Wahnsinn. Was ist der Webstuhl, was ist die Weberin, was das Weben, und was reizt den rasenden Gott gegen sie auf? Erinnern die drei Töchter des Minyas nicht an die Moiren, an die Spinnerin Klotho, die Abmesserin Lachesis und die Abschneiderin Atropos? Sind unter dem Bilde des Webstuhls nicht die Abmessungen der Zeit begriffen, die der Gott nicht anerkennt, die er durch sein Sein aufhebt? In die auf ihren Stühlen webenden, schaffenden und sorgenden Mütter wirft er plötzlich die Flamme des Wahnsinns, daß sie auffahren und zu rasen beginnen. Wenn der Umwerfer kommt, wenn er die Umkehr beginnt, dann zerreißt er die Webe der Zeit, dann wird die auf ihr beruhende Ordnung und der Sinn, den sie hat, nichtig; sie sind nur noch Schemen, die wie flüchtiger Rauch in den Lüften zergehen. Dann wird das zeitlich geordnete, am Faden der Zeit abgesponnene Sein leer und inhaltlos, und es beginnt das Fest des Dionysos, der die Zeit wendet. Jene schöne Ordnung des menschlichen Lebens, die auch den olympischen Göttern erfreulich ist, die sie mit Zeichen göttlichen Wohlwollens überwachen und hüten, gilt dem Dionysos nichts. In die Ordnung des Hauses, welches die Hestia schützt, bricht er zerstörend ein, die guten Gattinnen treibt er aus den Kammern hinaus und reizt sie bis zum Morde an der eigenen Brut auf. Leukippe zerstückelt ihren Knaben Hippasos, Pentheus wird von der eigenen Mutter zerrissen. Es ist, als ob eben das, was den Menschen am innigsten an die Zukunft bindet, was die Mutter mit Milch und Blut zärtlich aufzieht und nährt, dem Untergang ausgeliefert wird. Nicht Blutsverwandschaft, nicht Ehe und Familie werden von dem Gotte geschont, denn die mänadische Wut dringt zerreißend und auflösend in alle Verbindungen ein, die sich nicht mit ihr verbinden. Weder Vergangenheit noch Zukunft bestehen für den dionysischen Menschen mehr. Vor dem Ansturm des Gottes erbebt der ganze Bau, den die Menschen errichtet haben, und die antike Polis selbst scheint ins Wanken zu geraten und dem Untergang nahe zu sein; sie neigt sich wie das Haus des Kadmos dem Falle zu. Die Paläste stürzen, und eine Feuersäule steigt aus dem Grabe der Semele hervor. Hier ist einer der großen Wendepunkte. Wie beim Sturze der Titanen, beim Sturze des Prometheus ist alles in Aufruhr, und die Erschütterung hallt und bebt lange nach.

Mit dem Erscheinen des Gottes, der aus der Urtiefe aufsteigt, wird die Fragwürdigkeit jener Ordnungen sichtbar, in welchen die Menschen zu bestehen glauben. Der künstliche, kunstvolle Bau, an dem sie hängen, in dem sie sicher und geschützt zu sein vermeinen gegen das Elementarische, besitzt nur eine scheinbare Festigkeit, und je mehr er abgedichtet und abgeschlossen wird, je fester sich der Mensch in ihm einrichtet, desto bedrohter ist er. Alle Schutzvorrichtungen, die ihn sichern, schließen ein Verderbliches ein, und wie die Dämme und Deiche die Stauung und den Druck des Wassers erhöhen, wie alle Sitte das auszuschließen sucht, ohne das sie doch nicht bestehen kann und dessen Beseitigung sie selbst aufheben würde, so wird das auf Sicherungen bedachte Leben, das sich gegen den Ursprung abzudichten versucht, von ihm ergriffen und in ihn hinabgezogen, in den Schlaf und die Nacht, die Trunkenheit und den Tod. Von seiten des wachen, ordnenden Bewußtseins her gesehen, nimmt sich der Ansturm des Gottes als Vorgang im Chaos aus, als chaotische Bewegung, in der jeder rationale Maßstab zerbricht. Jene Grenzen und Maße, die durch die Geistigkeit des Apollon geheiligt werden,

werden aufgehoben, und es zeigt sich, daß sie dieser Aufhebung bedürfen, wenn sie nicht leere, hohle Gehäuse werden sollen wie die Puppen, aus denen der Schmetterling des Lebens ausgeschlüpft ist. Daher führt die Gegensätzlichkeit, in der das Apollinische und Dionysische erscheinen, zu einer Vereinigung, die in der Gemeinsamkeit des Kultortes sichtbar wird. Beide Götter sind Söhne des gleichen Vaters, und Apollon kann ohne den Dionysos so wenig bestehen wie Dionysos ohne den Apollon.

Fragwürdig ist alle Ordnung des menschlichen Lebens. Das, was erschaffen ist, ist wert zugrunde zu gehen und der Zerstörung anheimzufallen, die in ihm verborgen ist wie die Ruine in jedem Bauwerk. Je mehr das Leben der Zeit unterworfen ist, desto fragwürdiger wird es, denn um so deutlicher tritt seine Vergänglichkeit und Hinfälligkeit hervor. An Dionysos aber ist nichts Fragwürdiges, Hinfälliges und Vergängliches. Die Zeit ist es, die den Menschen wie an einem Seil dem Tode entgegenführt, dem unentrinnbaren Ende aller Kreatur, die in den Hades versinkt. Dionysos enthebt den Menschen der Zeit; sein Fest macht ihn von ihr frei. Über den Gott hat der Tod keine Macht, und das Wesen seines Festes besteht darin, daß die Grenzen gegen den Hades aufgehoben werden, daß das in sich abgesonderte dunkle Totenreich verschwindet und einbezogen wird, daß Lebende und Tote im Fest eins werden.

Ohne Fest kann der Mensch nicht leben; ohne Fest verkümmert er. Er bedarf seiner, wie er der Speise und des Trankes, wie er der Atemluft bedarf. Das Fest ist seinem Wesen nach die Aufhebung der Abmessungen, durch welche die Zeit über den Menschen Macht hat. Zu ihm gehört der Überfluß, welcher vergeudet wird. Der Überfluß aber entsteht nicht, wie viele meinen, durch fortgesetzte Akte der Sparsamkeit und Vorsorge; er entsteht erst dort, wo alle

Sparsamkeit und Sorge ihrem Wesen nach aufgehoben wird. Der Sparsame und Sorgliche könnte nicht zu einem Feste kommen, wenn er nicht die Kraft besäße, diesen seinen Charakter aufzuheben, wenn er nicht seinem Sein nach festlich würde. Nicht Vorsorge führt ihn zu der Trunkenheit, die ihn im Feste überkommt. Der Überfluß kommt nicht aus den Mitteln, mit denen Feste gemeinhin gefeiert werden, aus jenen Mitteln, die der Mensch am Überschusse in der Zeit gespart hat, die er sorgend und berechnend aufhäuft, als Schutzwehren gegen die Not, die ihn in seiner Zeitlichkeit überall bedroht. Diese Mittel sind ohne den festlichen Menschen tot. Der Geizige, der sich selbst aushungert und eine Wüste um sich schafft, weiß nichts vom Feste, denn in ihm sind alle Maße der Zeit starr geworden. Wie sollte er, so weit er es auch treiben mag, je zum Überfluß gelangen, gegen den seine ganze Natur sich sträubt. Wie soll derjenige einen Zugang zum Feste haben, der nicht das Gedächtnis, in dem die Zeit sich abmißt, preisgibt, der nicht die Ordnung ihrer Aufeinanderfolge durchbricht? Das Vergessen gehört zum Fest, nicht als ein Willensakt, durch den sich der Mensch über das quälende Bewußtsein hinwegsetzt; es ist das Begleiten der Trunkenheit, die eins mit der Umkehr ist, welche die Zeit im Bewußtsein aufhebt. Trunkenheit ist die Entsprechung des Überflusses, der in dem Augenblick eintritt, in welchem der Mensch der Zeit ledig wird und sein Selbst vergißt.

Das Fest zeigt noch etwas anderes. Leben und Tod sind so miteinander verbunden, daß eines ohne das andere nicht gedacht werden kann. Der Tod bewährt sich nur am Leben und ist außerhalb des Lebens nicht vorhanden. Für sich, ohne Zusammenhang mit dem Leben kann er nicht gedacht werden. Wie es ohne das Leben keinen Tod gibt, so gibt es ohne den Tod kein Leben. Beide sind eins, und jene tiefe, unermeßliche Kluft, die sie in der Vorstellung trennt, ist nur ein Wahn und Schein, der keinen Bestand hat, der auch vor dem furchtlosen Auge verfliegt. Die Trennung wird durch die Zeit bewirkt, und die Todesfurcht, welche das Bewußtsein beschäftigt, entstammt der Vorstellung von der trennenden Macht der Zeit, von den Grenzen, durch die das Totenreich abgesondert wird. Dieses äußere Totenreich ist zugleich in uns, und die Zeit selbst setzt den Hades voraus, durch den sie aufgehoben wird. Dionysos öffnet die Pforten des Hades; er stößt die Tore des Totenreiches weit auf. Der Ort, an dem dieses geschieht, ist der Ort des dionysischen Festes. Nichts anderes sagt das dunkel scheinende Wort des Heraklit. Dieser Umzug, dieses Phalloslied, sagt er, wären schamlos, wenn sie nicht eben für den Dionysos geschähen. Denn Hades und Dionysos, dem sie toben und feiern, ist eines und dasselbe, fügt er hinzu. Jedes Fest des Lebens ist zugleich ein Todes- und Totenfest; ohne Aufhebung der Zeit wird der Mensch nicht festlich, und er hebt die Zeit nicht auf, ohne die Grenzen des Totenreiches zu beseitigen. Daher kommt der Überfluß, der ihm zuströmt, daher die Trunkenheit. Die Nähe der Toten wird bei den Festen spürbar. Und bei der Krone, bei dem Fest aller Feste, bei der großen Feier des Dionysos sind sie ganz mit den Lebenden vereinigt und tragen ihren Teil zum Feste bei. Dionysos ist ein reicher Gott, und der Reichtum, den er mitführt und vergeudet, entspringt der Öffnung des Hades, entsteht aus der Beseitigung der Einschränkungen, denen das in seiner Zeitlichkeit arme Leben unterworfen ist. Irrig ist deshalb die Meinung, dieses Fest sei aus der Todesangst entstanden. Aus der Angst heraus kann der Mensch nicht festlich werden. Es gibt in bezug auf den Tod nichts Furchtloseres als die Mänade, die Teilhaberin des Festes. Nichts liegt ihr ferner als der Trieb zur Selbsterhaltung, der den Menschen vorsichtig, karg und sparsam macht. Hier wird nichts geschont, und das Auge ist blind für die Gefahr, die der Nüchterne scheut, der Leib empfindet den Schmerz nicht. Todesangst kann nur der Einzelne empfinden, der über seine Vereinzelung und Absonderung Bewußtsein hat, nicht aber der in die Gemeinschaft des dionysischen Festes Aufgenommene, denn hier gibt es keinen Einzelnen mehr. Hades und Dionysos sind ein und derselbe – wie könnte zwischen ihnen Angst entstehen. Und diese Erkenntnis und die Trunkenheit sind wiederum eines.

Weil dem so ist, ist die Verehrung des unterirdischen Dionysos ein unerläßlicher Teil aller Dionysos-Verehrung. Am dritten Tag des Anthesterien-Festes, am Tage der Töpfe, wurden in Athen dem Totenführer Hermes Töpfe mit gekochten Hülsenfrüchten geweiht, die Auferstehung und Vereinigung der Persephoneia mit dem Dionysos wurde gefeiert, seine Vermählung mit der Frau des amtierenden Archon Basileus begangen. Dionysos, als Hadesgebieter, steht in Beziehung zum Hermes, dem Totenführer. Hermes erscheint schon als Wärter seiner frühen Jugend; Hermes ist es, der den Knaben zu den nysäischen Nymphen bringt, die ihn in einer Höhle aufziehen. Hermes und Seilenos, der als Sohn des Hermes bezeichnet wird, sind seine Erzieher. Hermes ist es auch, der die Schwestern Leukippe, Alkithoe und Arsippe, die den Hippasos zerrissen haben, in Nachtvögel verwandelt. Wie der geisterhafte Flug des Hermes aus der Nachtschwärze ins Licht, aus dem Dunklen ins Helle und zurück, geht der Zug des Dionysos aus dem Totenreich in die Sonnenwelt, aus dem Licht zurück in den Hades.

Dionysos, der die Zeit wendet, ist der sich wandelnde, die Menschen verwandelnde Gott. Der Verwandlungen bedienen sich alle Götter, dort vor allem, wo sie dem Menschen erscheinen, der ihren unmittelbaren Anblick schwer erträgt. Sie alle haben auch die Kraft, den Menschen zu verwandeln. Aber das Vermögen des Dionysos, sich zu wandeln und zu verwandeln, liegt in seinem Wesen; er ist der Gott des Werdens, und seine Lust an der Verwandlung ist das fließende Werden, in dem er sich mitteilt. In seiner Jugend zeigt er Verwandtschaft mit dem Pan. Seine Beziehungen zu den Nymphen, sein Leben in den Grotten, seine Freude am Lärm und manches andere rücken ihn dem Pan nahe. Als er von Zeus in einen Bock verwandelt wird, nimmt er ganz die phallische Gestalt des verwandelten Pan an. In seinen Formen ist etwas Unbestimmtes und Schwankendes. Selbst sein Geschlecht ist unbestimmt und so wenig entschieden, daß der Plan gefaßt werden konnte, ihn als Mädchen aufzuziehen. Dieses Schwanken in der Gestalt ist dem Gotte eigentümlich, der als Werdender erscheint. Indem er sich vom panischen Wesen absondert und selbständig wird, erscheint er in der höchsten jugendlichen Schönheit, die etwas Zartes, Weiches, Weibliches hat und über die der Hauch der Trunkenheit, Begeisterung und Raserei ausgegossen ist. Der Wahnsinn kommt bei ihm zum Ausdruck. Das Ereignis, in dem seine Bestimmung sichtbar wird, ist die Raserei, in die er von der Hera versetzt wird, und sein Umherirren in fremden, fernen Ländern, durch die er im Wahnsinn getrieben wird. Zeus, der die väterliche Liebe für den Sohn in Zeichen der Teilnahme zu erkennen gibt, sendet ihm jetzt einen Tiger zu. In der Paradoxie seiner Verkehrung, durch seinen Wahnsinn wird er mündig. Von nun an zieht er in Begleitung seines Heeres und Gefolges umher, umgeben von rasenden Frauen, von den Schwärmen und Chören der Bakchen, Mänaden, Thyiaden, Klodonen, Mimallonen, die ihn lärmend, tanzend, singend, Flöte blasend, Handpauken und Becken schlagend begleiten, dazu die Scharen der Seilene und Satyrn und die Tiere, die im Zug einherlaufen oder den Wagen des Gottes ziehen, Löwen, Tiger, Luchse, welche auch die Tiere des in ein Luchsfell gehüllten Pan sind. Der Satyr, die Mänade, das Raubtier bilden das Gefolge des Gottes. Mit ihnen durchzieht er die Länder und breitet seine Herrschaft aus, indem er den Weinbau einführt, die Kenntnis der Früchte verbreitet, Städte gründet und Gesetze gibt, Gesetze, welche einen Bezug auf die Ausbildung seiner Verehrung, auf seine Feste und Feiern haben.

Dionysos liebt die Verwandlung in Tiergestalt. Er erscheint vor allem als Löwe und Stier, in welchen Tieren zwei Seiten seines Wesens erscheinen, das immer etwas Doppeltes, Gesichtsvertauschendes hat. Der Löwe, dem im dionysischen Bereich Tiger, Panther und Luchs entsprechen, und der Stier, für den Esel und Bock stehen, sind Gestalten ungezähmter Kraft und Wildheit. Im Löwen vereinigen sich reißende Stärke, Geschmeidigkeit und Blutdurst; er ist der Jäger und Fresser, in einem besonderen Sinne der Menschenfresser. Seiner Stärke wegen wird er mit den Königen und der Sonne verglichen, denn wie diese über die Planeten, herrscht er über die Tiere. Die Kraft des Stieres tritt in Nacken und Rücken hervor, in dem zur Erde geneigten, die Erde mit den Hörnern aufwühlendem Haupte. Die Stärke des Geschlechts wird an ihm sichtbar, leiblich und in dem blinden, blendenden, in Raserei und Zerstörung ausbrechendem Triebe. Er ist das Tier der Erde, ein chthonisches Tier, und in ihm verkörpert zeigt Dionysos seine höchste Kraft, denn in dieser letzten Gestalt erliegt er den ihn vielfältig umringenden Titanen, die ihn zerreißen. Zeus in der Gestalt des Stieres hat etwas Dionysisches; in ihm ist der Sohn Dionysos vorgebildet, wie auch die Ariadne in manchem an die Europa erinnert. Ein anderes Tier, in dem etwas Doppeltes, Widerspruchsvolles sich vereinigt, ist die Schlange. Die apollinische Schlange, das Licht- und Sonnentier unterscheidet sich von der dionysischen Schlange, die bei der trieterischen Winterfeier in der Kiste mitgeführt wird. Sie ist das aus der Feuchte hervorgehende Erdtier. Die

Schlange, die dem Dionysos heilig ist, ist das Tier der Umkehr und Wiederkehr, das sich ring- und kreisförmig zusammenrollt.

Die sich wandelnde Gestalt des Dionysos kehrt wieder in der Frucht des Weinstocks, im Rebensaft, der aus seiner stillen Süße sich perlend, gärend und stürmisch brausend über viele Stufen hinweg umformt, bis er zum starken, edlen Weine geworden ist. In ihm vereinigen sich das helle Sonnenfeuer und das dunkle, unterirdische Erdfeuer, und dieser Vereinigung entstammt sein Adel, seine Stärke. Im Wein ist der Löwe und der Stier Dionysos, und als Löwe, als Stier wird der Wein von den Dichtern bezeichnet, dem Löwen und Stiere wird er verglichen. Seine Beziehung zu dem Gotte zeigt sich schon in dem Verfahren, durch welches die Rebe zerstampft und zerrissen wird, in der Kelterung, in dem Leiden, dem die Rebe unterworfen wird, ehe sie im Weine zu schwellen, zu reifen und zu duften beginnt. Sie zeigt sich in der Wirkung des reif, süß und mächtig gewordenen Getränkes, dessen sorgenlösende, trunken machende und umwerfende Kraft der des Gottes entspricht. Wer den Wein nicht liebt, der liebt auch den Dionysos nicht. In seinem Feuer, in seinem geistigen Duft teilt sich der reiche Gott selbst mit. Er beschwingt und erheitert, er leitet zum Gesange, zum Tanze und zur Lust, er schafft leichte, freie Glieder. Zugleich zeigt er seine tiefe, gewaltsame Macht. Der stierhäuptige Dionysos tritt in den Kreis der Zecher, der Schlangenliebende, dem ein dunkles, wildes, zerreißendes Feuer die Adern durchströmt. Durch alle Stadien des Vergessens, durch Verwandlungen eilt der Trinker. Er entledigt sich seiner Zeitlichkeit, seines Gedächtnisses und löst die Sorge, den Kummer, den Schmerz in nichts auf. Von der zarten, feurigen Regsamkeit des Anfangs bis in den Todesschlaf der Bewußtlosigkeit steht ihm der Gott zur Seite.

Im „Kyklops“ des Euripides preist Seilenos den Wein als den Wecker des Lebens, den Fortschwemmer des Leides, den Tanzbeschwinger, der die Geschlechter zur Liebe und Lust ermuntert. Die Nüchternen, die an der Rebe keine Freude haben, erklärt er für Rasende und gelobt, sich wie von einem Meeresfelsen in den süßen, seligen Schlummer des Rausches zu stürzen. In diesem Vergleich erscheint die Trunkenheit als Meer, in dem alle Wasser ihre eigene Gestalt, ihren eigenen Inhalt auflösen; Dionysos wird zu dem Elemente in Beziehung gesetzt, aus dem er emportaucht und in dem er untertaucht und verschwindet. Dem immerdar sich bewegenden und verändernden Wasser gleicht der Gott. Die Quelle, der Bach, der Fluß stehen im Wandel. Den gleichen Fluß kann niemand zweimal überschreiten, und wie der Fluß ist Dionysos in nicht endender Bewegung, Veränderung und Wandlung begriffen. Er gleicht dem Meere, in dem alle gesonderte Feuchte zerschmilzt und eins wird. Er ist der die Trunkenheit ausgießende Meeresgott; der Rausch, den er spendet, gleicht nach dem Ausspruch des Seilenos dem Meere selbst.

Im „Kyklops“ ist die Gestalt des Seilenos schon ganz ins Komische gerückt; er ist der fette, glatzköpfige Alte mit dem Weinschlauch, der immer berauscht und von hoher Jovialität ist. Doch auch dieser Lehrer und unzertrennliche Begleiter des Dionysos, der Herr der Seilene, Satyrn und Satyrisken und Anführer aller Diener des Gottes, die dessen Attribute zeigen, die Flöte, den Thyrsos, die Weinranke, das Gerät zum Trinken, dieser trunkene Alte hat eine doppelte Natur. Die Masken und Bilder zeigen ihn bald als über und über behaarten, tierischen Papposilen, bald als bartlosen, jugendlichen Satyr, bald glatzköpfig mit gequetschtem Gesicht, bald mit einem ebeneren Gesicht und rauhhaarig. Komische Züge an ihm sind, daß sein Krug einen ganz abgegriffenen Henkel hat, daß der Kranz schief auf seiner Stirne hängt, daß er schlecht zu Fuß ist und nur liegend, schlafend, wankend, auf einem Esel reitend und von Satyrn halb gestützt und getragen erscheint, daß er mit dem Hang zur Ruhe, der seinem Alter gemäß ist, die Lust an Tanz und Gesang verbindet. Doch in dieser massigen, übermäßigen und gebrechlich scheinenden Körperlichkeit lebt der Geist höchster Weissagung, und er, dem alles Mühen und Sorgen, alle Lust an Besitz und Habe fremd ist, durchschaut das Dunkel der Zeit. Er ist der Sohn des Totenführers Hermes und ist der dionysisch-prophetische Alte, der wie das anakreontische Greisenalter den Wein und die Rosen liebt. Wird er im Rausch mit Blumenkränzen gebunden, dann kann man ihn zur Weissagung zwingen. So wird er in den Rosengärten des König Midas gefangen und tut hier jene düstere Äußerung über das menschliche Leben. Was es mit diesen Geschichten auf sich hat, ist später zu erwähnen.

Der sich wandelnde und verwandelnde Gott erscheint nicht nur in Tiergestalten; er zeigt sich auch so, daß er unkenntlich und unerkannt unter der festlichen Menge einhergeht, in jener Hülle, in der er vermutet werden darf, in der er aber undurchschaubar sein Wesen treibt. Er kommt verkleidet, als Gott in der Maske, als Maskenträger Dionysos. Überall sind seine oft kolossalischen Masken, die Hüllen seines Seins, in die er einschlüpft und aus denen er ausschlüpft. Er ist der Gott der Metamorphosen. Vertauschungen, Verkleidungen, Mummenschanz gehören zu ihm, so wie blendender Schein, Augentäuschungen, Verkennungen zu ihm gehören, wie die trügerische Maja die indischen Götter umgibt. In Indien, heißt es, ist der Gott gewesen, von Indien her ist er zurückgekommen. Auch der Gott in der Maske gibt, wie die Maske selbst, ein Doppeltes zu erkennen. Die Maske verhüllt und enthüllt. Sie ist Verkleidung, ein starres, lebloses Gebilde, das nur im Schlitz der Augen, in der Höhlung des Mundes Licht und Atemluft durchläßt. Die Maske hält den Augenblick des starr gewordenen Lebens fest, den Augenblick des unverrückbar stehengebliebenen Lebens, das sich, gewaltsam angehalten, dämonisch wunderlich verzerrt. In ihren Zügen mag Angst, Erstaunen, Überraschung liegen, immer aber Fremdheit, von der ein Schauer ausgeht, der den Menschen im Innersten zu erschüttern vermag. Die Maske ist ein Gesicht und ist geformt für das Gesicht, aber sie ist kein Abbild, ist keine Kopie, welche individuelle Ähnlichkeit will, denn der Mensch in der Maske bildet nicht sich selbst, nicht einen anderen Menschen, sondern den Gott ab. Die Abformungen vom lebenden oder toten Gesicht, welche Masken genannt werden, sind keine Masken, sondern Abbilder, werden daher auch nicht als Masken verwendet. Die Maske verkleidet und verhüllt die Individualität ihres Trägers; sie macht denjenigen, der sich hinter ihr verbirgt, unkenntlich. Diese Verkleidung ist kein Selbstzweck, denn auf die Individualität kommt hier nichts an, und die Verkleidung erfolgt nicht, um sie unkenntlich zu machen, um die charakteristischen Züge des Gesichtes hinter einer Larve zu verstecken. Die Maske enthüllt zugleich und soll etwas sichtbar und deutlich machen, nicht den empirisch gewordenen Menschen, sondern das Gesicht der Erdgötter, die von dem Maskenträger nachgebildet werden. Nicht des Scherzes und der Mystifikationen wegen ist das Maskenwesen aufgekommen, und wir müssen die komischen Züge, die sich daran geheftet haben, fortdenken, um es in seinen Ursprüngen zu erkennen, in denen die verhüllende Maske nicht der Belustigung dient, sondern der enthüllenden Nachahmung des Gottes. Maske und Phallos, der bei den Umzügen für den Dionysos einhergetragen wird, stehen in Beziehung; in der Maske zeigt sich phallisches Leben. Diese Umzüge sind der Anfang alles Narrenwesens, das sich weithin verbreitet hat und seine dionysische Herkunft nicht verleugnet. Der Narr ist, in der Maske seiner Narretei, der dionysische Mensch, ist wie der

Gott Dionysos der Herr der verkehrten Welt. Von den Dionysien zu den römischen Saturnalien und zum festum stultorum oder festum fatuorum, dem eigentlichen Narrenfest des Mittelalters, zieht sich das närrische Wesen bis in die Gegenwart.

Weil er ein sich wandelnder, die Menschen verwandelnder Gott ist, deshalb ist Dionysos auch ein großer Zauberer. Er ist ein Zauberer, nicht in dem vulgären Sinne, der sich mit der Zauberei verbindet, keiner jener Zauberer, denen Kunststücke gelingen, und auch kein Magier, der durch Beschwörungen und Formeln, durch eine von ihm angehäufte geistige Macht die Natur bändigt und vergewaltigt. Dergleichen Operationen vollführt er nicht. Er verkehrt und verwandelt den Menschen von innen her. Er kommt nicht nur in den verschiedensten Gestalten, er entzieht sich auch dem Zugriff, und denjenigen, der ihn zu greifen versucht, betäubt er durch Gaukeleien, Blendwerk und bunten Schein. Durch solches Blendwerk zieht er den Pentheus, der sich ihm widersetzt, hinaus aus dem Palaste und in den Tod. Als er nach Naxos übersetzt, in dem Schiffe der tyrrhenischen Seeräuber, die ihn als Sklaven verkaufen wollen, verwandelt er sich selbst in einen Löwen, Mast und Ruder in Schlangen, füllt das Schiff mit Efeu und Flötenschall, bis die Schiffer, vom Wahnsinn befallen, sich ins Meer stürzen und in Delphine verwandelt werden. Hier verliert alles durch den Zauber seine ursprüngliche Gestalt und schlüpft in eine andere. Die zauberische Kraft des Gottes liegt darin, daß er der andere ist. Den Menschen, der nichts von ihm weiß, spinnt er in Trugbilder und Wahnvorstellungen ein; er bemächtigt sich seiner Einbildungskraft, so daß sie die Dinge verwechselt. Zauberisch ist der auf dem Meere fahrende Dionysos, wie ihn die Schale des Exekias zeigt. Fern aller Schwere, gewichtslos gleitet er mit seinem Schiff über die Wasser. Eine Weinrebe sprießt üppig aus dem hölzernen Schiffe auf, das den Gott fortführt. Die

Stille des Elements umgibt ihn, und kein Lüftchen kräuselt die Flut, über die er selig dahinschifft. Etwas Märchenhaftes ist in dem Geschehen. Eine zauberisch trunkene Welt ist es, durch die er zu Schiff und zu Wagen dahin zieht, Seite an Seite mit der Zauberin Ariadne, deren Haupt mit der Meeres- und Sternenkrone geschmückt ist.

Dionysos nimmt zu und nimmt ab. Er schwillt und wird reif, bis er zu glühen und zu leuchten beginnt. Naht er, dann entströmt ein Glanz den Dingen, der Schimmer fährt über sie hin, die Luft bebt. Dann wieder verliert er an Kraft und entfernt sich. Er entschwindet zuletzt und muß gerufen werden. Er wirft die Titanen nieder und wird von ihnen zerrissen. Er stirbt und wird neu geboren. Immer ist er ein Werdender, Zeugender, Befruchtender, in Wachstum, Blüte und Frucht Wirkender. In der steten, nicht endenden Bewegung der Zeit, welche teilbar und meßbar ist, entzieht er sich den Menschen; in der Zeitwende, in der die Grenzen gegen das Totenreich aufgehoben werden, erscheint er. Er ist nicht immer da und gegenwärtig, sondern zieht wie der Frühling über die Länder hin. Das unterscheidet ihn von Apollon, der allgegenwärtig und reine Gegenwart ist, ein Gott des Seins, der über die Lust und Mühe des Werdens hinwegsieht. Apollon hat kein Gefolge, und seine Gestalt duldet keinen Anhang und Zusatz. Er ist der plastischste der Götter. Die Gestalt des Dionysos zeigt nicht diese plastische Festigkeit, sie läßt sich mit dem Meißel nicht so rund vom Stein abheben, nicht in den Darstellungen des indischen Bakchos, wo er bärtig, würdig, weise, reich im Haar und der Gewandung erscheint, nicht in den Darstellungen des jugendlichen Gottes, wo er träumerisch, weich, zart und in der Blüte des Körpers ist.

Der Einsame ist kein Diener des Dionysos. Er kann es nicht sein; Dionysos ist ein Gott, der verbindet. „Wie Fürsten ist Herkules, Gemeingeist Bacchus", sagt Hölderlin in einer späten Fassung seiner Hymne „Der Einzige", und diese Kennzeichnung trifft zu. Herakles ist das Urbild des Fürsten in seiner männlichen Stärke; er ist der Zeus der Halbgötter, in dem der Vater in unverkennbarer Ähnlichkeit sich abgebildet hat. Dionysos aber ist Gemeingeist. Er kommt nicht, um Grenze und Maß des Einzelnen zu bestimmen. Er hebt die Individualität und das Bewußtsein, durch das sie ist, auf. Er kommt nicht allein, sondern mit seinem Heere und Gefolge. Und er wendet sich nicht an die Einzelnen, sondern an die Völker. Nicht auf dem Umwege über die Wissenden, deren Wissen auf Unterscheidung beruht, breitet er seine Herrschaft aus; er wendet sich nicht an Verstand und Vernunft, daß sie ihn als Herrscher anerkenne. Er kommt nicht still, sondern laut und tobend, mit dem Gelärm der Handtrommel und markerschütterndem Flötenton, als Triumphator auf der via triumphalis seines Festzuges, von weitem schon allen hörbar. Unruhe ist es, die sein Nahen zunächst hervorruft, durch die er auf den Menschen wirkt und ihn zu verändern beginnt. Alle gewohnte Arbeit und Tätigkeit stockt jetzt, und der Ablauf der Verrichtungen, welcher durch die Zeit bestimmt ist, wird lahmgelegt. Das Tosen der Instrumente, der mänadische Lärm, die bewußtlosen Schreie werfen allen Widerstand nieder. Wie das phallische Getöse des Pan, der mit seinen Urlauten die Titanen verjagt, etwas Entsetzenerregendes hat, so erschüttert der dionysische Lärm den Menschen; er betäubt und zerreißt das Gedächtnis, er dringt mit Wogen der Trunkenheit in das Bewußtsein ein. Der Gott stiftet einen tiefen Widerspruch der Empfindung, der quälend, unerträglich, zerreißend anwächst. Stemmt der Mensch sich gegen den Gott an, indem er sich auf Ordnung und Satzung beruft, so muß er erkennen, daß darin kein Schutz mehr für ihn liegt. Er kommt von dem Stachel, der ihn verletzt, nicht los. Als Feuer durchdringt ihn eine brennende Ungenügsamkeit, Unrast und Wut. Die Empfindung, etwas versäumt zu haben, durch den Trug der Zeit betrogen worden zu sein, und die andere Empfindung, diesen Trug zu durchschauen, von ihm loszukommen, sind dionysisch. Das Leben, welches getrennt von dem Gotte geführt wird, wird als schal, hohl und leer erkannt. Mannigfache, widersprechende Empfindungen regt er auf. Dionysos ist das Überfließen des Bechers und das Zerspringen des Glases. Er versucht und prüft den Menschen, er ist der Ergründer der Höhen und Tiefen, und keiner versteht sich so gut wie er darauf, den Schmerz in Lust und die Lust in Schmerz zu verwandeln, keiner beherrscht diese Kunst so sehr wie der Kelterer Dionysos.

Er hebt den Unterschied auf und reißt die Schranken nieder. Er sondert und trennt nicht, er fügt zusammen. Seinem Wesen nach ist er Gemeingeist. Der Dithyrambos ist ohne den dionysischen Festzug nicht zu denken. Er ist der Herr des Theaters, welches Sache der Polis ist und von dem gesamten Demos und seiner Leidenschaft getragen wird. Dichter, Schauspieler, Chöre und Zuschauer bilden eine Einheit, die ohne die dionysische Gemeinsamkeit nicht ins Leben tritt. Die dramatischen Spiele sind ins Fest des Dionysos eingeordnet. Das Fest ist Gemeingeist, angefangen bei den bescheidenen ländlichen Festen, wo im kleinen Festzug der Krug mit Wein, die Rebe, der Fruchtkorb, der Bock und der Phallos aufgeführt werden, bis zu den großen, prächtigen Festen, die von der Polis gefeiert werden, mit Waffentänzen, Gesängen, dramatischen Wettkämpfen, feierlichen Prozessionen, Schmäusen und Gelagen. Überall finden wir festliche Umzüge zu Ehren des Gottes, Phallosbilder, Früchte und Kränze, überall Masken, Musik, Gesang und den griechischen Wetteifer, die schönste Feier zu haben.

Der die Nymphen verfolgende, in Spielen des Geschlechts ihnen nachstellende Pan sucht immer das Geschlecht. An ihm zeigt sich das zeugend Gewaltsame des männlichen Triebes, der spähend, aufspürend, jagend seiner Lust nachgeht. Die den Pan fliehende und ihn zugleich verehrende Nymphe, die Nymphe, die dem Geschlecht des Pan Opfer bringt, gehört zu dem Gotte. Das Nymphische, wie es am Weibe hervortritt, ist die Entsprechung des Panischen. Die Nymphe, die als Quellgeist, als Brunnen- und Baumgeist erscheint, ist ganz Geschlecht, das sie zugleich hütet und spendet. Dessen Frische, Unschuld, Nacktheit und Schönheit zeigt sie, aber auch die dunkle Seite der Natur, die saugend, mit Wahnsinn anrührend, tötend und hinabziehend wirkt.

Pan geht zu den Nymphen, wie er zu den Quellen und Hainen, zu den Wäldern und Wassern geht. Und er verläßt die Nymphen und streift weiter, ohne sich um sie zu bekümmern, gewiß, ihnen wieder zu begegnen. Anders aber ist das Verhältnis des Dionysos zu den Frauen als das des männlich rauhen Jägers Pan. Aufgezogen von liebenden Ammen und Wärterinnen, in seiner eigenen Gestalt das Weibliche nicht verleugnend, auf seinen Zügen umgeben von schwärmenden Frauen, in unauflöslicher Liebesneigung mit der Ariadne verbunden, ist Dionysos immer mit dem Weibe vereinigt. Die Weiber sind es, die überall zuerst seine Kraft verspüren. Sie zuerst werden von dem Treiben ergriffen, weil sie eine zartere Empfindung für die Nähe des Gottes haben, dessen Kommen sie wie Panther und Lüchse wittern. Ihr Verhältnis zur Zeit und zum Tode ist ein anderes als das der Männer. Nicht sie, sondern die Männer sind Herren der Polis, und Männer bestimmen die Ordnung der Zeit, in die alles Geschehen eingefügt ist. Von diesem sich absondernden, die Frau ausschließenden oder beschränkenden männlichen Geiste will der Gott nichts wissen. Sein Kommen gilt nicht dem auf männliche Vorsorge und Tüchtigkeit gegründeten Staate; er ist kein Gott der Männerbünde. Der Triumphzug, den er beginnt, ist immer auch ein Triumph der Frau, die an seinem Fest herrschenden Anteil hat. Seine Macht über die weibliche Natur, die er mächtig erschüttert, ist nicht die Macht des männlichen Gesetzgebers und pater familias. Wie in der Erscheinung des Gottes etwas Androgynes ist, so auch in seinem Wesen. Warum rasen die Frauen, wenn der Gott kommt? Nicht deshalb, weil er ihnen die Bestimmung ihres Geschlechtes deutlicher und heftiger ins Gedächtnis ruft, sondern weil er sie dieser Bestimmung enthebt, sie darüber hinaushebt. Die Trunkenheit, welche die Frauen ergreift, steht in Beziehung zu ihrem Geschlecht, aber sie ist nichts weniger als eine geschlechtliche. Nicht die Männer sind es, die von ihnen gesucht werden, denn sie suchen den Gott und folgen ihm. Nicht Umarmungen eilen sie entgegen, sondern das Gefolge des Gottes wollen sie bilden. Und dadurch, daß sie von dem Gotte berührt werden, werden sie unberührbar für die Männer. Die Mänade denkt nicht an einen Mann; sie ist das Gefäß des Gottes, der sie bis zum Zerspringen erfüllt. Gefäß und Becher des Gottes zu sein, das ist ihre Bestimmung. Sie ist das Instrument, auf dem er spielt. Dionysos löst die Bande, die sie binden, und macht sie frei, hebt ihre Abhängigkeit vom Manne auf und entläßt sie aus den Fesseln der Ehe und Familie. Deshalb strömen sie ihm von weitem zu, und unvermittelt sich zusammenrottend, verlassen sie Männer und Kinder, das Haus und den Webstuhl und schwärmen aus den Städten aus, um Wälder, Berge, Ebenen zu durchstreifen, das Dickicht und die Flüsse zu durchqueren. Jungfrauen, Mütter und Matronen werden von der gleichen Erregung ergriffen. Solche Scharen, die bis zur tiefsten Ermattung und Erschöpfung umhereilen, haben nichts Anlockendes, und der Wanderer, der ihnen begegnet, der Hirt, auf den das Treiben zukommt, spürt sofort, daß eine drohende

Gefahr auftaucht. Der bewußtlos rasende Schwarm hat die feinste Witterung für Störungen und Feindseligkeiten und wendet sich mit wilder Wut gegen alles, was ihn auf seinem Zuge behindert. Von dem Dionysos erschüttert und aufgescheucht, wird den Frauen die Ruhe unerträglich; sie müssen empor, hinaus. Wild und quälend bemächtigt sich der Gott der Mänade, und laut aufschreiend oder stumm, tränenden Auges folgt sie ihm. Sie zittert von einer Erregung, die sich rasch zur Wut steigert. Dieses Rasen ist die Einwirkung des Gottes, der nur durch Dienst besänftigt werden kann. Und das mänadische Schweifen und Treiben ist ein Hauptstück dieses Dienstes. Die Mänade ist das von allen zeitlichen Bestimmungen entbundene Weib, das in die Gemeinschaft des Dionysos aufgenommen ist.

Der Mensch wird der Gott selbst. Die dionysische Begeisterung begreift in sich nicht nur das Andringen des Gottes gegen den Menschen und des Menschen gegen den Gott; es kommt zu dem Augenblick, in dem beide eins werden. Die Bewegung des Festes und Festzuges zeigt es. Diese Bewegung ist unberechenbar, das heißt, sie folgt weder einem bestimmten Ziel, noch hat sie eine festgelegte Richtung. Es scheint, daß sie die Flüge des Bienenschwarms nachahmt, der seinen Mutterstock verlassen hat und wild summend und kreisend ausbricht, bis der Schwarm sich zur Traube verfestigt. Und indem der Schwarm sich zur Traube zusammendrängt, scheint er die Bewegung nachzuahmen, in der die Rebe sich wild gärend in Wein verwandelt. Doch kann von einer Nachahmung hier nicht die Rede sein. Nachahmung ist nicht Verwandlung. Die Nachahmung der Verwandlung durch den dionysischen Schauspieler hält nur den Vorgang in der Erinnerung fest; das griechische Theater ist der Ort, an dem das geschieht. Am Ort der Verwandlung ist das Numen selbst wirksam.

Das ungesteuerte und richtungslose Schwärmen der Weiber in der Landschaft, sein Sichzusammenziehen und Sichlockern nimmt sich für den Beobachter, der außerhalb dieser Bewegung ist, ordnungslos aus. Sie erweckt diesen Anschein, weil dem Beobachter verborgen bleibt, welcher Art die Anordnung der Kräfte hier ist. Der Schwarm ist eins und unteilbar; seine Bewegung ist keine individuelle, sondern eine anonyme und kollektive, die sich in tiefer Bewußtlosigkeit vollzieht und doch wach und empfindlich ist, voll durchdringender Wahrnehmungskraft für alles ihr nicht Zugehörige oder gar Feindliche. Jeder Beobachter aber ist ihr schon Feind, denn der Akt des Beobachtens ist ein durchaus undionysischer. Vielleicht nehmen alle diese Frauen einander kaum wahr. Sie vergessen einander in den Eigenschaften und Beziehungen, die sie sonst aneinander wahrnehmen. Diese, indem sie trennen oder doch nur verbinden, fallen dahin. Die Distanzen werden aufgehoben. Darin liegt die zerreißende Kraft der Bewegung, daß sie die Distanzen zerstört, zunächst die zeitlich gesetzten, und in ihnen auch die Rangordnungen und rationalen Ordnungen des Lebens, deren Bau ein zeitlicher ist. In der Gemeinsamkeit des dionysischen Festes zerbrechen die Stufungen. Der Gott ist nun in dem Schwarm und steuert ihn. Der Schwarm ist der Gott selbst. Die Frauen sind in dem Gott, wie der Gott in ihnen ist. Das ist kein Vorgang, welcher dauert. Der Gott verläßt den Schwarm wieder und zieht sich aus ihm heraus. Dann endet seine von dem Gotte gesteuerte Bewegung, und er zerfällt.

Dionysos ist die Wende der Zeit. Er ist die Umkehr. Berichtet wird, was geschieht, wenn ein Gott kommt, berichtet, wie sich der Mensch bei der Ankunft des Gottes verhält. Dem stürmisch und tobend hereinbrechenden Dionysos wird Widerstand geleistet. Der König Lykurgos vertreibt die Dienerinnen des Gottes und zwingt ihn selbst zur Flucht in den Schoß des Meeres, zur Thetis hinab, die ihn liebevoll aufnimmt. Darüber, so heißt es in der Ilias, grollten dem Könige alle Götter, Zeus blendete ihn, und er lebte nicht mehr lange. Im letzten Gesange der Odyssee wird die goldene Urne erwähnt, welche Dionysos der Thetis zum Dank für ihren Schutz schenkte; in ihr werden die Gebeine des Achilleus bestattet. Pausanias verzeichnet, daß die Bestrafung des Lykurgos in einem Dionysostempel in Athen als Gemälde dargestellt war. Der Widerstand, den der Gott findet, reizt seine gärende Jugend mächtig auf. Furchtbare Ereignisse spielen sich nun ab, Morde, im Wahnsinn verübte Schreckenstaten, während zugleich der Acker unfruchtbar wird. Weil er in Argos nicht geehrt wird, töten die Weiber ihre Kinder und verzehren sie. Der König Lykurgos tötet seinen Sohn, den er für eine Rebe hält, mit dem Beile. Gefesselt von seinem Volke ins Gebirge geführt, läßt ihn der Gott durch Pferde zerreißen. Immer wieder wird ein gleiches beschrieben: der Kindermord, die Tötung der eigenen Brut. Auch Hippasos, auch Pentheus werden von ihren Müttern getötet. Und eine Entsprechung ist die Unfruchtbarkeit der Äcker, das Ausbleiben und der Verderb der Frucht. Dem Kronos gleich, der seine eigenen Kinder verschlingt, tötet und verschlingt die rasende Mutter ihr eigenes Fleisch und Blut. Solche Taten erscheinen als Folgen der Verkennung des Gottes, der diese Verkennung als Frevel bestraft. Sie können als Vergeltungsmaßnamen betrachtet werden, die der menschlichen Blindheit und Hybris nachfolgen, als Wiedergutmachungen einer Nemesis. Doch scheinen sie oft jenseits aller Verschuldung zu liegen, im Bereich einer aus der Tiefe hervorbrechenden Naturmacht, auf die der Mensch nicht vorbereitet, für die er nicht gerüstet ist. In dem mänadischen Zustand ist das Weib nicht mehr die Mutter ihrer Kinder; ein Zeichen dafür ist, daß die Nährerinnen sich Tierbrut an die Brüste legen. Die Tiere, die sich furchtlos in den Zug des Gottes mischen, zeigen, welche Grenzen er niederreißt.

Der Widerstand, den Dionysos findet, ist nicht zufällig; er ist die Folge eines gesetzlichen Verhaltens, das gebrochen wird. Nicht nur der Einzelne, die Polis selbst wird umgeformt. Der Widerstand ist, wie der erste Erfolg des Lykurgos zeigt, stark, und in dieser Gegenkraft steigert sich das Triumphale in der Erscheinung des Gottes, den ein heftiger Glanz umgibt. Feldzüge, Schlachten sind es, durch die er sein Reich festigt; er bricht unvermittelt ein und dringt gewaltsam durch. Aber wenn Dionysos etwas Kriegerisches hat, so ist er ein Krieger besonderer Art. Seine Waffen sind nicht die im Kriege üblichen, nicht Schwerter, Schilde, Lanzen, Pfeile und Rüstungen. Sein Heer bedarf keiner jener Künste des Ares, mit denen man einen Gegner angeht. Mit dem Kampf der Heroen hat es nichts zu schaffen. Es besteht aus Unbewaffneten, und diese sind zum großen Teil Frauen. Es sind weder geübte noch besonnene Streiter, die er ins Feld schickt, sondern bewußtlos Rasende, von göttlichem Wahnsinn Ergriffene. Doch ist dieses lärmende, tobende Heer mit seinen Flöten und Becken furchtbarer als die geübteste Kriegsmannschaft, und vor seinem Angriff bricht auch der härteste Widerstand zusammen. Es wird geleitet von der übermenschlichen Kraft des Gottes, der den, der sich ihm entgegenstellt, vernichtet und zerreißt. Pentheus, Lykurgos, Hippasos werden zerrissen; der Leib des Gottes selbst wird von den Titanen in Stücke gerissen. Er tötet nicht wie Apollon aus der Ferne mit silbernen Pfeilen, sondern wie die Tiger und Panther, die sich in seinem Zuge befinden.

Als triumphierender Sieger, geschmückt mit den Trophäen des Sieges, an seinem Siegeswagen und seinen Insignien als Triumphator kenntlich, zieht er durch die Länder. Sein Zug bewegt sich wie der des Pan durch die Einöden und Waldgebirge; Wasser und Haine sind es, zu denen die Mänaden hinausschwärmen. Aber Dionysos ist kein Gott der Wildnis wie Pan, und er kennt nicht die Scheu des Pan vor den Städten; er liebt die festliche Menge, und Städte sind die Stätten seiner großen Feste und Feiern. Gleich dem Pan ist er immer unterwegs, aber ihre Bewegung ist eine verschiedene. Pan streift kreuz und quer durch die menschenleere Landschaft, und bald hier, bald dort taucht er unvermutet als Grenzgänger auf, überraschend und erschreckend. Dionysos und sein Gefolge sind auf dem Wege zu den Festorten; sie sind Eingeladene, Gäste und Besucher der Könige, Völker und Städte, die sie verlassen, um zu neuen Festen aufzubrechen. Der Mensch ist seiner Verfassung nach zu schwach, um im Zustande zeitloser Festlichkeit zu verweilen. Die Kraft des Gottes vermag es; sein Wesen ist ein immer festliches.

Die Wut des Angriffes, die Siegestrunkenheit entstammen dem Widerstande, der zu Boden geworfen wird. Indem dieser Widerstand zerbricht, dringt die Erkenntnis durch, daß hier nicht Abwehr am Platze ist, sondern Verehrung und Ausbildung dieser Verehrung. Der Dienst des Gottes muß eine Regelung erfahren, ein Unternehmen, über dessen Schwierigkeit kein Zweifel besteht. Dem mänadischen Rasen und Schweifen muß Raum gelassen, die Feste und Feiern für den Gott müssen eingerichtet werden. Indem dieses geschieht, verwandelt sich der Gott wieder. Sein Wesen wandelt sich und erfährt eine Milderung. Weit offen stehen nun die Tore der Städte für ihn, und wohin er auch kommen mag, er darf sicher sein, mit Jubel empfangen zu werden. Das Leben ohne den Dionysos ist kein Leben, und wo es abgeschnitten, verlassen von dem Gotte geführt wird, ist es freudlos. Auf dieses Leben bezieht sich der Spruch des weisen Seilenos, wenn er sagt, daß es für den Menschen das beste sei, nicht geboren zu werden, das zweitbeste aber, früh zu sterben. Im „Kyklops“

nennt er die Nüchternen, die den Dionysos nicht kennen, Rasende. Ihre Vernunft rast, und diese Vernunft ist der Wahn der Nüchternheit, der Wahnsinn des Gottes aber ist die Flamme, welche Licht und Wärme in die düstere Welt bringt.

Indem das Wesen des Gottes sich mildert, entfaltet er zugleich den ihm zugeordneten Reichtum. Sein Bereich ist nicht nur das Weinland, und der Tritt seines Fußes wird nicht nur durch die üppig aufsprießende Rebe bezeichnet. Er ist der Herr allen Fruchtlandes und sein Pfleger. Der Pfleger Dionysos streut aus unerschöpflichem Füllhorn seine Gaben aus; er erscheint nun in engerer Verbindung mit der Demeter. Die Wurzel dieser Fruchtbarkeit ist nicht nur im Acker, sondern in dem Gott, der das Untere und Obere eint, und durch ihn im Menschen. Er wird zum Herrn und Vorsteher der Polis, die sich mit Gemeingeist erfüllt. Als musischer Gott wirkt er auf die Künste ein. Durch ihn entstehen das dithyrambische Lied und die dithyrambische Musik, durch ihn die Tragödie, die aus seinen Festen und Feiern hervorgeht. Er wird zum Herrn der Spiele. Er ist der in rastloser Liebesglut leuchtende Gott, der Gatte der Ariadne.

Das Ariadnische am Weibe ist die Entsprechung des dionysischen Mannes. Ariadne umfängt den Dionysos, und in dieser Umarmung bleibt er gefangen. Der Jäger Pan sucht das nymphische Geschlecht auf und stellt ihm nach; Dionysos aber ist ein Gatte. Der Glanz, welcher die Ariadne umfließt, ist nicht ohne ein Dunkles, das ins Unterirdische verweist. Sie kennt die Labyrinthe, und sie weiß um den Ausweg aus ihnen. Aus dem unterirdischen Irrgang hilft die Tochter des Minos und der Pasiphae dem Theseus. Von Anfang an wird sie als Liebende beschrieben, und von ihr werden Begebenheiten berichtet, die unvereinbar scheinen. Auf Naxos von dem Theseus verlassen und ausgesetzt, soll sie von der Artemis auf Geheiß des Dionysos getötet worden sein. Auf der gleichen Insel soll sie der Gott, als sie verlassen in einer Grotte schlummerte, zuerst gesehen haben und in Liebe zu ihr entbrannt sein. Der Gott tötet sie und weckt sie zu neuem Leben, wie er selbst stirbt und neu geboren wird. Auch Semele, die Mutter, wurde durch den Blitz des Zeus zerrissen, getötet und durch ihren Sohn in den Olymp versetzt. Die Nachfahrin des Minos, der von Zeus in einer heiligen Grotte unterrichtet, nach seinem Tode mit Aiakos und Rhadamanthys Richter der Schatten im Hades wird, steht wie Minos selbst in einer Beziehung zu dem unterirdischen Dionysos. Minotauros, der von der Pasiphae mit dem schneeweißen Meeresstier des Poseidon gegezeugt wurde, ist ihr Halbbruder. Auch der stiergewaltige Dionysos kommt aus dem Meere, wo er bei Thetis weilte. Ariadne hebt sich gegen unterirdisches Dunkel ab und erscheint dadurch in höherem Glanze. In ihr vereinigt sich alles, was der dionysische Mann im Weibe sucht und begehrt; sie ist der Glücksstern, der ihm aufgeht, die Erfüllerin seiner Wünsche und Träume. Sie ist ein Stern und hat Gestirnkräfte. Sternbahnen sind die Wege, auf denen sich die Geschlechter begegnen, wiederkehrende Bahnen, und ein Wiedererkennen ist es, das sich in aller Neigung ausspricht.

Der Augenblick, in dem der Gott die schlummernde Ariadne betrachtet, bindet ihn für immer an sie, und bis zu ihrem Tode, bis ihre Krone unter die Sterne versetzt wird, bleibt sie seine Gattin. Von allen Wagnissen, die sie besteht, ist das größte die Begegnung mit dem Gotte; daß ihr diese gelingt, bleibt unvergessen. Ihre Hochzeit wird als eines der Feste beschrieben, an denen alle Götter teilnehmen. Sie besteigt jetzt als ebenbürtige Gefährtin den Wagen des Gottes und wird die erste aller dionysischen Frauen, die Herrin alles mänadischen Rasens und Schwärmens und aller Trunkenheit. Die reiche und in furchtbaren Gegensätzen wirkende Natur des Gottes wird von der unerschöpflichen Liebesfähigkeit der Ariadne aufgenommen. Der sich immer wandelnde Gott bleibt ihr gegenüber beständig und unwandelbar. In dieser Beständigkeit der Neigung, in der Unzertrennlichkeit der Liebesgemeinschaft übt Ariadne auf den Dionysos ihre Macht aus. In der Verbindung mit ihr beginnt er sich von neuem zu wandeln. Weit hinter ihm liegt jetzt sein Hervorstürmen; er ist nicht mehr der Angreifer, der den Widerstand seiner Feinde zerbricht. Das Grauen, das er hervorrief, ist gewichen; er selbst hellt sich mehr und mehr auf und wird milder und reifer. Es zeigt sich der Widerschein der Glückszeit, die er mit der Ariadne verlebt, der Abglanz des Liebreizes, mit dem sie ihn bindet. In der Verbindung mit ihr wird er Fruchtbringer, Herr des Orakels, Gesetzgeber, heilkundiger und weissagender Arzt und gleich der Demeter Erfinder des Pfluges und Ackerbaus. Ariadne bändigt den Gott durch die tiefe, klare Zärtlichkeit ihres Wesens, in dem er sich wie in einer Quelle erfrischt. Daher kommt das Licht, das sie umgibt; sie lebt als Wohltäterin, als Segensspenderin, welche göttlicher Ehren würdig ist, im Gedächtnis der Menschen für alle Zeiten fort. Einst half sie dem Theseus, den Rückweg aus dem unergründlichen, nächtigen Labyrinth zu finden; jetzt lenkt sie mit goldenen Fäden den Gott, auf dessen Siegeswagen sie sich gesetzt hat. In Zeiten, welche gesetzlos scheinen, weil das neue Werden, das heraufkommt, noch nicht zu bestimmen ist, in Zuständen, welche chaotisch, gewaltsam und für die Vernunft undurchdringlich sind, in denen Vernichtung grenzenlos über den Menschen hereinbricht, zeigt Ariadne ihre liebende und heilende Kraft.

Die „Bakchen“ des Euripides sind ein später Nachhall des Geschehens. Sie sind nicht, wie oft behauptet wurde, ein Kampf des Glaubens gegen den Unglauben; von einem solchen Kampfe weiß die Mythe nichts, und auch den Dichter beschäftigt er nicht. Hier geht es nicht um Glauben oder Unglauben, sondern um die Einbildungskraft, um Imagination. Den Gott, der da ist, der wirkt, den ich sehe, brauche ich nicht zu glauben. Keiner der Götter verlangt Glauben, auch Dionysos nicht. Die Frömmigkeit des griechischen Menschen ist Imagination. Schlimm ist, wenn diese fehlt, wenn ich den Gott nicht sehe, wenn ich ihn nicht kenne. Das Schicksal des Pentheus zeigt es; er hat blinde Augen, deshalb wird er geblendet. Ein Schrecken mag den Zuschauer beim Anblick solcher Vorgänge ergriffen haben. Das Auftreten des Gottes, zunächst in menschlicher Gestalt, die das Göttliche verhüllt läßt, der wild hereinstürmende Chor der Bakchantinnen, das vom Blitze zerstörte und noch rauchende Herrscherhaus, in dem die Semele erschlagen wurde, der Zusammenbruch des königlichen Palastes und die leuchtenden Flammen, die aus dem Grabe der Semele turmhoch aufschlagen, das alles bereitet auf außerordentliche, fürchterliche Begebenheiten vor. Der Gang der Handlung hat etwas unheilvoll Drohendes, die Überlegung Lähmendes und in Netze Verstrickendes. Da der König zuerst auftritt, die Warnungen des Teiresias und des Kadmos verwirft, den Kampf gegen den Gott aufnimmt, scheint sein Zorn noch Vernunft zu haben. Er erscheint als ein Fürst, der dieses Namens würdig ist, rechtschaffen, vorsorgend, nüchtern, und ebendiese Tugenden machen ihn zum Opfer des Gottes. Von dem ihm Unbegreiflichen, Unfaßlichen sieht Pentheus nichts; er ist blind für das, was schon das Land erregt, schon in seine Frauengemächer eingedrungen ist. Rasch löst sich nun der Anschein, den sein Zorn hat, auf, und mit ihm alle Vernunft des Königs selbst. Trügerisch wird der Boden, auf dem er steht, und tückisch und hinterhältig beginnt alles um ihn zu schwanken und sich zu verändern. Bewußtlos wird er, und in seiner Bewußtlosigkeit krank; geistesgestört wird sein Wort, seine Frage. Der Gott, der sich wandelt, verwandelt ihn und spinnt ihn tiefer und tiefer in Trugbilder ein, bis er den halb Wahnsinnigen in Frauenkleidern ins Gebirge hinauslockt, dem Tode entgegen, der ihm durch die eigene Mutter bereitet werden soll. Das alles beklemmt die Brust und flößt Grauen ein. Der Bericht des Boten, der von dem Treiben der Bakchen auf dem Kithairon berichtet, bereitet auf die Schreckenstat vor. Der Schwarm der Frauen ist in Rehfelle gehüllt; Schlangen, die ihnen das Kinn lecken, umwinden sie, und junge Gazellen und Wolfsbrut saugen an ihren Brüsten. Der Zug summt und braust und dringt wild auf die Hirten ein, die ihn stören; sie entrinnen durch schnelle Flucht, und nun fallen die Frauen über die Rinder her und reißen sie in Stücke. Sie stürmen den Strom entlang, dringen zerstörend in die Orte und schlagen das Männervolk, das sich ihnen entgegenstellt, in die Flucht.

Das Königtum des Pentheus stürzt, sein Ende ist entsetzlich, und dieses Entsetzen wird noch gesteigert durch den lauten Siegesjubel, mit dem der Chor, der ganz die Partei des Gottes nimmt, den Botenbericht begrüßt. Vergeblich hat der unselige König flehend das Kinn seiner rasenden Mutter angerührt und sich ihr zu erkennen gegeben; sie hört und sieht ihn nicht. Zuerst kniet sie auf seiner Brust, und mit ihr die Schwestern des Königs. Und nun erscheint mit dem siegjauchzenden Chor die Mutter des Gemordeten, die verzückt singt und das Haupt des Sohnes auf einen Thyrsos gespießt hat. Ein junges Kalb, einen Löwen glaubt sie erlegt zu haben und fragt in tiefer Bewußtlosigkeit nach ihrem Sohne Pentheus, damit er ihr das Löwenhaupt als Trophäe an den Hausfries nagele. Hier wird offenbar, daß sie nur als Werkzeug des Gottes die Tat vollbracht hat; sie glaubt an einer Jagd teilgenommen zu haben, von der sie mit reicher Beute zurückkehrt. Erst der nahende Kadmos, der die Bahre begleitet, auf der die traurigen, kopflosen Überreste seines Enkels liegen, bringt sie zum Bewußtsein zurück, indem er sie den lichten Äther anschauen heißt. Jetzt erst weicht die Blendung durch den Gott, und sie bricht in unendlichen Jammer aus. Dionysos erscheint in göttlichem Glanze und verkündet das Schicksal des Kadmeergeschlechts.

HEROEN

Die mythische Landschaft ist erfüllt vom Leben und von den Taten der Heroen. Das Festland, die Küsten und Inseln, die Haine und Quellen sind besetzt mit den ihnen geweihten Stätten. Nach ihrem Tode bestehen sie als Vergötterte und Entfernte in der Erinnerung, dauern an den ihnen geweihten Altären und Heiligtümern, tauchen in den Schlachtreihen der Nachfahren auf und leuchten als Gestirne vom Himmel her auf die Erde herab. Sie sind Ahn- und Stammherren, Gründer von Städten und Kolonien, Stifter, Schützer, Schirmer und Wächter; eine tiefeingreifende, ordnende Kraft geht von ihnen aus, ohne welche die reiche Gliederung des griechischen Lebens nicht denkbar ist. Eine Polis ohne Heroendienst, ohne Heroen gibt es nicht. Ein Stadtstaat, dem das alles fehlte, müßte samt seinen Archonten und Buleuten fragwürdig und kümmerlich aussehen; man kann sich ein so verlottertes Gemeinwesen schwer vorstellen. Der Heroendienst ist auf genaue und enge Weise mit dem Leben der Polis verbunden, deren Ordnung und Gedeihen von ihm abhängt.

Wer die Heroen sind, und was der Heros ist, darüber geben Homer und Hesiod Auskunft, sodann die Stätten der Heroenverehrung selbst, die örtliche Mythe. Zwar kann, wie der Heros selbst, auch seine Verehrung wandern, kann, wie sich an Herakles oder den Dioskuren zeigt, weit um sich greifen und fast allgemein werden, wenn sich Städte, Geschlechter, Zünfte und Professionen auf sie stützen. Doch ist die Beziehung des Heros zum Orte eine tiefgegründete und fortwirkende, wie an dem Heros Eponymos zu sehen ist, dem zum Stammherrn erhobenen Heros einer Stadt oder Landschaft. Unter den eponymen Heroen, nach denen Kleisthenes die zehn attischen Phylen benannte, erscheint der salaminische Aias, da Salamis als ein besonderer Demos zu Athen gehörte.

Der Heros ist und bleibt zunächst ein genius loci, ist einer bestimmten, wohlabgegrenzten Stätte verbunden und erfüllt an ihr mannigfache Aufgaben. Er ist als solcher Heros Epichorios oder Enchorios. Sein Ort ist ein fest zugeordneter, sein Heroon ein dauernder Besitz der Landschaft. So kann von Heroenlandschaften gesprochen werden, die sich gegeneinander abgrenzen. Aus diesen ist unser Begriff der heroischen Landschaft hervorgegangen, von ihnen ist er abgelöst worden, so daß wir als heroisch eine Landschaft begreifen, deren Natur erhaben und mächtig ist und freie, kühne Formen zeigt. Der ursprüngliche Begriff der heroischen Landschaft ist aber kein ästhetischer, sondern ein mythischer. Zu den Heroen gehört die mythische Natur, die ein eigenes Leben hat.

Bemerkt wurde, daß dem titanischen Zeitalter die Heroen fehlen, daß nicht einmal die Namen seiner Menschengeschlechter überliefert sind. So antwortet in der Ilias Glaukos dem Diomedes auf die Frage nach seinem Geschlechte, warum er eine solche Frage stelle. Die Menschengeschlechter, sagt er, wachsen und schwinden wie die Blätter im Walde, namenlos also; aus den Zeiten, die vor der Heroenzeit liegen, haben sich keine Namen erhalten. Die zyklisch wiederkehrende Notwendigkeit, der Elementarismus der Titanenherrschaft duldet keine Heroen, denn dieses Notwendige und Elementare ist schicksalslos. Heroen und Heroennamen tauchen erst dort auf, wo Götter sind. Schicksalslos sind auch die Götter. Aber für den Menschen, der ihnen begegnet, sind sie ein Schicksal; der ihnen begegnende Mensch hat ein Schicksal. Titanen und Heroen begegnen sich vor dem Sturze der Großen Titanen nicht; der Mensch gewinnt erst für den Prometheus ein eigenes Interesse. Auch findet keine unmittelbare Berührung zwischen dem Heros und der Gaia statt. Der Heros zeugt weder mit der Gaia, noch ist er ein Erdgeborener wie die Titanen und Giganten. Tityos und Erechtheus werden als Söhne der Gaia genannt. Tityos ist kein Heros; er ist ein Wesen von riesenhaftem Wuchs, das mit Göttinnen zeugen will, wofür ihm ein Los bereitet wird, das dem der Giganten ganz gleich ist. Auch der alte, schlangengestaltige Erechtheus oder Erichthonios ist kein Heros. Auf dem Stamnos des Hermonax ist abgebildet, wie die aus der Erde auftauchende Gaia das Erichthonios-Kind der Athene überreicht.

Heroen und Autochthonen sind zu unterscheiden. Völker und einzelne Heroengeschlechter führen sich nicht nur auf heroische Stammväter göttlicher Abkunft, sondern auch auf Autochthonen zurück. Die Athener und Arkader hielten sich für autochthon. Der boiotische Ogyges, der arkadische Pelasgos und Pheneos, der attische Periphas, Erechtheus und Kekrops sind Autochthonen. Ihnen entsprechen in Italien die Aboriginer, das italische Urvolk, aus dem die Latiner kamen, deren erster König der doppelköpfige Janus ist. Sie sind Indigenae oder Terrigenae, Erdgeborene, wie sie auch von den Griechen genannt werden. Autochthon sind die Ahnherren, autochthon nennen sich die Geschlechter und Völker, die sich von ihnen herleiten und unvermischt erhalten. Der griechische Autochthon ist ein unmittelbar der Erde Entsprossener, die seine Mutter ist; einen Vater besitzt er nicht. Er ist geminus, ein Zweigestalteter, oben Mensch und unten Drache, welche Körpergestalt ihm eigentümlich ist. Der geminus ist, wie an den Giganten zu bemerken ist, immer ein Erdgeborener. Er ruht fußlos der Erde auf, der er entsprossen ist wie die Drachen, Schlangen und Würmer, die als Erdtiere sich von der Gaia unmittelbar herleiten. Von Erechtheus sagt Homer, daß ihn die Scholle schuf. Auch Kekrops, den die attischen Kekropiden als ihren Stammvater verehren, ist ein geminus. Erdgeburt und Zwiegestaltigkeit nähern die Autochthonen den Giganten. Der Unterschied zwischen Autochthonen und Heroen zeigt sich genealogisch; bei den Autochthonen entscheidet der Mutterstamm, bei den Heroen der Vaterstamm. Die Heroen sind Vatersöhne und führen sich auf einen Stammvater göttlicher Abkunft, auf Götter zurück. Sie leben in paternitärer, nicht in maternitärer Ordnung. Sie sind Söhne des Zeus oder eines anderen Gottes, nicht Söhne der Gaia. Sie leben unter dem Nomos des Zeus, nicht unter dem der Gaia. Da der männliche, väterliche Bereich, der in die Geschichte mündet, zu unangefochtener Herrschaft kommt, treten die Autochthonen hinter den Heroen mehr und mehr zurück. Die Erinnerung an sie erlischt nicht, auch wird an ihrer Verehrung festgehalten, wie diese denn aus mancherlei Gründen nie untergehen kann, aber diese Erinnerung führt ins Dunkle, Unergründete zurück, auf den Schoß der Gaia selbst. Aus diesem kommen Wesen wie die Sphinx, Echidna, Chimaira und die Sirenen, Wesen, die insgesamt etwas Enigmatisches behalten, weil sie an den Grenzen auftreten und weil disparate Gestalten sich in ihnen verbinden.

Von der alten autochthonen Ordnung haben sich nur Spuren erhalten. Erkennbar ist, daß das Autochthonenwesen durch die Heroen verdrängt wird, wofür ein Beleg ist, daß man den Autochthonen auch Väter zuordnet, so den Hephaistos. Ein solcher Beleg ist auch die merkwürdige Beziehung des Erechtheus zur Athene, deren Pflegling und Schützling er ist, deren Dienst er in Attika einführt, der er Spiele weiht und einen Tempel baut. Dieser Tempel, das Erechtheion, in dem Athene mit dem Erechtheus und der Pandrosos verehrt wird, zeigt schon durch seinen Bau, der von dem Üblichen abweicht und eine besondere und merkwürdige Anordnung der Kulträume enthält, welche Schwierigkeiten hier zu überwinden waren. Erechtheus ist dann von den Athenern unter die zehn Stammheroen aufgenommen worden und erscheint als athenischer Heros Eponymos.

Noch bleibt zu fragen, in welchem Verhältnis Prometheus zu den Heroen steht. Der Heros ist kein Promethide, sondern steht und stellt sich unter den Nomos des Zeus. Die von Zeus beherrschte Weltzeit, und nur sie, ist eins mit dem Erscheinen der Heroen. Der Heros gehört dem mythischen Bereich an und tritt aus ihm nicht hervor, tritt nicht in die Geschichte ein. Das geschieht nur in jenen seltenen Ereignissen, in denen mythische Kräfte in die geschichtlichen übergreifen und inmitten des geschichtlichen Werdens wieder wirksam werden. In der Schlacht bei Marathon wurde im griechischen Heere ein Mann bemerkt, den niemand kannte und der nach der Schlacht nicht mehr zu sehen war. Er war wie ein Bauer gekleidet und führte einen Pflug in der Hand, mit dem er viele Perser erschlug. Das Orakel, das die Athener seinetwegen befragten, gebot ihnen, den Unbekannten als den Heros mit der Pflugsterz (Echetläos) zu verehren. Das geschah. Er war in der Halle Poikile auf dem Gemälde, das die marathonische Schlacht darstellte, mit der Pflugsterz abgebildet. Das Einzigartige eines solchen Vorgangs liegt schon darin, daß der Heros hier anonym auftritt. Sehen wir von solchen Fällen ab, so haben wir den Heros in der geschichtlichen Zeit nicht zu suchen, und nur vergleichsweise läßt sich der Handelnde, welcher der Geschichte angehört, als Heros bezeichnen; in der genauen Bedeutung des Worts ist er keiner.

Heros nennt Homer jeden freien Mann; die Bezeichnung hat bei ihm den weitesten Umfang. Er verwendet sie nicht nur für den Hochgeachteten und sich rühmlich Auszeichnenden, nicht nur für den Fürsten und Krieger und den, der Sitz und Stimme im Rate oder der Volksversammlung hat, sondern auch für den unbewährten Jüngling, für den Greis, für Sänger und Herolde. Doch rühmt er das heroische Königtum; die Könige, die einem Königstamm Entsprossenen hebt er vor den anderen hervor. Die Ilias ist das Epos des heroischen

Königtums, das mit seinen Gefolgsmannen auftritt. Wenn die nähere oder entferntere Abkunft von den Göttern bei ihm ein Kennzeichen des Heros ist, so hat doch das Wort eine generell umfassende Bedeutung, die Hesiod nur schärfer zusammenfaßt, wenn er sagt, daß das vierte Menschengeschlecht auf Erden die Heroen sind. Ihnen haftet durch ihre Nähe zu den Göttern etwas Göttliches an. Die Begegnung mit dem Gotte kennzeichnet den Heros. Alle Heroengeschlechter weisen auf göttlichen Ursprung hin und leiten sich von einem Gotte oder einer Göttin her, welcher göttliche Ursprung nachträglich sogar den Autochthonen vindiziert wurde. Unterschiede des Ansehens werden durch die Nähe oder Ferne dieses Ursprungs begründet. Der Halbgott erscheint nicht immer genau abgegrenzt gegen den Heros, doch gebührt diese Bezeichnung denen, die unmittelbar von Vater- oder Mutterseite her göttlicher Abkunft sind. Die Achtung einer solchen Geburt hat mancherlei Abstufungen, doch gebührt den Sprossen des Zeus die Krone. Wie Homer darüber denkt, zeigt der erste Gesang der Ilias, wo Nestor in dem Streite zwischen Agamemnon und Achilleus das Wort ergreift und die Vorzüge beider gegeneinander abwägt. Was er nicht erwähnt, ist, daß Agamemnon durch den Tantalos, Achilleus durch den Aiakos von Zeus abstammt. Achilleus gilt ihm als der Stärkere, genießt auch den Vorzug, von einer göttlichen Mutter abzustammen. Agamemnon ist der Mächtigere und gebietet über ein größeres Kriegsvolk. Nestor warnt den Achilleus, sich gegen Agamemnon zu stellen, sich ihm an Ehren gleichzusetzen, weil Zeus selbst, der Beschützer des Königtums, den Atriden mit Ruhm verherrlicht. Die unmittelbare Abkunft von der Thetis gibt dem Achilleus nicht das Übergewicht im Streite. Indem aber Thetis in den Streit eingreift, wendet sie ihn zugunsten ihres Sohnes.

Deutlich wird, daß im Heros mehr eine Vergöttlichung des Menschen sich zeigt als das Umgekehrte. Auf den Abstufungen, die das Wort hat, geht über die Halbgötter der Weg zu den höchsten Göttern. Es ist etwas Göttliches im Menschen, das die Götter anzieht und sie anlockt, mit ihm in Verbindung zu treten. Die Götter suchen den Menschen, sie suchen ihn auf, sie schaffen diese Verbindung mit ihm. Dieser Gedanke, der bei Homer schon zu Ende gedacht ist, erleuchtet das Epos mit keinem geringeren Licht, als das Licht des Helios ist. Darüber hinaus geht die Erkenntnis, die sich durch die gesamte Mythe hinzieht, daß der Mensch etwas vermag, was die Götter nicht vermögen, daß in seiner Brust der Zwiespalt angelegt ist, in dem er, von den Göttern sich abwendend, dem titanischen Bereich sich zuwendet.

Die Verehrung, welche Göttern und Heroen dargebracht wird, ähnelt sich. Die Heroen werden als Vergötterte verehrt. Da sie genii locorum sind, deren an geweihten Stätten, an Quellen und Hainen gedacht wird, ist der räumliche Umfang ihrer Verehrung zunächst ein örtlicher, auf eine Stadt oder Gegend begrenzter, so etwa bei den delphischen Heroen Autonoos und Phylakos, und vielen anderen Lokalheroen, die Pausanias in seiner Reisebeschreibung nennt. Andere werden an mehreren Orten und in verschiedenen Landschaften verehrt, zu denen sie eine Lebensbeziehung haben. Eine solche Beziehung kann nachträglich geschaffen werden; dann sehen wir, daß die Verehrung weithin wandert, so, wie schon erwähnt wurde, die des Herakles und der Dioskuren. Allgemein läßt sich sagen, daß das Epos die Heroenverehrung ausdehnt und ihr den weitesten Umfang gibt. Die Aiakiden und Atriden, Philoktetes und Idomeneus, insbesondere aber Odysseus und Diomedes genießen eine Verehrung, die über Großgriechenland hinausgreift und nach Italien hinüberreicht.

Die Heroen sind Verstorbene und werden als Tote verehrt. Sie sind sowohl Schutz- wie Strafgeister und greifen in die Geschicke der Lebenden auf numinose Weise ein. Sie erscheinen aus eigenem Antrieb oder auf Anrufungen, dem Wachenden wie dem Schlafenden, insbesondere aber in heilsamen, weissagerischen Träumen. Es versteht sich, daß im Epos, wo sie als Lebende und Handelnde auftreten, von ihrer Vergötterung, die zum Ahnen- und Totenkult gehört, wenig berichtet wird; doch sind die Ansätze überall wahrnehmbar. Das Epos erweist sich auch darin als Versiegelung einer Epoche, daß neue Heroen nun nicht mehr auftreten; das Zeitalter der Heroen ist abgeschlossen. Die Heroenverehrung, die ortsgebunden ist, folgt dem mythischen Geschehen. Gleich den Göttern werden den Heroen jetzt Opfer gebracht; diese Opfer sind Totenopfer und haben ihre eigene Begehung. Sie bekommen die Erstlinge. Schlachtet man ihnen schwarze Tiere, so werden die Köpfe der Erde zugekehrt, das Blut wird in eine Grube gelassen, das Fleisch wird verbrannt, nicht als Opfermahlzeit genossen. Die Libation, die man ihnen ausgießt, besteht aus Wein, Honig, Wasser, Milch oder Öl. Ihnen wird nicht wie den Göttern am Morgen, sondern am Abend geopfert. Der zweite Becher wird den Heroen und Heroinen gemischt. Der Altar, der ihnen errichtet wird, ist niedrig und nicht aus Steinen gebaut. Auf den Votivreliefs ist zu sehen, wie der Heros thronend oder gelagert verehrt wird. Ein Heroon wird über dem Grabe errichtet, von dem die Verehrung ausgeht. Der Charakter des Totenopfers wird überall festgehalten. Man gießt die Libation in eine Grube westlich des Grabes; der Spendende blickt dabei nach Westen, in die Hadesgegend hin. Als Tiere, die den Heroen geweiht sind, erscheinen das Pferd und die Schlange.

Daß das Kentaurenleben zu einer Schule der Heroen wird, paß sie fern von den menschlichen Wohnungen, im Freien, in den Höhlen der Bergwildnis erzogen werden, scheint zunächst merkwürdig, wenn man den allgemeinen Begriff des Kentaurischen bedenkt. Ihm haftet eine Roheit und Wildheit an, die dem Leben urtümlicher Jäger gemäß ist. Von der milden Kraft der Hestia und Demeter ist an ihnen nichts zu verspüren; sie sind weder Hirten, noch bebauen sie den Acker. Sie sind nackt, zottig, ungestüm, im Besitz selbstverfertigter Waffen und führen das schweifende Leben der freien Jäger, die ihrer Jagdbeute folgen und einen weiten Raum brauchen. Die thessalischen Stierjäger, Kentauren in Menschengestalt, treten später gegen die Hippokentauren zurück. Aus der Fülle der tierischen Roßnatur wächst bei ihnen die menschliche Gestalt hervor und empor, einem Aufsatz gleich, der sich von dem schweren und mächtigen Tierleib nicht frei machen kann und an ihn gebunden bleibt. Pindar berichtet, daß Ixion die Hippokentauren mit einer Wolke gezeugt habe; Ixion aber ist lapithischer Herkunft. Reiter und Roß sind im Kentauren vereinigt; ihre Waffen sind Baumstämme, Lanzen, Feuerbrände, Felsstücke, nicht aber Bogen und Pfeile. Rohes Fleisch ist ihre Nahrung; sie lieben die Milch und den Wein, der sie trunken und gewalttätig macht, sie aber zugleich unter den bändigenden Einfluß des Dionysos bringt, wie sie von jeher in einer Beziehung zum Pan stehen, worauf ihr Ort, ihr Schweifen und ihre Erziehung durch Nymphen hindeuten. Sie sind schnell, stark und von mächtiger Begierde erfüllt, mit Menschenfrauen Verbindungen einzugehen. Die weiblichen Roßkentauren, die sich seltener zeigen, haben eine schöne, weibliche Bildung. Berichtet wird, daß die Hippokentauren aus ihren weiten Jagdgebieten allmählich verdrängt werden und in abliegende Einöden weichen müssen. Das zeigt sich in ihrem Kampfe mit den Lapithen, wo sie vom Pelion vertrieben werden und an den Pindos und die Grenzen von Epiros fliehen, sodann in der Kentauromachie, in ihrem Kampfe mit dem Herakles, der sie so auseinandertreibt und zersprengt, daß sie vor dem Auge zu entschwinden scheinen. Herakles, Theseus und Peirithoos sind die Hauptgegner in diesen Kämpfen. Bergwälder, grasige Ebenen, überhaupt Landschaften, die einen unberührten Wildbestand besitzen, sind die ältesten Sitze der Kentauren. Die feindlichen Begegnungen der Heroen mit ihnen sind Einbrüche in ihr Jagd- und Lebensgebiet und Vergeltungen für verübten Frauenraub. Indessen sind diese Begegnungen nicht allein feindlich und episodisch; ihre Wirkung ist tief und nachhaltig. Das Kentauren- und Heroenleben kommen in eine freundliche, ja innige Berührung. Ein einzelner Zug ist die gastliche Bewirtung des Herakles durch den Kentauren Pholos, an dem die rohen, unbändigen Kräfte des Kentaurenlebens gemildert sind. Durch die alte, sprichwörtliche Roheit leuchten mehr und mehr die Zeichen eines unzerstörbaren Adels, der bei dem unsterblichen Cheiron jede Spur von Wildheit erlöschen läßt. Seiner Herkunft nach unterscheidet sich Cheiron von den Kentauren, da er ein Sohn des Kronos und der Philyra, einer Tochter des Okeanos, ist, und diese Herkunft zeigt seine singuläre Würde. Er ist der große Lehrer und Erzieher der Heroen. Das Heroenleben wendet sich dem kentaurischen Bereich zu, schlägt Wurzeln in ihm und geht gekräftigt und unterwiesen aus ihm hervor. Was können die Heroen bei dem Kentauren lernen, und worin unterrichtet er sie? Aus dem elterlichen Hause kommen sie zu ihm in zarter Jugend, bildsam und wißbegierig. Sie werden in das Element zurückversetzt und sind, obwohl Pfleglinge, gleichsam Ausgesetzte, die in der Frische der unberührten Natur untertauchen. Sie härten sich in ihr, erlangen Stärke und Selbständigkeit, lernen auf eigenen Füßen zu stehen. Eine Erziehung, die häuslich, städtisch und auch theoretisch geworden ist, liegt fernab von allem Kentaurischen, fern von aller kentaurischen Erziehung. Zu dieser gehört die Kühle des Morgentaus, der auf den Knaben fällt, die Wildnis als Tummelplatz des jugendlichen Lebens und seiner Spiele, die Berührung mit Luft, Licht und Wasser. Cheiron erzieht mehr durch seine Nähe, seinen Umgang, sein Leben als durch beständige Weisung. Die Darstellung zeigt ihn inmitten seiner Zöglinge. An dieser Erziehung sind Chariklo, die Frau Cheirons, und seine Mutter Philyra beteiligt. In der vierten Pythischen Ode läßt Pindar den jugendlichen Jason sagen, daß er von Chariklo und Philyra komme, aus den Grotten, wo er von den edlen Mädchen des Kentauren erzogen wurde und während zwanzig Jahren weder durch Taten noch durch schlechte Worte je eine Frau kränkte. Was Cheiron zunächst lehrt, ist das einfache, auf sich gestellte, frei und unabhängig geführte Leben, ist der Gebrauch der Waffen, die Jagd, die Kenntnis der Kräuter. Zu ihm bringt Apollon in jugendlichem Alter den Götterarzt Asklepios, denn Cheiron lehrt die Behandlung der Krankheiten und die Heilung der Wunden. Unter seinen Zöglingen sind auch die Söhne des Asklepios, die heroischen Ärzte Machaon und Podaleirios. Sein Schüler ist der scharfsinnige und kenntnisreiche Palamedes. Nicht nur in der Jagd und der Heilkunst ist Cheiron Meister, er beherrscht auch die Kunst der Weissagung, Musik und Gymnastik. Sein Wissen kommt zu musischer Vollendung. Ihm ist daher auch die musische Erziehung der Heroen unterstellt, und durch ihn wird alles Heroenleben mit musischen Kräften erfüllt, ohne die es roh und dürftig bleiben müßte. Der Kentaur ist wie der Satyr, an den er durch sein zottiges Haar und die spitzen Ohren erinnert, voll musischen Sinnes, und Cheiron, der Erzieher, erinnert an den begeisterten Seilenos, welcher der Erzieher und Lehrer des Dionysos ist. Apollon und Artemis stehen in naher Beziehung zu Cheiron, dem Maß, Nüchternheit, Besonnenheit und ein hoher Gerechtigkeitssinn nachgerühmt werden. Auf dem kräuterreichen Pelion, den er bewohnt, tummeln sich seine Zöglinge, und eines der anmutigen und zärtlichen Bilder dieses Zusammenlebens zeigt, wie der kleine Achilleus auf ihm reitet und spielt. Das Königshaus, dem Achilleus angehört, steht in enger Verwandtschaft zu Cheiron, denn Thetis ist seine Tochter, Peleus sein Enkel, Achilleus sein Urenkel. Peleus schon ist auf der Schule des Pelion und mit ihm Nestor, der sein langes Leben hier beginnt; Telamon und Theseus sind hier, die großen Jäger Meleagros und Aktaion, Kastor und Polydeukes, Jason und viele andere. Der Pelion ist die Schule, welche die Blüte der Heroenjugend aufnimmt, die Schule aller Schulen, welche von dem ganzen Hellas beschickt wird. Die Anfänge des Heroenlebens führen auf den Pelion zurück und werden aus dem Born des kentaurischen Geistes genährt. Diese große und frische Bergwelt, in der das heilsame Kraut Kentaurion reich aufsprießt, liegt in der Wildnis, am Ausgangspunkte der Quellen, an den Ursprüngen. Was Cheiron tut, tut die Wildnis mit ihren nährenden Kräften an den Heroenkindern, welche ausgesetzt, von wilden Tieren gesäugt, später von Hirten aufgenommen werden.

Wer das Verhältnis des Kentauren zu den Heroen überdenkt, der erkennt wohl, daß im Menschen selbst etwas Kentaurisches ist, das ihn nach dem Ursprunge hinzieht. In ihm vereinigt sich das Widerstreitende, das im Kampfe lag. In der Vereinigung aber, welche Cheiron lehrt, liegt ein hohes Glück.

Numen ist die Begegnung, die Berührung des Menschen mit der Gottheit. Numen ist auch der Eindruck, den diese Berührung auf den Menschen macht, der, wie Vergil sagt, mit schauernder Ehrfurcht erfüllt wird. (multo numine suspensus). Die Gottheit selbst ist Numen und hat ein Numen, durch das sie Macht, Kraft, Willen, Geheiß und Hoheit anzeigt. Das Wirken und Walten der Götter, die göttliche Schikkung ist Numen.

Numen ist ein römisches Wort. Dem lateinischen Numen entspricht der griechische Daimon und das Daimonion. Numen umgibt wie eine Hülle, wie ein Fluidum seinen Träger, erfüllt mit wahrnehmbarem Hauche den Ort und grenzt ihn gegen seine Umgebung ab, weshalb Ovid vom Lucus Aventino sagt: „Numen inest". So zeigt der Ort einen Daimon an, gibt ein Daimonion zu erkennen. Daimon, soweit nicht die Gottheit selbst gemeint ist, umfaßt auch, was die Römer Genius nennen, und hat eine weite Anwendung, an deren Grenze der dunkle Satz des Heraklit liegt: „Ἦθος ἀνθρώπω δαίμων." Wird dieser Satz antithetisch genommen, dann hieße er, daß der Mensch sich selbst durch die ihm innewohnende Art und Beschaffenheit Daimon ist, daß also nichts außer ihm Liegendes ihm Daimon sein kann. Diese Auslegung ist fragwürdig, denn der Satz braucht nicht antithetisch gefaßt zu werden und sagt dann, daß Art und Beschaffenheit des Menschen ihn wie ein Daimon leiten und bestimmen. Daß er ist, was er ist und wie er ist, ist ein für ihn Unübersteigbares. Daimon ist hier nicht Numen. Und auch das sokratische Daimonion ist nicht Numen; es ertönt im Menschen als eine warnende und abmahnende Stimme. Vielleicht wirft der heraklitische Satz ein Licht auf den inneren Ort, von dem her das raunende Warnen des sokratischen Daimonion erfolgt.

Das, was das Daimonion hier leistet, würden die Römer dem Wirken des Genius zuschreiben. Im Wirken des Genius wie in dem des Daimonion gibt sich mit unüberhörbarer Stimme ein Fatum zu erkennen. Daß der Mensch ein Fatum hat, ist allgemeine Überzeugung, daß er selbst ein Fatum ist, bleibt außer Betracht. Der Mensch ist dem Menschen nicht Fatum; das vom Handeln des Menschen abhängende Lebensgeschick heißt Sors. Fatum als das, was geredet, was ausgesprochen wird, ist göttliche Bestimmung. Dem entspricht die griechische Heimarmene, welcher der Begriff des Anteils zugrunde liegt.

Ein Beispiel für das Numen, das in der Begegnung liegt, ist die Begegnung mit dem Pan. Baco von Verulam sagt über den terror panicus: „Natura enim rerum omnibus viventibus indidit metum, ac formidinem, vitae atque essentiae suae conservatricem, ac mala ingruentiae vitantem et depellentem. Verumtamen eadem natura modum tenere nescia est: sed timoribus salutaribus semper vanos et inanes admiscet; adeo ut omnia (si intus conspici darentur) Panicis terroribus plenissima sint, praesertim humana." Das Kennzeichen dieser und anderer Erklärungen liegt darin, daß sie das Numen beseitigen oder umgehen. Der Schlüssel zum terror panicus ist die Begegnung mit dem Pan. Und es gehört zum Wesen des Pan, daß derjenige, der ihm unversehens und unvermittelt begegnet, vom terror panicus ergriffen wird. Der Mensch, der auf den Gott stößt, erschrickt furchtbar, und keine Logik kann ihn vor diesem Schrecken bewahren. Der terror panicus entsteht nicht, weil die „Natur", die sich bei Baco als Vernunft, also als eine Ausarbeitung der Physis faßt, aus einem ihr eigenen Selbsterhaltungstriebe ihn zwischen Leben und Vernichtung einschiebt, als heilendes oder verhütendes Mittel, sondern weil ein solches Mittel überhaupt nicht vorhanden ist. Deshalb wird der Mensch, der dem Gotte begegnet, zeitlich und räumlich aus der Bahn geworfen und erleidet einen Schock.

Die Erfahrung lehrt, daß das Numen häufiger wahrgenommen wird als die Gottheit selbst. Der Mensch begegnet dem Numen eher als der Gottheit, woraus geschlossen werden könnte, daß aus der Begegnung mit dem Numinosen die Götter erschlossen werden, daß sie von ihr aus wahrnehmbar, sichtbar, darstellbar werden. Aber wenn sie wahrnehmbar, sichtbar, darstellbar werden, müssen sie erscheinen. Die Zeichen aber gehen den Epiphanien voraus. Vor den Zügen des Dionysos läuft die Kunde davon einher; die numinose Verwandlung der Landschaft und des Menschen beginnt, ehe der Gott sich zeigt. Indessen werden die Beziehungen zwischen Göttern und Menschen zuerst als ein inniges Zusammensein und Zusammenleben dargestellt. Auszugehen ist davon, daß ein ununterbrochener numinoser Zusammenhang besteht. Der Phaiekenkönig Alkinoos sagt, daß die Götter selbst sich sichtbar in der ihnen eigenen Gestalt zu den Hekatomben einfinden, daß sie am Mahle teilnehmen und auch dem einsamen Wanderer erscheinen; sie sind dem Phaiekenvolk so nahe wie Kyklopen und Giganten. Die Epiphanien sind also nicht rare Vorkommnisse, sondern zahlreich, die Begegnung mit dem Gotte ist nicht nur innere Erfahrung, sondern auch äußerlich wiederkehrend, und ein Beisammensein und Zusammenleben, insbesondere der untergeordneten Götter, aber auch der höchsten, kommt überall vor. Wenn die Römer das Wort Numen häufig gebrauchen, so ist daraus nicht zu schließen, daß die dazugehörige Erfahrung bei ihnen reicher war als bei den Griechen. Das Gegenteil ist der Fall; sie waren aufmerksamer auf das seltener Vorkommende und hatten das Wort dafür bei der Hand. Am häufigsten verwenden sie es für die Begegnung mit den dii inferiores. Was sie Genius nennen, begleitet den Menschen durch sein ganzes Leben. Dagegen ist ein Autor wie Censorinus der Ansicht, daß das Numen sich nur einmal im Leben jedes Menschen zeige. Diese Ansicht steht im Widerspruch zu aller Überlieferung, hat aber wohl eine Stütze in seiner eigenen Erfahrung und zeigt, daß das Numen ein rares Vorkommnis geworden ist. Reicher, mit mehr Fülle als bei den Römern zeigt sich die numinose Erfahrung, und zwar in ihrer mächtigsten Form, als Begegnung mit dem Gotte, bei den Griechen. In der Darstellung solcher Erfahrungen sind sie daher überlegen, und schon vor den Neuerungen der Tarquinier erkannten die Römer diese Überlegenheit an.

Welches ist zunächst das Verhältnis von Numen und Nomos? Das Numen schließt den Nomos noch ganz in sich ein und gibt ihn nicht frei, so daß er sich als Gesetz, Regel, Vorschrift nicht selbständig ablösen kann, wie denn auch jener Gegensatz von Öffentlichem und Privaten, der uns geläufig ist, hier nicht aufzutreten vermag. Ein Nomos ohne Numen kann sich nicht bilden, weil weder Bedürfnis noch Verständnis für ihn da ist. Die Abtrennung und Selbständigkeit eines solchen Nomos erfolgt im Bereich der Physis, und weder der Mensch noch seine Sprache und Landschaft ist hier Physis. Der Nomos zeigt sich als Numen und tritt auf numenhafte Weise hervor. Die Mythe ist ganz durchwirkt von Numen, so wie eine Wiese von Blüten oder das Firmament von Gestirnbildern. Uns erscheint das wie ein Wunder (Thauma). Aber Numen ist nicht gleich Thauma, und auch nicht gleich Zauber. Thauma hat bei Homer nicht die Bedeutung, die es erst später gewinnt. Was uns an der Mythe zauberisch und zauberhaft erscheint, hängt mit den Verwandlungen zusammen. Verwandlungen sind nur dort möglich, wo Nomos und Physis nicht gleichgesetzt werden. Von der Zusammengehörigkeit von Numen und Verwandlung ist noch zu sprechen.

Die Verknüpfung im Lebenslauf der Heroen wird durch das Numen bewirkt. Der Zusammenhang selbst ist ein numinoser, wie sich am Leben des Perseus, des Theseus, der Dioskuren und überall zeigt. Würde das Numen herausgenommen, wäre nichts mehr zu berichten. Man muß das knosische Labyrinth und die daidalische Epoche der Kunst zur Verstirnung der Heroen, zum Gestirnbilder-Himmel in Beziehung setzen, um in den Gang des Geschehens Einblick zu gewinnen. Das, was wir Motivation nennen, worauf soviel Wert gelegt wird, weil Wahrscheinlichkeit, Glaubwürdigkeit, Zusammenhang und Einheit des Geschehens daraus hervorgehen oder hervorzugehen scheinen, fehlt hier; die psychologische Verknüpfung fehlt. Das Numen selbst ist die motivierende Macht. Von Motiven sprechen wir dort, wo eine gesetzmäßige Verbindung und Folge des Wollens und Handelns vorhanden ist; diese ist kausal, also ist das Numen aus ihr beseitigt worden. Motiv des Handelns im mythischen Geschehen ist der im Numen sich aussprechende Nomos des Zeus, der Nomos der Athene, des Apollon oder eines anderen Gottes. Auf ihn, nicht über ihn hinaus, wird das menschliche Handeln zurückgeführt, wird das, was von ihm abweicht, verworfen.

Das Numen ist personal gebunden, ist eins mit seinem Träger, von dem es nicht ablösbar ist. Wahrnehmbar wird es durch die Nähe dessen, dem es zugehört, als etwas Gegenwärtiges. Der Begriff des Nimbus, der sich später ausbildet, von der Wolke ausgehend, welche leuchtend die Gottheit umgibt, ist ein engerer, visueller. Jede Gottheit hat ein ihr eigenes, erkennbares und bestimmbares Numen, das in dem ihr zugeordneten Bereich des Wirkens, und in ihm auch räumlich, in einer bestimmten Landschaft hervortritt. Und nicht die Gottheit allein, auch der Heros ist ohne Numen nicht denkbar. Es ist nicht nur an ihm wirkend, es geht von dem toten Heros aus. Wir dürfen sicher sein, daß es ihm nicht fehlt, daß es zu seinen Kennzeichen gehört. Durch eine Tugend- und Sittenlehre läßt sich nicht ausmachen, wer ein

Heros ist, schon deshalb nicht, weil das Ethische als Disziplin von allem Numen losgelöst ist. Der Heros lebt an der Quelle numinoser Erfahrung und wird als Toter zum Träger eines Numen, das lange nachwirkt, durch Generationen hin wahrgenommen wird und den Kern der Heroenverehrung ausmacht. So haftet an dem Pelops, dem Sohne des Tantalos, ein starkes Numen, das sich auf seine Hinterlassenschaft, auf die von ihm erhaltenen Reliquien erstreckt. Daß das Numen sich abgrenzt und lokalisiert, sich an einem bestimmten Orte, in einer bestimmten Landschaft erhält, macht die Aufgaben des Heros Eponymos wie des Heros Enchorios und Epichorios erst verständlich. Der Dienst an den Heroen, der durch Totenopfer geleistet wird, schließt das Numen ein und hütet und nährt es. Die Beziehung des Heros zur Landschaft ist immer eine innige, und so auch die Beziehung der Nachfahren zu ihrem göttlichen Ahnherrn und König.

Was an der mythischen Landschaft und auch an ihrer Schilderung sogleich erkennbar wird, was sie auszeichnet, ist, daß sie durch die ihr innewohnenden Numina auf den Menschen wirkt. Natur ohne diese gibt es nicht, also auch keine Landschaft, die von ihnen frei ist. Die Landschaft ist aufgeteilt in Bereiche, die sich durch ihr Numen, durch ein ihnen innewohnendes Daimonion abgrenzen. So grenzt sich das Land des Pan mit seinen „heiligen, unbetretbaren Räumen" (Pindar) gegen das der Demeter ab, so die Inseln, welche Eigenbezirke der Götter sind, gegen den Bereich der Meergötter, so sind die Gipfel dem Zeus vorbehalten, und so hat der Hain, die Quelle, der Baum, die von Nymphen bewohnt werden, ein Numen. Auf Delos ist das des Apollon, auf Rhodos das des Helios überall spürbar, greift in das Leben der Inselbewohner ein und bestimmt ihr Verhältnis zur Landschaft. Die Gefahr der Verletzung des Numen bewirkt Scheu und ein Bestreben, das Heile auch unverletzt zu lassen, es mit gesicherten Grenzen zu umziehen. Wird das Numen verletzt, so wird sein Träger verletzt. Hierher gehört auch die Betrachtung der mythischen Sprache, die bei den Dichtern zu finden ist; sie geht aus dem Numen hervor und trennt sich nicht von ihm ab. Der Begriff einer profanen Landschaft liegt weitab von der Dichtung; die Landschaft als profaner Bereich, aus dem das Numen ausgetrieben ist, ist nicht vorhanden. Werden die Musen und Nymphen von den Quellen verscheucht, so bleibt totes, lebloses Wasser zurück. Der Dichter löst in der Sprache das Numen nicht von der Landschaft ab, wie von dem einst grünenden Zepter des Achilleus die Baumrinde abgelöst wurde, so daß es nun nie mehr grünen wird; Landschaft ohne Numen gibt es nicht. Die heroische Landschaft hat ein eigenes inneres Leben, das sich in plastischen Konturen abhebt. Sie hat eine unverletzte Fülle, die sich wie Tau auf die Wahrnehmungen niederschlägt. Lebendiges drängt aus ihr hervor und nimmt Formen an. Das Quellende der Quellen ist wahrnehmbarer, und Meer und Wald rauschen mit einer vernehmlicheren Stimme. Diese Wahrnehmung wird uns erhalten durch die Sprache, deren Bilder zarte und zugleich kraftvolle Umrisse haben; sie entsteht nicht durch Beschreibungen, die wir genau nennen würden, sondern entfaltet sich schon im Bau der Sprache und des Satzes, beiläufig, wie es scheint, in den Beiwörtern, wie sie Homer verwendet. Nicht als Gegenstand abgesonderter Beobachtung erscheint die heroische Landschaft, nicht als vom Menschen abgetrennte Natur, sondern durchwirkt von Numen. Offenbar ist eine Landschaft, der dieses fehlt, tot, oder sie ist, was auf dasselbe hinausläuft, zu einem bloßen Objekt menschlichen Genusses und menschlicher Ausbeutung geworden. Den Dichter kennzeichnet – nicht nur bei den Griechen –, daß er das Numen beachtet.

Als Beispiel einer solchen Landschaft betrachte man die Insel der Kirke. Sie ist eine der dem Hades vorgelagerten Inseln, und diese Nachbarschaft zum Totenreich gibt ihr ein eigenes, spiegelndes Licht. Sie ist nicht groß, da Odysseus sie von einem Gipfel übersehen kann. Sie liegt nahe am Lande, und in der Mitte, wo Kirke wohnt, sieht Odysseus Rauch aufsteigen. Deutlich wird, wie das Numen der Insel auf den Heros und seine Begleiter wirkt. Er betrachtet sie von einem Uferfelsen aus und überlegt, ob er sogleich in sie eindringen soll, kehrt dann aber zum Schiffe zurück, wobei er den Hirsch erlegt, der ihm als eine von den Göttern gesandte tröstliche Spende erscheint. Man labt sich gemeinsam an Fleisch und Wein. Welches Weinen, welcher Strom von Tränen bricht nun aus den Männern hervor, als der Plan gefaßt wird, die Insel zu erforschen und Kunde auf ihr einzuholen. Der Jammer, in dem sie ganz dahinschmelzen, ist eins mit der Scheu, die sie durchbebt und durchzittert. Das Los bestimmt den Eurylochos und seine Schar zu dem Unternehmen. Indem sie nun tiefer und tiefer in den numinosen Bezirk der Insel eindringen, schließt sich ihnen das Reich der Kirke auf. Die verzauberten Wölfe und Löwen umschmeicheln sie, dann hören sie am Hofe der Kirke deren lieblichen Gesang, mit dem sie das Weben des Teppichs begleitet, so wie Zauberlieder in einen Zauberteppich hineingewebt werden. Offenbar webt sie an einem anderen Gewebe als dem, das Penelope wirkt und allnächtlich wieder auftrennt. Jetzt werden sie begrüßt, eingeladen, bewirtet und, mit Ausnahme des Eurylochos, der sich klüglich draußenhält, in Schweine verwandelt und in die Koben getrieben. Eurylochos kehrt zurück und berichtet das Geschehene. Odysseus macht sich jetzt allein auf den Weg, erhält von Hermes das Kraut Moly und besteht glücklich die Begegnung mit der Göttin.

Was an diesen Begebenheiten am auffälligsten ist, ist die Fülle der Verwandlungen, sind die Tränke, Ruten, Kräuter, in Tiere verwandelten Menschen und die verwandelnde Göttin. Wie der Hades, der nahe bei der Kirke-Insel liegt, ein Ort der Verwandlungen ist, so auch die Insel. Daher überrascht es nicht, dem Hermes auf ihr zu begegnen, dessen mannigfache Verrichtungen mit seinem Botenamt zusammenhängen. Nicht von ungefähr trifft Odysseus so nahe beim Hades den Seelen- und Totenführer. Wunderbar ist der Reichtum der Verwandlungen auf Aiaie. Auch Kalypso singt auf ihrer Insel Ogygie und wirkt dabei ein schönes Gewebe, auch dort verrichtet Hermes seine Botendienste. Auch Kalypso möchte den Heros verwandeln, nicht in ein Tier, sondern in einen Unsterblichen, der von ewiger Jugend ist. Sehr ähnlich sind sich diese Inseln, und der gleiche Zauber umfließt sie. Selbst Hermes staunt, als er auf die Grotte der Kalypso zukommt, vor der duftender Rauch von Zedern und Zitronenholz sich emporkräuselt, als er den Hain dort sieht, die Vögel, den traubenbehangenen Wein, die Quellen und saftigen Wiesen. Welcher Zauber rührt uns hier an? In das Epos und seine vorwärtsdrängende, auf die Zukunft angelegte Handlung, die den Menschen furchtbar bedrängt, sind diese Eilande eingebettet, auf denen die Zeit ganz stillsteht, auf denen ein Tag wie ein Jahr oder auch ein Jahr wie ein Tag erscheint. Ein Jahr von den zehn seiner Reise verbringt Odysseus auf Aiaie als Geliebter der Kirke, sieben Jahre verbringt er auf Ogygie als Geliebter der Kalypso, und für das Epos sind sie wie ein Tag. Hier altert nichts und geschieht nichts. Penelope altert Tag für Tag, den Odysseus versäumt, aber Kirke und Kalypso sind immer jugendschön, und immer findet sie der Fremde, der auf ihre Inseln verschlagen wird, beim melodischen Gesange und beim Weben der schönen Teppiche. Der Wunsch der Kalypso und Kirke, den Odysseus in einen

Unsterblichen zu verwandeln, schließt ein, daß er ein gleiches, von der Zeit unberührtes Leben führt, nie alternd neben der alterslosen Gefährtin, ohne Befürchtungen, Sorgen, Wünsche, Sehnsucht, Zukunft und Vergangenheit. Die schicksalslosen Göttinnen wollen ihn aus seinem Schicksal, aus dem zeitlichen Gewebe des Lebens herausheben. In diesen Frieden einzugehen, weigert sich der Heros; er erschrickt vor ihm, und obwohl Penelope an Reiz geringer ist als die Göttinnen, Ithaka ärmer als Aiaia und Ogygie und der Weg zurück ein Leidensweg ist, wählt er das Geringere, das ihm teurer ist. In Ithaka, wo die Zeit nicht stillsteht, wo die Jahre verstreichen und die Freier zudringlicher werden, ändert und verändert sich vieles, und die ganze Odyssee ist darauf angelegt, daß der Heros noch rechtzeitig zurückkehrt; auf dieser quälenden zeitlichen Spannung ist das Epos aufgebaut. Alle Begebenheiten sind für den Odysseus nur Verzögerungen, Ablenkungen, Zwischenfälle, die er meistert und beiseite schiebt, und nur der einzige mächtige Gedanke der Rückkehr und Heimkehr besitzt Wirklichkeit für ihn. Das Epische an der Odyssee ist, daß er diesen Gedanken durch alle Trennungen hindurch festhält, durch alle Verschlingungen und Verwandlungen, und dazu muß er bis an den Eingang des Hades, bis an den Ursitz aller Verwandlung hinab, um sich zurückzufinden. Hier wie überall zeigt sich, daß Numen und Verwandlung zusammen bestehen und bestehen müssen, weil eines hier nicht anzutreffen ist, unser Begriff der Entwicklung, sei er mechanisch oder historisch. Dieser ist der Kausalität abgewonnen und abgelistet, in der alles Numen der Physis weichen muß. Nur dort, wo das Werden keinem mechanischen oder historischen Zeitbegriff folgt, kann es zu Verwandlungen kommen.

Verwandlung

Eine Mythe ohne Verwandlungen gibt es nicht, bei keinem Volke der Erde; sie ist undenkbar. Die Götter haben eine verwandelnde Kraft, die in zweifacher Weise sich zeigt, als Fähigkeit zur Selbstverwandlung und als Fähigkeit, Menschen in andere Gestalt zu verwandeln. So lassen sich aktive und passive Verwandlungen unterscheiden. Die Selbstverwandlung ist eine vorübergehende und wird oft geübt, stets aber dem Menschen gegenüber, denn gegenüber Göttern ist sie nicht wirksam, weil diese sich erkennen und die Verwandlung durchschauen. Die Götter zeigen sich dem Menschen nicht immer, wie sie sind, sei es, weil der Mensch ihren Anblick schwer erträgt, sei es, weil sie ihm diesen Anblick nicht gönnen. Sie verwirklichen ihre Absichten, indem sie in Verwandlungen kommen. Sie bedienen sich dazu der Menschengestalt, schaffen sich eine eigene für ihre Zwecke oder nehmen die eines lebenden Menschen an, Athene etwa die des Nestor, Poseidon die des Kalchas. Das Numen bleibt in solchen Fällen zunächst verborgen und wird erst wahrgenommen, wenn der Gott die Verwandlung durchsichtig macht und sich erkennen oder doch ahnen läßt. Die Götter untereinander erkennen sich, wie Kalypso zum Hermes sagt, so weit auch ihre Bereiche voneinander entfernt liegen. Der Mensch aber erkennt die Götter nicht, wenn sie sich verbergen und in ihrer Verwandlung unerkannt bleiben wollen. Patroklos erkennt den Apollon nicht, der sich ihm im Nebel naht, Achilleus den gleichen Gott nicht, der in Menschengestalt vor ihm einherflieht. Die Möglichkeit, daß in der Menschengestalt sich ein Gott verbirgt, muß daher immer in Betracht gezogen werden. Hektor, der den Diomedes im Kampfe beobachtet, ist unsicher, ob er einen Menschen oder Gott vor sich hat. Er fragt den Pandaros deswegen. Dieser glaubt den Diomedes zu erkennen, schwankt aber, ob er nicht doch ein Gott sei. Ist es Diomedes, dann muß er von einer Gottheit unterstützt sein, da sein Kämpfen über Menschenkraft hinausreicht. Hier und anderswo entsteht ein Zweifel darüber, ob eine Verwandlung oder eine Erhöhung vorliegt, wie sie die Götter ihren Lieblingen gewähren. Dagegen bemerkt der kleine Aias, daß man die Götter sehr leicht erkenne, als sich Poseidon in der Gestalt des Kalchas von ihm entfernt. Wenn bei der Verwandlung sich der Gott einer geringeren Gestalt bedient, so bewirkt er bei der Erhöhung, daß der Mensch ein göttergleiches Ansehen gewinnt. Sein Auge wird feuriger, seine Gestalt mächtiger und herrlicher, sein Gang gebietender, seine Schönheit größer; die Götterkraft zieht in ihn ein. So erhöht, erweckt er Staunen bei denen, die ihn sehen; Nausikaa staunt, als sie den von der Athene erhöhten Odysseus sieht.

Nehmen die Götter die Gestalt von Tieren an, so liegen darin andere Beziehungen zum Menschen. Zeus kommt in der Verwandlung eines Liebenden als Stier oder Schwan, Poseidon kommt als Hengst, Pan als Bock. Athene kommt in der Verwandlung einer Beobachterin als Schwalbe oder Geier. Oder der in Menschengestalt erscheinende Gott fliegt schnell in Vogelgestalt davon. Um ein Numen zu geben, bedienen sich die Götter der Tiere als Stellvertreter und Boten; sie schicken die numinosen Tiere, unter denen die Adler des Zeus die hervorragendsten sind. Endlich gibt es Verwandlungen in Pflanzengestalt, in fließendes Wasser, in goldenen Regen. Der Gott, der sich verwandelt, schlüpft nicht in ein vorhandenes Wesen, sondern schafft diese Gestalt eigens für sich, hüllt sich in sie, wobei die Frage entsteht, ob die Verwandlung nicht, von seiten des Menschen her gesehen, eine Augentäuschung ist, wenn auch eine unvermeidliche, nicht zu umgehende. Der Gott in der Verwandlung erweckt einen Schein; er erscheint und scheint zugleich etwas zu sein, was er sonst nicht ist. Die Sichtbarkeit der Verwandlung ist nicht immer eine allgemeine. Es hängt von dem Gotte ab, von wem er wahrgenommen werden will. Manchmal sieht ihn nur der unmittelbar Beteiligte; in anderen Fällen nehmen ihn alle Anwesenden wahr.

Die Verwandlung wird erkannt, wenn der Gott oder sein Numen erkannt werden. Es kann zur Ungewißheit, zu einem Streite darüber kommen, ob ein Numen vorliegt, oder ob die Physis, ein Zusammenwirken natürlicher und menschlicher Kräfte hinreicht, um einen Vorgang deutlich zu machen. Priamos erklärt die Helena für unschuldig am Kriege zwischen Trojanern und Griechen; er gibt den Göttern die Schuld daran. Paris bemerkt, daß seine Schönheit ihm von der Kypris verliehen worden sei, daß niemand sich solche Gaben selbst nehmen und geben könne. Athene erklärt dem Telemachos, daß er nicht ohne waltende Götter geboren und aufgewachsen sei. Manches sage der Mensch sich selbst, sein eigenes Herz sage es ihm, anderes geben die Götter ihm ein. Sie grenzt also Numen und Physis gegeneinander ab. Ein gleiches unternimmt in der Odyssee der Freier Eurymachos gegenüber dem Vogelschauer Halytherses, indem er das Numen leugnet, das Zeus durch Entsendung seiner Adler gibt. Viele Vögel, sagt er, flögen in den Strahlen der Sonne einher, nicht jeder aber bedeute ein Schicksal. Hier also kann ein Streit darüber entstehen, ob ein numinoses Zeichen vorliegt oder nicht, und daher ist es Sache der berufenen Seher, über die Zeichen Gewißheit zu schaffen.

Dionysos ist der Meister der Verwandlungen. Und auch den Göttern des feuchten Elements eignet eine besondere Fähigkeit zur Verwandlung, die insbesondere bei Angriffen auf sie hervortritt. Da kommt es zu einer Fülle von Verwandlungen, die wie ein Ring oder Kreis ineinandergreifen. Menelaos, von der Eidothea an ihren Vater Proteus verwiesen, hüllt sich mit seinen Gefährten in das tranige Fell einer Robbe, lauert dem Gotte auf dem Ruheplatze der Robben auf und greift ihn bei seinem Erscheinen an. Er verwandelt sich nacheinander in einen Löwen, einen Panther, einen Drachen, einen Eber, dann in fließendes Wasser, zuletzt in einen Baum. Danach ermüdet er, sei es, daß die Verwandlungen ihn anstrengen, sei es, daß er den festen Willen des Heros erkennt, ihn nicht freizugeben. Er wird wieder zum Greis, redet den Menelaos an und gibt seine untrügliche Weissagung. Acheloos, der Stromgott des größten griechischen Stromes und mächtigster der Stromgötter, kämpft mit dem Herakles. Er verwandelt sich kämpfend in eine Schlange, einen Stier und erscheint dann in der ihm eigentümlichen Gestalt als Mann mit einem doppeltgehörnten Stierhaupt. Herakles wird nun Herr über ihn und bricht ihm das eine Horn ab, das Acheloos später gegen das Horn der Amaltheia eintauscht. Es fehlt nicht an Versuchen, diesen Kampf zu erklären, wie ihm denn Strabo eine geographisch-historische Erklärung unterschiebt, andere ihn auf ein Verhältnis von Sonne und Mond beziehen. Das Unbefriedigende solcher Erklärungen liegt zunächst darin, daß sie von jedem Bereich, also etwa von der Hydrostatik oder Hydraulik her unternommen werden können. Ihr allgemeines Kennzeichen ist, daß sie das Numen umgehen, wodurch der erklärte Vorgang zur Allegorie wird, welche eine Physis verdeckt.

Götter können von Göttern nicht verwandelt werden. Doch ist zu bemerken, daß das für die Nymphen nicht gilt, die zwar an den Götterversammlungen teilnehmen, aber Gottheiten niederen Ranges sind. Die Nymphen der Bäume, die Dryaden und Hamadryaden, nehmen eine Mittelstellung zwischen Sterblichen und Unsterblichen ein, da sie zwar lange leben, aber doch endlich mit dem zugehörigen Baum absterben. Auch die Hyaden und ihre Schwestern, die Pleiaden, müssen als Nymphen aufgefaßt werden. Die Nymphen können in Pflanzen verwandelt werden, die Pleiaden werden verstirnt. Die Verstirnung ist die mächtigste Form der Verwandlung. Sie ist nicht als Strafe aufzufassen, sondern als Belohnung. Unter die Gestirne versetzt zu werden, zu den Sternen erhoben zu werden, ist ein Akt der Vergötterung, welcher Halbgöttern, Heroen und Heroinen, aber auch Nymphen, dem Kentauren Cheiron und mythischen Tieren gewährt wird. An diesem Gestirnhimmel, der wie der Hades ein Ort der Bilder ist, ein vorptolemäischer Erdhimmel, befinden sich auch die Wahrzeichen, das Schiff Argo, die Leier der Musen, der Pfeil des Apollon, die Krone der Ariadne und andere. Der Heros, der zum Himmel aufsieht, sieht nicht in unendliche, leere Räume hinein; er sieht über sich das der Erde aufliegende Halbrund, an dessen Wölbung Götter und Heroen als Wächter erscheinen. Die Verstirnung wird meistens von Zeus vorgenommen, doch haben auch Hera, Athene, Poseidon, Dionysos eine verstirnende Kraft.

Der Mensch vermag sich, wie auch Tiere und Pflanzen, nicht selbst zu verwandeln, wenn nicht ein Gott ihm diese Fähigkeit gegeben hat. Periklymenos, der Sohn des Neleus und der Chloris, ein Bruder des Nestor, hat von Poseidon die Gabe, sich in verschiedene Gestalten zu verwandeln. Perseus bedient sich des Hauptes der Medusa, um verwandelnde Versteinerungen hervorzurufen, und der Hadeskappe, um sich unsichtbar zu machen. Menelaos täuscht die Verwandlung vor, indem er in das Fell einer Robbe schlüpft. Der Mensch unterliegt den Verwandlungen, die an ihm geübt werden. Die Schwestern des Meleagros, die beim Tode ihres Bruders unaufhörlich weinen, werden in Perlhühner, Atalante in eine Löwin, Philomele in eine Nachtigall verwandelt. Solche Verwandlungen sind wie die Versteinerungen fast immer Strafakte, doch gibt es auch die Verwandlungen auf eigene Bitte, welche Schutzgewährungen und Rettungen aus einer aussichtslosen Lage sind. Hierher gehört, was von der Nymphe Syrinx erzählt wird, hierher auch das Los der Titanin Asteria, welche die Umarmung des Zeus flieht, als Wachtel verwandelt ins Meer stürzt und dort zur Insel Asteria oder Orthygia, der Wachtelinsel, wird. Die Verwandlung in eine Insel gehört zu den Versteinerungen.

Noch erhebt sich die Frage, ob der Mensch selbst Verwandlungen zu bewirken vermag. Magie bleibt hier außer Betracht, da von einem Versuche, Naturkräfte auf zauberisch gewaltsame Weise zu zwingen, nicht die Rede sein kann; solche Naturkräfte, die abgelöst, als Gegenstände dem Menschen gegenüberstehen, gibt es nicht. Insofern der Heros, als vergötterter Toter, ein Numen hat, ist nicht daran zu zweifeln, daß er Verwandlungen zu bewirken vermag. Aber auch das, was der lebende Orpheus bewirkt, müssen wir als Verwandlungen betrachten. Linos und Orpheus, die unter den Heroen als die ersten Dichter und Sänger erscheinen, sind durch Verwandtschaft verbunden; es ist der apollinische Gesang, das von der Leier begleitete Musenwort und Musenlied, dessen Meister sie sind. Diesem Worte und Liede wohnt eine eigene verwandelnde Kraft inne, über welche Orpheus vor allen anderen gebietet. Er verwandelt nicht durch den Wandel der Gestalt, sondern belebend, das Tote belebend und Lebendes erschütternd. Die Kraft des Orpheus ist der des Herakles zu vergleichen, als dessen Lehrer Linos und Eumolpos angegeben werden. Beide sind Gesetzgeber, Nomotheten. Orpheus, heißt es, habe durch sein Lied und Wort Bäume und Felsen bewegt und die wilden Tiere zahm gemacht. Als Teilnehmer der Argonautenfahrt habe er durch seinen Gesang das Schiff Argo ins Meer gelockt, im Wettgesange über den Cheiron und die Seirenen gesiegt, die symplegadischen Felsen zur Ruhe gebracht, die Erinyen und die Hekate aus dem Hades hervorgerufen, den feuerspeienden Drachen eingeschläfert. Auf ihn häufen sich die wunderbaren Kräfte. Er hat den Hades selbst verwandelt, als er es unternahm, die tote Eurydike zurückzuholen. Er ist ein Eröffner und Erschließer des Hades, der weit vor ihm aufspringt; von Hermes wird er tief in das Totenreich hineingeleitet. Dieser Gang in den Hades zeigt ihn auf dem Gipfel der Kraft; mit ihm beginnt auch sein Untergang. Wie Linos, wie auch Thamyris geht er unter. Er kommt aus dem thrakischen Hebrostal, von den Musenquellen Pieriens, und ist gleich den Musen ein Quellenfreund. Von dort, wo die begeisternden Quellen fließen, geht die verwandelnde Kraft des Wortes und Gesanges aus. Orpheus ist deshalb auch Seher, und noch sein vom Leibe losgerissenes Haupt erteilt Orakel. Jeder, der die Kraft hat, Verwandlungen zu bewirken, ist ein Seher. Die Götter sind Seher und haben die Kraft der Weissagung und die Fähigkeit zur Verwandlung. Von ihnen geht sie auf den Menschen über. Verwandlungen sind der Prüfstein des mythischen Geschehens.

Auch die Sprache wird durch das Numen bestimmt; ihr Nomos ist vom Numen noch nicht abgetrennt. Dieser Zusammenhang bleibt dem Verstande verborgen, der nur logische und grammatische Anliegen an die Sprache hat. Wo das Wort nur als λόγος σημαντικός genommen wird, dort ist vergessen, daß es andere, einschneidendere Aufgaben hatte. In einer Sprache, die nur der Verständigung und der auf ihr ruhenden Mitteilung dient, ist das Numen nicht mehr anzutreffen, deshalb kommt es in ihr auch nicht mehr zu Verwandlungen. In ihr bleiben nur die Bezüge zurück, das heißt die Bezeichnungen und Bedeutungen. Der Verstand geht in dieser Richtung dem Unternehmen nach, aus der Sprache das auszusondern, was sie zur Sprache macht, und er tut es mit der Begründung, die Genauigkeit der Sprache erhöhen zu wollen, ihre logische Gültigkeit, Verbindlichkeit und Widerspruchsfreiheit, das heißt ihre Verständigkeit und Mitteilbarkeit. Auf diesem Wege wird die Sprache Präparat und scheint, indem sie prä-parat wird, die größte Fertigkeit und Brauchbarkeit zu gewinnen. Fertigkeit liegt in dem, was sich unbekümmert brauchen läßt. Da die Brauchbarkeit des Verbrauchens wegen da ist, würde eine solche Sprache vor allem zum Verzehr und Verbrauch der Dinge dasein, des Fressens und Verschlingens wegen. Sie gliche der Sprache der Neugierigen, die auch des Verschlingens wegen da ist und immer etwas Hungriges hat. Wird die Sprache zu einem Kalkül umgeschaffen, so ist der Weg dazu, daß aus ihr auf rechnerische Weise das Sprachliche entfernt wird. Es gilt aber zu erkennen, daß die Sprache im mythischen Bereich nicht zunächst der Verständigung und Mitteilung dient, sondern des Zeugens und der Verwandlungen wegen da ist. Verwandeln aber kann sie nur, insofern sie das Numen einschließt, denn auf andere Weise gelingt es ihr nicht.

Bestimmt das Numen Sprache und Erkenntnis, lenkt und steuert es diese, so hängt damit zusammen, daß gewisse Trennungen nicht vollzogen werden können. In der numinosen Sprache der Dichter löst sich das Wort nicht von den Bildern. Begriffe, die wir als Ablösungen zu verstehen haben, können sich nur schwer bilden, deshalb auch kein System. Solche Trennungen wie die von Sein und Schein, von Schein und Wesen, von Sein und Bedeutung mit dem ganzen zugehörigen Wahrheitsbegriff gibt es hier nicht. Die einflußreichste dieser Trennungen ist die platonische Idee. Sie weist noch auf das Numen zurück. An der Sprache Platons abgemessen, die irgendwie bröckelig ist, weil sie zwischen der numinosen Sprache und der reinen Begriffssprache liegt, zeigt die Sprache Homers ihre numinose Fülle.

Der Gang der Wissenschaft schließt das Numen aus. Idee und Numen, Begriff und Numen schließen sich aus. Ideen,

Begriffe, die ganze Welt des Logos und des zu ihm gehörigen Nomos sind ohne Numen und kommen ohne dasselbe aus. Wahrheit als etwas, das durch Begriffe zu ermitteln ist, das in Begriffen vorkommt, in einem adäquaten begrifflichen Denken, gehört dazu. Der Verstand entwickelt, die Imagination verwandelt. Daß in unserem wissenschaftlichen System Geisteswissenschaften und exakte Wissenschaften auseinanderfallen und sich gegenseitig zu verschlingen drohen, ist zuletzt darauf zurückzuführen, daß ein Numen nicht mehr vorhanden ist, daß daher auch die Kraft der sprachlichen Verwandlung verlorengeht. Eine Ahnung von diesem Verhalt haben nur noch die Dichter, an die deshalb das Schicksal der Sprache gebunden ist. Eine Sprache ohne Numen ist tot.

Agon

Das Verhältnis der epischen Dichtung zur Plastik wird nirgends deutlicher als in der Beschreibung, welche die Ilias vom Schilde des Achilleus gibt. Was an dieser Beschreibung überrascht, ist schon der Raum, den sie einnimmt, ihre Länge und Ausführlichkeit. Der Fluß der Handlung wird ohne Scheu gehemmt. So groß wir uns den Rundschild auch vorstellen mögen, so klein bleiben doch bei der Fülle des auf ihm Dargestellten die einzelnen Bilder, die nichts anderes als Miniaturen sein können und als solche aus der Nähe und mit einem aufmerksamen Auge betrachtet werden müssen. Dieses Kleine wird aber durch die epische Beschreibung aufgehoben, denn das Kleine geht in ihr ganz verloren und wird weiträumig, der Schild erscheint als Kosmos in der doppelten Bedeutung des Wortes, als Welt und Schmuck. Offenbar ist nicht allein die Freude an einer herrlichen, kunstvollen Waffe, nicht allein das Wohlgefallen des Epikers an ihr hinreichend, um eine so ausführliche Beschreibung zu rechtfertigen. Dieses Wohlgefallen tritt zwar bei der Erwähnung von Waffen, Rüstungen, Schalen, Krügen, Becken, Urnen und Dreifüßen oft hervor, und es zeigt sowohl Lust an den schöngeformten Werken der Hand, die zum Bereich des Heros gehören, wie am Reichtum, doch ist der Schild mehr, ist ein Abbild der Welt selbst auf dem engsten Raume. Daß diese Welt uns auf einem Schilde dargestellt wird, ist das Merkwürdige und sagt nichts anderes, als daß sie als Agon begriffen wird. Die dargestellten Bilder geben das zu erkennen. Homer hebt nicht besonders hervor, daß dieser Schild kreisrund ist, doch erhellt es schon daraus, daß er die vom Okeanos kreisförmig umflossene Erdscheibe darstellt. Um den ganzen gerundeten Rand des Schildes läuft der reißende Okeanos dahin, der alles umfassende, die fernsten Grenzen bezeichnende Weltstrom, welcher Erde und Meer umschließt. Auch der Himmel mit seinen Gestirnbildern ist auf dem Schilde in den Ring des Okeanos eingeschlossen. Nach den Gestirnbildern führt Homer die doppelte Darstellung der Polis an, der Stadt, wie sie im Frieden und im Kriege lebt, dann die Darstellungen des Ackerbaus, der Weinlese, des Hirtenlebens, des Tanzes und Gesanges. Dieser ganze Reichtum an Bildern ist Schmuck; er macht die Waffe nicht tauglicher, metallisch fester und undurchdringlicher. Der Schild, wie er im Kampfe gebraucht wird, gewinnt nicht dadurch, daß er mit diesen Darstellungen geschmückt ist. Es ist purer Überfluß, der sich auf seiner blanken Wölbung niederschlägt. Das ist das Beglückende an ihm. Er ist ein Abbild der Fülle des Lebens, das hier, in leuchtendes Metall getrieben, ein mächtiges Licht gibt. An den Grenzen lückenlos umschlossen vom titanischen Bereich, zeigt der Schild auf seiner inneren Kreisfläche in zahlreichen Bildern den Nomos und Agon der Zeuswelt, die dikehaft geordnete Friedensstadt und die Kriegsstadt, vor deren Heere Ares und Athene in goldenen

Gewändern einherziehen, die beiden Götter in übermenschlicher Größe, die Krieger kleiner gebildet. Dann folgen nach Art von Fruchtkränzen die schönen Bilder des ländlichen Lebens.

Die auf dem Schilde dargestellte Welt ist eine Welt des Agon. Im Unterschiede zu dem Reich des Kronos lebt das Reich des Zeus im Agon. Es ist auf den Agon hin angelegt, und die goldene Waage, welche Zeus in den Händen hält, steht zu ihm in Beziehung. Hektor flieht aus dem Kampfe, denn er ahnt die Waage des Zeus und ihren ihm verhängnisvollen Ausschlag. Die Titanen stehen sich nicht im Agon gegenüber. Bei ihnen ist der Zug aller Kraft ein anderer, und rollend wie der Sonnenwagen des Helios oder die Wogen des Okeanos beschreibt er die sich wiederholenden Kreise. Okeanos umschließt auf dem Schilde des Achilleus den kriegerischen und musischen Agon, ohne an ihm teilzuhaben. Bei ihm kehrt alles wieder und gleicht sich in dieser Wiederkehr. Würde die Bewegung als die herrschende bis zum Ende aller Zeiten dauern, würde sie nicht durch ein anderes Gesetz durchbrochen und bemeistert werden, so ließe sich an ihr kein anderer Streit erkennen als das titanische Walten der Elemente, denen der Mensch ausgesetzt ist, ohne daß sein innerer Friede dadurch aufgehoben würde. Durch den Streit der Titanen wird nichts verändert; er ist in die elementare Wiederkehr eingeschlossen, und sowenig Okeanos aus seiner kreisförmigen Bewegung je ausbricht, sowenig ist es denkbar, daß ohne den gewaltsamen Sturz der Titanenherrschaft je etwas anderes kommen könnte. Das Wirken der Titanen sehen wir zu allen Zeiten, aber Herrscher sind sie nicht mehr, seitdem Zeus etwas anderes wollte. Der Wechsel der Herrschaft begreift den Menschen in sich; die Zeugungen, die Sprossen der Götter, die Halbgötter und Heroen kommen. Der Zeus des Agon ist es, den Homer uns vor Augen führt, der Zeus, den die tiefste Lebenswonne durchdringt, wenn er die Götter im Streite sieht, denn dieser Agon ist das Fundament seiner Herrschaft, und sein unerschütterliches Thronen setzt ihn voraus. Dieses Kern- und Grundgefühl des Lebens ist nicht in Zeus allein; es erfüllt die olympischen Götter und lebt in der Brust jedes Heros.

Das mächtigste uns verbliebene Zeichen dafür ist die Ilias. Schon deshalb ist sie das Epos der Epen, das größte Monument, das dieser Agon sich gesetzt hat. Auf ihm baut sie sich auf, aus ihm zieht sie ihr Leben, durch ihn kommt die Einheit des Plans zustande; die Komposition zeigt es. Sie ist einfach und kunstvoll zugleich; drei Verhältnisse sind es, die ihr zugrunde liegen. Das Haupt- und Grundverhältnis ist der Krieg zwischen Griechen und Troern; die beiden anderen sind der Streit zwischen Agamemnon und Achilleus und die Freundschaft zwischen Achilleus und Patroklos. Wenn der Kampf zwischen Griechen und Troern die Bedingung des ganzen Epos ist, so sind die beiden anderen untergeordneten Verhältnisse diejenigen, die es mit Leben und Bewegung erfüllen. Der Wechsel aller Begebenheiten steht mit ihnen im Zusammenhang, und die Wendungen, die das Geschehen nimmt, knüpfen sich an sie. Der Streit zwischen Agamemnon und Achilleus beherrscht die erste Hälfte des Epos, und an ihn schließen sich die großen Kämpfe um die Mauer und um die Schiffe an. Die Freundschaft zwischen Achilleus und Patroklos bestimmt die andere Hälfte des Epos, und aus ihr gehen die Kämpfe hervor, die zum Tode des Hektor führen. Das Epos schließt mit den Agonen der Spiele und den Totenfeiern für Patroklos und Hektor. Zu begreifen ist nun, daß die Freundschaft zwischen Achilleus und Patroklos, diese mächtige Freundschaft, auf welche große Teile des Epos sich zu stützen vermögen, in dem gleichen Sinne Agon ist wie der Kampf zwischen Griechen und Troern oder wie der Streit zwischen Agamemnon und Achilleus. Es ist ein Wetteifer in dieser Neigung, ein Wettkampf der Freundschaft. Patroklos in der Rüstung des Achilleus, das ist das Bild eines agonischen Eros. Homer berichtet, wie Patroklos diese Rüstung anlegt, wie Hektor sie dem Erschlagenen raubt und zu seiner eigenen Rüstung macht, wie er in dieser Rüstung, welche die Götter einst dem Peleus schenkten, wieder in den Kampf eilt. Achilleus klagt das seiner Mutter Thetis, und sie tröstet ihn damit, daß Hektor die Rüstung nicht lange tragen werde. Gleich nach dem Tode des Patroklos zeigt sich, wie der Agon dieser Freundschaft umschlägt in den anderen, der den Achilleus hinaustreibt in den Kampf an den Ufern des Skamander. Er ist an seiner verwundbarsten Stelle getroffen, und die Tiefe der Verletzung zeigt sich in seiner Versöhnung mit dem Agamemnon, die auf andere Weise nicht leicht hätte zustande gebracht werden können. Jetzt verändert sich alles. Das Hervortreten des Achilleus, der bis dahin ruhend und untätig blieb, gibt dem Epos ein neues, mächtiges Leben und erneuert die Teilnahme am Gang der Handlung, die jetzt durch den Peliden bestimmt wird. Der Schmerz treibt bei ihm die tiefsten Quellen des Lebens hervor und bringt dem Freunde das große Totenopfer, welches durch den Fall des Hektor seine Krönung findet.

So wie die Freundschaft als Agon aufgefaßt wird, so das Verhältnis der Geschlechter. Es ist ein Kampf zwischen Männern und Weibern, ein Kampf der Liebe und des Hasses, der wetteifernden Neigung und der Eifersucht. Ganz deutlich wird dieser Kampf in dem Verhältnis zwischen Zeus und Hera, der mächtigsten aller Göttinnen, die alles weibliche Anliegen zunächst, unmittelbar und am Sitze aller Herrschaft vorbringt. Sie ist herrschbegierig und eifersüchtig, auf Wahrung und Mehrung ihrer Rechte so sehr bedacht, daß sie an die Grenzen der Herrschaft dabei rührt. In der Hera ist alles weiblich Mächtige auf dem Gipfel; sie ist der weibliche Zeus, das Weib, in dem alles Zeushafte seine Entsprechung findet. Wie an der Rhea, so zeigt sich an ihr das Löwenhafte; sie ist eine streitsüchtige, schwer zu zähmende Löwin. Härte und weibliche Unversöhnlichkeit verbinden sich in ihr mit dem durchaus Herrlichen und Siegreichen. Dieses Herahafte des Weibes, das Hohe, Freie, Kühne und Ebenbürtige zieht die stärksten Männer unwiderstehlich an. Den Paris, diesen ganz aphroditischen Mann, lockte es nicht; er gab seiner Schutzherrin den Preis. Das Paris-Urteil zeigt, daß der Bereich der Aphrodite dem Agon nicht entzogen ist. Deshalb hat Aphrodite als Siegerin alle Attribute des Ares, Helm, Schwert, Lanze, Schild und die Nike auf der Hand, deshalb ist auch Eros bewaffnet. Agon ist auch die Neigung und das Liebesverhältnis des Mannes; je reiner und tiefer es auf den Agon gegründet ist, desto rühmlicher zeigt es sich, je mehr es von den Gesetzen des Agon abweicht, desto mehr kommt es in Verfall.

Daß die Herrschaft des Zeus auf den Agon angelegt ist, zeigen die Abmessungen, welche die Herrschaftsbereiche der einzelnen Götter haben. Streit herrscht zunächst in der Trias der Götter, in dem Verhältnis, in welchem Zeus, Poseidon und Hades als Teilhaber der höchsten Macht zueinander stehen. Ihr räumlicher Anteil an der Herrschaft ist ein gleich bemessener, da Zeus den Himmel, Hades die unterirdische Tiefe, Poseidon das Meer erhielt, während die Erde und der Olymp allen dreien gemeinsam gehören. Unter den Brüdern behauptet Zeus das Übergewicht. Poseidon äußert sich darüber im fünfzehnten Gesange der Ilias. Er hält an den Abgrenzungen der brüderlichen Trias fest, und er ist unter den Brüdern der empfindlichste und am leichtesten gekränkte, wenn er sie verletzt sieht. Er fügt sich dem nomos basileus des Zeus nur widerwillig, nur mit Vorbehalten und Murren, ist aber dabei voll brüderlicher Gefälligkeit. Hades ist nicht weniger bedacht auf die Unverletzlichkeit seines Reiches. Er heißt auch der unterirdische Zeus, Zeus Katachthonios, und so ist Poseidon der Zeus des Meeres. Jeder der Bereiche hat sein eigenes Gesetz, ist ein abgeschlossener, gehüteter Seinsbereich, der sich vor Eingriffen schützt. Der Agon entfaltet sich in dem allen Gemeinsamen, wie er denn immer ein Gemeinsames voraussetzt. Dort, wo nichts gemeinsam ist, wo kein Nomos verbindet, dort kann es auch nicht zum Agon kommen.

Dieser ist im engeren Herrschaftsbereich der olympischen Götter am stärksten und heftigsten, zeigt sich in der Gewalt des Zeus über die anderen Götter und in dem Verhältnis, das zwischen diesen besteht. Ares, Athene, Apollon insbesondere werden von der Eris begleitet. Bei den Göttern, die nicht in die olympische Zahl einbegriffen sind, tritt die herrschende Kraft des Agon zurück. So bei Dionysos. Dionysos und Ares sind sich so fremd, wie Dionysos allem Kriegswesen, aller Feldschlacht und allem Heroenkampf fremd ist. Für den Pan und die Demeter gilt ein gleiches, ebenso für die Titanen, die im Reich des Zeus weiterherrschen. Sie werden von der Eris nicht begleitet und erscheinen nicht im Kampfe. Das Epos kennt und nennt sie nicht als Teilhaber am Agon der Heroen, denn in diesen mischen sie sich nicht ein.

Der homerische Ares ist Göttern und Menschen verhaßt. Athene ist seine bittere Feindin und übt ihre überlegene Kraft an ihm. Zeus selbst bezeichnet den Sohn als einen Schändlichen, dem eigentlich das Los der Titanen gebühre. Ares gibt dem Agon Züge, vor denen alle Götter erschrecken. Die blinde, besinnungslose Wut des Kampfes, das Morden und Schlachten ist die Freude des Ares. Er ist weder ein Stratege noch ein Taktiker und erscheint im dichtesten Gewühl und Getümmel, in den Staubwirbeln, wo Freund und Feind sich kaum noch erkennen. Er ist der Gott des lautesten Kriegsrufs. Der Krieg ist sein Element, ist Mittel und Zweck für ihn, und es kümmert ihn nicht, welche Pläne und Ziele den Kampf lenken und steuern. Den musischen Ares kennt das Epos nicht. Auch sein Verhältnis zur Aphrodite kann darüber nicht hinwegtäuschen, denn es ist das Verhältnis des Kriegers zur Lust. Die eigentliche Macht des Ares ist nicht zu brechen; sie ist zu allen Zeiten die gleiche, und überall, wo dem Agon nicht Maß, Ziel und Grenze gesetzt sind, ist er am Werke. Deshalb erhebt er sich plötzlich zu ungeheurer Stärke und füllt mit dem markerschütternden Erzton seiner Stimme die Weite des Blachfeldes. Er ist seinem Wesen nach ein Fresser, zunächst ein Menschenfresser, dann aber der Vergeuder aller Kräfte, alles Überflusses, aller Fülle überhaupt. Im Verhältnis zu den anderen Göttern ist seine Kraft nicht groß. Er lebt unter dem Nomos des Zeus und muß sich ihm fügen, weiß auch, daß er dem Vater nicht gewachsen ist. Athene hat einen mächtigeren Agon als er; ihre Kraft ist höchste Besonnenheit. So zäh, so ausdauernd ihre Kraft ist, so ephemer ist die des Ares; in seinem Toben und Wüten liegt schon eingeschlossen, daß es nicht anhalten kann, und er erschöpft seine riesenhafte Stärke schnell in der Raserei. Dann erscheint er schwach, wehleidig, empfindlich gegenüber Verletzungen. Das ist der Ares des Homer, und nicht zu verkennen ist, daß ihn ein Seherauge erfaßt hat. Ein schöner Zug der Ilias ist, wie der besonnene, immer ein wenig finstere Diomedes, dieser rechte Liebling der Athene, sich zurückhält, als Ares den Troern voranstürmt und der Kampf Formen annimmt, wie sie dem Gotte gemäß sind. Erst als Athene zu ihm tritt, sich auf seinen Wagen schwingt und die Zügel ergreift, nimmt er am Kampfe Anteil, und sogleich entscheidet sich auch, wer hier der Stärkere ist. Im Agon der Götter ist es das Los des Ares, von Athene gedemütigt zu werden. Sie ist die Schutzherrin des Heroenkampfes. Die Besonnenheit des Diomedes wird schon durch die Teilnahme der Athene an ihm gekennzeichnet. Schön ist die Begegnung zwischen ihm und dem Glaukos, eine Begegnung, die dem Bereiche des Ares ganz fernliegt, denn hier mischt Zeus selbst sich ein, der Zeus Xenios, dem alles Gastrecht untersteht. Der Zeus Xenios ist es, der den Glaukos hinreißt, seine goldene Rüstung gegen die eherne des Diomedes zu tauschen.

Hektor bemerkt, daß Ares im Kampfe jedem hilft und daß er oft den Mörder ermordet. Dieser Ausspruch trifft ein Wahres. Ares zeigt sich in der Parteiung; er nimmt selbst Partei. Er teilt sich gleichsam, so daß der stärkere Ares beim Sieger, der schwächere auf der Gegenseite steht. Im Kampfe um Ilion steht er auf seiten der Troer, ohne doch den Ausgang des Kampfes bestimmen zu können. Der Ares aber, welcher jedem hilft, welcher ein Mörder des Mörders ist, ist nicht Gott einer Partei, sondern Gott des Konfliktes selbst, dem er vorgesetzt ist und den er umfaßt. Ohne Ares ist kein Kampf auszukämpfen. Seine Macht zeigt sich in der streitenden Lebenskraft. So gibt das Verzittern des Speeres, der in die Erde gefahren ist, und das Zucken und Röcheln der Sterbenden die Areskräfte zu erkennen, welche entfliehen. Der Mensch, der in der Agonie liegt, wird von seinem Ares verlassen; der Tote hat keinen Ares mehr. Sein Blut erstarrt und kann den Ares nicht mehr sättigen.

Den Gipfel des Agon bildet die Götterschlacht in der Ilias. Zeus weckt ihn, Eris beginnt ihn, und die Götter ergreifen Partei im Heroenkampf. Ungeheure Kräfte werden frei; die Wirkung gleicht der eines Erdbebens. Die Stadt, die Gipfel, die Schiffe wanken, da Poseidon von unten her die Erde erschüttert, so daß Hades, der am Kampfe nicht teilnimmt, erschrocken von seinem Throne aufspringt. Das Lebensgefühl, das in den Agon mündet, bricht auf unvergleichlich mächtige

Weise hervor. Achilleus wütet gegen die Troer, der Flußgott Xanthos gegen Achilleus. Hephaistos wendet sich gegen den Xanthos, Athene gegen Ares und Aphrodite, Hera gegen die Artemis, während Apollon besonnen und ehrfürchtig vor Poseidon zurückweicht, der ihn zum Kampfe einlädt. Hera frohlockt, und Zeus blickt vom Gipfel des Olymp freudig auf den Kampf herab. Die Götterschlacht in der Ilias ist eine der Stellen, die den tiefsten Einblick in den Agon gewähren. Eris beginnt ihn, und die Frage ist, welches Amt, welche Aufgabe ihr im Agon zugewiesen ist. Eris ist im weiteren Sinne die Göttin des Agon als Ares. Sie ist nicht auf das Kriegsamt des Ares eingeschränkt, nicht nur seine Botin und Vorläuferin. Sie begleitet auch andere Gottheiten, welche kämpfend auftreten, die Athene und den Apollon, sie kommt auch mit den Keren, mit Deimos und Phobos und dem Kydoimos, welcher der Gott des Schlachtgetümmels ist. Sie beherrscht einen weiteren Bereich als die Enyo, welche ganz mordende Kriegsgöttin und als solche Städteverwüsterin ist. Die Eris, wie sie Homer darstellt, ist die Schwester und Freundin des Ares, hat auch eine schwesterliche Ähnlichkeit mit ihm. Sie kommt klein und unscheinbar, dann erhebt sie sich plötzlich mit dem Haupte bis zum Himmel. Sie lebt im Gewühl mächtig auf, hat eine aresgleiche Stimme, ist noch vor dem Ares zur Stelle und verweilt im Getümmel, wenn die Götter sich daraus zurückgezogen haben. Auch ist sie wie der Bruder gierig, unersättlich und grausam. Achtet man auf das Erscheinen der Eris bei Homer, dann fällt auf, daß sie nie allein kommt. Sie ist keine selbständig auftretende Göttin, sondern eine Geleitgöttin und hat etwas Akzessorisches. Das ist eine der tiefen Beobachtungen, an denen die homerischen Epen so reich sind. Es liegt im Wesen der Eris, daß ihr kein selbständiger Bereich untersteht, in dem sie mit ureigener Kraft schaltet und waltet. Sie entfaltet ihre Kraft immer in einem anderen

Bereich, an dessen Gesetzlichkeit sie sich heftet. Sie begleitet die Götter, mit denen sie genannt wird, eilt ihnen voraus, weilt mit ihnen und zieht sich nach ihnen zurück. Das ruhende Sein besitzt keine Eris. Die Götter in ihrer ruhenden Seinsfülle haben keine ihnen zugeordnete und sie begleitende Eris. Eris findet sich erst ein und gesellt sich zu ihnen, wenn zwischen den Herrschaftsbereichen der Agon entbrennt. Als Schwester des Ares vor allem erscheint sie in der Ilias, da hier der Aresbereich überwiegt; wie sie das gesamte menschliche Leben beherrscht, zeigt Hesiod. Bei ihm ist sie nicht nur unsichtbar und mittelbar, sie teilt sich auch. Die gute Eris des Hesiod ist die Vorsteherin jedes Agon, jeder Tüchtigkeit, die sich in Wettbewerb begibt. Der Agon der Spiele, der Musen, der Redner, des Handwerks wird von ihr erfaßt. Es gibt keine Profession, keine Kunst, kein Handwerk, keine Fähigkeit, an der sie nicht Anteil hätte, insofern ein Agon dabei ist. Dessen Rang bestimmt nicht sie; er hängt von dem Nomos ab, dem er unterworfen ist. Sie bleibt also auch bei Hesiod akzessorisch. Der Agon der Heroen untersteht dem Nomos des Zeus. Der Kampf zwischen Achilleus und Hektor untersteht unmittelbar der Waage des Zeus. Es ist ein eigener Gedanke, daß die Todeslose durch die Waage des Zeus ausgewogen werden, merkwürdiger, als wir ihn aufzunehmen geneigt sind. Nicht der Wille des Zeus macht die Schalen steigen und sinken; er bleibt am Ergebnis nicht nur unbeteiligt, er kennt es auch schon im voraus. Er weiß, daß Hektor dem Achilleus erliegen wird. Er prüft nur den Ort und die Zeit. Er hat die Macht, das Ende hinauszuschieben, erwägt diesen Gedanken und läßt ihn auf den Einspruch der Athene hin fallen. Die Todeslose haben eine ihnen innewohnende eigene Schwere, die durch Zeus weder gemehrt noch gemindert wird, die auf der Waage in Erscheinung tritt. Die Waage umfaßt den Agon und bezeugt, daß das Schicksal etwas Gemeinsames ist. Im

Ausschlag der Waage zeigt sich, welches Verhältnis zwischen Zeus und den Moiren besteht.

Die unversöhnliche, gnadenlose, furchtbare Härte des Agon zeigt sich überall, und Homer denkt nicht daran, sie zu mildern; er stellt das Geschehen mit strenger Wahrhaftigkeit dar. Die Verletzungen, welche das Schwert, die Lanze, der Pfeil, der Feldstein schlagen, beschreibt er mit einer Genauigkeit, welche eindringende Erfahrung, auch anatomische, voraussetzt. Wie die Waffen sich gleichen, so gleichen sich die Wunden, die von ihnen verursacht werden. Zu den Spielregeln des Agon gehört die Schmährede auf den Gegner vor dem Kampfe, der Jubel des Siegers, die Wegnahme der Rüstung und die Erbeutung des Leichnams. Es steht dem Sieger frei, den Unterlegenen und Schutzflehenden, der ihm die Knie umschlingt und das Kinn anrührt, das Leben zu schenken und sein Lösegeld zu nehmen oder ihn zu töten. Der Gefangene ist schutzlos, doch ist allzu große Grausamkeit den Göttern verhaßt, was sich bei der Schändung des Leichnams zeigt, die zum guten Recht des Siegers gehört. Auch sind die vom Leid gebeugten, um Hilfe flehenden Menschen, wie Odysseus sagt, den Göttern heilig. Der Agon ist hart und schonungslos; der Jubel des Siegers gehört so gut zu ihm wie das Leid, das sich um den Besiegten erhebt, der Jammer der Gattin und der hilflosen, greisen Eltern. Doch hat er Regeln, die unverletzlich sind und an das Spiel gemahnen. Er enthält Abmachungen, die eingehalten werden, hat ein unverletzliches Heroldswesen, macht halt vor der Gastfreundschaft und untersteht den Göttern.

Voraussetzung des Agon ist, daß die Götter über die Grenzen ihrer Herrschaft wachen. Eingriffe werden zurückgewiesen und geahndet. Der Anruf, die Bitte, das Gebet, die Danksagung ist den Göttern schon deshalb nicht gleichgültig, weil sie in den Grenzen ihrer Herrschaft dadurch bestätigt werden.

Sie bedürfen der Opfer. Hermes sagt zur Kalypso, daß er nicht gern über das unermeßliche Salzmeer zu ihr gegangen sei, denn in ihm liege keine Stadt, welche die Götter durch Opfer und Hekatomben begrüße. Die Herrschaftsbereiche der Götter liegen nicht so, daß zwischen ihnen Lücken und leere Räume entstehen, in welche der Mensch ausweichen kann, so daß er sich ihrem Zugriff selbstherrlich entzieht. Ein solches Vakuum ist nirgends vorhanden. Alles grenzt aneinander oder überschneidet sich. Dieser zweite Fall birgt für den Menschen Gefahren in sich und kann vernichtend für ihn werden. Das, was Neid der Götter genannt wird, ist ein Sonderfall des Agon, in dem sie begriffen sind. In den Streit der Götter verwickelt zu werden, ist für den Menschen schlimm. Und er wird unentrinnbar verwickelt; er kann dieser Verwicklung nicht entgehen. Wo er ausweicht, entzieht er sich nicht, weil er nicht außerhalb des Streites steht, sondern in ihm, also immer den Gott für sich und den Gott wider sich hat, wie das die Ilias zeigt. Dieser Streit wird später ein Hauptthema der Tragödie. Eine Untersuchung des Schuldbegriffs in der griechischen Tragödie bleibt unzureichend, wenn sie diesen Konflikt und seine Bedingungen nicht erkennt. Die tragische Notwendigkeit fällt in den Bereich des Agon der Götter und gehört zum Nomos des Zeus. Diese Notwendigkeit ist wie die Verschuldung selbst aus einer Physis nicht abzuleiten, doch ist die euripideische Tragödie der Ort, an dem die Ablösung sich zu vollziehen beginnt.

Es ist nicht Ausnahme, es ist die Regel, daß der Mensch in den Streit der Götter verwickelt wird. Er wird verwickelt, nicht erst dort, wo er schuldig ist, sondern dort schon, wo er in den Herrschaftsbereich der Götter gelangt und wissend oder unwissend Mitwirkender in ihrem Agon wird.

Orakel

Ein Orakel ohne Berührung mit dem Daimonion, mit dem Numen der Gottheit oder der Heroen gibt es nicht; diese Berührung ist seine Bedingung. Solange der Nomos im Numen eingeschlossen ist, solange der nomos basileus des Zeus in allem Gesetz, aller Ordnung herrscht, solange ist das Orakel unentbehrlich. Es ist die Lösung des Zweifels, der Ausweg aus der Not, die Stelle der Beratung, der Ort der Frage überhaupt, die dem Numen sich zuwendet. Daher sind Orakel überall und greifen in das Leben ein.

Die Divination (das Ahnungsvermögen für das Göttliche, die Weissagekraft) kann nur so verstanden werden, daß der Mensch um das Numen weiß. Er horcht auf den Willen der Gottheit und wird zu ihrem Sprecher. Allgemeine Überzeugung ist, daß die Gabe der Divination in jedem Menschen vorhanden ist. Sie ist eingeboren und mitgegeben und ist durch Ausbildung zu kräftigen, denn es gibt eine Schule der Divination. Doch ist das divinatorische Vermögen nicht in jedem gleich stark, nicht gleich wach; in manchem schlummert es. Sich nicht darum zu bekümmern, es in den Wind zu schlagen, wird kaum jemandem einfallen. Beim Traumorakel (der Inkubation), beim Zeichenorakel, beim Spruchorakel kommt jeder in die Lage, seine divinatorische Kraft zu prüfen und zu zeigen. Besitzt er sie, dann bedarf er keiner Auslegung, keiner Deutung durch einen Dritten, durch einen Priester, Seher oder Zeichendeuter. An den Kundigen wendet man sich, um Gewißheit zu erlangen. Männer von der höchsten Kraft der Divination sind Kalchas und Teiresias; eine Jungfrau ist die apollinische Weissagerin Kassandra. Der Ruhm des Kalchas knüpft sich an seine Vogelschau. Er erkannte, wie es in der Ilias heißt, was ist, was gewesen ist, was sein wird. Daß der Zorn des Apollon die Seuche im Lager der

Griechen vor Troja hervorruft, wissen alle; Kalchas allein aber gibt an, aus welchen Gründen der Gott zürnt. Auch Teiresias ist vor allem Vogelschauer; er ist blind, wofür verschiedene Gründe angegeben werden. Die Blindheit der Seher zeigt und bezeugt ihre Seherkraft. Auch Homer, der Seher Homer, ist blind. Ein Mensch, der so sieht, bedarf der Augen nicht mehr, braucht nicht mehr mit den Augen zu sehen. Er sieht ohne sie mehr, er ist ganz Auge geworden. Kassandra und ihr Bruder Helenos sind ebenfalls Vogelschauer.

Die Vogelschau gehört zu den Zeichenorakeln. Die Vögel haben etwas Vorbedeutendes; das griechische Wort für Vogel hat auch den Sinn von Weissagevogel; von Vorbedeutung überhaupt. Beim Spruchorakel wird das Orakel übermittelt; die Antwort des Orakels, der Orakelspruch, die Prophezeiung im weiteren Sinne heißt Chresmos. Es ist nicht Sache des Übermittlers, eine Auslegung oder Deutung mitzugeben. Dazu ist er in vielen Fällen nicht imstande, weil ihm die Bedingungen der Frage, ihre Bedeutung und ihr Zusammenhang nicht bekannt sind. Der Übermittler hat mit dem Fragenden nichts zu schaffen; er vermittelt den Spruch nur. Die Deutung und Auslegung ist Sache des Fragenden. Er mag sich selbst oder andere damit bemühen. Aigeus, der das delphische Orakel wegen Nachkommenschaft befragt, kann den erhaltenen Spruch wegen Dunkelheit nicht deuten, wohl aber Pittheus, dem er ihn mitteilt und der dem Spruche gemäß handelt. Leukippe, die ihren Vater und ihre Schwester sucht, versteht ihn. Sie erhält in Delphi die Weisung, als Priester Apollons die Länder zu durchwandern, macht sich in Jünglingskleidern auf und findet beide. Eines Orakels bedarf es nicht, wenn die Gottheit ihren Willen unzweideutig zu erkennen gibt, wenn über das Numen kein Zweifel besteht. Wo Gewißheit herrscht, erübrigt sich jede Frage, ebenso dort, wo die Physis ausreicht, um Zweifel zu beheben. Darin kann sich, wie schon bemerkt wurde, der Mensch täuschen. Oraculum (Chresmos) ist der göttliche, weissagerische Spruch, nicht also nur der Ort, von dem er ausgeht. Doch knüpft sich der Ruhm der Spruch- und Traumorakel an die alten Sitze, die sich mit der Erteilung von Orakeln befassen. Das Orakel ist nicht an einen Sitz und Ort gebunden, kann daher überall erteilt werden; sein Ansehen aber haftet an bestimmten Lokalitäten. Die Sitze liegen vor allem an den Quellen, kalten und warmen, die wie in Delphi Dampf ausströmen. In Dodona wurde die Bewegung der Blätter an der heiligen Eiche betrachtet, in Delos das Rauschen des Lorbeers, an anderen Orten andere Bewegungen, denn eine Bewegung, eine Veränderung ist es immer, die dem Spruche vorausgeht. Ein Zustand der Begeisterung ist es, in dem der Spruch erteilt wird, in dem der Fragende ihn aufnimmt. Die Pythien und Sibyllen werden in einem solchen Zustande dargestellt. Fasten, Enthaltsamkeit vom Weine, der Schlaf im Tempelheiligtum werden bei den Traumorakeln gefordert. Der Fragende und der Antwortende befinden sich in einem Zustande der Nüchternheit.

Nicht nur die Götter, auch die Halbgötter und Heroen erteilen Orakel, haben daher auch eigene Orakelstätten. So Herakles zu Bura, Amphiaraos zu Oropos, Trophonios zu Lebadeia. Dort, wo die Überreste von seherischen Menschen begraben liegen, entstehen Orakel. Amphiaraos, der als Sohn des Apollon bezeichnet wird, war ein Seher aus Argos, der beim Zuge der Sieben gegen Theben von Zeus entrückt wurde. Bei Oropos, wo er verschwand, lag das Amphiareion, in dem Traumorakel erteilt wurden. Trophonios, Sohn des Erginos, wurde bei Lebadeia von der Erde verschlungen und hatte dort als Zeus Trophonios einen Kult und ein unterirdisches Orakel. Die dem Herakles Buraikos geweihte Grotte bei Bura enthielt ein Würfelorakel.

Bewahrheitet sich die Aussage des Orakels, weil ein zukünftiges Geschehen vorausgesehen wird (Voraussage, Weissagung, Wahrsagung), oder trifft dieses zukünftige Geschehen ein, weil es vorausgesagt wird? Ist der Spruch deshalb wahr, weil er determiniert ist oder weil er determinierend ist? Beides geschieht. Nehmen wir zunächst an, der Spruch würde nicht erteilt. Würde sich dann an dem Geschehen und seinem Ablauf nichts ändern, würde das in der Zukunft eintretende Ereignis auch dann eintreten, wenn keine Frage gestellt, keine Antwort gegeben worden wäre? Offenbar nicht in jenen Fällen – zu ihnen gehören die Orakel wegen Aussendung und Begründung von Kolonien –, in denen der Spruch konstituierend, begründend für die Anlage und Entstehung der Kolonie ist. Diese wäre nicht oder an einem anderen Orte entstanden, wenn das Orakel nicht der Aussendung und Gründung zugestimmt, wenn es einen anderen Ort bezeichnet hätte. Hierher gehören alle die Fälle, in denen die Erteilung des Orakels ein eigenes Tun des Fragenden zur Folge hat, in denen erst der Spruch ihn zum Täter macht und Spruch und Handeln ein unteilbares Ganzes bilden. Orestes wird vom delphischen Orakel in seinen Racheplänen bestärkt und handelt demgemäß. Oinomaos erfährt, daß er sterben muß, wenn seine Tochter sich vermählt, und sucht diese Vermählung zu verhindern. Das Orakel zu Delphi gebietet dem Damarmenos, den Eleiern das gefundene Schulterblatt des Pelops zu überliefern. Dem Pelias, König von Iolkos, verkündet ein Orakel, er werde durch einen Angehörigen des Geschlechtes der Aioliden sterben. Er ermordet darauf die Aioliden, doch entgeht ihm Iason. Der Spruch sagt nichts über das voraus, was der, den er angeht, tun wird, doch erfüllt er sich an dem Handelnden wie an dem Nichthandelnden. Unwahrscheinlich ist, daß er nicht beachtet wird; der Betroffene wird sich mit ihm beschäftigen. Die Kolonie wird ausgesandt und gegründet werden, und der Bedrohte wird Maßnahmen treffen, in denen eine Sicherung gegen das zukünftige Ereignis liegt. Abzulehnen ist daher die Vermutung, daß das Orakel auf ein Vorwegnehmen kausaler Determinationen hinausläuft, wie wir sie beim Zweiten Gesicht finden, und zwar schon deshalb, weil sie im Bereich eines solchen Geschehens noch nicht vorhanden sind, daher nichts Bestimmendes haben können. Auch beim Zweiten Gesicht wird etwas gesehen, das unweigerlich und unabänderlich eintreten wird. Dieses Geschehen würde auch dann eintreten, wenn der Sichtige es nicht vorausgesehen hätte, braucht daher keine Beziehung zu ihm zu haben. Er sieht etwa einen Brand, einen Leichenzug, einen Unglücksfall voraus und weiß nicht, wann und wo sie sich abspielen werden. Er braucht die Personen nicht zu kennen, die dadurch betroffen werden, auch kann es sein, daß das vorausgesehene Ereignis erst nach seinem Tode eintrifft. Ein Schicksal, das sich ihm als Los oder zugehöriger Anteil enthüllte, ist nicht vorhanden. Es fehlt beim Zweiten Gesicht vor allem das Numen, die Zeit als Form der Anschauung wird nur durchbrochen. Dem Sichtigen ist sein Sehen etwas Lästiges, auch hilft es ihm und anderen nicht. Das Orakel geht über die Weissagung und Wahrsagung hinaus, wenn es einen Nomos mitteilt, der aus dem Numen hervorgeht und sich als Numen zu erkennen gibt. Innerhalb dieses Bereiches bleibt alles Prophetische an die Sprache gebunden, an die Prophasis, durch die es in Erscheinung tritt. Diese hat der Mensch nicht aus sich, sondern stets durch einen Gott oder Heros. Der Spruch führt also – im Gegensatz zum Zweiten Gesicht – seine Legitimation stets mit sich und muß zurückführbar sein auf die Gottheit und ihr Numen.

Die Erteilung des Orakels ist freier Wille der Gottheit; gegeben aber wird es nach dem Bedürfnis des Fragenden. Auch kann es nicht erzwungen werden, so daß mantische Mittel, die etwas Gewaltsames und Künstliches haben, dabei nicht in Anwendung kommen. Immer aber bleibt das divinatorische Vermögen mit dem Numen verbunden, von dem es nicht ablösbar ist. Das Zweifelhafte und Fragwürdige, das sich in geschichtlicher Zeit den Orakeln anheftet, wie auch das Trügerische und Betrügerische, das bei den Römern der Auguraldisziplin und den Haruspizien anklebt, hängt damit zusammen, daß sie an das Numen gebunden sind und in einer Welt, aus der es schwindet, nicht wohl mehr unangetastet bestehen können. Wo es weicht, dort ist es auch mit den Traum-, Spruch- und Zeichenorakeln bald am Ende. Dafür kommt dann die Astrologie auf und jenes chaldäische und ägyptische Rechnungswesen, das die leeren Räume einnimmt, aus denen Daimonion und Numen ausgezogen sind. An die Stelle der Orakel tritt die horoskopische Berechnung und die Geisterbeschwörung, der etwas Gewaltsames anhaftet, denn hier handelt es sich um Operationen, die etwas erzwingen wollen.

Der Gedanke, daß die alten Orakel untrüglich sind, daß das, was sie sagen, sich auch bewahrheitet, scheint den meisten unfaßlich; sie ziehen deshalb vor, an besondere Kenntnisse der Umstände oder an Kunstgriffe zu glauben. Es geht ihnen nämlich, das heißt ihrem kausalen und teleologischen Denken, nicht ein, daß die Prophasis nicht trügen und betrügen kann, solange alle Gesetzmäßigkeit sich im Numen faßt und in der zu ihm gehörigen Sprache ausgesprochen wird. In einer solchen Welt läuft jede Bahn, jeder weisung- und richtunggebende Weg durch die Prophasis des Orakels hindurch. Ohne dieses ist, wie gesagt wurde, kein Auskommen; es ist dem Menschen so notwendig wie Brot und Wasser.

Heraklits Wort über den Herrn des Orakels zu Delphi, der weder sagt, noch verbirgt, sondern bedeutet (bezeichnet, ein Zeichen gibt), trifft zu. Nur ist es falsch, dem Worte selbst eine semantische Bedeutung unterzuschieben; diese ist mit dem Daimonion, das in die Prophasis eingeht, unvereinbar. Vom Herrn des Orakels ist hier die Rede; solange er der Herr ist, sind Daimonion, Zeichen, Prophasis eines. In diesem Sinne gibt er ein Zeichen, nicht eine knappe, dürre Verstandesanweisung für das, was zu geschehen hat und was zu tun ist. Daher ist gerade die wörtliche Auflösung irreführend. An der Überlieferung zeigt sich, daß das Orakel mißverständlich wird und verkannt wird, wenn es wörtlich bezeichnend aufgelöst wird. Da fehlt es an Divination. Und das Wort hat keine verwandelnde Kraft mehr.

Hades

Reich, voll ungelebten Lebens und schwer zu sättigen ist die Totenklage, jene mächtige Klage, die sich um den Leib des Patroklos erhebt. Der Leib des Heros ist die Mitte dieser Klage, und es ist offenbar, daß dieser Heroenleib das Schönste und Herrlichste ist, was in der Welt lebt, daß seine Vernichtung daher eine Erschütterung hervorruft, die von der Mitte her um sich greift. Diese Welt ist eine Welt der Männer, eine männliche Welt, in welcher die Kraft und Schönheit des Mannes höher geehrt wird als die des Weibes, in welcher daher auch die Totenklage um den Mann lauter tönt als die um das Weib. Der Kanon der menschlichen Kraft und Schönheit ist am Leibe des Heros abgesehen und abgemessen. Die Totenklage um ihn reicht weit und zieht, wie die Bestattung des Patroklos zeigt, Götter, Winde und Meer in Mitleidenschaft. In einem späten Epos wie dem des Quintus von Smyrna, in dem die Ilias bis zur Heimkehr der Griechen zu Ende geführt wird, ist die Totenklage um den Achilleus in ihrer ganzen Breite ausgeführt. Es gehört zu den Kennzeichen solcher nachahmenden Dichter, daß sie auf Vollständigkeit aus sind und nichts vergessen. So hat Quintus alles zusammengetragen, was er bei Homer und den Kyklikern an Bestandteilen der Totenklage fand. Ihre erschütternde Kraft wird uns nirgends fühlbarer als in der Ilias. Eigentümlich ist dieser Klage die Wendung zur Festlichkeit, die sie nimmt; das leidvolle Geschehen mündet in den festlichen Agon der Spiele, in dem die höchsten Lebenskräfte in Wettbewerb treten. Nicht fern liegt also die Vermutung, daß der Agon der Spiele aus der Totenklage hervorgegangen ist, jener somatische Agon, der zuletzt in Pindar seinen Dichter gefunden hat. Der Schmerz selbst mündet in ein agonisches Verhalten, das sich handelnd in Preis- und Wettkämpfen äußert. Das Totenreich öffnet sich und wird wieder geschlossen. Die Totenfeier ist für den Toten und die Lebenden da. Zunächst öffnet sie dem Toten den Hades, vor dem er so lange umherschweift, bis seine feierliche Verbrennung erfolgt ist. Ist der Leichnam verbrannt, dann wird der Tote nicht mehr in seine Heimat zurückkehren. Das Totenfest bringt ihn zur Ruhe; vorher schweift er rastlos und ungeduldig in einem Zwischenreiche und Zwischenzustande umher. Dann aber ist er von den Lebenden auf eine strenge und unerbittliche Weise getrennt und hat mit ihnen nichts mehr zu schaffen. Er untersteht nun dem Zeus der Schatten allein. Die Totenfeier bewirkt also die feste Abgrenzung der Toten von den Lebenden. Der Körper wird verbrannt, nicht der Verwesung überlassen. Die Feier selbst hat etwas Plastisches vom Anfang bis zum Ende, an dem ein Kreis um die Grabstätte gezogen und mit Steinen gepflastert, der Grabhügel errichtet und die (bei Patroklos) goldene Urne in dem Hügel verborgen wird. Alle diese Vorgänge finden bei hellem Tageslicht statt. Für die Lebenden bewirken Feier und Totenklage die Heilung des Schmerzes. Die ehrenvolle, die geziemende Bestattung erfreut nicht nur den Toten, dem sie den Weg in den Hades öffnet, sie ist auch der Trost der Hinterbliebenen. Nichts ist trauriger, nichts schmählicher, als wenn dem Toten diese Ehrung entzogen wird, wenn sein Leichnam auf der Erde liegenbleibt und von Hunden und Vögeln gefressen wird. Daß im Schmerze etwas Heilendes liegt, ist ein Gedanke, den Homer nicht ausführt, der ihm aber keineswegs fremd ist. Das stoische Verhalten gegenüber dem Schmerze ist dem Heros fremd; er gibt sich ihm ganz hin, wie er sich der Freude hingibt. Der Strom der Tränen, das laute Klagen und Weinen hat für den Mann nichts Unwürdiges. Er strebt nicht nach Ataraxie, nach unerschütterlicher Seelenruhe, sondern überläßt sich frei seiner Empfindung. Er verbeißt und verleugnet den Schmerz nicht und geht nicht auf Unempfindlichkeit aus, sondern gibt der Natur ihr Recht und strömt seinen Jammer ohne Scheu aus. Der Gedanke liegt nahe, daß es ohne Hades, ohne Totenreich keinen Schmerz gibt, keine Trennung, in welcher allein der Schmerz sich zeigt, er komme, woher er wolle. Doch der Hades der Kore, der Hades der Blumen, der Hades des Dionysos, jener Hades, welcher eins mit dem Leben und die Bedingung aller Lebensfülle, aller Erneuerung ist, ist dem Epos fremd. Für das Epos ist der Hades ein Ort des Grauens und des Wustes, ein Kerker der Seelen. Die Seele hat ganz das Aussehen des Verstorbenen, aber sie ist nur ein mit Flugkraft begabter Schatten, körperlos, durchsichtig, wie Rauch und Nebel. Gegenüber dem im Licht atmenden und sich regenden Leib kommt sie nicht in Betracht. Zitternd und schwirrend eilt sie in die nächtlichen Bereiche hin. Der Tote ist weniger als der Lebende; die dem Hades zustrebende Seele ist geringer als der lebende Mensch, ist nicht das Edelste am Menschen, und sie fühlt das mit dumpfer Trauer. Sie ist nur das nichtige Pneuma, das vom Lebenden zurückbleibt, sein freudloser Schatten. Der Hades ist der Ort der Sehnsüchtigen, die sich nach dem vergangenen Lichte sehnen. Die Seele ist nicht teilnahmslos am Geschicke der Lebenden, aber geschwächt, voll Sehnsucht nach dem Leben und begierig nach Blut. Sie ist schicksalslos geworden, ist ohne Daimonion, ohne Moiren, untersteht nur der drückenden Gewalt des Hades, welcher der Zeus und König des Schattenreiches und aller Schatten ist. Persephone, seine Gattin, wird von Homer als die Strenge bezeichnet. Die Seelen haben Erinnerungen an das Erdenleben, aber sie sind untätig, ohne Beschäftigung und gramvollen Gedanken hingegeben. Auch jene Seelen, die eine beherrschende Stellung im Hades einnehmen, die Totenbeherrscher wie Achilleus, haben keinen Genuß an ihrem Amte. Odysseus berichtet am ausführlichsten darüber, wie es im Hades zugeht. Die Seelen haben das Aussehen, das sie zuletzt als Lebende hatten; das Auge erkennt sie daher sofort wieder. Der Seher Teiresias hat noch seinen goldenen Stab; auch ist ihm seine Sehergabe geblieben. Nur die Seelen, die vom Blute des Opfers trinken, sprechen; die anderen, denen es verwehrt wird, ziehen sich schweigend in den Hades zurück. Die Seele ist, wie die Mutter des Odysseus sagt, ein Traumbild, der Hades also ein Traumreich. Die Seelen lassen sich nicht berühren, nicht umarmen. Doch gedenken sie ihrer Lieben. Agamemnon fragt nach seinem Sohne Orestes, Achilleus nach seinem Sohne Neoptolemos. Freudig geht er die Asphodeloswiese hinab, als ihm Odysseus Rühmliches über den Sohn berichtet hat. Achilleus ist es auch, der den Hades am kürzesten kennzeichnet, als Schattenreich gestorbener Menschen, die in seiner Tiefe auf nichtige und sinnlose Weise wohnen.

Dieser Ort der von ihrem Leibe geschiedenen Seelen ist ein Behälter von Bildern. Bilder sind es, die im Hades aufbewahrt werden und darin nach und nach vergehen, verblassen, undeutlicher werden. Wie der Fürst der Schatten einen unsichtbar machenden Helm trägt, so ist das Haus des Hades ein unsichtbares Haus. Unter den Schattenbildern befinden sich auch die Bilder vergötterter Heroen; das Bild des Herakles ist im Hades, während er selbst sich im Olymp befindet. Das ist merkwürdig und weist darauf hin, wie nichtig der Anteil ist, den der Hades vom Menschen aufnimmt, nicht mehr als ein Bild, Schatten und Traum. Diese träumende Besinnungslosigkeit, in der die Schatten im Hades wandern, stumm oder auch schrillende Laute und lautes Geschrei von sich gebend, macht den Hades grauenhaft.

Der unterirdische Hades und der westliche, von denen Homer spricht, sind ein und derselbe, gehen daher auch ineinander über und vereinigen sich. Das westliche, in die Tiefen der Erde gehende Haus enthält den Haupteingang des Hades. Durch ihn dringen mit den Seelen auch einige Lebende in den Hades ein. Sieht man von dem Haupteingang ab, so führen unzählige Pfade und Wege oder auch Risse in den Hades, in den die Seelen daher von überallher gelangen können. So sinkt die Seele des Patroklos rauchend und schwirrend in die Erde hinab. Der Hades der homerischen Gesänge ist nicht nur ein statischer Ort, er stockt auch, er stagniert. Er ist ein bloßer Rücklaufsort des Lebens, ein auswegsloser Behälter, der durchaus steril ist. Daher der Schimmel, der sich auf den Pfaden zu ihm ansetzt, das Schimmlige und Verschimmelte, das den ganzen Bereich durchzieht, das Fledermausgeflatter und Fledermausgeschrei. Sein Schattenleben ist so stationär geworden, daß überall der Moder sich anhäuft, der Wust sich ausbreitet. In der dunklen Verschlossenheit der Hades- und Erebostiefen verrottet alles auf gespenstische Weise. Etwas Gespenstisches hat es, wenn der Schattenfürst bei den Stößen des Erderschütterers Poseidon angstvoll von seinem Throne auffährt. Angst ergreift ihn, daß sich Spalten und Risse in der dicken Kruste bilden könnten, die sein Reich von der Oberwelt abtrennt, daß Licht in seinen Wust und sein schimmliges Dunkel einziehen könnte. Der Kampf der Götter zieht den Hades in Mitleidenschaft und erschüttert ihn durch und durch. Bedeutsam daran ist die Vorstellung, daß der Hades gesprengt werden könnte, und zwar von außen her und auf gewaltsame Weise. Der Bewegung, die unablässig in den Hades einzieht, entspricht keine Gegenbewegung, weshalb er auch etwas Überfülltes hat. Das Erschrecken seines Beherrschers aber zeigt, daß er nicht unantastbar ist; seine Absonderung noch, sein unterirdischer Bau setzt die stete Verbindung mit der Oberwelt voraus.

In diese Überlegungen eingeschlossen und verborgen liegen mächtige Verhältnisse, die das Epos nur andeutet. Sowenig der unterirdische Zeus sich selbst in seinem Reiche streng verschließt und sich darin abtrennt, so kraftvoll er mit seinen schwarzen Rossen und seinem goldenen Wagen daraus hervorbricht, am mächtigsten bei der Entführung der Persephone, sowenig ist das Haus des Hades für die Lebenden ganz verriegelt und unbetretbar. Der Weg dahin ist geheim und voll Gefahr, aber doch zu finden. Der Hades genügt sich nicht selbst, ist kein unabhängiger Bereich, schon deshalb nicht, weil er durchaus von den Zeugungen abhängt. Die Verbindung, die zwischen ihm und der Oberwelt besteht, zeigt sich in den Besuchen, welche die Heroen ihm zu ihren Lebzeiten machen. Herakles dringt, begleitet von Hermes und Athene, gewaltsam in den Hades ein und verwundet den Totengott selbst, der sich ihm entgegenstellt, mit dem Pfeile, so daß er auf den Olymp flieht, wo er seine Wunde heilen läßt. Der Halbgott setzt seinem Wirken die Krone auf, indem er den Kerberos fesselt und ans Licht bringt. In den Hades steigt Perseus hinab, in ihn dringen Theseus und Peirithoos ein, ihn besucht Orpheus, aus ihm kehrt Alkestis zurück. Am Eingange des Hades opfert Odysseus und hält Zwiesprache mit den Schatten. Mannigfach sind die Beziehungen der

Heroen zum Hades. Perseus, in freundschaftlicher Beziehung zum Totengott selbst, genießt dessen Beistand und Schutz und scheint kein Hindernis zu kennen, von keiner Grenze gehemmt zu sein, wenn er die Tiefe aufsucht. Herakles bricht am mächtigsten und siegreichsten in den Hades ein. Theseus und Peirithoos, welche die Persephone selbst der Tiefe entreißen wollen, werden in ihm gefangen und festgehalten. Orpheus öffnet ihn durch die Kraft seines Gesanges; Alkestis wird aus ihm entlassen. Odysseus kommt am Hades nicht vorbei. Daß er ihn aufsucht und aufsuchen muß, ist die Bedingung seiner Heimkehr, der Besuch Gipfel und Wende seiner Reise. Er umkreist den Hades auf seiner langen Fahrt, bleibt Jahre hindurch auf benachbarten Inseln, ohne von ihm fortzukommen. Odysseus öffnet den Hades und bringt Licht in ihn. Das gehört zum Amte der Heroen. Für sie ist der Hades nicht nur der Unsichtbarmachende, der alles zur Ruhe Bringende und der Vielaufnehmer, nicht nur der Kerker der von ihrem Leibe getrennten Seelen, er lockt sie auch an und zieht sie wie ein magnetischer Ort in seinen Bereich. Sie überwinden den Schrecken, den er einflößt.

Weit darüber hinaus reichen die Vorgänge, die den Hades in der Tat sprengen, ihn von innen her umwandeln. Sie künden sich in den Heroenbesuchen an, auch darin, daß die Heroen nach ihrem Tode das Oben und Unten verbinden. Die Beziehungen des Totenreiches zum Reiche der Lebenden wandeln sich. Der unterirdische Zeus ist nicht nur der finstere, grämliche Wächter der Toten, er ist auch der Herr der Metalle und der Spender des aus der Erde hervorsprossenden Segens. Bei Hesiod findet sich die Anweisung, ihn anzurufen, damit das Saatkorn der Demeter schwelle. Ist der Hades im Epos ein stagnierender Bereich, der jedem Werden entzogen ist, so erfüllt er sich nun mit einer kreisenden Bewegung, durch die er ganz in das Werden einbezogen wird. Es braut und dampft in ihm auf frühlinghafte Weise; er bewurzelt sich und beginnt auszuschlagen. Der große Kreislauf der Säfte geht mitten durch ihn hindurch. Er ist nicht mehr der Einschlürfer der Schatten, der Einsauger der Seelen, die in ihm verdämmern, sondern selbst trächtig von Leben. Das ist der Hades der ein- und ausschlüpfenden Hekate, des aus Schattentiefen emporsteigenden Dionysos, der unablässig vom Lichten ins Dunkle und zurück wandernden Kore.

Der Homerische Hymnos an Demeter berichtet, wie die Persephone entführt wird. Sie spielt mit den Töchtern des Okeanos auf der Blumenwiese, aus der die Blüten der Veilchen und Rosen, des Krokus, der Hyazinthen, Lilien und Narzissen hervorsprießen. Kore, das Mädchen, wie ihr Beiname lautet, spielt in der Blumenflur; sie ist Blumengöttin, wie ihre Mutter Demeter Fruchtgöttin ist. Gaia ließ diese Blumen auf Befehl des Zeus hervorsprießen, um die spielende Jungfrau zu täuschen; durch die Blumen soll sie abgelenkt und beschäftigt werden. Während sie in die Blüten greift, bereitet sich etwas anderes vor. Ein gähnender Spalt klafft in der Blumenflur auf; aus ihm kommt Hades mit seinem goldenen Wagen, ergreift die Kore und führt sie in sein Reich hinab. Der Raub geschieht mit Wissen und Willen des Zeus, ist also oben und unten beschlossen worden. Jetzt ertönt der schneidende Jammer der Demeter, die ihre Tochter verzweifelt zu suchen beginnt. Sie sucht die Tochter dem Hades wieder zu entreißen, doch gelingt es nicht, weil diese inzwischen Hadesspeise gegessen hat, einen Granatapfelkern, den ihr der Totengott gewaltsam zu essen gab. Von jetzt an muß sie ein Drittel des Jahres unter der Erde bleiben; die beiden anderen Drittel verbringt sie auf dem Olymp.

Diese Begebenheit ist die mächtigste Berührung von Licht- und Schattenwelt. Durch den Einzug der Kore wird der Hades ein für allemal geöffnet; er springt auf, gesprengt durch eine Erschütterung, die ihn vollkommen verwandelt. Von dieser Wandlung schweigen die homerischen Epen. Für Homer ist Persephone die strenge Unterweltsgöttin, die strenge Gattin des Hades. Die Unterwelt heißt ihm das Haus der Persephone, und Persephone ist der weibliche Hades. In dem Hymnos an Demeter aber ist neu bestimmt, was Tod und Leben ist. Daß sie eines sind, daß unten und oben, Licht und Dunkel untrennbar eins sind, das bezeugt der Kreislauf der Kore, der jetzt beginnt. Sie bricht aus dem Dunkel ins Licht aus, und sie kehrt aus dem Licht ins Dunkel zurück. Diese Bewegung schließt einen neuen Frühling ein, der den Hades erfüllt und durchweht, der ihn mit rhythmischen, zyklischen Stößen durchflutet. Er bricht selbst ins Licht aus, beginnt zu blühen und füllt sich mit Duft. Das ist es, was die Blumen aussprechen, die auf der nyseischen Flur blühen. Eine Kore ohne Blumen ist undenkbar; mit ihr ziehen sie in den Hades ein, und mit ihr kommen sie aus ihm wieder hervor. Ihre Wurzeln sind im Dunkel, und ihr Duft wird in der Tiefe gebraut. Es beginnt in ihm zu brauen wie in einem großen Kessel. Das liebliche, flüchtige, vergängliche Leben, das sich in Duft auflöst, kommt aus diesem Kessel. Die Blüte ist Geschlecht, das sich dem Lichte zuwendet. Mit dem Einzug der Kore verliert der Hades seine Sterilität und wird zum Blüten- und Fruchtboden. Er wird zum Ursprung des Geschlechtes, zum Schoß, der die Form eines Schoßes hat, zum Ort der Empfängnis. Das Eindringen der Heroen in ihn bereitete schon die Zeugung vor.

Das alles kehrt beim Adonis wieder. Was bei der Kore die Entführung ist, ist bei ihm der Tod in der Jugendblüte. Indem er stirbt und sein Blut verströmt, strömen aus jedem Blutstropfen Blumen hervor. Das Gesetz der Wiederkehr, das die Kore befolgt, ist auch seines; er geht in den Hades und kehrt aus ihm zur Aphrodite zurück. Sein Fest, die Adonien, sind zugleich Toten- und Lebensfest; der Totenklage folgt unmittelbar der Festjubel. Zu den Festen werden in Scherben oder Körben die Samen von Fenchel, Lattich oder Weizen gesät, die schnell keimen. So sprießt aus dem Blute des jugendlichen Hyakinthos die dunkle Blume hervor, eine Art Iris, wie sie der Demeter dargebracht wird und in Kränzen gewunden bei den Chthonien, dem Feste der Demeter, getragen wird. So wird der jugendlich sterbende Narkissos in eine Blume verwandelt. Wo immer Blumen auftauchen und Verwandlungen sich vollziehen, ist der Hades nicht fern.

Die Schicksalsgöttinnen

Freudige und schmerzliche Erfahrungen, die der Mensch macht, lassen ihn deutlicher die Mächte erkennen, in deren Wirken sein eigenes Wirken sich verfängt. Er nimmt Gesetze wahr, die wiederkehren und zu beachten sind. Nicht alles geht von den höchstverehrten Göttern aus, denn weder verflechten sie ihr eigenes Dasein in das mühevolle des Menschen, noch ist ihr Amt, alles Schicksalhafte des menschlichen Lebens unmittelbar zu ordnen und zu bestimmen. Diese Aufgabe untersteht anderen Gottheiten, die von den Griechen insgesamt als weibliche erkannt wurden. Solche Göttinnen sind die Moiren und Eileithyien, Nemesis, Dike und Ate. Auch die Erynien gehören zu ihnen. Erst dadurch, daß der Mensch ihnen begegnet, lernt er ihre eigentümliche Macht kennen. Erst durch Wiederholung der Begegnungen lernt er, sie zu unterscheiden. Verletzt er sie, so fällt das Verletzende seines Tuns auf ihn zurück. Sie ergreifen sein Tun, verbinden es und wirken einen Faden, ein Gewebe daraus. Das ist das Amt der Moiren.

Moira, als Begriff genommen, heißt der Teil, der Anteil. Ein Anteil ist es, den dieMoiren dem Menschen zuweisen. Darin liegt, daß auch der Begriff des Schicksals nur als der eines Anteiligen gefaßt werden kann, und deshalb nur im Zusammenhang mit anderen Schicksalen. Die Welt als Ganzes genommen hat kein Schicksal; für sie gibt es keine Moiren. Als Mechanismus betrachtet, hat sie mechanische Notwendigkeit. Streng genommen hat auch der Einzelne – gesetzt, es gäbe ihn – kein Schicksal. Schicksal ist immer etwas Gemeinsames, auf den Zusammenhang Gegründetes. Deshalb „spinnen" die Moiren nicht nur an dem Faden der einzelnen Geschicke, sie arbeiten auch an dem ganzen Gewebe, und die Anteile, die als Fäden erkennbar sind, werden schicksalhaft erst durch die Verflechtung und den Bezug mit anderen Anteilen. Sie handhaben den Gang der Fäden und bewirken den Einschlag der Fäden. Das Bild ist vom Weben her genommen, von der weiblichen Arbeit am Webstuhl. Das bloße Spinnen des Fadens, bei dem es nur auf Länge und Kürze ankommt, würde ihre Tätigkeit nur unvollkommen beschreiben, denn die moira umfaßt mehr, umfaßt, daß der Mensch dem Menschen ein Schicksal wird. Moiren und Menschen gehören zusammen, und nur über die Menschen wachen die Moiren von der Geburt bis zum Tode, nicht über Pflanzen und Tiere, denn diese haben kein Schicksal, gehen ganz in der Spezies auf und kehren nur wieder. Auch über die Götter, insofern sie schicksalslos sind, haben die Moiren nicht zu entscheiden. Wäre dem so, dann sähe der Olymp anders aus. Die Moiren erscheinen ihrem Range nach geringer als die olympischen Gottheiten und sind nicht als Vorsteherinnen über sie gesetzt. Sie wirken im Bereiche der Herrschaft des Zeus, nicht außerhalb dieses Bereiches oder gar über ihm. Im Bereiche der Titanen gibt es keine Moiren; in ihm ist nichts Schicksalhaftes. Zum Herrscheramte des Zeus aber gehört es, die Geschicke zu wägen, ohne daß er an den Ausschlag der Waage unerbittlich gebunden wäre; er ist also frei, er kann die moira, die hier als Gewicht erscheint, wandeln. Diese Auffassung ist der epischen Dichtung eigentümlich. Bei Hesiod, der die Moiren in der Theogonie Töchter des Zeus und der Themis nennt, erscheinen sie in Abhängigkeit von Zeus und werden von ihm besonderer Ehren gewürdigt. Im Zusammenhang damit steht, daß Zeus als Moiraget, als Moirenführer bezeichnet wird. Sie erscheinen hier als Chor, der von ihm geleitet wird, und darin liegt, daß sie sowohl aneinander gebunden wie an ihr Amt gebunden sind. Dieser Bindung wiederum entspricht ihre Bindung an die Menschen. Nicht nur Zeus, auch andere Götter können die Moiren anführen. Es gibt ein Zusammenwirken des Apollon, der Demeter, der Persephone mit den Moiren. Nahe liegt, daß diese Führung, je nach dem Gotte, welcher anführt, der Beschaffenheit des Gewebes entspricht. Daraus ergibt sich, daß die moira der Götter, ihr Anteil am Geschicke der Menschen, vom Anteil der Moiren an diesem Geschicke gesondert werden kann. Offenbar ist, daß im Epos die Moiren eingeschränkt sind, da sie nicht als sich selbst Regierende in einem herrschaftslosen Raum, nicht in unbeschränkter Autonomie leben, sondern dem königlichen Gesetze, dem nomos basileus des Zeus, unterstehen. In das Handeln der Götter können sie nicht eingreifen, den Anteil des Gottes am Menschen können sie weder ausschließen noch beschränken. Darüber denken die Tragiker, insbesondere Aischylos, anders. Fragen wir aber, wodurch diese Einschränkung der Moiren im Epos bewirkt wird, so zeigt sich, daß sie eben durch das tätige Eingreifen der Götter, durch ihre Nähe zum Menschen und ihre Verbindung mit ihm eingeschränkt werden. Sie treten in dem Maße stärker hervor, in dem diese Teilnahme der Götter am Menschen sich abkühlt, in dem die Götter sich vom Menschen zurückziehen und ihm entschwinden. Schicksal, als solches, ist schon Götterferne, ist das namenlose, unpersönliche Wirken von Mächten.

Betrachten wir das Amt, das den Moiren eingeräumt ist, so wie es die epische Dichtung umschreibt, dann erhebt sich zunächst die Frage: was untersteht den Moiren nicht? Offenbar ist, daß der Mensch erst dasein muß, ehe sie ihr Amt beginnen, daß er erst geboren sein muß. Vor dem Eingreifen der Moiren sind die Eileithyien, die Geburtsgöttinnen, tätig. Sie helfen bei der Entbindung des Kindes, bringen es ins Licht und Dasein, wachen über der Geburt und den Wehen. Auch sie sind Schicksalgöttinnen, aber in einem mittelbaren Sinne, indem sie bei der Bedingung des schicksalhaften Lebens, bei der Geburt, tätig werden. Insofern stehen sie zu den Moiren in Verbindung. Der Neugeborene, der Säugling, ist schicksalslos; er lebt in vollkommener Abhängigkeit und hat wegen dieser Abhängigkeit ein schicksalsloses Leben. Da das Schicksal Tun und Leiden umfaßt, und zwar so, daß eines von dem anderen nicht weggedacht werden kann, heftet es sich an beide. Leben und Schicksal sind nicht das gleiche. Die Moiren spinnen das Schicksal in das Leben hinein. Hektor ist schon da, wenn sie kommen. Wichtiger noch ist etwas anderes: den Moiren untersteht nicht wie dem Zeus die Fülle des Seins; es untersteht ihnen nur jener Wechsel der Begebenheiten, der schicksalhaft genannt werden kann, nur die Bewegung. Sie geben dem Menschen weder das Leben, noch machen sie ihn zu dem, was er ist, wenn er auf der Erde erscheint. Sie entwerfen nicht seine Anlage, denn mit dieser ist er schon da; sie geben ihm nicht den Charakter, denn dieser ist ihm angeboren und wird durch sie nicht verändert. So wie der Mensch seinem Sein gemäß ist, finden sie ihn vor, und so, wie sie ihn vorfinden, beginnen sie ihr Amt an ihm. Das tut auch die homerische Aisa. Es geschieht, was Aisa dem

Menschen bestimmt und was die unerbittlichen Zuspinnerinnen nach der Geburt in den werdenden Faden spinnen. Aisa und Moira werden hier unterschieden; was sie aber unterscheidet, vermögen wir nicht zu bestimmen. In der Ilias wird auch von der Aisa gesagt, daß sie in den werdenden Faden spinnt. Da Los und Anteil ihrem Begriffe nach schwer zu sondern sind, fließen uns auch Aisa und Moira zusammen. Das Spinnen ist zwar ein den Moiren eigentümliches Geschäft, das ihre Zeit ausfüllt, wird aber nicht von ihnen allein geübt. Wo ein Verhängnis sich zu erkennen gibt, das von den Göttern kommt, spinnen auch diese. Sie spinnen den Menschen ein kummervolles Leben, während sie selbst leidlos sind. Was die Tyche tut, sagt Homer nicht; sie kommt bei ihm nicht vor. Archilochos nennt die Tyche neben der Moira; Pindar nennt die Tyche eine der Moiren. Aischylos nennt sie Mutterschwestern und auch Schwestern der Erinyen und sagt, daß die Erinyen von den Moiren ihr Amt haben.

Es läßt sich nicht denken, daß das, was die Moiren in das Leben, den Lebensgang hineinspinnen, etwas Wahlloses, Zufälliges und Zusammenhangloses ist, das ohne Beziehung zum Menschen, seinem Wesen, seiner Art ist. Das widerspräche dem Wirken der Moiren, welches notwendig ist. Die moira, wie sie von den Moiren jedem zugesponnen wird, steht nicht im Widerspruch zum Sein des Menschen; sie ist der wesensgemäße, der gebührende Anteil. Die Moiren wirken κατα μοῖραν, der Ordnung gemäß, nach Gebühr. So wie sie das Lebensgeschick der Menschen spinnen, sei es in Übereinstimmung mit seinem Willen, sei es gegen seinen Willen, ist an Freiheit des menschlichen Willens nicht zu denken. Das Spinnen erfolgt nicht nachträglich, nicht als bloße Bestätigung und Verzeichnung eines schon vollendeten Geschehens; es ist ein Zuspinnen. Was die Moiren wirken, geschieht notwendig, ist Ananke, ohne deshalb ein blindes Fatum zu sein. Die Gewißheit, daß die Moiren immer am Werke sind, schafft keinen Fatalismus, weil zugleich die Erkenntnis immer lebendig ist, daß der Mensch selbst über den Anteil, der ihm zugesponnen wird, verfügt. Moira und Menschen wirken gemeinsam. Daß der Mensch, wie Zeus in der Götterversammlung sagt, sich selbst alles Üble schaffe, steht zu dem Wirken der Moiren nicht in Gegensatz, denn nicht sie haben den Menschen erschaffen, er selbst ist die letzte Bedingung seiner Übel, ohne ihn sind sie nicht. Böte er den Moiren nicht Handhaben für ihr Eingreifen, so könnten sie ihm nichts anhaben. Sie schaffen nicht aus sich heraus, sie wirken durch und vermittels des Menschen, sind, um tätig zu sein, durchaus auf ihn angewiesen. Der Mensch schafft an seiner moira mit. Unheil und Verhängnis, Glück und Unglück gewinnen ihre Bedeutung erst durch die Beziehung auf den menschlichen Willen, ohne den sie nichts sind und nichts bedeuten können. Deshalb begegnen die Moiren dem Menschen nicht unmittelbar und zeigen sich nicht seinem Auge. Er sieht sie nicht, wie er die Götter sieht. Sie schaffen unsichtbar und wirken im Verborgenen, in den Fäden und Einschlägen des Lebens. Theokrit sagt in seiner ersten Idylle, daß Aphrodite den toten Daphnis emporzuheben versuchte, doch es mißlang, da alles Gespinst von den Moiren fehlte. Es fehlt, weil es mit dem Tode endet, weil mit ihm auch alles Tun der Moiren aufhört. Im Hades gibt es keine Moiren.

Das alles besagt, daß die Moiren Zeitgöttinen sind, daß sie an den zeitlichen Geweben des Lebens wirken. Sie schaffen weder Blumen, noch Bilder, noch Gestalten des Lebens, haben es vielmehr nur mit den Verknüpfungen zu tun. Sie rühren nicht an das Sein, sondern an seine zeitliche Erscheinung. Auch liegt das Musische ihnen fern, worauf das Wort des Empedokles hindeutet, daß die Grazie die schwer erträgliche Notwendigkeit haßt. Dieses schwer Erträgliche der Notwendigkeit schwindet vor dem Wirken der Chariten dahin, wird aber an den Loiren fühlbar. Was sich an ihnen zeigt, ist die Teilnahmslosigkeit, mit der sie ihren Obliegenheiten nachgehen. Es ist etwas Strenges, Achtsames, nie Ermattendes in ihren Verrichtungen. Ihre stete und ruhelose Geschäftigkeit betrifft nur das Geschäft, in dem weder Neigung noch Abneigung sie behindert. Der Mensch, an dessen Geschick sie spinnen, bekümmert sie nicht; sie wenden ihm keine Teilnahme, keine Aufmerksamkeit zu. Das gibt ihnen etwas Graues. Sie sind eherne und geschlechtslos anmutende Jungfrauen, an deren beständigem Ernst nicht zu zweifeln ist.

Dike, die nach Hesiod die Tochter des Zeus und der Themis und eine der drei Horen ist, hat etwas Allgegenwärtiges. Wenn sie auch nicht wie ihre Mutter immer bei dem Zeus weilt und seine dauernde Beisitzerin ist, so ist sie ihrem Amt und Wesen nach doch ganz der Mutter verwandt. Themis umfaßt auch die Dike, die als Kind des Zeus aus ihrem Leibe hervorgeht. Dike hat freien Zutritt zu Zeus und naht ihm klagend, wenn sie verletzt worden ist. Gemeinsam ist ihr mit den anderen Horen, daß sie die Werke der Menschen in Obhut nimmt. Dieses Horenhafte ihres Wesens ist ein Rhythmisches, zeitlich Geordnetes, im Zeitmaß Erfolgendes. Es ist zugleich Duft und Wohllaut, so daß die Dichter von einem Gegenstande sagen können: er duftet nach den Horen, er ist im Quell der Horen gebadet. War es das Amt der Horen zunächst, über den Jahreszeiten lenkend zu wachen, alles Keimen, Knospen, Blühen und Fruchten zu fördern, so finden wir bei Hesiod ihr Amt erweitert; es erstreckt sich auf den Menschen und die Gesetzlichkeit, in der er lebt, behält aber immer den rhythmischen Gang und kehrt im schön geordneten Periodus wieder. Die Horen, sagt Hesiod, bringen alles Tun der Menschen zur Reife. Die tanzende Dike, die im Chor sich schwingt, ist das höchste Bild dieser Ordnung, die ganz Duft, Blüte und Wohllaut wird. Die Jugendblüte selbst wird hora genannt. Denkt man das alles von der Dike fort, dann bleibt nur die Strenge, der Zwang. Aber an einer erzwungenen Ordnung, an der bloßen Satzung, die auferlegt und befolgt wird, ist nichts Dikehaftes. Dike hat an ihr kein Wohlgefallen. Sie ist keine Göttin der Notdurft, sondern musischen Wesens und fühlt sich nur dort wohl, wo das Musische am Menschen hervortritt. Wie ihre Schwestern, ist Dike die Freundin der Musen und Chariten, ist die Pflegerin des Schönen und Anmutigen. Die unverletzte Dike ist zwar unwahrnehmbar, aber überall unsichtbar tätig, wohlwollend, spendend, Gedeihen befördernd, dem Menschen, der sie ehrt, ihre Teilnahme beweisend. Die unverletzte Dike ist es, die wir vor allem in den Werken der Epiker und Lyriker finden; die verletzte zeigt sich bei den Tragikern. Hier wandelt sich ihr Wesen, denn die unbeugsame Kraft, die ihr innewohnt, kehrt sich strafend und richtend gegen ihre Verächter. Hier trägt sie das Schwert, mit dem sie die Brust des Frevlers durchbohrt, und verbindet sich mit den Erinyen. In diesem eingeschränkteren Sinne wacht sie über Recht und Sitte, wendet sich gegen den Rechtsbruch und die Rechtsbeugung. Eingeschränkter ist dieses Amt, weil sie verletzt worden sein muß, ehe sie einschreitet. Umfassender, im Tanze der Horen, gewahren wir die unverletzte Dike, die der ihr gemäßen Ordnung des gesamten Lebens vorsteht.

Ate, die nach Homer den Zeus als Vater, nach Hesiod die Eris als Mutter hat, ist die Göttin des Unheils, welche die vorschnellen, übereilten Entschlüsse, Worte, Taten anstiftet. Sie kommt schnell, fliegend und mit leichtschwebenden Füßen, schreitet mit leichtschwebenden Füßen über die Häupter der Männer hin. Sie heftet sich nicht an das Durchdachte, Ausgesonnene, sondern an das auffahrende und leidenschaftliche Tun und Denken, das sie ebenso begünstigt wie hervorlockt. Wo in der Hitze das scharfe, unbedachtsame, kränkende Wort herausbricht, dort ist Ate. Sie löst die Zunge, sie reißt hin. Als sie das bei Zeus tat und ihn zu dem Schwure hinriß, durch den Herakles der Herrschaft verlustig ging, ergriff Zeus sie bei den Haaren und schleuderte sie vom Olymp hinab, auf den sie nie wieder zurückkehren durfte. Sie stürzte, wie Homer sagt, auf die Werke der Menschen. Sie hat also auf dem Olymp nichts zu suchen, bleibt aus der Göttergemeinschaft ausgeschlossen und herrscht über die Menschen allein. In der Wendung, daß sie auf die Werke der Menschen stürzt, wird deutlich, daß sie nicht nur die unheilvollen Entscheidungen anstiftet und hervorlockt, sondern auch ein rächendes Amt hat. Sie ist nicht nur die schadenfrohe und raschwandelnde Unheilstifterin, sondern auch rächende und richtende Schicksalsgöttin. Als solche erscheint sie bei den Tragikern. Ihr Amt ist eingeschränkter, ihr Bereich enger als der der Dike, doch ist sie bei Homer eine mächtige Göttin. Daß sie unterirdische Göttin ist, sagt Aischylos: Zeus läßt von den Schatten herauf die späträchende Ate über frevle, heillose Menschengewalt kommen. Er sagt von ihr, daß sie den Frevler mit herzzermalmender Kraft umfaßt, bis ihn eine Flut von Elend umspült. Die Ate der Tragiker hat nichts Leichtes und Schwebendes mehr; sie hat ein genaues, strafendes Amt. Nahe liegt, daß das Wirken der Ate mit dem der Moiren zusammentreffen kann, ja daß ein solches Zusammentreffen oft vorkommen muß, doch sind Ate und die Moiren nicht zu verwechseln. Die Moiren begleiten den ganzen Weg, die ganze Bahn des Menschen; Ate aber kommt und geht. Ate hat etwas durchaus Unheilvolles; die Moiren aber sind nicht als bloße Unheilsgöttinnen zu denken. Wenn es scheint, daß dem so ist, so liegt das daran, daß das Menschenleben immer vom Verhängnis bedroht ist und die Bedrohung überall sichtbar wird. Jeder Mensch hat Moiren, aber nicht bei jedem zeigt sich die Ate. Das Wirken der Moiren ist anders als das der

Ate. Die Moiren bestimmen das Schicksal des Menschen vermittels der Ketten und Einschüsse eines in sich zusammenhängenden und fortlaufenden Geschehens. Sie sind nicht Rächerinnen und Richterinnen, sondern agieren kraft einer bedungenen Notwendigkeit. Ihre teilnahmslos erscheinende Gerechtigkeit ist nicht ordnend, ausgleichend und wiederherstellend wie die der Ate, die das Racheamt vollzieht und den Frevler ihre Macht kosten läßt. So erscheint sie bei den Tragikern. Die homerische Ate aber ist unberechenbar, launisch, tückisch und schadenfroh, dabei leicht wie ein Vogel, von göttlicher Leichtigkeit.

Was die Nemesis, die Tochter der Nacht, von der Ate unterscheidet, liegt schon in der Art ihres Eingreifens. Was sie von der Dike sondert, ist, daß ihr das Horenhafte fehlt, der rhythmisch geordnete, zeitliche Gang, in dem Dike einherschreitet. Scheu ist wohl das Wort, das gebraucht werden muß, um von der Nemesis eine deutliche Anschauung zu geben. Wer die Nemesis kennt oder sie zu ahnen vermag, der ist von Scheu vor ihr erfüllt. Hesiod nennt sie mit der Aidos zusammen. Übersetzt man diesen Namen mit Scham, so schränkt man ihn allzusehr ein; das Wort aidos bedeutet auch Ehrgefühl, Rücksicht, Scheu, Ehrfurcht, Achtung. Es zeigt eine Rücksichtnahme an. Die Furcht vor der Nemesis geht ihrem Einschreiten voran, und dieser Furcht entspringen die Handlungen, die eine Versöhnung der Nemesis ins Werk setzen sollen. Etwas von seinem Glücke freiwillig aufopfern, das ist ein Akt, welcher auf Versöhnung der Nemesis ausgeht. Wenn jemand in unserer Gegenwart ausspricht, daß ihm alles gut und nach Wunsch geht, wenn er in Hinsicht auf die Zukunft von Zuversicht erfüllt ist, dann klopfen wir unter den Tisch, klopfen an Holz. Wir tun das auch, wenn wir selbst zu zuversichtlich gesprochen haben. Darin liegt etwas, das dem Empfinden der Griechen ähnelt, wenn sie die Nähe der Nemesis spüren. Aber um diese Nähe wirklich zu spüren, um Scheu vor ihr zu hegen, bedarf es nicht nur einer eigenen Aufmerksamkeit, sondern auch der Reife und eines plastischen Empfindens für die Proportionen, auf die hin das Leben angelegt und bemessen ist. Jeder Hybris ist beigegeben, daß sie über sich selbst wenig Bewußtsein hat und vom Nahen der Nemesis nichts ahnt. Daraus ergibt sich bei Herodot und Pindar die Gewißheit, daß gerade der Glückliche, von Befürchtungen Freie besonders von der Nemesis bedroht ist. Sie wacht über dem Maße, über den Grenzen und Proportionen, auch über dem Schicklichen, ist daher eine ausgleichende und wiederherstellende Göttin. Wird dieses ihr Amt genauer gefaßt, so zeigt sich, daß ihr Eingreifen ein Verschulden nicht vorauszusetzen braucht; sie greift vielmehr nach Lage der Dinge ein, den Wechsel und Umschwung bewirkend, der am Menschenleben zu erkennen ist. Ganz rein liegt diese Überzeugung in dem Gedanken, daß die Götter dem Menschen ein zu hohes Glück nicht gönnen, daß sie sich durch ein Glück verletzt fühlen, das ihrem eigenen zu sehr ähnelt. Diese Höhe, Dauer und Ungetrübtheit des Glückes genügt schon, um die Nemesis zum Einschreiten zu bewegen. Daß das Übermaß des Glückes in sich gefährdet ist, daß niemand sich auf dem Gipfel erhalten kann und sinken muß, wenn er erreicht ist, das ist eine der Lehren, welche Nemesis dem Menschen erteilt. Sie bewirkt den tiefen, unvorhergesehenen, furchtbaren Sturz von den Höhen. Blindheit gegenüber der Nemesis ist vom Sturze bedroht. Denkt man sie nun mit der Dike und den Erinyen näher zusammen, dort nämlich, wo der Glückliche zum Übermütigen und Frevler wird, dann wird die strafende und richtende Göttin aus ihr, die wir bei den Tragikern finden. Ihr Beiname Adrasteia, die Unentrinnbare, deutet aber nicht nur auf die Rächerin, sondern auf ihr Amt, alles menschliche Maß zu erhalten und ein Gleichgewicht der Schicksale zu statuieren. Sie ist die Göttin der Veränderungen und Wechselfälle des Lebens, denn im Bleibenden und Dauernden ist sie nicht sichtbar, wirkt sie nur verborgen. Die ruhende Nemesis ist unwahrnehmbar. Soviel Bewegung sie hervorbringt, so ruhig müssen wir sie doch denken. Auch erscheint sie schön gebildet und der Aphrodite so ähnlich in den Werken der Plastik, daß eine Unterscheidung nicht leicht ist, weshalb auch Agorakritos, der Schüler des Pheidias, seine Aphrodite allein dadurch in eine Nemesis umwandeln konnte, daß er ihr andere Attribute gab. Die Schönheit in den Proportionen der Nemesis weist auf das Ebenmaß hin, dem sie günstig gesinnt ist. Sie ist milde und wohltätig, und der, welcher wahre Scheu vor ihr hegt, hat nichts von ihr zu fürchten. Ihre Attribute sind der Zaum, das Schwert, Flügel und Greifenrad.

Um einen Begriff davon zu geben, wie das abstrakte Denken den Begriff der Nemesis handhabt, sei hier angeführt, was Aristoteles im siebenten Kapitel des zweiten Buches der Nikomachischen Ethik darüber sagt. Er bestimmt die Nemesis als eine Empfindung des Schmerzes über das unverdiente Glück unwürdiger Menschen. Nemesis ist bei ihm Tugend, ein Mittleres zwischen dem Neid, den alles fremde Wohlergehen schmerzt, und der Schadenfreude, die über das Unglück anderer sich freut. Dieser Begriff der Nemesis kann der bürgerliche genannt werden; verfolgt man ihn zurück, so kommt man auf die Auffassung der Tragiker. Das Epos verbindet solche Gedanken mit der Nemesis nicht, insbesondere nicht den Gedanken einer sittlichen Ordnung, die wiederhergestellt werden muß. Hier schaltet Nemesis frei und mit göttlicher Willkür. Ihr Eingreifen setzt keinen Frevel, keine Schuld und kein Fehl voraus; es bezeichnet den schicksalhaften Gang des Lebens selbst, den Wechsel der Verhältnisse, die schnelle, oft blitzartige Veränderung, das Stürzen und Fallen.

Nestor ist im Lager der Griechen vor Ilion der einzige, der von der älteren Heroengeneration noch zugegen ist. Er ist der letzte Zeuge vergangener Zustände, auf welche das Epos zurückblickt, ein Greis, der drei Menschengeschlechter beherrscht hat. Er ist der Hort und Ruhm der Achaier, der erfahrenste Mann im Rate, dessen Rat am gesuchtesten ist. Sein Anteil am Geschehen ist groß; es gibt keine wichtige Entscheidung, vor der er nicht gehört wird. Die Ruhe und Heiterkeit des Alters sind an ihm zu bemerken. Doch scheut er weder den Kampf noch den Becher; der Becher, aus dem er zu trinken pflegt, ist so schwer, daß jüngere Männer ihn nur mühsam heben. Sein Einfluß ist ein versöhnender, mäßigender, seine Rede leidenschaftslos und abwägend. Er spricht gern von der Vergangenheit und weiß sie zu rühmen; er flicht in seine honigreiche Rede die älteren Begebenheiten ein, die Kämpfe des Herakles gegen seinen Vater Neleus, seine eigenen Kämpfe gegen die Arkader, Elier, Epeier, Molionen und die Teilnahme, die er als Jüngling am Streit der Lapithen gegen die Kentauren hatte. Seiner Überzeugung nach waren die älteren Heroen stärker als die lebenden, so stark, daß keiner der jüngeren Heroen sie bezwungen hätte. Als Männer von unvergleichlicher Kraft rühmt er im ersten Gesange der Ilias den Peirithoos, Dryas, Kaineus, Exadios, Polyphemos und Theseus. Das sind, wenn man den Theseus ausnimmt, lauter Lapithen. Mit ihnen hatte er Freundschaft geschlossen und sich in der Wald- und Gebirgswildnis umgetrieben. Will man dieser Epoche des Heroenzeitalters einen eigenen, zusammenfassenden Namen geben, so kann man sie die herakleische nennen. Eine solche Benennung wird durch die Verhältnisse, welche das Epos angibt, gerechtfertigt; die Ilias zieht Grenzen und ist selbst ein Grenzwall, welcher Vergangenes und

Gegenwärtiges trennt. Zwei Epochen der Heroen sind es, die dem epischen Dichter deutlich geworden und ins Bewußtsein gerückt sind, und Nestor, der zwischen ihnen steht und sie verbindet, unternimmt den Versuch, beide zu vergleichen und gegeneinander abzuheben. Auch wir spüren den Unterschied. Wir spüren zunächst, daß wir uns nicht mehr in den Anfängen der Heroenzeit befinden, sondern uns ihrem Ausgang und Abschluß nähern. Das Epos ist der Schlußstein, welcher dieser Zeit gesetzt ist. Die Homerischen Gesänge werfen ein Licht auf sie, dessen Helle wir besser verstehen, wenn wir bedenken, daß sie etwas Reflektierendes, Zurückwerfendes hat, die Helle eines großen Spiegels oder Schildes. Wir erkennen auch den Unterschied zwischen Epos und Tragödie, welch letztere in die Zeit eines wach gewordenen geschichtlichen Bewußtseins fällt und daher den Konflikt abhandeln muß, in den dieses Bewußtsein mit dem mythischen Geschehen gerät. Die Bühne selbst, ihr Mechanismus schon, zeigt diesen Konflikt, und auch den Chor und das Monologe und Dialoge der Tragödie, die Vereinsamung des Heros, der, je mehr die Götter zurücktreten, um so gewisser der tragischen Notwendigkeit erliegt.

Vielleicht erscheinen dem Nestor jene älteren Zustände nur in der Erinnerung mächtiger, da die Zeit die Konturen des Vergangenen herausarbeitet und die eigene Neigung dabei mitwirkt. So mag es sein, doch können wir uns nicht der Überlegung entziehen, daß er recht hat. Wie entsteht aber diese Überlegung in uns? Offenbar schon durch die Schilderung jener zugleich älteren und jüngeren mythischen Landschaft, die etwas Unberührtes hat, etwas Unbegangenes, erst zu Begehendes. Sie ist mehr Wildland, ist schweigsamer; sie hat etwas Lauschendes, eine lauschende Stille und eine panische, kentaurische Mächtigkeit. Das Berg-, Wald- und Flußleben der älteren Heroen mutet uns inniger an. Sie tauchen auf ihren Streifzügen tief in die freie Wildnis ein. Ihr Auge erschließt die unerschlossenen Gründe und Gefilde, die weithin noch der Herrschaft der mythischen Tiere unterstehen. Dagegen treten die Meerfahrt und das Schiffswesen zurück. Man sieht das an einem Schiffe wie der Argo, dessen Ruhm noch ganz in der Erfindung liegt, das als wunderbares, beseeltes Werk ein lang nachwirkendes Staunen erweckt und der Verstirnung für würdig erachtet wird. Im Schiffskatalog der Ilias sind weder Namen von Schiffen angegeben, noch herrscht ein Staunen darüber, daß ganze Flotten die Küsten des Festlandes und den Archipelagos befahren. Der Schiffsbau ist ein allgemein geübtes Handwerk, obwohl dem Epos noch anzumerken ist, daß der Bereich des Poseidon nur zögernd erschlossen, zunächst nur durch Küstenfahrt erforscht wird.

Die Kämpfe, von denen Nestor berichtet, werden gegen die stierjagenden, thessalischen Menschenkentauren geführt, gegen die „zottigen, bergbewohnenden" Ungetüme, die in Höhlen hausen. Das Lapithen- und Kentaurenwesen samt dem großen Kampf, der zwischen ihm ausgefochten wird, gehört der herakleischen Heroenzeit an, und zu ihr die mächtige, heraklesgleiche Gestalt des Lapithenkönigs Peirithoos, der mit Herakles und Theseus Vorkämpfer gegen die Kentauren ist. Diesen, dem Zweige der Hippokentauren, ist er verwandt. Das achilleische Heroengeschlecht ist das letzte, das von dem Kentauren Cheiron erzogen wird. Zur herakleischen Heroenzeit gehört der Kampf gegen die mythischen Tiere, und auch ein Leben wie das der arkadischen Atalante, einer artemishaften Jägerin, oder die auf aitolischen Fluren stattfindende Jagd auf den kalydonischen Eber, der größte mythische Jagdzug, der überliefert worden ist. Auch er liegt im Bereich der Artemis, die den Eber losgelassen hat, wird auch mit der Atalante in Verbindung gebracht.

Die Ereignisse verlaufen parallel. Unter den gemeinsamen Zügen des herakleischen Zeitalters heben sich hervor der erste Zug gegen Ilion, der von Herakles geführt wird, der Zug der Sieben gegen Theben und der Argonautenzug, der unter Jasons Führung nach Kolchis geht. Diese großen Unternehmungen haben ihre Entsprechung im achilleischen Zeitalter. Der zweite Zug gegen Ilion wird von Agamemnon geführt, der zweite Zug gegen Theben von den Epigonen unter Adrastos. Dem Argonautenzug aber entspricht die große Reise und Irrfahrt des Odysseus. Die Väter kehren in den Söhnen wieder.

Werden Herakles und Achilleus verglichen, so zeigen sich die Unterschiede. Zeus und Alkmenens Sohn ist der Stifter und Gründer; er gibt dem Heroenzeitalter das Fundament und die Grenzen. Die Ader herakleischer Kraft durchläuft alles Geschehen. Der Bereich der Heraklesmythe ist nicht nur der umfangreichste und mächtigste aller Heroenmythen; er ist auch ein treues Abbild der Kräfte und Konflikte, in deren Mitte der Heros steht. Die Liebe des Vaters zu diesem Sohne bleibt nicht unerwidert. Es ist der Nomos des Zeus, in dessen Bahnen der Sohn geht, den er vollstreckt, nach dem er die Erde einrichtet. Er mißt seine Kraft an allem, was von diesem Nomos abweicht. Die Kämpfe, welche Herakles bestanden hat, gehören der Vergangenheit an, und Achilleus braucht sie nicht zu wiederholen. Er findet das schon vor, wozu Herakles den Grund legte. Das heroische Königtum ist in seinen Abmessungen schon festgelegt, ist noch von Theseus erweitert und befestigt worden. Achilleus wächst in diesen festen Einrichtungen auf. Mit dem Kentaurentum ist er nur noch durch die Erziehung verbunden, die er von Cheiron empfing; die Amazonen messen sich noch einmal mit ihm, doch ist der Kampf als Episode in den Kampf um Ilion eingeflochten. In ihm hat Homer alles vereinigt, was der jüngeren Generation, deren Vorkämpfer und Leitheroser ist, eigentümlich ist. Ihn kennzeichnen nicht die Züge urtümlicher, urwüchsiger, göttergleicher Kraft, die sich mit Ungeheuren mißt und die Erde erst zum sicheren Wohnsitze der Menschen umschafft; er ist mit all seiner Stärke in einem milderen Klima aufgewachsen und milder geartet. Er ist der Liebling Homers, der ihn nicht nur furchtbar, unbändig und unbeugsam bildet, sondern auch zärtlich, gastlich und freimütig. Er ist großherzig und freiheitsliebend, deshalb ist in seinem Umgang nichts Drückendes und Niederziehendes; sein Anblick erfreut und erheitert auch den Geringsten und läßt ihn frei aufatmen. Der eingeborene Adel bricht mächtig und siegreich hervor.

Perseus

Perseus gehört zu den Heroen, denen die Überlieferung einen eigenen und abgesonderten Bereich einräumt. Er steht für sich, ohne Verbindung zu den Heroen des Epos und ihren gemeinsamen Kämpfen, denen er fernbleibt, ohne Beziehung auch zum Herakles, der wie er ein Sohn des Zeus ist. Überhaupt hält er sich in seiner eigenen Region, wie denn das Haupt der Medusa, das er bei sich trägt, ihn absondert und Scheu vor ihm erweckt als einem Träger tödlicher Gefahren. Die versteinernden Kräfte der Medusa gehen auf ihn über. Er hat etwas Gefeites und Geweihtes. Das Zeushafte an ihm tritt nicht so sichtbar hervor wie am Herakles. Er ist der Liebling der Athene und des Hermes, und die Gaben beider Götter zeigen sich an ihm. Ihn umgibt ein starkes Daimonion; der Zusammenhang seines Lebens ist ein durchaus numinoser, und in Verbindung damit steht, daß wir bei ihm einer Fülle von Verwandlungen begegnen. Sie beginnen mit dem Goldregen, in dem Zeus erscheint, um der Danae beizuwohnen, zeigen sich darin, daß der Heros sich unsichtbar zu machen versteht, und knüpfen sich vor allem an die Medusa und ihr Haupt. Der Weg, den er von den Graien über die Nymphen zu den Gorgonen nimmt, ist ein Weg der Verwandlungen. Unter dem Sichelhieb, mit dem er die Medusa enthauptet, springen Chrysaor und das Flügelroß Pegasos hervor. Ein Weg der Verwandlungen ist es, der von der Zeugung des Heros und dem dabei vom Himmel fallenden Goldregen bis zu seiner Verstirnung mit dem Medusenhaupte führt. Wir müssen die Herrlichkeit dieser Bewegungen zusammendenken, den vom Himmel auf die Danae niedersinkenden, ganz goldenen Zeus und den unter die Gestirne pfeilgleich aufsteigenden Heros.

Parallel mit diesen Begebenheiten läuft eine Folge von Begegnungen und Berührungen, die den Perseus ganz in den Bereich des Hades bringen, an dem die von ihm beschriebene Bahn immer wieder vorbeiführt, in den sie hineinführt. Hierher gehört schon, daß er in einem unterirdischen Gemache gezeugt und geboren wird, sodann mit der Danae in einem verschlossenen Kasten ins Meer geworfen wird. Er zählt zwar nicht zu dem Geschlechtsverbande der Kypseliden, gehört aber in einem weiteren Sinne den Kypseliden an. Auf dem Kasten des Kypselos, den die Kypseliden nach Olympia weihten, sind die Gorgonen geflügelt dargestellt. Hierher gehört die Hadesnähe der Gorgo, welche Homer bezeugt, also auch ihrer Schwestern und Wärterinnen, der Graien, die Freundschaft mit Hades, der ihm seinen unsichtbar machenden Helm leiht, und die Verbindung mit dem Hermes. Hermes- und Hekatekräfte sind in Perseus. Er ist unter allen Heroen derjenige, der die größte Ähnlichkeit mit dem Hermes hat. Beide tragen die Flügelsohlen, beiden ist die schwebende, leichte, befiederte Bewegung eigen, die etwas Vollkommenes hat. Perseus ist ganz Flug und zieht wie ein pfeilgeschwinder, anmutiger Segler den Blick auf sich. Er durchmißt mit Gedankenschnelle weite Räume. Das Mühelose dieser Bewegung, die göttliche Désinvolture zeigt sich in seinem ganzen Leben, in dem alles Schwierige leicht erscheint, wie ihm denn im ersten Anfluge alles gelingt, was er unternimmt. In der Mitte dieses Lebens, das eine einzige wunderbare Bewegung ist, liegt die Begegnung mit der nereidenhaft schönen Andromeda. Der hohe Glanz, der schon seine Zeugung umgibt und ihm den Beinamen „der vom goldenen Vater Stammende" eintrug, verläßt ihn nicht und dauert sternenhaft fort. Von ihm geht Glanz, Fülle, Überfluß aus, und Segensfülle kommt, wie noch Herodot berichtet, über Ägypten, wenn dort einer seiner Schuhe gefunden wird. Die spendende Kraft des Heros, der immer ein Mehrer, nie ein Verringerer ist, zeigt sich an ihm als Niederschlag von metallischem Gold, das ihn weithin aufleuchten läßt. Keiner der Heroen steht zum Hades in einer so leichten, freundschaftlichen und furchtlos freien Beziehung wie er. Die Tötung der Medusa war ein Menschen, Göttern und selbst dem Hades wohlgefälliges Werk. Der unterirdische Zeus willigte in sie ein; mit ihm verkehrt Perseus als Freund, der freien Zutritt hat. Daher das seelenhafte Einherschweben des ganz lichten Heros und sein müheloses Auf- und Absteigen vom Lichte ins Dunkel, in die Schattenreiche, und vom Dunkel ins Lichte hin.

In dieser schwerelosen Bewegung entfernt er sich von der Gaia und ihren Zeugungen. Die Tötung der Medusa verletzt die Gaia. Sie liebt die Heroen nicht. Die Waffen des Heros verletzen immer die Gaia mit; sie verletzen den Schoß der Mütter.

Die Dioskuren

> **Die Dioskuren in ihrer Freundschaft, haben die nicht Leiden auch getragen? Nemlich wie Hercules mit Gott zu streiten, das ist Leiden. Und die Unsterblichkeit im Neide dieses Lebens, diese zu teilen, ist ein Leiden auch. Hölderlin**

Die Dioskuren stammen aus *einem* Ei. Das ist ihr Schicksal und bindet sie für immer aneinander. Kein Zwillingspaar erscheint so eng verbunden wie sie; sie sind zusammen da, sind in Gemeinschaft, und diese brüderliche Liebe und Eintracht dauert in ihrer Verstirnung fort. Als sich umschlungen haltende Zwillinge erscheint ihr Sternbild im Tierkreise, so umschlungen, wie sie in dem Schwanenei lagen, das sie umschloß. Poseidon sagt in der Odyssee, daß die Umarmungen der Götter niemals unfruchtbar seien, daß aus ihren Zeugungen immer Frucht hervorgehe. Die Zwillingsgeburt ist ein Überfluß. Warum geht soviel beseligendes Leben von den Dioskuren aus? Der eine spiegelt sich im anderen ab, so wie Laubgehänge, Blumen und Früchte sich im klaren Uferwasser der Seen abspiegeln. Das ist Reichtum. Es ist ein doppeltes Leben, das jeder von ihnen führt, beseligt in dem anderen. Sie sind Schwäne und licht wie Schwäne, licht wie die weißen Rosse, auf denen sie nach ihrem Verschwinden von der Erde einherreiten. Auch der Wagen ihres Vaters Zeus ist mit weißen Rossen bespannt.

Sie sind die Vorsteher alles jugendlich blühenden Heroenlebens und als solche verehrt, nicht nur im heimischen Sparta, sondern weithin, als vergötterte Heroen, deren Dienst allgemein geworden ist, bei Achaiern und Dorern, in ganz Hellas, Sizilien und Italien. Ihnen unterstehen nicht nur die Rossebändigung und der Faustkampf, in denen sie selbst sich auszeichneten, sondern alle athletische und musische Übung; sie sind Vorsteher im Agon der Spiele zu Olympia und Stifter der Theoxenien, eines Festes der Gastfreundschaft, zu dem die Götter geladen werden. Ihrer wird am Anfang von Pindars dritter olympischer Ode gedacht, die am Theoxenienfest in Akragas, im Tempel der Dioskuren aufgeführt wurde. Sie sind Erfinder des Waffentanzes, Tänzer, den Sängern hold, Schirmherren der Schiffahrt, der Gastfreundschaft, sind Kriegsgötter, Siegverleiher und Glücksbringer. Zeusgleiche Ämter sind es, denen sie vorstehen. Um diese Fülle von Ämtern einzusehen, muß man begreifen, daß das menschliche Leben einen dioskurenhaften Bereich hat, der in der Jugend, der brüderlichen Gemeinschaft, dem Gleichstreben, den Wagnissen und dem kühnen Gelingen hervortritt. In ihm ist alles beglückend durch das freudige Gefühl des Wachstums; in ihm bewegt sich das Leben im Tanze. Im Waffentanze, den sie erfunden haben, in der schnellen, feurigen Pyrrhiche drehen sich die Dioskuren als Tänzerpaar, und Athene begleitet sie mit der Flöte dazu. Kastors Lied, auf der Flöte gespielt, geht dem spartanischen Heere voran, und dem Heere voran wird immer das uralte Zeichen der Dioskuren getragen, die beiden parallelen, durch Querhölzer verbundenen Balken. In dem göttergleichen Paar ist nicht nur alle Mühe und Kargheit des Lebens aufgehoben; doppelt ist alles vorhanden, was sonst kaum einzeln zu finden ist. Schon zu ihren Lebzeiten, auf der Fahrt nach Kolchis sollen sich auf ihren Häuptern Sterne gezeigt haben, und Sterne stehen an der Spitze des halbeiförmigen Hutes, mit dem sie dargestellt werden. Als Brüder, welche die engste Gemeinschaft verbindet, nehmen sie an den gemeinsamen Heroenzügen teil, leiten den Zug gegen Athen, sind bei dem größten aller Jagdzüge, der Jagd auf den kalydonischen Eber, schiffen sich auf der Argos mit ein und kämpfen zuletzt mit dem aphareidischen Brüderpaar Idas und Lynkeus. Zur Zeit des Trojanischen Krieges sind sie als Vergötterte schon der Erde entrückt.

Der dioskurenhaften Seite des menschlichen Lebens stehen sie als Anaktes, als helfende Horte vor. Polydeukes war unsterblich, Kastor sterblich. Nun teilen sie im Einverständnis mit dem Zeus ihre Anteile. Polydeukes teilt seine Unsterblichkeit mit dem Bruder, und dieser übernimmt die Hälfte von dessen Sterblichkeit. Daß die Unsterblichkeit übertragbar ist, zeigt der leidende Cheiron, zeigen die Bemühungen der Kalypso und Kirke um den Odysseus. Nahe liegt, daß eine solche Übertragung nicht ohne die Zustimmung des Zeus geschehen kann. Die Dioskuren sind nach ihrem Tode halb dem Olymp, halb dem Hades angehörig, wechseln Tag um Tag ihren Ort, bald aus dem Dunkel ins Licht, bald aus dem Licht ins Dunkel wandernd. Oft erscheinen sie jetzt auf der Erde, paarweise wie immer. Die numinose Begegnung zeigt sie in ihrer Aufgabe als Anaktes, als Schirmherren; sie werden als hilfreiche Horte angerufen. Bald helfen sie den Schiffern und Schiffbrüchigen, bald kommen sie als Gäste, die sich bewirten lassen, mit Rossen oder Gespannen oder zu Fuß. Den Dichtern und Sängern sind sie, wie die Geschichte des Simonides zeigt, gut gesonnen. Solche Begegnungen haben etwas Unvermutetes, Überraschendes und Rätselhaftes, gehen rasch vorüber und lassen ein tiefes Staunen zurück.

Theseus

Die nie ermattende Stärke des Theseus zeigt sich in der Fülle seiner Taten; in seinem Leben drängen sich mächtige Begebenheiten, welche die Kraft eines einzelnen Mannes zu übersteigen scheinen. Er gehört ganz dem herakleischen Heroengeschlecht an, gleicht auch von allen Heroen am meisten dem Herakles, wie er denn in den Darstellungen diesem sehr ähnlich ist, aber ein wenig schlanker an Wuchs und mit schlichterem Haar gebildet. Die Aufgaben beider Heroen gleichen sich, und ihre Bahnen überschneiden sich, ohne daß sie einander verschatten. Sie sind Freunde und haben vieles gemein, den Kampf gegen Amazonen und Kentauren, die Eberjagd, die Freundschaft mit Cheiron und Peirithoos, die Begegnung mit dem Acheloos, den Abstieg in den Hades.

Theseus ist ein mächtiger, nerviger Kämpfer. Nestor, der ihn in seiner Jugend kennen lernte, rühmt seine unvergleichliche Kraft. Er ist rastlos und besonnen tätig; das Schwere und Schwierige, das sich vor ihm auftürmt, bewältigt er mit glückhafter Leichtigkeit. Sein Leben ist ein immer erneutes Beginnen und entfaltet sich auf jeder Stufe von neuem; als Jüngling, Mann und Greis sieht er sich vor immer neuen Aufgaben. Er ist unerschöpflich in der Kraft eines neuen Ansatzes und wächst und wächst dabei, stürmt gewaltig einher und vollendet sich. Er ist ein Mann des Schicksals und ein Liebling der Götter. Die Fülle des numinosen Geschehens haftet an ihm und zeigt sich schon vor seiner Geburt in der Orakelbefragung seines Vaters Aigeus.

Theseus gehört zu den Zöglingen Cheirons und zu den jugendlichen Wanderern, die weithin die Landschaften durchziehen und sie von riesenhaften Unholden und mythischen Tieren säubern. Diese Kämpfe, die er allein besteht, fallen in seine erste Jugend und machen einen eigenen Abschnitt seines Lebens aus. Ein anderer beginnt mit seiner Rückkehr nach Athen, wo ihn Aigeus erkennt, dem Volke zeigt und ihn zu seinem Nachfolger in der Herrschaft bestimmt. Den Kämpfen, die sich daraus mit den Söhnen des Pallas ergeben und dem Jagdzuge gegen den marathonischen Stier folgt die Schiffahrt nach Kreta, die Tötung des Minotauros und sein Liebesverhältnis zu Ariadne. Diese Begebenheiten bilden einen Zyklus, der in sich geschlossen ist. Doch ist das Labyrinth schon die Vorbereitung der Hadesfahrt, welche Theseus mit dem Peirithoos unternimmt. Plutarch bemerkt, daß Theseus vor der Abfahrt nach Kreta auf Geheiß des delphischen Orakels nicht nur dem Apollon Delphinios, sondern auch der Aphrodite Epitragia opferte und daß die Ziege, die er dazu verwandte, sich in einen Bock verwandelte. Darin lag ein günstiges Zeichen. Geheiligt war der Bock auch der Aphrodite Pandemos; ihre Verehrung führte Theseus ein, als er die Gemeinden der Athenäer zu einer Stadt zusammenschloß. Das Schiff, mit der er nach Kreta fährt, trägt ein schwarzes Segel. Labyrinth und Hades stehen in Beziehung zueinander. Es fällt auf, daß Theseus sich nach Lösung seiner Aufgabe ganz von Kreta löst; mit der Aussetzung der Ariadne auf Naxos versinkt alles hinter ihm. Er kehrt nach Athen zurück und wird nach dem Tode des Aigeus, der sich ins Meer stürzt, König. Wieder sieht er sich vor einer neuen Aufgabe. Er ist nicht der Stifter und Gründer des heroischen Königtums, aber er gibt ihm eine neue Verfassung, eine neue Ordnung. Er vereinigt die zerstreut lebenden Attiker, vereinigt Megaris mit Attika, stiftet gemeinsame Feste und Spiele, weiht neue Heiligtümer. Er gibt der Polis eine neue, festere Gestalt. Das Königtum hat in ihm seine stärkste Stütze, wie auch die königliche Kraft an ihm besonders hervortritt, herrschend, gesetzgebend, verfassungsstiftend. Er ist der Urkönig, lebt auch als solcher in der Erinnerung fort und wird noch in der Schlacht bei Marathon gesehen, wo er als Schirmherr und Schutzgeist vor den Kriegern einherzieht.

Er begrenzt das heroische Königtum und gibt ihm seine eigenen Maße. Hierauf beziehen sich die hartnäckigen Kämpfe mit den Amazonen; das Amazonenwesen ist mit diesem Königtum unvereinbar, wird angegriffen und erliegt ihm. Hierher gehören die Kämpfe mit den Kentauren und die Freundschaft mit deren Gegner, dem Lapithenkönige Peirithoos. Theseus dringt tief in die mythische Landschaft ein, allein oder in Begleitung des Herakles und Peirithoos. Er nimmt an der Jagd auf den kalydonischen Eber und am Argonautenzuge teil. Er hilft dem Adrastos, die vor Theben gefallenen Kämpfer zu bestatten, und nimmt den flüchtigen Ödipus bei sich auf. Mit Peirithoos steigt er in den Hades hinab, um die Kore für diesen zu entführen. Dieses kühnste aller Unternehmen mißlingt; beide werden im Hades gefangengehalten und später durch Herakles befreit.

Das Leben des Theseus verdunkelt sich gegen Ende hin, als er in die inneren Unruhen Athens verwickelt wird. Die Kämpfe, die er gegen die Söhne des Pallas führen mußte, wiederholen sich, als Menestheus die Athener gegen ihn aufwiegelt. Er verläßt die Stadt und stirbt, durch den Lykomedes von einem Felsen gestürzt oder durch einen Fehltritt. Zu Gargettos spricht er einen Fluch über die Athener aus. Mit diesen Kämpfen, bei denen Menestheus, unterstützt von den Tyndariden, die Herrschaft über Athen gewann, hängt es zusammen, daß Theseus nicht unter den eponymen Heroen der Stadt erscheint. Sein Fluch lastete auf der Stadt. Später erhielt er Heroendienst, seine Gebeine wurden in die Stadt gebracht, ein Tempel wurde ihm beim Gymnasion errichtet. Theseus gehört zu den Meerfahrern unter den Heroen. Er ist ein Liebling des Poseidon. Von seiner Mutter Aithra heißt es, daß Poseidon ihr beiwohnte, von ihm selbst, daß er ein Sohn des Poseidon, des Schutzgottes von Troizen, sei, der die Aithra in der gleichen Nacht wie Aigeus besuchte, im Tempel der Athene zu Troizen. Pausanias berichtet über Theseus, daß er den Ring des Minos aus dem Meere wiederbrachte, zusammen mit einem goldenen Kranze, einem Geschenk der Aphrodite.

Aias

Und Ajax liegt an den Grotten, nahe der See, an Bächen, benachbart dem Skamandros. Vom Genius kühn der unbewegten Salamis steter Gewohnheit, in der Fremd', ist groß Ajax gestorben.
Hölderlin

Der Telamonier Aias, der zum Unterschiede von seinem kleinen, ihm nicht verwandten Namensvetter der Große genannt wird, der salaminische Aias, ist von Homer mit spürbarer Teilnahme dargestellt worden. In der Ilias erscheint er als der mächtigste aller Heroen nach dem Achilleus, dessen Vetter er ist. Er ist der untadelige Vorkämpfer im Kampfe gegen die Stadt. Mit Haupt und Schultern, heißt es von ihm, überragt er alles Volk. Es ist seine leibliche Mächtigkeit, durch die er zunächst den Blick auf sich lenkt, durch die er vor allen anderen sich auszeichnet und unverkennbar wird. Er übertrifft den Achilleus an Macht des Wuchses, den Hektor an Stärke. Dieser Wuchs ist, wie der ihn sorgfältig musternde Priamos bemerkt, nicht nur mächtig, sondern auch edel, läßt den ihm eingeborenen Adel unverkennbar hervortreten. Wenn die Ilias auf das Verfahren hin geprüft wird, durch das es ihr gelingt, uns das deutliche Bild des einzelnen Heros zu geben, ein Bild, das in der Erinnerung fortlebt und sich zu entfalten vermag, dann ist zu bemerken, daß das Charakterisieren der Darstellung fremd ist und ihr fernliegt. Züge, welche bezeichnen und abheben, werden sparsam verwendet. Oder, womit nichts anderes gesagt ist, die Teilnahme am Individuellen ist gering. Hier ist alles Art, und das Abweichen von ihr, die Unart, ist nicht komisch, sondern widrig. Thersites wirkt nicht als komische Figur, er wirkt nur verächtlich. Er ist ein niederer Mensch und wird aufs Maul geschlagen. In ihm künden sich die Endzustände der athenischen Demokratie an. Die Unart muß erst interessant werden, damit er

„zu seinem Recht kommt“ und die Maßstäbe des Geschehens liefert.

Das Bild des Heros entsteht auf andere Weise. Handelnd in dem großen Plane der Handlung, bestimmt der Mann sich seinen Platz; er wird in dem Raume sichtbar, den er sich durch sein Handeln gewinnt. Aias erscheint als der Hort der Achaier, als Turm in der Schlacht, der durch seinen unverrückbaren Stand das Geschehen bestimmt. Sein Kommen wird von allen gesehen, seine Nähe bleibt nie unbemerkt, sein Halten hält alle anderen mit, und Mut, Zuversicht, Vertrauen gehen weithin von ihm aus. Er ist ein Pfeiler, ein Damm, ein Schild, an dem sich starke Strömung bricht. Große Lasten nimmt er willig auf sich und trägt sie mit ruhigem, wortlosem Ernste. Solange er da ist, ist nichts verloren; wo er aber sich langsam, widerwillig, mißmutig und verfinstert zurückzieht, dort ist alles gefährdet und kommt alles ins Wanken. Er ist vollkommen verläßlich, man kann fest auf ihn bauen. Seiner leiblichen Stärke entspricht die geistige Gradsinnigkeit. Diese zeigt sich im neunten Gesange der Ilias, wo er mit dem Odysseus den Achilleus aufsucht, um ihn zur Versöhnung zu stimmen. Seine Ansprache an diesen ist anders als die des Odysseus, der mit geistiger Klugheit immer in seinen Widerpart sich hineinversetzt und von dessen Vorteil aus zu sprechen scheint. Aias spricht kurz, schmucklos, geradsinnig und bricht die Verhandlung ab, wenn sie aussichtslos wird. Er dreht und wendet nicht. Nicht nur seine Stärke erlaubt ihm, alle Umwege, Schliche, Listen und Finten zu meiden; verboten wird ihm das auch durch seine Einfachheit. Er haftet gerade durch dieses einfach Mächtige in der Erinnerung; es wird überall spürbar, wo er auftaucht. Finster lächelnd, mit mächtigen Schritten, seine starke Lanze schwingend, den mit Erz überzogenen Stierschild vor sich haltend, erscheint er dort im Kampf, wo Ares am stärksten tobt. Er schleudert zweimal

Felsstücke auf den Hektor, der ihm fast erliegt; diese Waffe entspricht seiner ungewöhnlichen Kraft. Hektor sagt rühmend von ihm, daß ihn die Götter mit Größe, Stärke und Verstand begabten und daß er der beste Kämpfer im Speerkampf sei. Er gleicht, als er mit seinem Schilde den Leib des Patroklos schirmt, einem Löwen, der seine Jungen gegen die Jäger verteidigt, dessen Brauen sich so tief runzeln, daß man die Augen nicht mehr sieht. Er deckt den Menelaos und Meriones, als sie den Leichnam des Patroklos forttragen, deckt ihn wie ein verwundeter Eber, vor dem die Jäger, wenn er sich wendet, erblassen und auseinanderstieben. Wie ein waldiges Gebirge, das die Ströme abwehrt, treibt er mit dem kleinen Aias die Troer zurück. In diesen Vergleichen und Bildern scheint wenig über ihn ausgesagt zu sein, doch hinterlassen sie das Bild seiner Kraft, Einfachheit und Verläßlichkeit. In den Tieren, die ihm als Wappentiere zugeordnet sind, in Löwe und Eber, im Adler, der mit seinem Namen verknüpft ist, im Waldgebirge, das den reißenden Strom hemmt, wird sein Wesen durchscheinend. Er ist unerschütterlich, ein treuer Freund, milde von Gesinnung und hart im Kampfe.

Der Konflikt, dem er erliegt, geht über den Bereich des Ares hinaus. Daß es gerade zwischen ihm und dem Odysseus zum Streit kommt, daß dieser Streit zur Selbstvernichtung des Heros führt, ist nicht Folge einer privaten Feindschaft, die zwischen beiden besteht. Der Zorn des Aias entbrennt erst, als er die Spielregel des Agon durch Odysseus verletzt sieht; sein Wahnsinn aber bricht aus, als dem Odysseus trotz dieser Verletzung die Waffen des Achilleus zugesprochen werden. In diesem Zusammenstoß steckt ein mächtiger Gegensatz, der den Agon und seine Auffassung selbst betrifft, ein Gegensatz, der die Griechen immer beschäftigte. Aias und Odysseus stoßen zusammen im Agon der Spiele; es ist ein verschiedener Nomos, der diese Begegnung vernichtend macht.

In dem Odysseus verbindet sich der Löwe mit dem Fuchs; er ist ein Mensch der tiefsten Verschlagenheit, die mit dem höchsten Mute, der größten Kühnheit gepaart ist. Er ist der Mann auch verzweifelter Situationen, er hat einen Schatz von Aushilfen, eine witternde Findigkeit, mit der er sich aus hoffnungslosen Lagen herauszieht. Seine List wächst dort und wird rücksichtslos, wo er schwach ist; er wird zum Meister der sinnlichen Lüge, die etwas Blühendes hat und den Anschein vollkommener Glaubwürdigkeit erweckt. Aias, in den Tänzen des Ares geübt und erzogen, verschmäht es, wie er im Zweikampf des siebenten Gesanges der Ilias gegen Hektor bemerkt, zur Heimlichkeit und List seine Zuflucht zu nehmen. Er kämpft offen, will den Gegner offen treffen und lehnt es ab, zu Finten zu greifen. Daß sich Odysseus einer solchen bedient, daß er dadurch die Waffen des Achilleus gewinnt, erträgt Aias nicht. Die Welt verdunkelt sich ihm, sein rechtwinkliger Sinn verdunkelt sich, er fällt in Raserei und stürzt sich, aus ihr erwachend, ins eigene Schwert. Die tiefe, tragische Innigkeit dieses Schmerzes spricht der sophokleische Aias aus. Für Pindar wird der Ausgang des Agon Anlaß, den Homer und die epische Dichtung anzugreifen und ihr Parteilichkeit für den Odysseus vorzuwerfen. Er rühmt die Herrlichkeit des Aias. Sein Ende läßt eine Schwermut in uns zurück, wie wir sie beim Untergange wahrer Größe empfinden.

Ein letztes Mal noch taucht sein riesiger Schatten am Eingange des Hades vor uns auf. Dort ruft ihn Odysseus an, ohne Antwort zu erhalten, denn schweigend und unversöhnt wendet sich der Heros ab und steigt in das Dunkel des Erebos hinunter. Als gefeierter Heros von Salamis und eponymer Heros der Athener lebt er in der Erinnerung fort.

Paris

Paris ist ein sehr schicksalsträchtiger Mensch, ein Unheilstifter. Er wird zum Unheil für sein Geschlecht, seine Stadt, sein Volk. Das Geschehen, das durch ihn verknüpft wird, geht weit über seine Kraft hinaus; er ist mehr ein Werkzeug der Götter als selbständig Handelnder. Er spricht das selbst aus. Auf das, was er durch sein Tun auslöst, hat er keinen Einfluß mehr. Was er in Bewegung bringt, geht seinen eigenen Gang, auf dem es alles mitreißt.

Wir sind geneigt, nur die schwachen Seiten an Paris zu sehen, und kaum würde es sich ein Autor heute entgehen lassen, ihn als komische Figur zu behandeln. Homer hat das nicht getan, weil er den Paris immer zusammen mit Daimon und Daimonion sah. Die Troer dachten über den Paris nicht anders als die Achaier, aber beide sahen in ihm etwas anderes als das, was wir sehen. Die Jugend des Paris, oder besser seine Anfänge, denn er ist ein immer jugendlicher, frühlingshafter Mensch, der nicht altert, geben schon einen Einblick in sein Wesen. Er wird bei seiner Geburt durch den Traum der Mutter, durch Seheraugen als Unheilstifter erkannt und zur Aussetzung bestimmt. Der Hirte Agelaos, der für diese Aufgabe bestimmt wurde, entledigte sich ihrer und legte ihn in die Wildnis des Ida. Er nahm ihn aber wieder an sich, als er bemerkte, daß eine Bärin das Kind säugte, gab ihm seinen Namen und zog ihn mit seinem eigenen Kinde auf. Paris wuchs als Hirt auf und tat sich unter den Hirten durch seine Kühnheit hervor, erhielt deshalb den Beinamen Alexandros, der Männerabwehrende. Auf den Ida, zu ihm schickte Zeus die Göttinnen Hera, Athene und Aphrodite. Warum kamen die drei Göttinnen gerade zu ihm, dem Hirten des Ida, warum wurde ihm das Amt des Schiedsrichters anvertraut? Weil er der Mann war, ein solches Urteil zu fällen, wie es ihm übertragen wurde, und kein anderer. Das, was die Göttinnen erkunden wollten, lag im Bereiche seiner Fähigkeiten und seines Wissens. Ihre Frage war nicht nur Frage; in ihr lag zugleich eine Entscheidung, die über Paris selbst entschied. Sie wandten sich an den aphroditischen Mann, denn die Frage lief darauf hinaus, welche der Göttinnen am meisten Aphrodite war; es war der aphroditische Zauber und Reiz, in dessen Bereich Hera und Athene mit der Aphrodite einen Agon auskämpften. Paris entschied ihn sofort zugunsten der Aphrodite, nicht aus Torheit, sondern weil er seine Bestimmung erkannte. Ein solcher Wettstreit mag entschieden werden, wie er will; er muß den Preisrichter zugrunde richten, denn einem Sterblichen kommt es nicht zu, Göttinnen zu beurteilen. So beginnt mit ihm das Ende des Paris.

Wenige sind wie er von der Aphrodite begünstigt worden, und diese Gunst war an seiner Gestalt, in seinem Wesen, in dem Zauber, der von ihm ausging, sogleich zu erkennen. Homer hat den Paris so dargestellt, wie er es verdient, dem Gesetze seines Wesens gemäß. Als er vor dem Menelaos zurückweicht, wird er von Hektor auf die härteste Weise geschmäht, als Unglücksstifter, Verführer und Feigling, der es verdient, gesteinigt zu werden. Aber noch in seinem Zorn rühmt Hektor den herrlichen Wuchs und die Gestalt des Geschmähten, dem die Gaben der Kypris anzumerken sind. Der Zweikampf mit dem Menelaos, der nun folgt, ist der merkwürdigste in der ganzen Ilias, denn Aphrodite führt ihren unterliegenden Schützling unmittelbar vom Schlachtfeld in die Arme der Helena. Auf die erneute Mahnung des Hektor eilt er wieder in den Kampf; Homer vergleicht ihn mit einem Rosse, das die Kette der Krippe zerreißt und wild in die Felder, zum Bade im Flusse hinaussprengt. Er trifft am Stadtgraben den Hektor, vereinigt sich mit ihm und kämpft Seite an Seite mit ihm, wobei er den Menesthios tötet. In der Volksversammlung tritt er dem Antenor entgegen, der die Herausgabe der Helena und aller mit ihr geraubten Schätze verlangt, und will nur die Schätze den Atriden ausliefern. Beim Kampfe um die Mauer führt er die zweite Schar der Troer. Er handhabt nicht nur die Leier, sondern auch den Bogen meisterhaft und verwundet mit seinen Pfeilen den Diomedes, Machaon, Eurypilos, Euchenor, Deiochos. Ihm wird der Pfeilschuß zugeschrieben, durch welchen Achilleus im Heiligtume des thymbräischen Apollon getötet wird. Er ist, obwohl sein Bereich nicht der Krieg ist, an den er so gekoppelt erscheint wie die Aphrodite an den Ares, keineswegs feige. Aber er ist als Kämpfer launisch und unzuverlässig, taucht nur hier und da in der Schlacht auf und ist kein Mann des Staates und Rates. Seine Macht liegt auf einem anderen Gebiete. Er ist der schönste aller Männer, wie Helena die schönste aller Frauen ist. Paris und Helena geben immer ein Paar ab, mag Menelaos noch so sehr gegen sie wüten. Helena ist dem Paris verfallen; der aphroditische Mann und die aphroditische Frau gehören zusammen. Paris ist ein Mann des Verhängnisses in dem gleichen Sinne, in dem Aphrodite Verhängnis und Unheilstifterin ist. An einem solchen Manne das Göttliche sofort zu erkennen, den Umfang seiner Macht vorurteilslos zu bestimmen, dazu bedarf es griechischer Augen. Wie kann ein solcher Mann in der Stadt, vor die er die Feinde gezogen hat, im Behagen, im vollen Genusse der Helena leben? Es fehlt nicht an Vorwürfen gegen ihn, aber sie haben etwas Halbes, gehen nicht auf den Grund, prallen auch an ihm kraftlos ab, denn mit einem Schutzschilde hütet Aphrodite diesen ihren Liebling, der nie säumt, von ihrer Macht Zeugnis abzulegen. Es ist die Aphrodite Pandemos, die ihm vor allem ihre Huld zuwendet. Sie ist die Volksvereinende; ihr stiftete Theseus in Athen ein Heiligtum. Dieser das Volk einigenden Kraft entspricht jene andere, die Unruhe, Verwirrung, Krieg herbeiführt. Die Macht der Aphrodite Pandemos betrifft nicht nur das Verhältnis von Mann und Frau, sondern auch das Gemeinwesen; sie bindet und trennt alles, was der Polis angehört. Aphrodite hat einen Anteil am Staat und den Staatsgeschäften, der so weit reicht wie ihre Macht über die Liebesvereinigung, denn der Staat ist kein geschlechtsloser Zusammenhalt.

An den Paris der Mythe erinnert in manchem der Alkibiades der Geschichte. Über beide ist ein Zauber ausgegossen, den man heute Désinvolture nennen würde.

Die Tantaliden

Das römische Beiwort sacer hat den doppelten Sinn des einem Gotte Geheiligten und deshalb Ehrwürdigen, und des Verfluchten, Verabscheuten, Verwünschten, einer Gottheit als Opfer Verfallenen. So ist das Tantalidengeschlecht ein genus sacrum in der zwiefachen Bedeutung des Wortes. Es ist dem Verhängnis ausgesetzt und hat etwas Verhangenes. Ein Alastor, ein rächender Gott geht immer wieder durch das Haus der Tantaliden. Von ihm läßt sich sagen, daß es in der Mitte des mythischen Geschehens steht, womit zusammenhängt, daß sein Tun und Leiden übergreift und ganz Hellas ins Mittun und Mitleiden zieht. Was der Nomos in einer von Zeus beherrschten Welt ist, ließe sich an den Tantaliden allein abmessen, vom Tantalos an, der mit Zeus in Streit gerät, und seiner Tochter Niobe, die dem Zorn des Apollon und der Artemis erliegt, bis zum Orestes hin, der alle Mächte des Hades gegen sich empört. Was einem seiner Sprossen geschieht, ist stets die Quelle von Unheil und Segen für die Polis, für ganz Griechenland. Dieses Geschehen läßt sich nicht in den alten steinernen Burgen des Geschlechtes verschließen; es muß ans Licht und wird sichtbar, so dunkel und tiefsinnig es immer verknüpft ist. So wie das Geschlecht selbst königlich erhöht ist, sind seine Taten und Leiden erhöht und dem Blicke ausgesetzt; es fällt von allen Seiten ein hartes Licht auf sie. Was hier geschieht, flößt eine eigene Scheu ein.

Tantalos, der von Zeus abstammt, ist in den Bereich der Götter gehoben. Er hat etwas Zwiefaches, Geteiltes, da er vom Lichte her ganz in das Dunkel fällt und sein vergangenes Glück wie ausgelöscht scheint. Ihn in seinem Glücke wahrzunehmen, ist nicht leicht. Und doch war er einer der am höchsten Begünstigten und lebte in der Fülle des Lichtes, das auf ihn als den Gast und den Wirt der Götter fiel. Er ist unsterblich und scheint selbst ein Gott zu sein. Er besuchte die Götter, und sie kamen zu ihm; sie aßen an seinem Tische, wie er an dem ihren aß. So konnte er wähnen, ihnen gleich zu sein. Er lebte in dieser Fülle und Helle, so reich, daß sein Reichtum sprichwörtlich wurde, und war selbst hell, auch in seinem Hohn, in der Ehrfurchtlosigkeit, mit der er sich über alle Grenzen hinwegsetzte. Es kitzelte ihn, sich an den Göttern zu versuchen und sie auf die Probe zu stellen. Ihm genügte nicht, mit ihnen zu leben, er wollte ihnen seine Überlegenheit zeigen und ging darüber zugrunde. Nun weicht alles Licht von ihm, und nach seinem Sturze erscheint er dunkel und riesig, auch durch das Leiden, das sich nach großen Freveln untrennbar an ihn heftet. Jetzt steht er inmitten der Fülle als Bedürftiger, vor dem aller Überfluß zurückweicht. Inmitten kühlender Wasser und duftender Früchte leidet er quälenden Durst und Hunger. Homer stellt ihn als Greis dar und setzt ihn in die Gesellschaft des Orion, des Tityos und des Sisyphos, die ihm in ihrem Streben verwandt sind. Sie alle haben etwas Titanisches, bilden auch in der Gemeinschaft des Hades eine eigene Gruppe. Sie sind nicht Schatten, sondern Unsterbliche, denen der Hades als Behausung zugewiesen ist.

Die Strafe, die über sie verhängt ist, endet so wenig, wie sie selbst sich verändern. Ihr Leiden ist zeitlich unbegrenzt, weil ihr Wesen unveränderlich das gleiche bleibt. Titanische Unsterblichkeit wird an ihnen wahrnehmbar; sie steuern nicht das Gesetz der elementaren Wiederkehr, sondern werden auf knechtische Weise von ihm abhängig.

Pelops, der Sohn des Tantalos, von dem Pindar in der ersten Olympischen Ode sagt, daß ihn die Götter für den Frevel des Vaters in die Tiefe stießen, hinab zu den Sterblichen, ist ein von früher Jugend an Gefährdeter. Was die Kreurgie von seiner Zerstückelung, Kochung und Wiederherstellung berichtet, deutet auf ein von den Göttern verschmähtes Opfer hin. Dieses Geschehen hat, auf den Plan des Tantalos hin angesehen, etwas Dunkles wie alle Menschenopfer; es bleibt für immer ein Frevel, und das Grauen heftet sich daran. In diesem Grauen verdeckt sich, daß es ein Hadesgeschehen ist; Pelops berührt den Hades dabei, und Götter tun sich bei seiner Neuschaffung im Zauberkessel hervor, die in enger Beziehung zum Hades stehen, Demeter, Hermes und Klotho. Hades und Tartaros gleichen ehernen Kesseln. Es ist eine Verwandlung, die sich an Pelops vollzieht.

Pelops, der Sieger im Agon um die jungfräuliche Hippodameia, mit der er das Königtum in Elis gewinnt, ist einer der Lieblinge des Pindar, der alles ihm anstößig Erscheinende aus den Begebenheiten entfernt, um diesen seinen Liebling ins Licht zu setzen. Ausgezeichnet ist er durch seine leibliche Fruchtbarkeit, durch die große Zahl seiner Kinder, die gleich ihm Stifter und Gründer sind. Er ist auf menschlichere Weise mächtig als sein Vater. Durch ihn gewinnt das heroische Königtum eine feste Gestalt. Auch leitet sich vieles von ihm her, das Bestand hat und dauert. Homer nennt ihn den Rossebändiger, und diese Macht über Rosse, die Lage seines Reiches, sein Verhältnis zu meerumfluteten Inseln, denen sein

Name anhaftet, zeigen, daß er ein Freund und Schützling des Poseidon ist. Pindar hebt das hervor und fügt hinzu, daß Poseidon ihn aus Liebe entführt, daß er bei den Göttern eine Zeitlang gelebt habe. Jugend und Alter sind bei ihm von Unheil umschattet; dazwischen liegt ein langes, glückhaftes Königsleben. Pelops war ein Glücklicher, dem vieles gelang. Von ihm geht ein großer Glanz aus, der Glanz des Reichtums, der in sich ruhenden und befestigten Macht. Er war ein Erneuerer, ein Mehrer, dessen Namen in der Erinnerung der Menschen haften sollte. Das stets nahe Verhängnis hält vor ihm ein. Es heißt, daß er den Wagenlenker Myrtilos, der ihm die Hippodameia gewinnen half, auf verräterische Weise ins Meer stürzte und daß der Sterbende einen Fluch über das Haus des Pelops aussprach, den die Erinyen nicht vergaßen. Die segensreichen, die schenkenden Gottheiten schützten ihn selbst vor diesem Fluche. Er, dem Hermes das Königszepter verlieh, ist einer der gefeiertsten Heroen und wurde vor allen anderen in Olympia verehrt, dessen Spiele er erneuerte. An ihm haftet stark das Numen der Heroen, als fortwirkende, fortwaltende Macht, die bei bleibender Verehrung sich zeigt. Es haftet an allen Reliquien, die sich von ihm erhielten, auch an seinen Gebeinen, insbesondere an dem Schulterblatt, das Demeter oder Rhea ihm aus Elfenbein einsetzten, weshalb er auch humero insignis eburno genannt wurde. Da Troja nicht erobert werden konnte, bevor eines seiner Gebeine von Elis dorthin geschafft worden war, holten die Griechen dieses Schulterblatt herbei. Später, nachdem es verlorengegangen und durch einen Fischer wieder aufgefunden worden war, wurde es auf Grund eines Orakelspruches den Eleiern zur Abwendung einer Pest ausgeliefert. Die Phlier zeigten seinen Wagen, die Sikyonier in ihrem Schatzhause in Olympia sein Schwert. Sein Grabmal und eherner Sarg befanden sich am Alpheios, nahe dem Tempel der Artemis bei Pisa. Hier geißelten sich jährlich die Epheben und brachten mit ihrem Blute ein Totenopfer dar. Herakles soll das Pelopion im Haine Altis geweiht und dem Pelops dort zuerst geopfert haben. Auch opferten ihm die Magistrate der Eleier hier jährlich einen schwarzen Widder.

Der alte Pelops trieb seine Söhne, die an der Ermordung ihres Bruders Chrysippos beteiligt waren, aus dem Lande. So wie eine Mohnkapsel aufbricht und ihren Samen ausstreut, zerstreuten sie sich über den ganzen Peloponnes. Dem Atreus hinterließ Pelops sein Königszepter. In den Pelopiden Atreus und Thyestes bricht das Unheil mit voller Kraft hervor. An ihnen wird wahrnehmbar, daß das Blinde am Menschen, das blinde Auge, der blinde Gang, das blinde Handeln mit seinem Sehen zusammentrifft. Dieses Sehen selbst nimmt sich wie Blindheit aus, weil die Verdunkelung ihm schon von innen her anhaftet, weil es von vornherein eine Trübung erfährt. Die Moira, die achtsam auf den Willen des Menschen ist, spinnt ihm im Verborgenen seine Geschicke zu. Der Mensch sieht sie nicht, erfährt nur ihr verborgenes Wirken an sich. Was sie spinnt, kommt nur nach und nach ans Licht, wie bei einem Teppich, wo der Gang der Fäden lange fortgeht, ehe die Muster, die sich zusammensetzen, dem Betrachter erkenntlich werden. Der Mensch stürzt blind in das Leben hinein; er ist blind vor seiner Zukunft. Er ist sich, als Handelnder, selbst fremd, und seine ganze Stärke vermag nichts gegen diese Fremdheit, in der er sich nicht sieht. Daß der Mensch sich selbst in seinem Handeln zum Fremden wird, ist die Voraussetzung dafür, daß er die Moiren geistig wahrnimmt. Indem er seinen Anteil (moira) mit entfremdeten Augen betrachtet, spürt er zugleich, daß dieser Anteil in den Händen von Mächten ist, die ihn steuern und über ihn verfügen. Atreus macht bei sehenden Augen nicht sowohl den Eindruck eines Blinden als den eines schwer Geblendeten. Ödipus, der in seiner Jugend das Rätsel der Sphinx löste, wird in seinem Alter, nachdem er sich selbst geblendet hat, zum Seher, wird ganz Auge. Die Menschen, die den Greis Ödipus sahen, empfanden vor ihm eine innige Scheu, die sie von ihm entfernte. Theseus empfand diese Scheu, als er ihn ehrte; er spürte das Numen, das schon zu Lebzeiten des Ödipus wahrnehmbar wurde. An ihm haftete etwas Unsägliches, das den Menschen verstummen ließ. Er hatte die Tiefe des Leidens durchmessen, die äußerste Innigkeit des Schmerzes. Nun, da er kein Leidender mehr ist, in seinem hohen und schicksalslosen Alter, beginnt an ihm mehr und mehr ein Licht sichtbar zu werden. Die Innigkeit des Schmerzes bleibt nicht ohne ein Freudiges, und das Staunen, die Erschütterung, mit der er betrachtet wird, ist nicht ohne diese Freudigkeit, die für uns am deutlichsten in der Darstellung des sophokleischen Ödipus ist. Die heilende Kraft des Schmerzes hat ihn selbst heil und unverletzlich gemacht; sein Fuß weiht jede Stätte, die er betritt. Er gleicht einem Entrückten. So wird er zuletzt von den Eumeniden dem Lichte entrückt, wird in ihr Heiligtum aufgenommen und kehrt in den Mutterschoß zurück.

Und die Unberührbarkeit, die er gewonnen hat, dauert fort; seinem Grabe darf sich niemand nahen.

Atreus zeigt etwas anderes. Das Blinde an dem scharfsehenden Atreus tritt deshalb so sehr hervor, weil er ein so mächtiger Mensch ist, weil die Zeichen der Größe überall an ihm sichtbar sind. Er horstet wie ein schwarzer Adler auf der Zinne seiner Burg. Seine Größe hat etwas Steinernes; der Wille in seiner Nacktheit tritt an ihm hervor. Und dieser nackte, kyklopische Wille steht mit dem Blinden, Geblendeten an ihm in genauem Zusammenhang. Wo von dem Atreus die Rede ist, dort scheint ein uraltes Geschehen abgehandelt zu werden. Zwischen ihn und uns schiebt sich Dunkel ein oder auch ein kaltes, graues Zwielicht, gegen das sich seine

Gestalt einsam und riesenhaft abhebt. Die Nähe der Moiren, die ihr kahles Gespinst spinnen, und die Ferne der Götter wird spürbar. Es fehlt an Licht wie überall, wo die nackte Willensmäßigkeit des Handelns hervortritt. Das ist ein Bereich, dem Apollon sich fernhält. Atreus ist ein echter Enkel des Tantalos. Sein Bruder und Gegenspieler Thyestes ist ihm sehr ähnlich; die furchtbare Tatkraft, mit der beide einander anfallen, bezeugt ihre Bruderschaft und unlösliche Gemeinschaft. Deshalb ist die Anlage der Mordpläne, die sie gegeneinander schmieden, so gleichförmig; das Thema wiederholt sich. Deshalb ist es für beide schwer, ja unmöglich, wenn sie zum Schlage ausholen, nur den anderen zu treffen; sie treffen und verletzen sich immer selbst dabei. Es ist, als ob die Axt zurückspränge. Der Täter wird durch seine Tat zum schwer Leidenden. So tief die Mordpläne ausgedacht sind, sie haben immer noch eine Tiefe, die das Ersonnene durchkreuzt und zunichte macht. Die Logik des Geschehens leidet dabei nicht. Mag aber der Vorsatz durchdacht, die Berechnung sorgsam sein, die Tat entzieht sich dem Täter irgendwie, ist nicht mehr das, was in seinem Willen lag, verwandelt sich. Die Verwandlung der Tat, die der Täter nicht verhindern kann, führt dazu, daß sie sich mit selbständiger Kraft vom Täter ablöst und eine Gesetzmäßigkeit annimmt, die ihm entgegentritt. Zunächst zeigt sich das daran, daß die Instrumente, deren sich der Handelnde bedient, die verläßlich scheinenden Werkzeuge, die er zur Ausführung verwendet, sich verwandeln. Sie verlieren den Werkzeugcharakter, der ihnen nach dem Willen des Handelnden anhaftet, und die Tüchtigkeit, die man von den Mitteln verlangt. Aus der Blindheit über sie im Angriff und in der Abwehr kommt das Versehen. Das ist es, was uns durch den error in persona deutlich gemacht wird; das Nichtwissen, die Täuschung mischen sich ein. Atreus tötet seinen bei Thyestes aufgezogenen Sohn, den Thyestes als Mörder gegen ihn absendet; er weiß nicht, daß er seinen Sohn erschlägt. Thyestes ißt von dem Fleisch seiner eigenen Kinder, die Atreus schlachtet und ihm vorsetzt; er weiß davon nichts. Atreus vermählt sich mit der Pelopia, die er für eine Tochter des Königs Thesprotos hält, die aber eine Tochter des Thyestes ist und mit einem Kinde schwanger geht, das von dem eigenen Vater stammt. Ihr Sohn Aigisthos wird von Atreus zu dem Vater Thyestes gesandt, um ihn zu töten. Beide erkennen sich, und Aigisthos kehrt zurück und tötet den Atreus. Gelingen und Mißlingen gehen durcheinander. Wieviel blindes Suchen und Tappen, wieviel Versehen und Verfehlen ist in dem Kampfe, der zwischen den Brüdern entbrannt ist. Die Schläge fallen nicht unmittelbar auf das Haupt dessen, dem sie zugedacht sind, aber sie gewinnen dadurch nur an Kraft; sie gleiten ab und treffen die Kinder. Dem ungeheuren Frevel entspricht das Verhängnis, das Zug um Zug die Schritte begleitet. Beide verschlingen sich auf eine Weise, welche menschliche Voraussicht übersteigt. Die Art, in der sich die Tat immer wieder gegen den Täter kehrt, macht das spinnende und hinzuspinnende Wirken der Moiren deutlich. Diese dürfen nicht außer acht gelassen werden und sind immer Seite an Seite mit dem Geschehen zu denken. Das Moirenhafte des Lebens tritt um so mehr hervor, als die unmittelbare Verbindung des Menschen mit den Göttern in den Hintergrund tritt; Atreus und Thyestes scheinen in einem götterleeren Raume zu handeln, in dem Wille und Schicksal allein sich überschneiden. So scheint es auch, daß das blinde Handeln des Atreus durch die Moiren beseitigt wird, weil sie für ihn sehen. Sie schaffen das schneidende Licht, das immer wieder auf den Schauplatz der Tat hereinbricht und ihn mitleidlos erhellt. Auch tritt das Wirken der Ate hervor, die etwas Triumphierendes hat und über das Geschehen frohlockt.

An der einzelnen Tat zeigt sich, daß sie zwei Seiten hat. Ist sie geschehen und vollendet, dann ist sie nicht mehr aufzuheben, nicht mehr rückgängig zu machen. Sie gleicht einer starren Wand, die den Täter nicht durchläßt. Doch ist diese Vollendung nur ein Schein, weil alles Tun schon eine Zukunft hat, weil die Tat sich auf drängende Weise an diese Zukunft wendet, weil sie wirkt und Wirkungen hat. Tantalos und die Taten des Tantalos geleiten sein ganzes Geschlecht, und das, was in der Vergangenheit geschah, fliegt aller Zukunft schon als Schatten voraus, ist vor aller Zukunft da und zieht sie ins Leben. Der über den Pelops ausgesprochene, von den Erinyen aufgehaltene Fluch erfüllt sich an den Kindern; Atreus und Thyestes schaffen schon den eigenen Kindern voraus. In dem Verhältnis des Thyestes zur Pelopia kündet sich das Schicksal des Ödipus schon an.

Die Söhne des Atreus, Agamemnon und Menelaos, sind in die Kämpfe verwickelt, welche Vater und Onkel miteinander ausfechten. Sie stehen zu ihrem Vater und bringen den von ihnen gefesselten Thyestes zu ihm; er befiehlt dem Aigisthos, den Thyestes zu töten. Vertrieben von dem Aigisthos, ziehen sie flüchtig umher, bis sie sich ein Königtum erwerben. Beide sind stets in brüderlicher Liebe verbunden. Es ist nun, als ob sie aus dem Dunkel hervortreten und von dem Verhängnis des Hauses sich befreien. Als Könige und Heerführer stehen sie im hellen Lichte des homerischen Epos. An der mächtigen und finsteren Gestalt des Atreus abgemessen, erscheinen sie milder, aber auch geringer an Wuchs als der Vater. Agamemnon hat die Sache des Menelaos zu seiner eigenen und der von ganz Hellas gemacht; er ist der Führer im Kriege, der dem Raube der Helena folgt. Sein Wesen tritt in der Ilias deutlich hervor. Die Rauheit, mit der er den Apollonpriester Chryses behandelt, wird von allen mißbilligt, zieht unmittelbar den Zorn des Apollon nach sich und bringt die Seuche ins Lager. Er ist, in dem Streite mit Achilleus, auffahrend, heftig und übereilt und führt durch die verletzende Art, mit der er den Peliden behandelt, eine Schwächung und Gefährdung des ganzen Unternehmens herbei. Er läßt sich durch einen Traum täuschen und bewegen, die Griechen in die Schlacht zu führen. Seinem raschen und oft übereilten Handeln entspricht das Schwanken, in das er verfällt, die Mutlosigkeit, die ihn in Krisen ergreift. Als Führer ist er nicht eben glücklich. Er rät im Mißgeschicke zur Abfahrt und Heimkehr. Ungeachtet dieser Schwächen erscheint er als geborener König und Heerführer und als der einzige, welcher der Leitung des großen Unternehmens durch ein gegründetes Ansehen, durch Macht und Mittel gewachsen ist. Die königlichen Kräfte leuchten an ihm sichtbar hervor, das fürstliche Ansehen, die Schönheit und edle Gestalt. So fällt er dem Priamos von weitem auf, und von Bewunderung ergriffen, befragt er die Helena um seinen Namen.

Das helle Licht, in dem er steht, die Machtfülle, die ihn umgibt, kann nicht verbergen, daß er vom Verhängnis umwittert ist. So wie es dem Sproß des Tantalidenhauses gemäß ist, heftet sich das Unheil an ihn und begleitet ihn von Jugend an. Nicht wie dem Achilleus und dem Hektor ist ihm der Tod im Kampfe beschieden; er kommt nicht durch das Meer um und irrt nicht wie Odysseus und Menelaos Jahre hindurch auf Meeren und in fremden, fernen Ländern umher. Der Bruder entwindet sich den Verstrickungen und kehrt von seiner afrikanischen Irrfahrt mit Reichtümern heim; im reichen Hause lebt er mit der wiedergewonnenen Gattin, und sein spätes Glück ist, wie der Besuch des Telemachos zeigt, durch keine Zukunftswolke getrübt. Den Agamemnon aber trifft ein echtes Atridenlos; die Schläge, die gegen ihn geführt werden, fallen alle im eigenen Hause. Wie er Hand an den Oheim Thyestes legte, so zwingt ihn der Seherspruch des Kalchas, Hand an seine Tochter Iphigeneia zu legen und sie der Artemis als Sühnopfer für die Verletzung ihres heiligen Haines darzubringen. So wird er zuletzt von der eigenen Gattin Klytaimnestra erschlagen. Auf dem Gipfel seiner Kraft und Macht, als heimkehrender Sieger wird er von dem Aigisthos getötet. Er fällt als ein spätes Opfer des Vernichtungskampfes, der zwischen Atreus und Thyestes entbrannte. Und ungeheuer wie die Bluttat sind die Folgen, die sie mit sich führt.

Das Auftreten des Orestes, des einzigen Sohnes Agamemnons, bezeichnet einen der Wendepunkte des mythischen Geschehens. Er ist der Vatersohn, dem die Rache obliegt. Agamemnon sah ihn bei seiner Rückkehr nicht mehr und fiel unter dem Eisen der Mörder, ehe er den Sohn begrüßen konnte. Zur Zeit des Mordes war dieser ein Kind. Folgt man den Tragikern, so bestand der Plan, ihn mit dem Vater zu beseitigen, doch wurde er durch die Schwester oder Amme gerettet. Homer sagt, daß er im achten Jahre nach dem Morde von Athen nach Mykene kam und die Rache vollzog. Nach dem Tode des Agamemnon folgt ein langes Schweigen, ein Verschweigen der Tat, während dessen die Mörder die Früchte des Mordes genießen. Orestes wächst in diesem Verschweigen heran, nicht ungemahnt und ganz mit der Aufgabe beschäftigt, welche der Vatermord ihm auferlegt. Das Schweigen, das nach dem Tode des Agamemnon eintritt, ist Werk des Aigisthos; er hatte die Mittel, dieses Schweigen zu erzwingen. Taten die Mörder, als ob nichts geschehen wäre, so lag für Orestes im Versuch der Auslöschung der Tat ein beständiger Ansporn. Er wußte, daß die Gedanken des Aigisthos immer um ihn kreisten, geheim und quälend, daß die nach außen hin zur Schau getragene Gleichgültigkeit des Oheims nur eine Maske war, daß dieser Thron, dieses Bett, das er durch Mord gewonnen hatte, von der Erinnerung an den Toten nie frei wurde. Aigisthos ist einer der dunkelsten Sprossen des tantalidischen Geschlechtes, an dessen Stamm er die Axt legt. Er ist kühn, entschlossen, rachsüchtig, dabei voll Scharfsinn und Verschlagenheit, ein schlimmer Gegner für jeden, der ihm als Feind entgegentritt. Er entstammt der blutschänderischen Verbindung zwischen Vater und Tochter. Vom Atreus als Mörder gegen den Vater Thyestes abgeschickt, kehrt er von diesem zurück und mordet den Atreus. Er mordet den Agamemnon auf Grund eines Planes, den wir uns tief durchdacht, weitreichend und zugleich verwegen zu denken haben. Niemand kann daran zweifeln, daß er auch den Orestes beseitigen würde, wenn er ihn in seine Hand bekommen könnte. Gelänge ihm das, so hätte er in drei Generationen die Häupter des Geschlechtes ermordet und es ausgelöscht, denn Orestes war ein Jüngling und kinderlos.

So tief das Schweigen ist, das nach der Ermordung des Agamemnon sich ausbreitet, die Tat lebt in ihm fort. Sie kommt an das delphische Orakel, das sich mit ihr befaßt und den Orestes auf sein Anfragen zu den Racheplänen ermutigt. Der Jüngling handelt nicht unbesonnen, sondern bedacht; er sichert sich den Schutz des Gottes. Apollon, der Herr des Orakels, war durch den Mord tief verletzt worden, als Sohn des Zeus und als Schutzherr alles Vaterrechts. Gemeinsam mit der Athene, der unmütterlichsten aller Göttinnen, ergreift er die Partei des Orestes. Die Tat konnte nicht ungerächt bleiben und drängte nach einer Sühne; vollziehen aber konnte die Rache nur Orestes, der Erbe des Hauses und der Blutrache. Er erscheint als schwacher Widerpart gegenüber einem so mächtigen und entschlossenen Manne wie Aigisthos. Was ihm an Mitteln fehlt, macht die Tatkraft wett, mit der er handelt. Er weiht sich selbst den unterirdischen Gottheiten, als er an der Mutter die Rache vollzieht. Wenn die Tötung des Aigisthos seinen Ruhm erhöht und in ganz Hellas leuchtend macht, weil ihm gegenüber diesem, für den es keinen Richter, kein Gericht gab, ein legitimer Anspruch zusteht, wenn er für dessen Vollziehung von Göttern und Menschen gepriesen wird, so beschwört er durch die Ermordung der Mutter den Konflikt herauf, in den nicht nur er, sondern auch die Polis, ganz Hellas, die Götter selbst verwickelt werden. Orestes ist eine der reinsten Gestalten der Mythe, der fehllose Sproß eines dem Verhängnis ganz erliegenden Hauses. Der jugendliche Adel seines Wesens spiegelt sich in der Zuneigung, die Apollon und Athene für ihn bekunden.

Die Tat des Orestes trifft nicht nur den Täter, den sie sogleich mit Nacht und Wahnsinn schlägt, sie setzt alle Mächte in Bewegung. Die Erschütterung, die von der Tat ausgeht, ist so tiefgreifend, daß Orestes, obwohl er im Mittelpunkt des Geschehens steht, vor dem Auge entschwindet. Von ihm, dem Hilflosen und schwer Leidenden, ist keine Lösung des Konfliktes zu erwarten; er ist ohnmächtig und unfähig zu jedem Handeln geworden. Die Darstellung seines Schicksals bringt nicht das Epos, das von ihm nur rühmend spricht; er ist der tragische Heros schlechthin. Sowenig der leidende Aias oder der leidende Philoktetes Gegenstand der epischen Dichtung werden können, sowenig kann das Schicksal des leidenden Orestes vom Epos abgehandelt werden. Diese Darstellung des Leidens, des Konfliktes, in den der Heros durch sein Tun mit der Welt und sich gerät, ist Darlegung einer Zug um Zug erfolgenden tragischen Notwendigkeit. Der Kampf wird nicht mehr auf den Äckern und Feldern um Ilion geführt, er wird in die eigene Brust verlegt. Das Epos hält an der Einheit alles Tuns fest; außen und innen sind ihm eins. Es entfaltet sich nicht im monologen und dialogen Gang der Handlung, auch fehlt ihm der Chor, der die tragische Handlung begleitet. Die Tragödie und der tragische Heros werden herausgenommen aus dem Epos; der tragische Heros erscheint erhöht und zugleich vereinsamt, vereinzelt.

Die Orestie zeigt uns den Orestes als Beute. Um ihn entbrennt der Kampf zwischen den olympischen und den unterirdischen Göttern. Die Verstrickung, in die Apollon nach der Tötung des Drachen Python geriet, taucht von neuem auf. Dieser Kampf ist zugleich ein Kampf der Geschlechter, ein Kampf zwischen Mann und Weib, Vater und Mutter. Zeus greift nicht unmittelbar ein, doch ist er der Widerpart der Erinyen, der Vater, der den Muttergottheiten entgegentritt. Der Muttermord bewirkt zunächst eine Machterweiterung des Hades, der durch die Erinyen zum Sitze der Mütter, zum Schoße selbst wird. Sie wohnen, wie die Odyssee sagt, als unterirdische Göttinnen im Erebos. Und sie verbinden das Totenreich mit dem Reich der Lebenden auf die gleiche Weise, welche Tod und Geburt verbindet. So sind sie immer auch Geburtsgöttinnen, denen geopfert wird, wenn der Kindersegen ausbleibt. Herodot berichtet, daß die spartanischen Aigiden, deren Kinder früh wegstarben, den Erinyen des Laios und des Ödipus ein Heiligtum errichteten. Es wenden sich also die Nachkommen des Kadmos auf ehrende Weise an die Erinyen ihres Geschlechtes, um dem Kindersterben ein Ende zu setzen. Die Rache- und Fluchgöttinnen sind zugleich Schutzgöttinnen; schützend und rächend sind sie eines. Von der Mutter grimmigen Hunden, der Mutter Erinyen, vom Mutterfluch sprechen die Tragiker. Muttergöttinnen sind sie, und unverkennbar ist ihre Beziehung zum Geschlecht. Der weibliche Schoß als Brunnen alles Lebens und der Hades sind eines; was aus diesem Schoße ans Licht kommt, muß das Dunkel wieder passieren, in das Charons Nachen führt. Die Zeugungen mehren nicht nur das Leben, sie mehren auch den Tod.

Midas

> Du siehst aus, wie Einer,
> der Gold verschluckt hat:
> man wird dir noch den Bauch aufschlitzen!
> Nietzsche

In dem Reiche, das Midas beherrscht, gibt es keinen Agon von Göttern und Heroen; er gehört nicht zu den Heroenkönigen. Aus der epischen Dichtung erfahren wir nicht, wer er war; das Epos schweigt von ihm. Wußte Herodot, wußten die Orphiker, wußte das Satyrspiel, in dem er die Zuschauer belustigte, was es mit ihm auf sich hatte? Es ist, als ob sie nur das Echo festhielten, die Stimme jenes Schilfrohrs, das seinen Namen flüsterte, den Nachhall des Geschehens. Um Midas ist ein Raunen von vergessener Weisheit und Torheit, und raunend nur wird sein Name von den Späteren genannt. Sie hatten vergessen, wer er war; sie wußten es nicht mehr, und sie entstellten durch Mißverständnisse die überaus herrliche Mythe. Sie verschlossen dadurch die Zugänge zu seinem Reiche. Der zum Märchen gewordene Bericht verdeckt die Erschütterung, die von ihm ausging. Von Midas kann keiner ohne Erschütterung reden, der ihn erkannt hat.

In Zeus erscheint der Sohn Dionysos schon vorgebildet. Dort, wo er sich in den Stier verwandelt, wo er als goldener Platzregen auf die Danae niederstürzt, wo er im Blitzstrahl die Semele trifft. Was aber hat es mit dem ganz und gar goldenen König, der einen Glanz wie die Sonne verbreitet, auf sich? Was er berührt, wird zu purem, lauterem Golde. Der am Tmolos fließende Paktolos führt, seitdem Midas in ihm badete, Gold in seinen Fluten. Auf das Flehen des Midas läßt Dionysos eine Goldquelle entspringen. Midas wirft Gold in einen mit Wasser gefüllten Schlund, der sich in der Erde öffnet. Er errichtet dem idäischen Zeus einen goldenen Altar. Er gilt als der reichste aller Sterblichen, als der Glückskönig. Und Midas heißt im Glücksspiel mit Würfeln einer der glücklichsten Würfe.

Der Gott, der als Wahnsinniger kommt, verkehrt die Welt. Jeden Nomos, der sich ihm widersetzt, zerbricht er; es hat den Anschein, daß er in seinem Ansturm alles zugrunde richtet. Dort aber, wo der Widerstand fehlt, nimmt sich alles anders aus, so, wie das dionysische Königtum sich ausnimmt, dessen König Midas ist. Überfluß geht von ihm so unermeßlich aus, daß er in der Überlieferung märchenhaft und zu starrem Glanz wird. Nicht jeder ist stark genug, einen solchen Überfluß zu ertragen. Die wenigsten sind es, deshalb knüpfen sich an den Reichtum des Midas die Geschichten von dem Überreichen, der von seinem Reichtum gequält, geänstigt und erdrückt wird. Ihm, dem alles, was er berührt, zu Gold wird, werden auch Speise und Trank zu Gold; er erstickt, er verhungert in dem Reichtum, den er von Dionysos erhalten hat. Dionysos, so heißt es, erfüllte die Bitte des Königs, daß alles, was er berühre, sich in Gold verwandeln möge. Dionysos gibt dem Könige auch an, wie er sich durch das Bad im Paktolos von diesem goldenen Verhängnis befreien kann. Die Reichtümer des Kroisos entstammen dem tmolischen Paktolos. Das mythische Geschehen erfährt eine Wendung ins Paradoxe. Wer danach strebt, sich zu bereichern, der ist arm. Wer reich ist, der hat kein Streben nach Bereicherung mehr, gibt ab, der verschenkt. Je mehr einer verschenkt, desto reicher ist er. Wenn aber sein Reichtum so groß ist, daß ihn die größten Geschenke nicht ausschöpfen, wenn er größer ist als alles Schenken, dann ist er midasgleich, dann beginnt er den Reichen zu quälen mit der „Qual übervoller Scheuern". Nietzsche hat diese Situation erfaßt in der Dionysos-Dithyrambe „Von der Armuth des Reichsten"; er drang, am Rande der Vernichtung, in das mythische Geschehen ein. Das, was über den Midas berichtet wird, ist richtig und falsch zugleich. Daß er reicher war als alle, bleibt bestehen, aber dieser Reichtum wird jetzt verkannt. Midas selbst wird verkannt, wenn es heißt, daß sein Reichtum ein nichtiger, unfruchtbarer Reichtum war, daß nur der Tor sich einen solchen Reichtum wünschen könne, daß Midas selbst ein Tor war, ein Narr, ein Esel mit langen Eselsohren, die er verbarg, von denen aber das Schilfrohr zu flüstern wußte. Dieses Flüstern ist ein Barbiergeschwätz. Der Reichtum des Midas wird in das Haben gesetzt, in die Gier nach Gold, die ihn selbst armselig macht. Aber Midas war reich von Anfang an und brauchte sich keinen Reichtum zu wünschen. Er ist der festlichste der Könige, ist ein Sonnenkönig. Und er brauchte sich nicht zu mühen, wie die Heroen sich mühen; sein Reichtum ist eins mit der Mühelosigkeit. Er lebt, handelt und leidet nicht in der Welt des Agon.

Warum ist der Schein, der ihn umgibt, der von ihm ausgeht, so stark und blendend? Weil wir uns hier in der Mitte des dionysischen Bereiches befinden, wo alles sich verwandelt, wo Verwandlung auf Verwandlung folgt. In pures Gold verwandelt sich alles, was der König berührt, Gesteine, Sand, Blumen, Speise und Trank. Der König selbst leuchtet und glüht in diesem Glanze. Mitten durch das Reich des Midas hindurch geht der dionysische Festzug in mächtiger Bewegung, und inmitten des bakchischen Zuges und Kreises erscheint der König. Im dionysischen Thiasos, im Festschwarm der Bakchanten tritt er als Tänzer auf, als Trunkener im Geleite des Gottes, der sein Freund und Schutzherr ist. Der Reichtum des Midas ist Reichtum des Dionysos. Der Gott, der sein Gast ist, den er festlich bewirtet, wirft seinen Glanz auf ihn. Nicht wie Pentheus und Lykurgos leistet Midas dem Gotte Widerstand; er öffnet ihm freudig sein Reich und läßt ihn darin herrschen. Er lädt den goldhaarigen Dionysos ein, den Belauber, den Blütengott, den Rebenpflanzer, den Sorgenlösenden, den Gehörnten und festlich Umherziehenden. Zugleich mit dem Gotte ist der Reichtum da. Das Reich des Midas ist blühendes Weinland, ist ein Rosengarten. In den Rosengärten des Midas am Gebirge Bromion hält der trunkene Seilenos seinen Schlummer. Wie mit dem Dionysos hat Midas mit dem Seilenos Umgang, bewirtet ihn und unterredet sich mit ihm. Der König ist dem Satyrwesen hold, ist ein Satyrkönig, ist dem Geschlecht der Satyrn verwandt und gleicht selbst einem Satyr. Er fängt, wie es heißt, einen Satyros an der Weinquelle; zu ihm wird der mit Blumenkränzen gefesselte Seilenos gebracht. Doch er brauchte den Seilenos nicht zu suchen und zu fangen; dieser ging bei dem seilenosgleichen König aus und ein und war bei ihm beheimatet wie Marsyas, jener andere Seilenos, der die dionysische Flöte handhabt. Im Wettstreit des Marsyas mit dem kitharaspielenden Apollon kommt der Gegensatz der Götter zum Austrag, und Marsyas unterliegt dabei. Apollon, so heißt es weiter, habe nach seinem musischen Wettstreit mit Pan, bei dem Midas dem Pan und seiner Flöte den Preis zuerkannte, dem Midas zur Strafe Eselsohren wachsen lassen. Hier zeigt sich, wie die Mythe mißverstanden wird, wie das Wesen des dionysischen Königs nicht mehr begiffen wird. Die Eselsohren stammen nicht von Apollon und haben mit diesem nichts zu schaffen; sie gehören zur Bildung des Satyrkönigs und bezeugen seine Abkunft.

In diese Sphären höchster Trunkenheit dringt der Verstand nicht mehr ein; ihm wird alles, was er davon hört, zum Ammenmärchen oder zur Lehrfabel. Nüchterner Verstand ist nichts anderes als das Verrechnen der menschlichen Armut; darin liegt seine Ökonomie. Je weiter der Mensch sich vom dionysischen Fest entfernt, desto unverständlicher wird ihm dieses Fest, bis es ihm zuletzt allein noch von der Seite zerstörender Narrheit, vernichtenden Wahnsinns erscheint. Was diese Narrheit, dieser Wahnsinn ist, entgeht dem Verstande; er sieht in diese Welt des Reichtums und in ihr Blühen und Sprossen nicht mehr hinein, er ist nur noch mit sich und seiner Armut beschäftigt. Der Ausspruch des Seilenos über die Unseligkeit des menschlichen Lebens bezieht sich auf den Menschen, der in der Verständigkeit dieser Armut und damit fern von Dionysos und seinem Feste lebt.

Es mutet wunderlich an, daß auf den Marktplätzen Roms und der römischen Kolonien Statuen des Marsyas als Sinnbilder eines strengen Gerichtes, als Verkörperungen des römischen Rechtswesens standen, denn die Armseligkeit der Allegorie kommt in solchen Rechtswahrern hervor. Armselig ist die Erzählung, daß Midas seine Eselsohren unter einer Mütze verbarg, daß sein Barbier, den das Geheimnis bedrückte, es in ein Loch der Erde flüsterte und verriet. Hier verläuft sich das mythische Geschehen in anekdotisch flachen Fabeln und Witzen, und jeder Zugang zu ihm verliert sich. Das Wissen um den Ursprung des midashaften Reichtums geht verloren. Dieser liegt an den Quellen; goldene Quellen brechen aus dem Reiche des Midas hervor. Durch das fruchtbare Uferland des schilfreichen, goldführenden Paktolos zieht der frühlinghafte König, durch das Land zwischen Tmolos und Hermos. Gleich dem Gotte ist er Ampelophytor und Lenaios, Rebenpflanzer und Kelterer. Und als einen zweiten, mächtigen, goldenen Paktolos leitet er den dionysischen Festzug in sein Land, unterwirft sein Reich dem Dionysos Thesmophoros, dem Gesetzgeber Dionysos.

ANHANG

Was zeigen die Epinikien Pindars, wenn sie mit den Homerischen Epen verglichen werden? Und welche Beziehung besteht zwischen den Siegern im Agon der Spiele und den Heroen, mit denen sie durch den Preisgesang verknüpft werden? Der Agon, wie Pindar ihn feiert, ist mythischer Herkunft und mit dem Kult verbunden. Die gymnastischen und athletischen Kämpfe, in denen Hellas sich einübt, sind Feste und Feiern, die aus der Heroenmythe hervorgehen und an sie anknüpfen. Daher ist alles Genealogische wichtig, die Verknüpfung der Sieger in den Ruhm- und Preisliedern mit der Überlieferung unerläßlich. Läßt sich die Überlieferung nicht unmittelbar an die Person des Siegers knüpfen, so wird sie räumlich geknüpft, durch die Landschaft. Pindar hat noch einen Zugang zur mythischen Landschaft und Natur, deren Geschlossenheit eins mit ihrer geschichtlichen Unberührtheit ist. Was über sie hinausgeht, ist Niemandsland für den Gesang. Er nennt sich selbst einen Narren, wenn er irgend jemandem über die Säulen des Herakles hinaus folgen würde, dorthin also, wo die Fußstapfen der Götter und Heroen enden. Die Säulen des Herakles sind die westlichen Grenzpfeiler der Heroenlandschaft. Die Darstellung der heroischen Landschaft ist bei Pindar wie bei den Tragikern von einer Innigkeit des Haftens, daß man spürt, wie das Nährende des Gedichts von hier kommt. Seine Ode auf den Diagoras ist ein Ruhmeslied auf das mythische Rhodos, das dem Helios durch einen beschworenen Götterbescheid übertragen wurde, dessen atabyrischer Berg dem Zeus heilig ist, dessen Hügel von telchinischen Nymphen bewohnt werden. Vielleicht hat er die Insel besucht; manches in der Ode deutet darauf hin.

Wer über den Ursprung der panhellenischen Agone nachdenkt, der gedenkt auch der Kampfspiele um den Patroklos in der Ilias. Sie beginnen nach Beendigung der Opfer, nachdem der Holzstoß verbrannt und der Erdhügel aufgeschüttet worden ist. Im Kreise haben Achilleus und die Myrmidonen dreimal die Rosse um den Leichnam getrieben. Nach der Verbrennung haben sie einen Kreis für das Grabmal gezogen und mit Steinen belegt. Nun hält Achilleus das Heer an der Grabstätte fest, und es lagert sich im Kreise. Die Kampfpreise werden geholt, und die Wettkämpfe für den Toten nehmen ihren Anfang. Sie sind Ehrungen für ihn, öffnen ihm den Hades, geleiten ihn in die Unterwelt hinein, wie das Haar, das sich Achilleus für ihn abschneidet und ihm in die Hände legt. Die Wettkämpfe sind Totenfeiern, sind ein Agon, der von den Lebenden für den Toten veranstaltet wird. Solche Totenfeiern sind auch die panhellenischen Wettkämpfe, die Olympien für Pelops, die Pythien für den Drachen Python, die Nemeen für Opheltes, die Isthmien für Melikertes. Wie mögen sich die Wettkämpfe in ihrer ältesten Form abgespielt haben? Die Totenfeier um den Patroklos zeigt die lang bestehende Übung, den fest eingewurzelten Brauch. Waren die Wettkämpfe in einer frühen Zeit, in der sie lokal blieben, mit einer Nachahmung der Vorgänge verbunden, an die sie anknüpfen? Waren sie, was die Pythien nahelegen, Versöhnungen und Entsühnungen? Sie sind Totenfeiern und als solche eingesetzt worden. Der Agon steht in Beziehung zum Totenreich, geht aus ihr hervor und gewinnt durch sie Würde und Kraft. Geht das Wissen darum verloren, so berührt das die Kämpfe selbst, und der Sinn des Festes, der Feier verändert sich, wie das in späteren Zeiten sichtbar wird. Zunächst also ist die Überlegung zu beseitigen, daß die Wettkämpfe der körperlichen Ertüchtigung dienen, daß sie Stiftungen sind, welche die leibliche Ausbildung und Vervollkommnung bezwecken und ein Gleichgewicht zur geistigen und musischen Ausbildung herstellen sollen. Das Verhältnis ist umgekehrt; die körperliche Tüchtigkeit steht im Dienste des Wettkampfes, welcher eine Totenfeier ist. Sein Zweck ist nicht das Training der hellenischen Jugend; dieser Zweck wird in den Agon um den Toten hineingelegt, vom rationalen Denken, welches Zweckmäßigkeit und Nutzen eines solchen körperlichen Trainings heraushebt und vom alten Kern der Wettkämpfe frei ablöst.

Wie weit die Kämpfe zurückreichen, wissen wir nicht. Daraus, daß das Ansehen der Olympien das größte ist, könnte geschlossen werden, daß sie die ältesten sind. Nimmt man die Pythien aus, die mit der Python-Mythe und dem Apollon verbunden sind, so steht bei allen Wettkämpfen ein Heros im Mittelpunkt des Festes. Gehören Götter, Heroen, Menschen zu den Wettkämpfen wie zum pindarischen Preislied, so kommt dem Heros eine besondere Würde zu. Die Wettkämpfe sind ein Teil des Heroendienstes. Der Heros ist ein Toter, ist genius loci; sein Numen waltet am Orte fort. Sichtbar werden diese Verhältnisse in der ersten Olympischen Ode. Die Olympien sind Totenfeiern für den Pelops. Sein Grabmal, das Pelopion, ist der Mittelpunkt der Feier. Hier werden ihm bei den Wettkämpfen stets kostbare Totenspenden gebracht. Die Menge drängt sich um sein Grabmal, umwandelt es und besucht seinen Altar. Der Heros steht in der Mitte zwischen Göttern und Menschen. Die Mitte zeigt sich als Omphalos, als Nabel oder Mittelpunkt. Ein Omphalos des Meeres wird von Homer die Insel der Kalypso genannt. Der Hades, wie ihn sich Homer und Hesiod denken, liegt in der Mitte zwischen Tartaros und Himmel. Die Toten liegen im Mittelpunkt eines Kreises. Delphi wird als Weltmitte gedacht, als Mittelpunkt der Erdscheibe, den Zeus durch den Flug seiner Adler ausmitteln ließ. Es liegt dort, wo die Adler sich im Fluge begegneten, in der Mitte der von Zeus gesetzten Ordnung. Den weißen Stein im Tempel zu Delphi, der wie ein abgestumpfter Kegel aussah, hielten die Delphier für den Mittelpunkt der Erde.

Die Gesänge Pindars sind ein Bestandteil des Heroendienstes. Auf die Darstellung des Wettkampfes, auf den Hergang dabei läßt er sich nicht ein. Seinen Epinikien ist nicht zu entnehmen, welches Bild an solchen festlichen Tagen dem Auge sich bot; er schildert weder den Ort, noch die festliche Menge, noch den Aufzug der Kämpfer. Auch war er nicht Zuschauer all der Wettkämpfe, deren Sieger er verherrlicht; er kannte und sah diese Sieger nicht alle. Persönliche Beziehungen, wie sie zwischen ihm und dem König Hieron, mit den Höfen von Syrakus und Agrigent bestanden, geben dem Preislied ein Mehr an Wärme und Vertraulichkeit, doch setzt das Preislied solche Beziehungen nicht voraus. Er ist in Auftrag gegeben und wird nach einem Schema entworfen, das handwerkliche Voraussetzungen hat. Wie ein solches Preislied beschaffen sein soll, dem Metrum und der Komposition nach, wie die Chöre und die Musik darin eingreifen, das hat der junge Pindar bei einem athenischen Meister gelernt. Er fußt auf den Traditionen einer Schule und bringt sie zu ihrem Gipfel; er ist der größte Dichter, den Griechenland auf diesem Gebiete hervorgebracht hat. Daß ein Bedürfnis nach solchen Preisliedern vorhanden ist, daß sie begehrt und wertgehalten werden, ruft die ganze Gattung erst hervor und bringt sie zur Blüte. Das Preislied ist der kostbare Schmuck des Sieges, deshalb wollen weder die Könige noch die Bürger es entbehren, deshalb scheut man nicht die oft beträchtlichen Kosten der Aufführung. Das ganze Personal dazu, einschließlich des Chores, kommt oft von weit her, und die mit Pracht und Kunst vollendete Darstellung kann fürstliche Mittel in Anspruch nehmen. Das Preislied bestätigt und rühmt den Sieg nicht nur, es verleiht ihm auch Dauer. Daß ein solcher Gesang wie Licht die Taten begleitet und überdauert, daß sie ohne ihn ins Dunkel fallen müssen, ist ein Gedanke, den Pindar mit Nachdruck ausspricht. Der Agon ist ohne die brennende

Begierde nach Ruhm nicht denkbar, und dieser Ruhm hat seine Tiefe darin, daß er nicht flüchtig vorübergeht, sondern Totenruhm wird und als solcher dauert. Als der rhodische Faustkämpfer Diagoras nach einem seiner Siege von seinen drei athletischen Söhnen auf die Schultern genommen und vom Volke mit Blumen überschüttet wurde, rief man ihm zu: „Stirb, Diagoras, du kannst nicht zum Himmel aufsteigen." Merkwürdig an diesen Worten, die nicht ohne Grund aufbewahrt wurden, ist, daß sie den Ruhm von seinem Genusse trennen. In ihnen liegt kein Unterton von Spott, sondern reine Anerkennung. Hat der Mensch das Höchste erreicht, dann ist alles Fortleben nur ein Sinken. Sein Glück vollendet sich, wenn er auf dem Gipfel seines Mühens, im Kairos seines Handelns weggenommen wird. Dieser Gedanke ist es, den Solon gegenüber dem Kroisos ausspricht. Ein solcher Gedanke hat etwas Jugendliches und erinnert an die Worte, die ein alter ägyptischer Priester dem Solon sagte: „Ihr Griechen seid immer Kinder, einen griechischen Greis gibt es nicht."

Das Nachhaltige des Preisliedes liegt schon darin, daß alles Zufällige fortgelassen wird. Weder werden die Umstände und Begebenheiten des Sieges ausgeführt, noch stehen der Sieger und sein Sieg im Mittelpunkt des ganzen Gedichtes; die Siegerehrung nimmt nur einen Teil des Epinikion ein. Sie liegt zunächst in der Widmung. Es versteht sich, daß der Dichter an Erkundigungen einzieht, was er für seinen Zweck braucht. Seine Stellung ist eine eigentümliche. Als Dichter steht er außerhalb der Polis, insofern das ganze Hellas ein Anliegen an ihn hat und seine Dichtung nicht eine Stadt, sondern ganz Großgriechenland angeht. Zugleich ist er in seinem Hervorbringen an einen Auftraggeber gebunden und muß diesem Genüge tun, muß ein gegebenes Thema behandeln. Diese Gebundenheit gehört zu seinem Amt; als Träger eines

Amtes hat er sich empfunden, und durch dieses Amt, durch sein Können, seinen Ruhm darin ist er frei. Er kann Aufträge annehmen oder ablehnen. Nimmt er sie an, so kann ihm der Auftraggeber nicht im einzelnen vorschreiben, wie er sich seiner Aufgabe entledigt. Das Können ist bei ihm, deshalb auch die Ausführung. Er hat von sich nicht gering gedacht und äußert sich darüber mit einer Kühnheit, die aus der Gewißheit kommt, daß er der Meister ist. In der Tat liegt das Geschick des Epinikion bei ihm. Nach ihm ist es gesunken, wie die Kämpfe selbst sanken und zu Schaustellungen und virtuosen Darbietungen wurden.

Pindar behandelt die Mythe nicht als etwas Werdendes, sondern als etwas Ausgereiftes und Vollendetes. Und in dem Zeitpunkt, in dem er hervortrat, konnte er sie nicht anders behandeln. Sie ist vollendet und liegt schon in den homerischen und hesiodischen Gesängen vollendet vor uns. Es kann nicht die Aufgabe des Lyrikers sein, sie erzählend zu wiederholen. Er nimmt sie auf andere Weise. Er hebt aus dem weiten Geschehen die Zusammenhänge heraus, die seinem Anliegen gemäß sind; er beschränkt und kürzt die Erzählung. Indem er das tut, häuft er zugleich auf gedrängtem Raume den Reichtum an. Er nimmt das Geschehen als etwas Kostbares, und er macht es durch seine Behandlung noch kostbarer. Seine Sprache ist reich und kunstvoll, und die metrische Bewegung, in der sie einherschreitet, ist festlich. Das Schreiten seiner Verse erinnert an plastische Figuren, wo die Gewänder den nackten Wuchs durchschimmernd machen und erhöhen. In den Wendungen, welche Vers und Gedanke nehmen, ist eine Kraft und Kürze, die das gleiche Erstaunen weckt wie die hohen, unvorhergesehenen Sprünge im Tanze. Muster seiner Behandlung des mythischen Geschehens finden sich in der vierten Pythischen Ode, wo er die Rückkehr des jugendlichen Jason aus den Grotten des Kentauren Cheiron schildert, oder in der neunten Pythischen Ode das Zwiegespräch zwischen Apollon und Cheiron. An solchen Stücken zeigt sich, wie sinnlich gegenwärtig ihm das Geschehen ist und wie er solche Begegnungen in ihrer klaren Tiefe ausschöpft.

Ein Vergleich Pindars mit dem wenig älteren Aischylos läßt erkennen, wie beide sich in der Wahl und Behandlung des mythischen Geschehens unterscheiden. Der Tragiker wendet sich den ältesten und härtesten Konflikten zu, den Gegensätzen, die mühsam oder gar nicht zu versöhnen sind. Das Dunkle, Harte, Gewaltige und auch Gewaltsame haftet bei ihm schon den Stoffen an, die er formt. Den Untergang des Prometheus macht er mit großer Kühnheit zu seinem Gegenstand. Sein Prometheus, der so ganz und gar wund und dabei von diamantener Festigkeit ist, bleibt nicht ohne Recht gegenüber den Göttern. Die Härte des Sieges und des Siegers wird spürbar. Aischylos entzieht sich den Gesetzen des Agon nicht, an welche die Tragödie gebunden bleibt; er macht die Härte des Agon fühlbarer, indem er dem Schmerz des Besiegten und Unterlegenen Raum gibt. Die Klagen der Erinyen und des Perserkönigs haben eine erschütternde Kraft; sie sind Totenklagen, die an keinen lebenden Partner, sondern an den stummen Hades selbst sich wenden. Pindar hegt eine Scheu vor den Nachtseiten des Geschehens und hält sie dem Preislied fern. Hinabzusteigen in das unausdenkbare Chaos oder in das Totenreich, das Orpheus, Herakles, Odysseus und andere besuchten, das ist nicht sein Anliegen. Ja er erträgt manches, das der ältesten Überlieferung angehört, nicht mehr. Daher sein Bestreben, diese Überlieferung zu mildern, sie von Greuel und Entsetzen zu reinigen, wie es am sichtbarsten in der ersten Olympischen Ode hervortritt. Hier, wo er seinen Liebling Pelops hebt, wo er den Tantalos selbst und das Geschlecht der Tantaliden von Mord und Göttertäuschung säubert, begründet er sein Unternehmen damit, daß der Mensch von den Göttern nur Gutes sprechen dürfe, daß es Lästerung sei, anders von ihnen zu reden. Von hier bis zu dem Gedanken, daß die Götter gut sind und daß nur das Gute göttlich sei, ist kein weiter Weg. Solche Gedanken sind nicht homerisch, sind dem Epos ganz fremd. Offenbar ist, daß diese milde Gesinnung die Pindarischen Gesänge durchaus beherrscht. Er trägt alles nach seinem Sinn für Maß und Grenze vor, mit der Neigung, es auf geziemende Weise zu ordnen. Er wendet sich der Tagesseite des Geschehens zu und weiß seine Gesänge mit einem ruhigen, goldenen Licht zu erfüllen.

Dieses Licht ist reif und hat etwas Herbstliches. Denn es weht, in seinen gnomischen Bemerkungen, ein Vorhauch und eine Vorahnung des Frostes, der über Blüten und Früchte kommt. Gnomon hieß der Aufseher über die heiligen Ölbäume in Athen, hieß allgemein der Kenner, Schiedsrichter, Beurteiler. Gnomon hieß später der Zeiger an der Sonnenuhr, der vertikale Stift, dessen Schattenlänge die Tageszeit angab. Die gnomische Dichtung ist ein Ergebnis des Nachdenkens, der sich wiederholenden Erfahrung, die sich verkürzt ausspricht. Sie knüpft an das mythische Geschehen an, tritt aus ihm hervor und löst sich von ihm ab. Der Gedanke selbst spricht sich aus, als Merkwort, Aphorismus, Sentenz. Er verläßt die Sprache der Bilder und wendet sich den Begriffen zu, die zugleich trennen und verbinden. Auf diese Weise kann sich ein junger Mensch nicht aussprechen, denn die verdichtete, zusammengefaßte Lebenserfahrung, die auf das Allgemeine achtet, setzt Reife und Übersicht voraus. Das gnomische Denken ist dem Alter angemessen, und die Sprache des Alters hat etwas Gnomisches. Das Aufblühen der Mythe aber fällt in die Jugendzeit des Menschen. Der Anteil, den das Gnomische an den Gesängen Pindars hat, wechselt, doch ist er immer bedeutend. Die Gnomen sind Siegel, die dem Geschehen aufgedrückt sind; sie versiegeln es. Ist ein solcher Satz einmal ausgesprochen, so steht er als Ergebnis da. An dem, was so auf lakonische Weise vor den Hörer tritt, ist nicht mehr zu rütteln. Der lange Prozeß des Erwägens und Prüfens ist am Ende, und nun tritt Schweigen ein. In seinen Gnomen spricht Pindar aus, was der Mensch ist, für und durch sich allein und abgemessen an den Göttern. Den Grundton der ganzen Gattung gibt die achte Pythische Ode an. Was ist der Mensch? Etwas Flüchtiges. Er ist und ist schon nicht mehr. Traum des Schattens ist der Mensch. Diese Erkenntnis, die gleiche, zu der Aischylos gelangt, wird immer wieder abgewandelt. Das menschliche Leben ist kurz, befristet, bedroht, hat einen schmalen Anstieg und sinkt rasch ab. Die Masse des Widrigen überwiegt, im Wahn des Menschen, in der Vermessenheit, in den falschen Wegen, in der Blendung durch den Nutzen, in Neid, Geiz und Verleumdung. Die Hybris ist allgegenwärtig, die Zukunft ist dunkel, und die Taten sind ungewiß. Mißgeschickte, getäuschte Hoffnungen und nie rastendes Begehren begleitet jeden Weg. Die Fülle dieser Bemerkungen fließt als Quell des Bitteren, Bedenklichen und Fragwürdigen in die Gesänge ein und verbindet sich mit der Darstellung des mythischen Geschehens und mit dem Preisen der Sieger. In den prächtigen, kunstvollen Bau des Gesanges eingewoben ist der Unterton des Zweifels, der Ungewißheit und Ernüchterung, der allgemein auf das Bedenkliche des Menschenloses geht, im besonderen aber das Geschehen der Zeit und die Frage an die Zukunft betrifft.

Ist etwas Prophetisches in Pindar, dann ist es dieses Wissen um die Bedrohung, um nahendes Unheil. Eine Scheu vor allem Gewaltsamen kennzeichnet ihn. Die Preisgesänge für die Sieger sind ein friedliches und Frieden stiftendes Geschäft und haben keinen tyrtäischen Klang. Die Kriegslieder des Tyrtaios haben einen anderen Ton, einen anfeuernden, mahnenden, rügenden und rühmenden. Sie sind Marschlieder,

Schlachtgesänge, die ein ausziehendes Heer begleiten und sich mit ihm auf den Feind stürzen. An Gepäck hat ein solches Heer nur das Notwendige, Schmuck sind ihm nur die Waffen. Diese Verse sind wie nervige, unermüdliche Renner und von unversöhnlicher Schärfe wie der Ares der Dorer. Diesen Ton hält auch Kallinos fest. Es fehlt den Gesängen Pindars das jugendliche Kriegs- und Liebesfeuer, das sich in den Liedern des Alkaios und der Sappho findet, die männliche Rastlosigkeit des Alkaios und die melodisch süße Unruhe der Sappho. Gegen Homer und alle Homeriden erklärt Pindar, daß Krieg und Schlachten den Göttern ferngehalten werden müssen, daß man sie in dieses Geschäft des Menschen nicht hineinziehen dürfe. Die Ilias tut nichts anderes und ist als Komposition nicht einmal denkbar, wenn diese Forderung anerkannt würde. Auch der schroffe Ausfall gegen Homer in der siebten Nemeischen Ode geht gegen das Epos und die epischen Dichter. Was gibt sich in der Forderung, Kriege und Schlachten den Göttern fernzuhalten, zu erkennen? Dem Homerischen Epos liegt es fern, irgendwelche Bereiche auszusondern, die nicht von ihnen durchwaltet werden. In ihm gibt es nichts, das nicht auch göttlich wäre, sei es Zeugung, Geburt, Tod, seien es Mähler, Tänze oder ein Sauhirt auf der Insel Ithaka. Daß der Machtbereich des Ares voll Blut und Grauen ist, weiß Homer so gut wie Pindar, ja besser, doch zweifelt er nicht an der Göttlichkeit dieses Bereiches; niemand hat das Wesen des Ares treffender dargestellt als er. Pindar ist frömmer als Homer, und zwar in jenem Verstande des Worts, der auch uns geläufig ist, in dem fromm und gottesfürchtig eins sind, nicht aber in dem anderen, früheren, in dem fromm gleich stark, kühn, herzhaft ist. Bei Homer sind die Götter noch nah, bei Pindar sind sie fern, und diese Ferne und Entfremdung wächst, weil der Bereich des Profanen sich vergrößert.

In den homerischen Epen ist nichts Profanes, genau gesprochen, die Grenzlinie zwischen Numen und Physis ist nicht streng gezogen. Profan nannten die Römer alles außerhalb heiliger Bezirke Liegende, profan nannten sie, was keinem Gotte geweiht war, profan auch den Menschen, der in kein Mysterium eingeweiht war. Diese Abgrenzung des Profanen, in der es mehr und mehr erweitert wird, ist genau und scharf im römischen Recht niedergelegt. Profan nennen wir das Weltliche im Gegensatz zum Geistlichen, und damit ist ein Riß und Graben durch Leben und Welt bezeichnet, welcher tief, klaffend und verwundend ist. Ein solcher Riß ist dort, wo das Numen unversehrt ist, nicht denkbar und entsteht erst, wo es weicht. Aus dem Homerischen Epos ist nicht abzulesen, daß die Götter gut sind. Weder wird der Bereich der Sitte verselbständigt, noch wird eine abstrakte Sittlichkeit so vom Göttlichen abgelöst, daß sie Autonomie gewinnt. Dieses Unternehmen erst entfernt und entfremdet Götter und Menschen voneinander. Das Epos liegt noch vor den Versuchen, die Götter zu versittlichen, sie zu eigenen Tugenden umzuschaffen oder Gewissensinstanzen aus ihnen zu machen, sie also ins Innere der Brust zu verlegen.

Pindar lebt nicht im mythischen Bereich, sondern im Bereich der Geschichte. Er war nicht sehr viel älter als Herodot. Am Hofe des Hieron konnte er dem Xenophanes begegnen, dem Stifter der Eleatischen Schule, der eine scharfe Polemik gegen Homer und Hesiod trieb. Von der Nähe der Götter bei Homer ist bei Pindar nichts zu spüren. Seine Frömmigkeit zeigt sich im strengen Einhalten der Distanz ihnen gegenüber, als Scheu. Der Mensch ist ein Nichts gegen die Götter. Er kann und soll sich mit ihnen nicht messen, soll sich ihnen nicht gleichstellen. Überall hebt er die Entfernung hervor. Gerade in der Innigkeit seiner Verehrung, in seiner Auffassung des Nomos, in der Strenge seines Maßgefühls werden Grenzen gesetzt, welche die Entfernung und Entfremdung zu ihrer Voraussetzung haben.

Die friedliche und Frieden stiftende Kraft der Preislieder liegt schon darin, daß die Wettkämpfe ganz Hellas umfassen. Diesen panhellenischen Frieden, der von den Festen ausgeht, durch den Gesang zu stärken, von ihm allen Krieg fernzuhalten, empfindet der Dichter als seine Aufgabe. Der Krieg mag gegen Perser, Karthager, Etrusker geführt werden, nicht aber von Polis gegen Polis. Die Vorahnung ist in Pindar, daß Hellas durch solche Kriege und bürgerlichen Fehden nur heruntergebracht werden kann und sich unheilbar schwächt. Und der Verlauf dieser Kämpfe gibt ihm recht. In Hieron ehrt er den Sieger von Himera und Kyme, den Besieger der Karthager und Etrusker, den er in Beziehung zu den Siegern über die Perser setzt. Seine Bitte an Zeus geht dahin, daß sich Karthager und Etrusker nun still verhalten, daß eine friedliche Zeit für das sizilische Griechentum beginne. Das Bangen, welches ihm diese Kämpfe einflößen, erstreckt sich auch auf die innere politische Entwicklung, und mit Sorge betrachtet er die rücksichtslose Entfaltung der Demokratie, welche die Athener betrieben. Auch hier behielt er recht. Ganz frei ist ihm das Herz nur vor der Vergangenheit. Es ist ein hieratischer Zug in seinem Dichten und Denken, der mit seinem Dorismus, seiner boiotischen Herkunft, seiner Neigung zur Aristokratie Hand in Hand geht. Er ist mißtrauisch gegen das Neue, ist der Dichter eines alten Nomos. Er führt diesen Nomos noch auf das Numen zurück und hält an der alten Einheit beider fest. Wo von der königlichen Satzung des Zeus abgewichen wird, dort ist kein Heil. Diese enthüllt sich dem Auge durch Zeichen, Begehungen und Begegnungen. Und ihr entspricht der schön geordnete Kosmos, der in sich ruhend sich selbst genügt. Deutlich wird zugleich, daß Pindar in das numinose

Geschehen der Mythe einen ethischen Nomos hineinlegt und das Geschehen nach ihm auslegt.

Nomos ist nicht nur das geschriebene und ungeschriebene Gesetz, sondern überhaupt Ordnung (Taxis) und Satzung, göttliche und menschliche. Doch entspricht das Tun des Menschen bei Pindar einem Nomos nur dann, wenn es dem Willen des Zeus gemäß ist. Menschliche Ordnung, die aus sich heraus auslegbar ist, ist Physis. Die Trennung ist bei Homer noch nicht vollzogen, bei Pindar aber ganz scharf. Nomos umfaßt Regel, Pflicht, Grundsatz und Sachverhältnis, ist das Zugeteilte, Angeordnete und Festgesetzte. Nach einem Nomos ist etwas eingerichtet. Nomos ist auch die Art und Artung als etwas Eingeborenes und Angeborenes. Gleich Homer steht Pindar auf seiten der Art, die über das Wissen entscheidet und ihm gegenüber das Höhere ist. Weisheit ist ein eingeborener Nomos. Dem angelernten Wissen fehlt dieser, deshalb taugt es für sich nichts und hat etwas Windiges, denn ihm mangelt die Eunomia und damit alle Zuverlässigkeit. Was Nomos ist, zeigt sich in Maß, Grenze und Gewicht, in Weg, Bahn und Ziel, in Anfang und Ende. Blöde ist, wer sich heimischer Art schämt und nach fremder schielt, blöde, weil es ihm an eigener Art gebricht. Ein Tor ist der Mann, der den Herakles nicht rühmt. Der Reichtum kommt erst mit dem Nomos zur Blüte und überglänzt das Leben. Nomos heißt endlich die Tonart, die Satzweise, die Musik- und Gesangweise. Nur in diesem Zusammenhange wird das Wort bei Homer verwendet; es kommt sonst bei ihm nicht vor. Sprache und Musik bestimmen sich nach einem Nomos, gehen in ihn ein und werden nach ihm unterschieden.

Der Nomos ist das oberste Anliegen Pindars und sein Prüfstein für das Geschehen. Aller Nomos aber ist zuletzt Nomos des Zeus, der die Erde regiert, die Wettkämpfe, den Sieg und den Sieger. Von dem Knaben Alkimidas aus Aigina, der im

Ringkampf siegte, wird in der sechsten Nemeischen Ode gesagt, daß er die von Zeus gesetzte Ordnung einhielt und ihm deshalb der Sieg zugefallen ist. Eunomia, die Hore der Wohlgesetzlichkeit, ist es, nach deren Spuren Pindar Ausschau hält. Die Horen senden ihn, wie er sagt, als Zeugen der Wettkämpfe aus. So wie er die Themis und die Horen versteht, als Vorsteherinnen eines musischen und ethischen Nomos, der sich auf den höchsten Zeus zurückführt, so versteht er seinen eigenen Gesang, und die Überzeugung von der weitreichenden Macht seines Liedes verbindet sich damit. Die Königssatzung des Zeus ist unverbrüchlich; ihr gewaltsam und willkürlich begegnen zu wollen, ist ein Unding und Unart. Die menschliche Satzung, welches Gebiet sie auch betreffe, die Gebilde, welche der Mensch hervorbringt, Städte, Häuser, Schiffe, Waffen und Geräte, sein Denken und sein Tun bewähren sich erst daran, daß sie dem Nomos des Zeus gemäß sind. Was von dieser Ordnung abweicht, das Amazonenwesen, die Giganten, die Chimaira, wird von den Heroen zu Recht angegriffen. Pindars Anhänglichkeit an die dorische Verfassung stimmt mit seiner Überzeugung überein, daß sie diesem Nomos entspricht: sie ist von Hyllos, dem Sohne des Herakles, gesetzt, ist eine herakleische und geht auf Zeus zurück. Der Nomos hat wie ein Baum Wurzel und Krone, er kommt wie die Blumen zur Blüte. Im Walten der Musen, Horen und Chariten wird alles Duft, und ein Schimmer des Vollendeten und Vollkommenen umspielt die Dinge. Zum Klange von Harfen und Liedern bewegen sich die Horen des Zeus im Tanze, gehen die Tage des Zeus im Horenreigen dahin. Tanz und Mähler der Götter werden wie alles göttliche Beginnen von den Chariten schön und lieblich geordnet. Das Gebet in der vierzehnten Olympischen Ode bezeugt es. Ist der Nomos des Zeus unverletzt, dann breitet sich Glanz und Duft über die Dinge aus, dann wird die Bewegung zum schwebenden

Reigen und leichten Tanz. Wo er die Welt durchwaltet, schwindet das Ungefüge, und der Schmuck des Lebens zeigt sich.

Im Nomos liegt schon das Maß. Was Maß ist, wird von Pindar genau bestimmt. Maß ist etwas Zugemessenes und Beschiedenes. Der Mensch, der sein Maß nicht kennt, kennt sich selbst nicht. Um sein Maß zu kennen, bedarf er der Erkenntnis, denn das Maß ist nicht von vornherein eine starre Regel und Vorschrift, nach welcher der einzelne sich unfehlbar richten kann. Nicht nur von außen her bestimmt sich, welches Maß der Mensch hat; Maß ist auch das innere Verhalten. Der Mensch hat ein Maß, ein menschliches, das ihm zunächst verbietet, sich mit den Göttern zu messen, sich ihnen gleichzustellen, es ihnen nachzutun. Vermessenheit zeigt, daß er sein Maß verkennt. Und nichts ist menschlicher als dieses Verkennen des Maßes; im Wesen des Menschen liegt begründet, daß er sein Maß nach allen Seiten hin überschreitet. So haben selbst die Weisen jenen alten Kern- und Richtspruch, das „Nichts zu sehr" und „Niemals zuviel" über die Maßen gepriesen. Pindar wirft ihnen das vor; etwas Paradoxes liegt in dem Vorwurf, aber auch ein Zartgefühl.

Ixion, von dem Pindar in der zweiten Pythischen Ode spricht, erträgt sein Glück nicht, beginnt zu rasen und begehrt mit der Hera selbst das Lager zu teilen. Die Wildheit treibt ihn dazu, und in ihr verwildert er. Sogleich erhält er nun, was ihm gebührt. Dem Toren, der sich betrügt, hält Zeus Betrug und Täuschung entgegen und vermählt ihn der heragleichen Wolke, ehe er ihn an das ewige Rad flicht, das dem titanischen Begehren gemäß ist. Nur dieser Seite der Ixion-Mythe geht Pindar nach. Er stellt dar, wie der Vermessene sich durch seine Vermessenheit zugrunde richtet. Es ist aber in der Leidenschaft des Ixion zur Hera etwas Starkes, Wahres, Göttliches, das nicht übersehen werden darf; der

Bericht selbst weist darauf hin. Das Begehren des Ixion wird nicht einfach abgewiesen, wird nicht vor seiner Erfüllung rücksichtslos zerstört. Es liegt etwas Schonendes in dem Verfahren des Zeus, ein Zug der Achtung vor dem aufkeimenden Leben dieser Neigung und eine Scheu, ihre Frucht von vornherein zu vernichten. Wozu sonst die Wolke, wozu das künstliche Bemühen, ihr täuschende Ähnlichkeit mit der Hera zu verleihen? Es ist ein Bild der Hera, das dem Ixion untergeschoben wird, und diese Verbindung ist von mächtiger Fruchtbarkeit, aus ihr gehen die Kentauren hervor. Pindar legt in das numinose Geschehen seinen ethischen Nomos hinein. Auch sein Begriff des Maßes ist ein sittlicher.

Der Zaum des Rosses hat sein Maß, das Schiff, die Waffe, jeder Gegenstand. Dieses Maß gilt es zu ermitteln, und das ist ein ruhmbringendes Unternehmen. Die bändigende Kraft des Maßes macht Pindar deutlich am Zaumzeug der Athene, mit dem Bellerophon den Pegasos zähmt, das wilde Flügelroß, auf dem er gegen die Amazonen und die Chimaira einstürmt. Das ruhmlose Ende des Bellerophon, der sich in den Olymp aufschwingen will, verschweigt er; von solcher Vermessenheit will er nichts wissen.

Nomos und Maß stehen in enger Verbindung; wo das eine ist, ist auch das andere. Hinzu kommt die Überlegung, daß jedes Ding seine Zeit hat, einen Kairos, eine Zeitlichkeit, in der es reif wird. Maß und Kairos werden als etwas Verschiedenes behandelt, das Maß als etwas Ruhendes und vorwiegend Räumliches, der Kairos als Bewegung eines Geschehens, das im Flusse ist. Im Wachstum, in der Entfaltung, Vollendung, Entscheidung gibt es einen Kairos, der sich dem Menschen zuneigt und den es zu treffen gilt. Der Mensch selbst steht im Kairos des Geschehens. Wer ihn verfehlt, wer den Punkt nicht trifft, auf den alles ankommt, dem hilft auch das Maß nicht, da Ordnung nicht im starren Beharren liegt, sondern in einer schwellenden Bewegung, welche Anfang und Ende hat. Der Kairos muß mit einem Glücksgriffe erfaßt werden, denn er kann die Kürze eines Augenblicks haben, und wird dieser versäumt, kehrt er nicht wieder. Von der Macht des Kairos spricht mit gnomischer Kürze die neunte Pythische Ode, in der es heißt, daß der Kairos das Höchste ist und in allem auf gleiche Weise seinen Gipfel hat.

Den Zaum der Athene, das Zaumzeug des Pegasos hat Pindar selbst seiner Darstellung des Geschehens angelegt. Die Rosse seines Gesanges laufen in goldenem Geschirr; und wie die von ihm gepriesenen Wettkämpfer zu Wagen und zu Fuß bewegen sich die Epinikien nach den Regeln des musischen Agon. Ihre Bewegung ist, bis in den Schmuck hinein, plastisch. Das Festliche ist zugleich gemessen und feierlich. Es ist ein reifer, gedrungener, männlicher Gesang, in den schmerzliche Erfahrung einfließt. Pindar ist nicht der Dichter des bewußtlosen Quellens, des lyrischen Lebens- und Freudenstroms, der hell ins Licht springt. Sein Lied verläßt nicht den geordneten, geschlossenen Festzug, und wie jedes Fest ein Gemeinsames voraussetzt, so auch sein Gesang, der die Feste begleitet und im Zusammenwirken der rhythmisch geordneten Sprache, der Musik und des Chores ein Bestandteil des Festes ist, ein schön geordneter Preisgesang. Antipatros von Thessalonike sagt über Pindar, daß sein Gesang wie der mächtige Klang der Salpinx die Flöte übertöne, daß selbst der mainalische Pan in diesen Gesang einstimme. Doch ist das Lied des arkadischen Pan, der von Pindar als ein Hüter heiliger, unbetretbarer Räume, als vollendeter Tänzer angesprochen wird, ein anderes Lied. In der Weise Pindars ist kein einsamer, ländlicher Flötenton, nicht der des kleinen Festes, der Trinkgelage, Symposien, Liebesfreuden und Liebesschmerzen. Weder die idyllische, bukolische Einsamkeit des selbstgenügsamen Hirtenlebens, die später den Theokrit lockt, ist darin, noch das

Anakreontische. Die anakreontische Dichtung bedarf – und das macht sie uns wert – der geringsten Mittel. Die Trunkenheit des Anakreon geht aus dem Wohlgefallen am Wenigen hervor; sie schafft aus dem Geringsten etwas. Das Lied an die Zikade kommt von daher. Die kleine Sängerin, trunken von einem Tropfen Tau, ohne Habe, Bedürfnis und Leid und unbekümmert ihrem Lichtgesange hingegeben, hat etwas Göttliches.

Tanz und Musik der Griechen sind uns verloren und damit die gesamte Bewegung, von der das Fest erfüllt war. Wir sehen die Musen nicht mehr als Chor am Werke. Am Gang der metrisch geordneten Sprache aber läßt sich manches ablesen. Beim Lesen der pindarischen Gesänge steigt die Erinnerung an die Festzüge jubelnder Männer und schöngegürteter Frauen auf; der Gesang selbst ist ein Festzug, der dem Hörer entgegenkommt, den die festliche Polis aussendet. Er hat eine ihm eigene geschichtliche Bewegung, hat seine Ordnung und seinen Schmuck. Er hat etwas schön Gedrängtes und dabei Weiträumiges. Weiträumig ist die Festlichkeit Pindars. An dorische Säulenordnungen gemahnen die Epinikien. Was die Säulen zu Säulen macht, ist nicht nur ihr eigener steinerner, aufgetürmter Körper, es sind auch die Abstände, die Zwischenräume, durch die Licht und Luft hereinfließen und den Stein umspülen, die Interkolumnien, deren Weite durch den Säulendurchmesser bedingt wird. Was diese für den Bau sind, sind die Zäsuren für das Gedicht.

Corrigenda

Druckfehler

Griechische Wörter und Zitate haben durchgängig falsche Akzente und Spiritus und sind von Buchstabenverwechslungen entstellt. Diese werden nicht aufgeführt.

S. 271: Statt »Loiren« lies »Moiren«.

S. 278: Entstellter Satz: »Die Bühne selbst, ihr Mechanismus schon, zeigt diesen Konflikt, und auch den (? = der?) Chor und das (? = die?) Monologe und Dialoge der Tragödie, die Vereinsamung des Heros, [. . .]«.

S. 281: Statt »Leitheroser« lies »Leitheros er«.

S. 299 f.: Statt »sein (*sc.* des Pelops) Verhältnis zu meerumfluteten Inseln, denen sein Name anhaftet« lies »zu der meerumfluteten Insel, der sein Name anhaftet« (= Peloponnesos); es gibt keine andere Pelopsinsel.

Orthographische Versehen oder Fehler

(z.T. wohl auch Druckfehler) bei Namen, insbes. von mythischen Wesen:

S. 27: Statt »Rhadamantis« lies »Rhadamanthys« (richtig S. 199).

S. 40: »Thrinakria« ist eine Kontamination des homerischen »Thrinakie« mit dem späteren »Trinakria«.

S. 40 f.: Statt »Phaëton« und »Phaëtusa« lies »Phaëthon« und »Phaëthusa«.

S. 48 und 234: Statt »Orthygia« lies »Ortygia«.

S. 70: Statt »Orthros« lies »Orthos«, die bessere Lesart (für Hesiod).

S. 73: Statt »Sypilos« lies »Sipylos«.

S. 73: Statt »Eurythos« lies »Eurytos«.

S. 74: Statt »Hyppolitos« lies »Hippolytos«.

S. 96: Statt »Amphiktion« lies »Amphiktyon«.

S. 135: Statt »Kastarion« lies »Kastorion«.

S. 144: Statt »Sauronktonos« lies »Sauroktonos«.

S. 211: Statt »Echetläos« lies »Echetlos« oder »Echetlaios«.

S. 231: Statt »Halytherses« lies »Halitherses«.

S. 253: Statt »Damarmenos« lies »Demarmenos«.

S. 265: Statt »Erynien« lies »Erinyen«.

S. 285: Statt »Argos« lies »Argo«.

S. 296: Statt »Eurypilos« lies »Eurypylos«.

S. 314: Statt »Bromion« lies »Bermion« (Herodot 8,138,2 f.) oder »Bremion« (Konon, FGrH 26 F 1 I).

Fehlerhafte Namen oder Verwechslungen

S. 38: Statt um »Leukothea« handelt es sich um die Nereide »Galatea« (vgl. Hes., *theog.* 250) als von Polyphem geliebte Nymphe.

S. 49 f.: Astraios zeuge mit der Eos »jene Winde [...], die nach ihm asträische Brüder genannt werden«. Beleg nicht gefunden; ein Irrtum?

S. 56: Zeus zeugte mit Mnemosyne in neun Nächten in Pieria die Musen: »Pierische Nächte heißen daher jene Nächte, in denen wie die Musen selbst alles Musenwerk erzeugt wird.« Antike Belege nicht gefunden; ein Irrtum?

S. 73: Melische Vase im Louvre mit Zeus und Herakles gegen den Giganten Porphyrion ist nicht nachweisbar: die Vasenbilder mit Beischrift »Porphyrion« (vgl. LIMC VII, Porphyrion, Bd. 1, S. 144) nicht im Louvre, außerdem nicht in Verbindung mit Zeus und Herakles.

S. 132: Lykurgs Gesetzgebung nennt Jünger »die Rhetren« (S. 132); mit Ausnahme von Plut., *Lyc.* 14 wird im Griechischen aber immer der Singular ἡ ῥήτρα gebraucht.

S. 144: »wie zum gymnastischen Wettkampf eilt der Apollon des Deinagoras«. Ein Künstler dieses Namens oder Stifter eines Weihgeschenks ist unbekannt.

S. 154: Jünger spricht von Panheiligtümern in Arkadien u.a. »auf dem nomischen Gebirge bei Lykosura, zu Heraia und Molipeia«. Einen Ort Molipeia gibt es nicht. In der Liste der peloponnesischen Kultorte, die Brommer im Artikel *Pan* in RE, Supplementband 8, Sp. 995 f. gibt, findet sich Melpea, das wohl in »Molipeia« gemeint ist. Paus. 8,38,11 erwähnt ein Melpeia genanntes Heiligtum des Pan Nomios auf den Nomia genannten Bergen rechts von Lykosura, so daß die Aussage folgendermaßen verbessert werden muß: »zu Heraia und in Melpeia auf den Nomia genannten Bergen bei Lykosura.«

S. 219: »Ovid (sagt) vom Lucus Aventino [. . .]"; *Aventino* ist nicht der Name des Hains, sondern von *suberat* abhängiger Ablativ (*fast.* 3,295: *lucus Aventino suberat*).

Zitierfehler (oder Druckfehler)

S. 133: Statt »propriore« (Verg., *Aen.* 6,51) lies »propiore«.

Unrichtige Quellenangabe

S. 110: Hesiod, *Theogonie*, v. 110 statt richtig: *Erga*, v. 111.

S. 140 (vgl. S. 310): »Die Erinyen werden in der Odyssee unterirdische, im Erebos wohnende Gottheiten genannt«. Die Referenztexte sind *Il.* 9,571a–572 und 19,259 f.

Ungenaue Wiedergaben der Quelle

S. 17: Der Kampf zwischen Zeus und Typhoeus wirke bei Hesiod auf Chaos ein; der betreffende Abschnitt, *Theogonie* 820–868, spricht von der Wirkung insbesondere auf die Erde.

S. 50: Pindar nenne die Titanin Asteria »einen fernleuchtenden Stern der dunklen Erde«. Richtig wäre: »Pindar (*Hymnus* 1, *fr.* *33b=87, v. 5) sagt, die Götter nennten Delos (so der Name bei den Sterblichen) ‚den fernleuchtenden Stern der dunklen Erde'« (eine Umschreibung für den Namen Asteria).

S. 50: Das Prophetische des Wortes trete in Gaia hervor, wo sie den Sturz des Uranos verkünde. Es handelt sich offenbar um eine Wiedergabe von Hes., *theog.* 463–465: Es geht um den Sturz des Kronos. Richtig S. 55.

S. 53: »Pindar nennt sie (*sc.* die Horen Eunomia, Dike, Eirene) die ethischen Horen«. Das Adjektiv ‚ethisch' (ἠθικός) ist erst seit Aristoteles belegt. In Jüngers eindeutigem Referenztext, Pindar, *Ol.* 13,1–17, gibt es eine solche oder ähnliche Benennung nicht; Pindar spricht allerdings im gleichen Kontext (v. 13) von ‚angeborener Sinnesart' (ἦθος). Richtiger die Paraphrase S. 332.

S. 55 f.: »Von ihr (*sc.* Mnemosyne) heißt es, daß sie bei Eleuther einst den Dionysos von seinem Wahnsinn befreit habe«. Eine solche Geschichte gibt es nicht. Vielleicht handelt es sich um die Kontamination der folgenden beiden Berichte: (i) Hera macht den Dionysos wahnsinnig und heilt ihn wieder (vgl. Nonnos, *Dionysiaka* 35,314–336; Walter F. Otto: Dionysos, S. 123). (ii) Die Töchter des Eleuther werden wahnsinnig, weil sie den Dionysos verspotten, der ihnen mit schwarzem Ziegenfell erscheint, und finden erst Heilung, als ihr Vater den Kult des Dionysos Melanaigis stiftet (vgl. Gruppe: Griechische Mythologie. II, S. 1432, Anm. 3).

S. 56: Unrichtige Darstellung der Rolle der Mnemosyne im Bericht des Pausanias (9,39,7–14) vom Orakel des Trophonios: Mnemosyne komme dem voller Schrecken zurückgekehrten Orakelsucher nach einiger Zeit zu Hilfe, so daß er seine Besinnung wiedererlange; bei Pausanias heißt es jedoch, er werde, auf den Thron der Mnemosyne gesetzt, von den Priestern ausgefragt und gebe Auskunft. Erst danach ist von seiner Verstörung und Nichtkennen seiner selbst und seiner Nächsten die Rede, und bei der Rückkehr zu Vernunft und Lachen spielt Mnemosyne keine Rolle.

S. 69 u. 72: Auch Tartaros als Vater der Giganten überliefert: kein Nachweis gefunden.

S. 77: Hesiod habe die Giganten für unsterblich gehalten: kein Beleg; in *fr.* 43a,65 (Frauenkataloge) tötet Herakles die Giganten in Phlegra!

S. 99 und 103: Aischylos bzw. Prometheus bezeichne Kronos als grau und nenne die Titanin Themis die Graue bzw. nenne die Gaia Themis grau. Die Bezugsverse in Aesch., *Prom.*, v. 220 und 873 f., gebrauchen jeweils das Adjektiv παλαιγενής, d.h. ‚vor alters geboren.'

S. 99: Prometheus »pflanzte (den Menschen) blinde Hoffnung ein«. Ist das nicht vielmehr die Folge des Strafgeschenks der Pandora (Hesiod, *op.* 96–98)?

S. 116: Pindar stelle Tantalos dar, »wie er in der Luft schwebt, während über seinem Haupt ein Felsen immer niederzurollen droht.« Nach *Ol.* 1,56–58 schwebt nicht Tantalos, sondern der Fels über ihm (Zeus »hängte diesen auf über seinem Kopf« heißt es).

S. 127: Jünger zitiert (in Übersetzung) und paraphrasiert einen Passus aus einem Prozessionslied des Eumelos (Eumelos, *fr.* 1(a) Campbell = Paus. 4,33,2): »[. . .] die Muse [. . .], die reinen und freien Schrittes einherschreitet« und »reiner und freier Schritt«. Hier ist die Quantität des auslautenden -α von καθαρά nicht beachtet (langes -α fem. sg., nicht ntr. pl.): das Adjektiv bezieht sich auf die Muse, so daß der Vers lautet: »die reine Muse, in freien Sandalen«.

S. 166: Jünger spricht von »Hirtengedichten des Stesichoros«. Das ist ein Irrtum, der von einer antiken Nachricht herrührt, Stesichoros habe ein mythologisches Gedicht über den Hirten Daphnis verfaßt (Autorschaft umstritten).

S. 215: Pindar berichte, Ixion habe »die Hippokentauren mit einer Wolke gezeugt«. In *Pyth.* 2,35–48 steht, daß Ixion mit der Wolke den Kentauros zeugt und dieser mit den Stuten von Magnesia die (nicht als solche bezeichneten) Hippokentauren.

S. 229: Hektor beobachte Diomedes im Kampf und frage den Pandaros, ob da ein Gott kämpfe; der Fragende ist Aineias (*Il.* 5,174–187).

S. 259: Die Mutter des Odysseus sage, die Seele des Verstorbenen im Hades sei ein Traumbild; es ist Odysseus, der das Schattenbild seiner Mutter mit einem Traum vergleicht (*Od.* 11,207).

S. 269: Aischylos nenne die Moiren »Mutterschwestern und auch Schwestern der Erinyen«: Hier sind offenbar zwei konkurrierende Auffassungen von Aesch., *Eum.* 961 f. nebeneinandergestellt, von denen jedoch die Erklärung vorzuziehen ist, daß die Moiren Schwestern der Erinyen von gleicher Mutter sind.

S. 276: Agorakritos habe eine Aphroditestatue allein dadurch in eine der Nemesis umwandeln können, daß er ihr andere Attribute gab; die Quellen zu Agorakritos und Nemesis geben das nicht her.

S. 288: Plutarch berichte, Theseus habe nicht nur dem Apollon Delphinios, sondern auch der Aphrodite Epitragia geopfert. In dem entsprechenden Passus in der *Theseus-Vita*, Kap. 18 ist von einem Opfer für Apollon nicht die Rede.

S. 289: Pausanias berichte, Theseus habe außer dem Ring des Minos auch einen goldenen Kranz der Aphrodite aus dem Meer heraufgebracht; Paus. 1,17,3: Kranz der Amphitrite.

S. 290: Priamos habe den Wuchs des Aias nicht nur für mächtig, sondern auch für edel angesehen. Il. 3,255–257 sagt nichts von Adel des Wuchses. Das findet sich jedoch zu Agamemnon: Il. 3,169 f.

S. 291 f.: Aias schleudere zweimal Felsstücke auf Hektor. In der Ilias ist nur einmal davon die Rede (Il. 7,268–272). Jünger hat entweder δεύτερος (v. 268) mißverstanden (»als zweiter«, nämlich nachdem Hektor zuvor einen Fels auf ihn geworfen hat), oder es liegt eine Verwechslung vor: Hektor wirft zweimal mit Felsbrocken, einmal auf Aias (Il. 7,263–267), einmal auf ein Lagertor der Griechen (Il. 12,445–463a).

S. 292: Aias decke den Menelaos und Merioneus wie ein verwundeter Eber. Jünger kontaminiert offenbar zwei Gleichnisse: *Il.* 17,278b–287 (keine Verwundung des Ebers) und 17,725–734 (die Trojaner gegenüber den beiden Aianten wie Hunde vor einem verwundeten Eber).

S. 293: Jünger überträgt eine Charakteristik Hektors auf Aias: »Aias (richtig: Hektor), in den Tänzen des Ares geübt [. . .], verschmäht es, wie er (richtig also: Hektor) im Zweikampf des siebenten Gesanges der Ilias (Il. 7,241–243) gegen Hektor (richtig: Aias) bemerkt, zur Heimlichkeit und List seine Zuflucht zu nehmen.«

S. 323: Jüngers Version der Geschichte von dem rhodischen Faustkämpfer Diagoras weicht sowohl von Cic., *tusc.* 1,111 als auch von Plut., *Pelopidas* 34,6 ab.

Sachliche Unordnung

S. 54: Im Kontext der Moiren, die Jünger »uranische Göttinnen« nennt, steht unvermittelt der Satz: »In Athen wurde die Aphrodite Urania als älteste Göttin verehrt.«

Register aller mythischen Wesen

und einiger religiöser Begriffe (einschließlich lateinischer; die wichtigsten Seiten h'fett)

Nachweise der schriftlichen Quellen

in der Reihenfolge der Zeugnisse im Text

(a) Vollständig die Textpassagen, die von Jünger mit Verfasser oder Werk bezeichnet sind (jedoch ohne die Verweise auf Verfasser und Werke in allgemeiner Hinsicht bzw. auf eine Vielfalt möglicher Referenzstellen eines Werkes, etwa bei der Rede vom ,(homerischen) Epos', von der *Ilias*, von den ionischen Denkern usf.)

(b) Die Mehrheit der eindeutig oder relativ eindeutig identifizierbaren Quellen

7	Xenophanes D.-K. 21 B 16
	Euhemeros, *Heilige Urkunde*: FGrHist I 63 T 4
15	*theog*. 123
17	*theog*. 820–828 (richtig: Gaia, nicht: Chaos)
	Paus. 7,21,11
18	*Od*. 11, 576
	Il. 9,568
	Od. 14, 111 f.
21	*theog*. 207–210
22	*theog*. 139–153. 159b–206. 147–159a. 617–623
26	*theog*. 453–456. 468–491. 492–500
27	*theog*. 497–500
	Apollod., *Bibl*. 1,21
	theog. 886–900
32	*Il*. 18,607 f.
33	*theog*. 785–792. 397–401. 775–806
34	*theog*. 233–237
35	*theog*. 367–379
39	*Od*. 1,8; 12,133. 263. 346. 374
	Apollod., *Bibl*. 2,5,11
	theog. 335

43 *Hom. hymn.* 32 (Selene). 18.17.1.6
44 *theog.* 404–409a
45 *theog.* 409–411a. 411–452
46 *theog.* 421 f.
Paus. 3,30,2 mit 2,23,7
47 f. *Hom. hymn.* 2 (Demeter) 51–63
49 *theog.* 134 und 375
Apollod., *Bibl.* 1,1,3
theog. 375–377
Apollod., *Bibl.* 1,2,2
theog. 378–382
50 *theog.* 383–385. 386–398. 377 und 409 f.
Pindar, fr.*33b=87, v. 5
theog. 409–411a. 463–465 (richtig: Kronos; vgl. S. 55)
52 Aesch., *Prom.* 18
53 *theog.* 901–906. 903
Ol. 13,1–17 (kein Beleg für »ethische Horen«)
54 Paus. 9,35,2
theog. 217. 904–906
55 *theog.* 135. 463–465
56 Paus. 9,39,7–14
theog. 53–63
Paus. 9,29,1–2 (vgl. S. 74)
57 f. Hölderlin, *Mnemosyne*, v. 41–51 (vgl. S. 290)
59 Apollod., *Bibl.* 1,2,3
theog. 509
Od. 1,52–54 (vgl. S.102)
60 Apollod., *Bibl.* 3,10,1 (cf. Hes., fr. 169)
Ov., *fast.* 5,169–182
61 Paus. 8,27,17
63 *Il.* 8,13–16
68 *Od.* 7, 58 f.; 10,120; 7,60. 201–206
68 f. *theog.* 185 f.
69 *theog.* 173–187. 720. 821 f.
70 *theog.* 304–324
Apollod., *Bibl.* 2,3,1 u. 2,5,10
theog. 321 f.
72 *Od.* 7,58 f.; 10,120; 7,60. 201–206
73 Apollod., *Bibl.* 1,6,1–2
Pyth. 8,12–17
Plinius d.Ä., *Naturalis historia* 5,134 (auch Apollod., *Bibl.* 1,6,2; Strabo 10,5,16)
Eratosthenes, *Katasterismoi* 11
74 Paus. 9,29,1–2 (vgl. S. 56)
77 Hinweis auf Hesiod irrtümlich
Dio Cassius, *Röm. Geschichte* 66,22,2 u. 23,1 (*Epitome*)
89 *theog.* 535–561
90 *theog.* 561–563; *op.* 47–50a
91 *Hom. hymn.* 29 (Hestia II), 1–6
Hom. hymn. 5 (Aphrodite), 21–32
94 Jamblich, *Vita Pythagorae* 84
theog. 565–569; *op.* 50b–52
theog. 570–612; *op.* 53–105
Apollod., *Bibl.* 1,7,2
Ov., *met.* 1,260–415
theog. 613–616
95 *theog.* 590. 592 f. 600–602a
op. 65–82. 83–89
theog. 514b–516
96 Apollod., *Bibl.* 1,7,2
99 Aesch., *Prom.* 220 u. 873 f. 442–468, 476–506
100 Aesch., *Prom.* 979 f.
102 *Od.* 1,52–54
103 Aesch., *Prom.* 220 u. 873 f.
104 Hdt. 1,32
110 f. *op.* 111 (nicht *theog.* 110)
112 Plato, *Phaedr.* 248 c 2
114 Leutsch-Schneidewin (edd.), Corpus Paroemiograph. Graec., Bd. 2 (1851), S. 219 u. 676; Bd. 1 (1839), S. 314
116 *Ol.* 1,56–58
127 Eumelos, fr. 1 (a) Campbell
128 Aesch., *Eum.* 19
129 Arist., *Metaphysik* Z und H passim
132 Parke-Wormell, Nr. 216–222; vgl. Bd. 1, S. 85–93
Plut., *Lycurg.* 6 (Tyraeus, fr. 4 West)
133 Verg., *Aen.* 6,50b–51a
134 f. Terpandros, test. 6 (= [Plut.], *De musica* 4,1132 e) u. 9

(= Suda M 701); test. 11, 13, 1,7 und fr. 7 Campbell

135 *Pyth.* 2,69
Thaletas, test. 10 u. 7 Campbell

136 Damon D.-K. 37 B 10 (= Plato, rep. 424c). B 9. B 6
Plut., *Pericles* 4 = D.-K. 37 A 4

137 f. *Hom. hymn.* 3 (Apollon I), 22–24. 75b–76. 143–159

138 Servius zu Verg., Aen. 4,143

140 *Il.* 9,571a–57. 19,259 f. (irrtümlich: »in der Odyssee«)
theog. 183–185

142 f. *Od.* 1,28–47

143 *Od.* 1,293–300

150 *Hom. hymn.* 19 (Pan), 34
Ov., *fast.* 2,289

151 *Hom. hymn.* 19 (Pan), 34

152 *Hom. hymn.* 5 (Aphrodite), 257–272

153 *Hom. hymn.* 19 (Pan), 42–47

154 Paus. 8,38,1
Hdt. 6,105

157 Paus. 8,42,1–3

158 *Od.* 5,125–128
theog. 969–971

161 Hölderlin, *An die Madonna*, v. 96–100
Hölderlin, *Tinian*, v. 1 f.

166 Pindar, fr. 95–100
Soph., *Aias* 693–701

170 Paus. 8,37,11

175 Plut., *Quaest. Graec.*, Kap. 38, 299 E (vgl. S. 195)

179 Heraklit D.-K. 22 B 15

184 Euripides, *Kyklops* 164–172a (vgl. S. 197 f.)

185 Hdt. 8,138,1 f.; Aelian, *Varia historia* 3,18; Nietzsche, *Geburt der Tragödie*, ed. Schlechta, Bd. 1, S. 29 f. (vgl. S. 197 und 315)

188 f. Hölderlin, *Der Einzige* (ed. Beißner, Bd. 2,2, S. 753: II 19)

195 *Il.* 6,130–140
Od. 24,73b–76 (Kontext: v. 47–97)
Paus. 1,20,3; 2,18,4
Apollod., *Bibl.* 1,9,12; 2,2,2; 3,5,1 f.
Plut., *Quaest. Graec.*, Kap. 38,299 E (vgl. S. 175)

197 vgl. S. 185

197 f. Euripides, *Kyklops* 164–172a (vgl. S. 184)

198 f. *Od.* 11,321b–325

208 *Il.* 6,144–149 zu v. 123

209 *Il.* 2,547 f.

211 Paus. 1,15,3 u. 1,32,5

212 *op.* 156–173
Il. 1,274–284

215 *Pyth.* 2,35–48

217 *Pyth.* 4,101–105

218 Theophrast, *Historia plantarum* 3,3,6

219 Verg., *Aen.* 3,371 f.
Ov., *fast.* 3,295 f.
Heraklit D.-K. 22 B 119

221 *Od.* 7,199–206

222 Censorinus, *De die natali* 3,4

224 Pindar, fr. 95,2

226 Od. 10,133 ff.

229 *Od.* 5,77–80

229 f. *Il.* 5,174–187 (richtig: Aineias; nicht: Hektor)

230 *Il.* 13,65–75

231 *Il.* 3,164 f. 64–66
Od. 3,25–28; 2,181 f. (Kontext: v. 146–207)
Od. 4,363 ff.

233 Apollod., *Bibl.* 1,9,9 und 2,7,3
Hes., fr. 33 (a), v. 12–17

237 *Il.* 18,478–608

242 *Il.* 15,168–217

244 *Il.* 5,594–606 (v. 454 ff.). 793 ff. 825–909

245 *Il.* 6,119–236; 20, bes. 31b. 48a. 57b–60. 61–66

246 *Il.* 5,592 f.; 18,525
Il. 4,439–443; 11,1–14 (Eris allein); 18,67–83. 535–540

247 *Il.* 4,441
op. 11–36 (*theog.* 225 f.)
Il. 22,209–213

248 *Od.* 17,475 (vgl. 7,164 f. und 14,55–57)

249 *Od.* 5,100–102
250 *Il.* 1,40
251 Apollod., *Bibl.* 3,15, 6–7
Parke-Wormell, Nr. 110 (vgl. S. 289)
Hygin, *Fabulae* 190 = Parke-Wormell, Nr. 534
252 Paus. 7,25,10
253 Parke-Wormell, Nr. 139, 563, 143
Apollod., *Epitome* 2,4
255 Heraklit D.-K. 22 B 93
256 *Il.* 18,354 f.; 23,152–156. 178–180. 192–230
256 f. Quintus Smyrnaeus, *Posthomerica* 3, 381b–787
259 *Od.* 11, bes. v. 207. 457–461 492 f. 504–540. 475 f.
260 *Il.* 20,61–66
262 *op.* 465 f.
263 f. *Hom. hymn.* 2 (Demeter), 2 ff.
267 *theog.* 217. 904–906
269 *Il.* 20,127 f.
Archilochos, fr. 16 W.
Pindar, fr. 41
Eum. 961 f. 334 f.
270 *Od.* 1,32–34
Theokrit, *Idyll* 1,138b–140a
Empedokles D.-K. 31 B 116
271 *theog.* 901–903
272 *Il.* 19,91; *theog.* 230
273 *Il.* 19,85–131
Aesch., *Choeph.* 382–385
274 *op.* 197–201
275 Aesch., *Prom.* 936
276 Aristoteles, *Ethica Nicomachea* 2,7, 1108a35–b6
277 *Il.* 1,250–252. 244. 260–273
279 *Il.* 2,484–785. 1,268. 2,743
282 *Od.* 11,634 f.
Paus. 5,17,5–19,10; bes. 5,18,5
283 Hdt. 2,91,2–3
284 *Od.* 11,249b–250a
285 *Ol.* 3,1 f.
286 Call., fr. 64,9–14 Pf.;
Cic., *De orat.* 2,86,351–353
288 Plut., *Theseus* 18 = Parke-Wormell, Nr. 212
289 Apollod. 3,15,6–7; Parke-Wormell, Nr. 110 (vgl. S. 251)
Paus. 1,17,3 (richtig: Amphitrite; nicht: Aphrodite)
290 Hölderlin, *Mnemosyne*, v. 41–51 (vgl. S. 57 f.)
Il. 3,255–257
291 *Il.* 9,622b–642. 223b–306
291 f. *Il.* 7,268–272. 263–267; 12,440–463a; 7,287–289; 17,132–137. 278b–287. 725–734.746b–753a
293 *Il.* 7,241–243
Nem. 7,21–30 (vgl. *Isthm.* 3,53–57 = *Isthm.* 4,35–39)
Od. 11,542–564
295 *Il.* 3,30–37. 38–57. 58–380a (bzw. 314–380a). 380b–448. 6,312–340. 503–514a. 514b–7,16
298 *Od.* 11,585 (582–592). 572–600
299 *Ol.* 1,54–66
Il. 2,104
300 *Ol.* 1,37–45
Verg., *Georgica* 3,7b
307 *Od.* 3,303–308
310 Hdt. 4,149,2
311 f. Nietzsche, Dionysos-Dithyrambus »Von der Armut des Reichsten«, v. 77–79. 109
312 Ov., *met.* 11,100–105. 129–145
314 Hdt. 8,138, 2 f. (richtig: Bermion; nicht: Bromion)
Xenophon, *Anabasis* 1,2,13
315 vgl. S. 185
Persius, *Satire* 1, 119–123a;
Konon FGrHist 26 F 1 I
Ov., *met.* 11, 146–193
319 *Ol.* 3,43–45. 7,54–73. 87 f.
321 *Od.* 1,50
323 Cic., *Tusculanae disputationes* 1,111
Plut., *Pelopidas* 34,6
Hdt. 1,30,2–5

	Plato, *Timaeus* 22b3–5
324 f.	*Pyth.* 4,78b–120a
325	*Pyth.* 9,26–65
325 f.	*Ol.* 1,23–89. 35. 52 f.
327	*Pyth.* 8,95 f.
328	*Nem.* 7,20–24
329	Xenophanes D.-K. 21B 11
330	*Pyth.* 1,71–75
331 f.	*Nem.* 6, 11–16
332	*Ol.* 4,1–3
333	*Pyth.* 2,21–48
334	*Ol.* 13,63–92 (vgl. aber *Isthm.* 7,44–48)
335	*Pyth.* 9,78 f.
	Antipatros von Thessalonike *A.P.* 7,34
	Antipatros, *Anthologia Planudea* 305
	Pindar, fr. 95–100
	Plut., *Non posse suaviter vivi secundum Epicurum* 22,1103 A

Abkürzungen:

A.P.	Anthologia Palatina
Aen.	Aeneis
Aesch.	Aischylos
Apollod.	Apollodor
Arist.	Aristoteles
Bibl.	Bibliothek
Call.	Kallimachos
Campbell	Greek Lyric, ed. and translated by David A. Campbell, Band 2. Cambridge/Mass. – London 1988
Choeph.	Choephoren
Cic.	Cicero
D.-K.	Die Fragmente der Vorsokratiker, edd. Diels-Kranz
Eum.	Eumeniden
fast.	Fasten
FGrHist	Fragmente der griechischen Historiker, ed. F. Jacoby
Hdt.	Herodot, Historiae
Hes.	Hesiod
Hom. hymn.	Homerischer Hymnus
Il.	Homer, Ilias
Isthm.	Pindar, Isthmien
LIMC	Lexicon Iconologiae Mythologicae Classicae
met.	Ov., Metamorphosen
Nem.	Pindar, Nemeen
Od.	Homer, Odyssee
Ol.	Pindar, Olympien
op.	Hesiod, Opera et dies (Werke und Tage)
Ov.	Ovid
Parke-Wormell	H. W. Parke – D. E. W. Wormell (edd.), The Delphic Oracle, vol. 2: The Oracular Responses, Oxford 1956
Paus.	Pausanias, Beschreibung Griechenlands
Plut.	Plutarch
Prom.	Prometheus
Pyth.	Pindar, Pythien
rep.	Politeia (Staat)
Soph.	Sophokles
theog.	Hesiod, Theogonie
Verg.	Vergil